陆家村志

LU JIA CUN ZHI

《陆家村志》编纂委员会 编

古吴轩出版社
中国·苏州

图书在版编目（ＣＩＰ）数据

陆家村志 / 《陆家村志》编纂委员会编. — 苏州 ：
古吴轩出版社，2016.11
ISBN 978-7-5546-0765-7

Ⅰ．①陆… Ⅱ．①陆… Ⅲ．①村史－昆山 Ⅳ．
①K295.35

中国版本图书馆CIP数据核字(2016)第227752号

责任编辑：徐小良
见习编辑：李爱华　赵亚婷
装帧设计：陆震宇
责任校对：刘　冉　任佳佳

书　　　名：陆家村志
编　　　者：《陆家村志》编纂委员会
出版发行：古吴轩出版社
　　　　　　地址：苏州市十梓街458号　　邮编：215006
　　　　　　Http：//www.guwuxuancbs.com　E-mail：gwxcbs@126.com
　　　　　　电话：0512-65233679　　　传真：0512-65220750
出　版　人：钱经纬
印　　　刷：昆山市亭林印刷有限责任公司
开　　　本：787×1092　　1/16
印　　　张：26.5
插　　　页：40
版　　　次：2016年11月第1版　　第1次印刷
书　　　号：ISBN 978-7-5546-0765-7
定　　　价：130.00元

如有印装质量问题，请与印刷厂联系。0512-57530107

陆家镇村志编纂委员会

名誉主任　方　勇

主　　任　施　敬

副 主 任　顾　剑　高　燕　程　晔　徐佐君

委　　员　吴国元　张卫国　王道林　张惠元　卜建林　季卫忠

　　　　　沈建珍　金　峰　洪　良　朱惠平　江玉琴　余小明

　　　　　吴进峰　陆周琪

《陆家村志》编纂委员会

主　　任　季卫忠

副 主 任　汪　冰

委　　员　曾　英　陆亚华　朱燕铭　黄梅琴

《陆家村志》编辑室人员

主　　编　郭载道

总　　纂　潘　浩

编　　辑　胡勇新　孙惠林

文　　印　邹　敏　陈　彬

摄　　影　邹　敏

《陆家村志》采集人员名单

（排名不分先后）

杨小毛	张凤英	顾友龙	陈培忠	吕渭元	潘树生
蔡全林	顾林生	陈宝仁	李玉明	潘仁云	武敏珠
胡炳生	诸炳初	张建德	顾建英	方建忠	张祥官
冯爱珍	张惠林	吴文英	李雪凤	戴林生	刘永生
曹根妹	刘永高	潘小弟	许良生	潘巧生	陆文龙
曹三毛	黄保国	孟坤林	柯金元	陈宝林	陈鸣志
陆建英	张惠英	陈六妹	方阿毛	黄道生	朱云珍
朱雪琴	朱祖良	郁小平	戴洪生	万林生	钱仰光
徐　伟（陆家社区）	宋凯恩	朱东良	王素珍	陆　阳	
许玉秀	陈文龙	朱阿毛	潘阿彩	潘宗明	唐巧生
潘阿元	戴卫林	戴道明	戴小龙	刘永兴	唐小妹
唐秀林	陆凤弟	潘金林	朱阿金	陈金妹	潘阿根
顾庆元	陈敖根	陆金元	柯进兴	陈月芳	胡菊林
张荷生	李保仁	顾品泉	王庭玉	陈炳根	张金良
陆泉元	张尧祖	顾建华	顾慰文	曹惠娥	方建忠

（1957~1992）陆家大队村民委员会驻地古木弄 7 号　　（1992~2009）陆家村村民委员会驻地陈家浜路 2 号

（2009~　　　）陆家村村民委员会、育才社区居民委员会驻地陈家浜路 15 号

村民选举（2010 年摄）

党支部换届选举（2013 年摄）

慰问军属（2010 年摄）

建党 90 周年唱红歌（2011 年摄）

缅怀先烈（2012 年摄）

关爱残疾人（2013 年摄）

中秋节敬老院慰问（2011 年摄）

组织老年人体检（2011 年摄）

暑期教育（2012 年摄）

陆家镇第四届全民健身月启动仪式暨"启发杯"舞龙大赛（2009 年摄）

首届太极柔力球比赛（2011 年摄）

陆家中心校女排英姿（2007年摄）

老年扇子舞（2014年摄）

消防演习（2011 年摄）

便民服务（2013 年摄）   卫生服务（2014 年摄）

日间照料中心（2014 年摄）

公共自行车点（2013 年摄）

开捕（2005 年摄）

收割机收割水稻（2005 年摄）

南木瓜河新貌（2011 年摄）

南木瓜河闸（2012 年摄）

菉溪排涝站（2010年摄）

河道保洁（2011年摄）

木瓜小区鸟瞰（2012 年摄）

村民楼房（2012 年摄）

启发广场新貌（2012 年摄）

渔业二村新貌（2012 年摄）

菉溪大桥（1990 年摄）

童泾路大桥（2005 年摄）

新友谊路桥雄姿（2012 年摄）

绿地大桥（2012 年摄）

昆山市第四人民医院（2012 年摄）

陆家浜天主教堂（2010 年摄）

新农贸市场（2013 年摄）

陆家高级中学（2012 年摄）

陆氏茶楼（2012 年摄）

老木瓜桥旧影（1956 年摄）

江桥渡摆渡亭（1956 年摄）

卸甲桥（2012 年摄）

老草屋（1955 年摄）

小瓦屋（1955 年摄）

张网船

罱网船

麦　钓

鱼鹰捉鱼

无纺厂机器

营业执照

产品展示

票证收藏

立 桶

灯 具

马 桶

蓑 衣

石 臼

小 磨

风　车

套　桶

提水桶

车　盘

木　犁

滑　勺

挽　子

稻　床

团　匾

栈 条

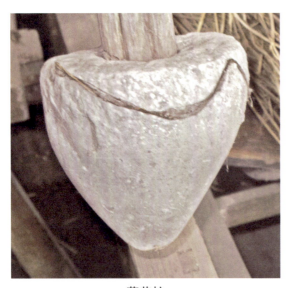

菜花柱

秧 簖

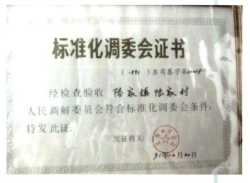

二00四年度

先进党支部

中共陆家镇委员会
二00五年六月

2013 年陆家村党政领导合影

前排左起：陈 彬、陆亚华、曾 英、邹 敏
后排左起：汪 冰、季卫忠、陈 冬

编写文印人员合影

前排左起：陈 彬、陆亚华、邹 敏
后排左起：胡勇新、潘 浩、孙惠林、郭载道

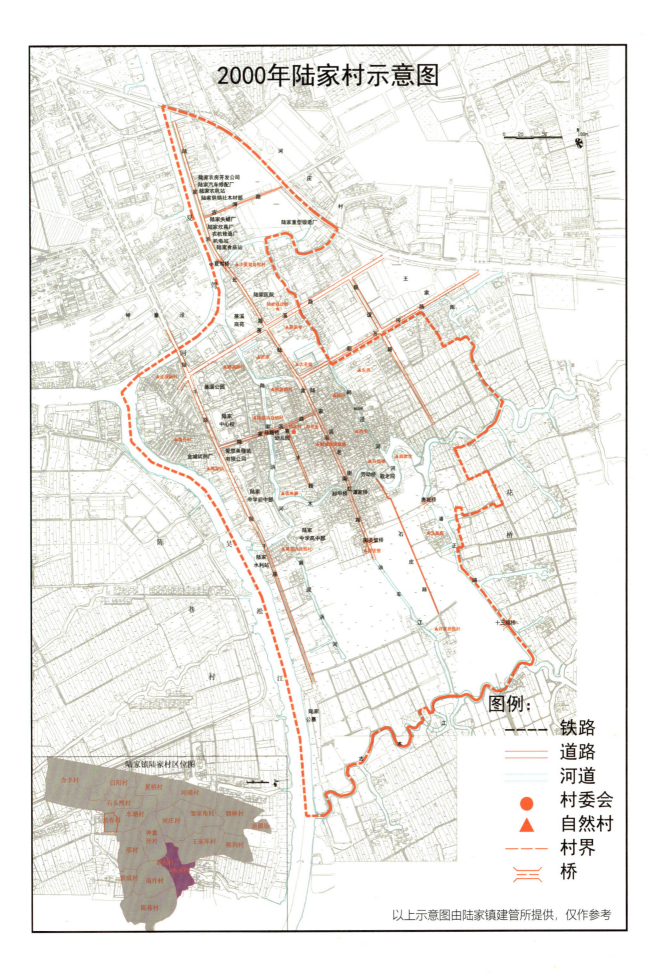

2000年陆家村示意图

以上示意图由陆家镇建管所提供，仅作参考

2012年陆家村示意图

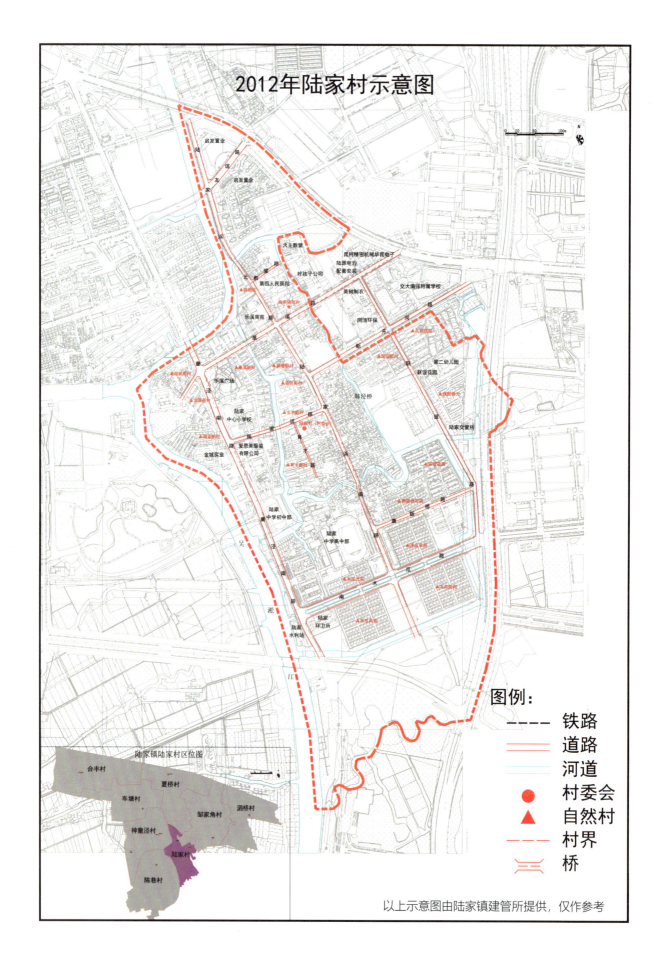

图例：

- - - - - 铁路
───── 道路
───── 河道
● 村委会
▲ 自然村
- - - 村界
═══ 桥

陆家镇陆家村区位图

合丰村
夏桥村
车塘村
邹家角村
泗桥村
神童泾村
陆家村
陈巷村

以上示意图由陆家镇建管所提供，仅作参考

序

　　盛世修志，志载盛世。

　　《陆家村志》翔实丰富、门类齐全地记载着多年来陆家村人革命斗争、生产建设、文体卫生、风情习俗的史实和沧桑巨变。旧时，当地村民的祖上多半依靠租佃土地耕种来养家糊口。土地改革后，粉碎了封建土地所有制，村民们在党组织的引领下，走上了集体化生产道路，经过几十年的辛勤奋斗，克服了重重困难，实现了一、二、三产齐发展，村民收益大有提高，2012 年人均收入已达 26253 元，是解放初期的近三百倍。如今是家家有余粮、户户有存款，村民生活正步入小康。村里全面落实医疗保险，人人医疗有保障，且"五道保障"全覆盖；儿童 100%入学，村民每八个人中就有一名大学生；这里公路四通八达，开辟多条公交线路；出行上班族摆脱了泥泞小路；这里绿树成荫，社会和谐，人们安居乐业，一片宁静繁荣景象。透过这一个水乡小村的发展变化轨迹，我们能看到国家在四个现代化发展道路上稳健的步伐，着实令人振奋不已。尤其在中共十一届三中全会以来，人们乘改革开放的东风，紧抓发展的机遇，求真务实，探索着经济发展的路子。勤劳、勇敢、智慧的陆家村人，在前辈们洒下无数汗水的这片土地上，经过 30多年不懈努力，把自己的村庄，建成楼房林立，别墅成片，村级经济和社会各项事业呈现勃勃生机的新农村。在当今城乡一体化建设的大背景下，相当多的自然村进行着变迁，留下珍贵史料更为迫切。

　　编史修志是中华民族优良传统，常见的是省、市、县级志书，而镇级修志尚未普及，限于条件、人力等因素，村志更为鲜见。陆家村组织力量，组建成编写组，四位老同志不畏艰难，广搜博采，去伪存真，去芜存菁，三载琢磨，辛勤笔耕，几度审阅，在上级主管部门的指导下，数易其稿，一气呵成。将人们在历史长河中所创造的奇迹，如实、客观、正确地记录下来，编修成志，传于后来人，便于人们了解、追忆和怀念。同时，为决策者提供丰富的史料、经验甚至教训，便于他们探索规律、形成对策，也为人们研究村情、村貌，建设家园，教育后代，提供了一部不可多得的乡土教材，此举功在当代，利在千秋。

以志为证，以志为鉴，陆家村人定会满怀豪情、充满信心地紧抓历史机遇，承前启后，继往开来，在传承和扬弃中扬帆远航，定会同心协力，开拓进取，继续顽强拼搏，努力把自己的家园建设成更加繁荣、优美、文明、现代化的经济强村。一个充满生机和活力的陆家村必将更为璀璨夺目，以更辉煌的成就载入新的史册。

中共陆家村党总支书记

陆家村民委员会主任

凡　例

一、本志以马克思主义、毛泽东思想、邓小平理论、"三个代表"重要思想和科学发展观为指导，立足实事求是精神论述史实，概要反映陆家村自然风貌和社会历史的状况，在"资政、存史、教化"等方面为本地区的"三个文明"建设服务。

二、本志不设上限，下限为 2012 年底。大事记延伸至 2014 年 6 月底。历史文化遗存、人物、杂记和照片等部分内容的下限也有所突破。

三、本志的体裁采用述、记、志、传、图、表和录等形式。以志为主，设章、节、目、子目，采取横排门类、纵记史实、纵横结合的撰写方法，以类系事，以时为序。每章下设无题小序。

四、本志为现代语文体。大事记以编年体为主，结合运用纪事本末体；其余除章下无题序外，采用第三人称记述，仅记史实，不作评议。

五、涉及地名，行政区、机关、职称、职务和术语等，均用当时名称，必要时加注更改名称。当名称需多次提及时，均在首次出现时采用全称，其后用简称，如中国共产党，则简称为"中共"。凡村域内发生的人和事，均尽量采摘，力求完备，以示全貌。

六、本志采用公元纪年，以阿拉伯数字表示。个别章节涉及清代及以前的年份，采用汉字书写，并标注年号。菉葭解放前、后以 1949 年 5 月 13 日为界。本志所称"新中国成立前后"，特指中华人民共和国成立前后。新中国前、后以 1949 年 10 月 1 日为界。以 1966 年 4 月为界，此前称菉葭，此后称陆家。

七、本志数据均为阿拉伯数字著录。在统计数据中，小数点后采用四舍五入保留二位数，百分比小数点保留一位数，也有保留资料原貌。统计数据以统计部门提供的数据为主或用主管部门的统计数据补缺。凡遇"近""几""多""余""约""左右"等表示大约数字时，均以汉字记载，如"三十多人"。党政干部任职更迭，依据《中共昆山市党史资料丛书陆家卷》资料编写。

八、本志计量单位基本采用中华人民共和国法定计量单位。长度以厘米、米、千米，面积以平方米、亩、平方千米，重量以克、千克、吨，体积以立方米，容量以公升，时间以年、月、日（天）、时、分、秒及温度以摄氏度（℃）为单位记述。为保持原貌，也有重量单位采用担、市斤者。

九、人物章遵循生不立传的原则，凡对本村有突出贡献，影响较大者，均以传入志。对在世人物以事系人入志，部分知名人士均以列表入志。

十、本志所用资料源于昆山市档案局、陆家镇政府和有关部门档案，以及《昆山县志》《昆山教育志》《陆家镇志》《菉溪志》《昆山统计年鉴》和《昆山年鉴》等，相关专志、党史、书籍、报刊及群众口碑资料，经考证核实后选用。除必要情况外，不另注明出处和说明。（注：本书资料仅供参考，不作拆迁最终依据。）

目　录

概　述

陆家村位于陆家镇的东南部，布于镇区的周边。东与邹家角村及花桥镇的集善村交界，南与花桥镇的金城村毗邻，西濒吴淞江及夏驾河，与陈巷村、神童泾村隔水相望，北与夏桥村及邹家角村相连。312国道沿村北境穿村而过，水陆交通便捷。村域东西较狭，南北较长，呈箭头形，总面积 3.20 平方千米，其中耕地面积 1776.40 亩。2012 年全村总共 685 户，总人口 2300 人，辖 8 个自然村共 13 个村民小组。村域内还有育才、陆家两个社区居民委员会，专事市镇居民的人文管理。

陆家村地处太湖流域，河道纵横、地势平坦、土壤肥沃，属北亚热带南部湿润气候区，日照充足、雨量充沛、气候宜人，适宜农耕。在中国共产党十一届三中全会后，改变了原有的单一农业经济结构，走上农、副、工综合发展的道路，办起村办企业，经济收益连年增长。

（一）

春秋战国至秦汉，域内向属娄邑（县、治）。南梁天监六年（507），属娄邑分置的信义县。梁大同二年（536）属信义县分置的昆山县。直至清雍正二年（1724）昆新两县分治，域内木瓜河南属昆山县永安乡，木瓜河北属新阳县武元乡。民国元年（1912）昆新两县合并成昆山县，地属昆山县菉葭乡。1958 年建菉葭人民公社，所辖西厍大队后改称菉葭大队，原有 7 个生产小队于 1961 年从 1 队和 2 队中各划出部分组建成第 8 生产小队。1966 年改菉葭为陆家。1980 年在 2 队中以陈家浜河为界，河东仍为 2 队，河西成为第 9 生产小队。1983 年陆家大队改建为陆家村。1986 年 12 月撤乡建镇，陆家村隶属于陆家镇。2000 年 8 月，陆家村与渔业村合并成新的陆家村，原渔业村的 1 ～ 4 村民小组中的第 4 村民小组编为新陆家村的第 10 村民小组，原渔业村的第 1 ～ 3 村民小组改编为新陆家村的第 11 ～ 13 村民小组。

（二）

陆家村的经济结构向以农业为主，主产水稻、三麦、油菜。新中国成立前的最好年成水稻亩产一百七十五千克左右，三麦亩产五十千克左右，油菜籽亩产二十千克左右。新中国成立后进行了土地改革，废除了封建土地所有制，调动了广大农民的生产积极性。而后走上了合作化的道路，农业生产又提高一个层次。1957年水稻、三麦、油菜籽亩产分别比新中国成立前最高年亩产量增长34.86%、43.60%和94.75%。在中共十一届三中全会后，实行了家庭联产承包责任制，进一步调动了农民的生产积极性。1982年水稻、三麦、油菜籽亩产分别比1957年又增长了70.74%、282.45%和198.72%。在1957～1984年这27年间平均每年向国家交售369吨粮食。

20世纪80年代中期以后，调整农业产业结构，结束了"大锅饭"的生产经营管理体制。粮食增产，连年完成国家定购任务，富余劳动力向村办企业转移，农民的经济收入普遍提高。第二次土地承包确权更进一步稳定了家庭联产承包责任制，进入20世纪90年代，城乡一体化建设推进着农业现代化、商品化、专业化和集约化的发展。

陆家村民有经营家庭副业的传统习惯，新中国成立前农户所养家禽家畜以自给为主，上市量不多。新中国成立后为发展生产，农户争相养猪。1964年全村养猪361头，1980年全村养猪头数是1964年的7倍，1982年副业收入是1965年的4.51倍。

村里有一个世代从事渔业的群体。新中国成立前，各户一叶渔船，四处漂泊，居无定所，使用原始的捕捞工具作业，常年食不果腹。新中国成立后，同样历经互助合作化这些生产关系的变化，在人民公社化后，建立渔业大队（后为渔业村）。生产上改良操作工具与捕捞模式，实行养捕结合，扩大并固定养捕范围，使生产生活得到改善。于1968年起，三年时间内实现了陆上定居，建成渔业新村。渔民中原来绝大多数为文盲，2012年统计有大学生106名，建有别墅42幢，拥有汽车70辆，彻底告别了有上顿无下顿的苦难生活，踏上小康之路。

陆家村的工业在新中国成立前，只有初具规模的榨油作坊，后建有小规模的磨坊、轧花坊及铁、木、竹器作坊。新中国成立后，集体办起了农具修理厂，以修理制造小型农具为主。1966年后陆续办起了饲料加工厂、水泥预制厂、攀顶厂、皮鞋厂、五金厂、漆包线厂、纸板制品厂、无纺针织厂及合资企业"林谷沙服饰辅料有限公司"。以1989年统计，这些厂拥有252名职工，年产值为327.85万元，此间渔业村也建有锻造厂，增加了集体收益。

随着农村经济的发展，陆家村村民的生活步步改善。1962～2012年人均收入增长288倍，这50年的年均增长率为12%。村民生活中，据统计全村拥有汽车301辆，空调、彩电、冰箱、摩托车、电瓶车已普遍进入寻常百姓家。

（三）

住房是村民生活水平的一个重要标志。村民们的草屋，在新中国成立后已逐步翻建成平瓦房，继而又建楼房和别墅洋房。在1982～2000年间，全村共有485户村民翻建新楼房，其中建有96幢别墅洋房，非常气派。在城乡一体化建设的大背景下，村庄变迁，村民住进安置商品房，散居于木瓜、神童、香花、邵村等9个居民小区。

村里人们的饮用水，过去主要是河水。20世纪60年代以卫生起见，用井水代替。1992年普遍用上符合标准的自来水，确保饮用水的卫生。

水利建设对村民而言，事关重大。人们在上级领导下，大兴水利建设和农田基本建设，累计新开丰产河6条，填废河24条，填埋潭、溇、浜16个，兴建了闸门洞7个；提高排灌站的能力，使人力踏水、牛和风力打水成为历史，排除渍害，旱涝保丰收；科学种田，实现了农业机械化，着实提高了劳动生产率。

村域北面除了312国道以外，还有沪宁高速公路和城际高铁通过，为人们的出行提供了极大的方便。村域内公路纵横，四通八达，路面宽阔，实现了硬化、亮化、绿化。拆旧桥，建新桥，开通9条公共汽车路线，路上公交车、公共自行车、电瓶车、私家轿车川流不息，人们为建设家园和美好的明天忙碌着。

（四）

陆家村的邮电广播事业在新中国成立后得到迅速发展。1955年菉葭邮电支局成立，将邮件通过固定线路分发至各个发行点，畅通了邮路和电话线路；1957年增建广播放大站，此后安装高级社的电话机；1987年设置电话交换机，安装全国直拨电话，全村通话率达80%；1994年陆家渔业村率先建成电话村；1995年实现有线电视网络村村通；2012年手机持有率在85%以上。

陆家的教育事业发展较早。在清光绪年间，村域内即办有菉溪蒙学堂，区别于私塾，但发展缓慢。抗战胜利前夕办有鸿钧中学及幼儿园。这些新中国成立前所办学校，设施简陋，教育普及率极低，村民中文盲甚多。新中国建立后，党和人民政府提倡办民校、夜校和俱乐部，开展扫盲教学运动。政府增加教育投资，用于修建扩建校舍，增添教育设备，改善办学条件。1980年全村基本完成扫盲任务。1985 年起开始贯彻九年制义务教育。至 2012 年村域内大学生为 363 人，学龄儿童入学率达 100%，村和社区的文体活动设施齐全。

新中国成立前菉葭地方的医疗卫生事业基础薄弱，众多的村民病魔缠身，缺医少药。新中国成立后尤其在 20 世纪 60 年代"四清"运动期间，菉葭大队的医疗卫生工作得到长足的发展，建立了合作医疗制度，大队建有卫生室，此后培养了多名赤脚医生和赤脚化验员。几年努力后送走了瘟神，消灭和控制了多种流行病，战胜了突如其来的恶魔"非典"。人们普遍享受着农村医疗保险、大病医疗保险和五道保障，村民的健康水平普遍提高。老人、妇女年检一次，平均寿命期望值为 76 岁以上。近几年中，人口自然增长率维持在 6.86‰左右。

陆家村的青年响应祖国的号召，踊跃参军，以光荣服役保卫国家、保卫家园为己任。在抗美援朝保家卫国运动中 14 名陆家村人赴朝参战，并作出了重大的贡献。

勤劳勇敢的陆家村人，经历了历史的沧桑巨变，正依据科学发展的规律，大胆探索，改革创新，与时俱进。当今正紧紧抓住城乡一体化建设的有利机遇，加快现代化小城镇和新农村的建设步伐，努力把家乡建设成具有时代特征的居民新农村和社会主义新农村。展望未来，陆家村必将建成环境优美、社会和谐、舒适宜居、人们向往且能实现梦想的乐土。让人们用勤劳的双手再创辉煌，谱写历史的新篇章。

大事记

南　宋

据传建炎四年（1130），抗金名将韩世忠率军追逐金兵，由镇西吴淞江万安桥渡口上岸，到菉葭浜。老百姓在木瓜河口用木板临时搭建小桥迎接，鼓手班子作精彩技艺表演，韩将军卸甲恭听致谢。为永远纪念此情，百姓筹资建花岗岩平板石桥，取名"卸甲桥"。

明

宣德元年（1426）

建陆家浜市，址在黄泥浜西吴淞江东岸。客商货源来自他郡，颇称繁荣。

嘉靖三十三年（1554）

4月　倭寇自青浦方向取道吴淞江直犯昆山，菉葭浜是必经之地，倭寇沿途焚劫，百姓受害惨重。

崇祯十三年（1640）

尚书钱谦益在吴淞江上建万安桥，俗称"江桥"，后因国变未竣。清康熙初有僧募修，于是三洞如环，宏整完好，为菉溪八景之一。清雍正五年（1727）桥倾，声震十里。翌年江桥渡（后称红星渡）设摆渡过江。

崇祯十四年（1641）

夏，大旱，吴淞江涸，民大疫，死者相枕，斗米银三钱；秋，蝗害，民削榆树皮为食。

清

顺治三年（1646）夏

淀山湖强盗钱大聚众，攻劫菉葭浜，入侵前，传示富户限定期限，名曰"借粮"。盗贼所至尽掠所有，侮辱妇女，乡民徐有容等团结乡勇与盗贼拒战，后侥幸得胜，赶走盗贼。

康熙四十四年（1705）

3月　康熙帝南巡，由昆山至松江，驻跸镇西龙王庙。

乾隆三十九年（1774）

里人诸世器撰《菉溪志》四卷，刊本绝少流传，稿本现藏南京图书馆。

光绪六年（1880）

村域南部古木江北侧，陈卜隆（又名毛卜隆）开创油车坊。

光绪十八年（1892）

夏、秋，旱饥，冬大雪连绵，吴淞江冰冻二尺余，人皆在江面上行走往来。二旬后冰渐释。

光绪三十二年（1906）

邑人胡国梁集捐创办花溪蒙学堂，后称花溪两等学堂。次年邑人张汉良集捐创办菉溪蒙学堂，授教学童二十余名。

宣统元年（1909）

昆山、新阳两县推引地方自治。菉葭始划为乡，辖6区21图。

中华民国

1912 年

昆山、新阳两县合并为昆山县，菉葭浜隶属于昆山县。

1917 年

六十天不雨，夏驾河见底，两岸万余亩农田颗粒无收，百姓受灾惨重。

1926 年

11月　菉葭浜天主堂创办达义小学，接收渔民教徒子女入学，至1952年8月15日并入菉葭中心校。

1929 年

菉葭浜糖枣在全国食品评选会上获奖。

1933 年

6 月　区公所设在菉葭浜镇，为第三自治实验区，陆家村隶属此区。

1935 年

2 月　菉葭浜市河浚治工程开工，至 9 月全部结束。

1937 年

9 月 7 日　中午日军飞机侵入菉葭浜上空，突然一架日机直穿杨厅弄，投下一颗炸弹，炸毁居民瓦房 8 间，损毁粮食 192.45 石大米（1 石约合 75 千克）。是日，日军再次袭击白鹤溇，炸毁居民罗阿荣、陈少夫两家共 13 间瓦房。烧毁大批食品、用具等，经济损失达 295.90 石大米。

12 月　日军入侵黄泥浜村和李家宅，抢掠纵火，烧毁村民李阿梅、张阿根、李阿毛家房屋 10 间，方桌 3 张，损失达 77.09 石大米。

1938 年

8 月　一艘日艇在吴淞江黄巷村陆沙江口，向千灯方向行驶，并用枪打死渔业村一名张麦钧的渔民。

10 月　渔民老两口在张浦镇周巷村东家泾、垌丘河交汇处捕捞，被日本兵连开十一枪，老两口拼命逃离，保住了老命，但一支橹被损。

1940 年

秋，汪伪政权建立国民党筹建处。是年冬，菉葭镇成立汪伪国民党第三区分部。菉葭地区沦为日伪统治。

1942 年

12 月　伪县改划区乡。菉葭、花桥、金城、西古等 5 个乡（镇）为第七区，区长齐昆珊，区公所设在菉葭浜镇，辖菉葭村。

1945 年

6 月下旬，菉葭区抗日民主区政府及区中队成立，中队长钱序阳，副中队长李振华，指导员张维忠，活跃于菉葭浜、花家桥一带。是年 8 月 15 日，日寇宣布无条件投降，抗战胜利。

1949 年

2、3 月间　中共昆东党总支在菉葭鸿钧中学建立中国新民主主义青年团，菉葭团支部由徐震任书记。

是年 5 月 13 日　拂晓，解放昆山的战斗结束，菉葭随即解放。

5 月 18 日　菉葭乡由李振华、刘子才负责接收工作。

中华人民共和国

1949 年

10 月　成立中共蓉葭区委员会和蓉葭区人民政府。区委书记唐文章，副书记陈坚刚，区长栾经泮。

1950 年

1 月　全面废除保甲制，划小区、乡。蓉葭区建立蓉葭镇，下辖 131 个村。

是月　成立蓉葭区妇女工作委员会。村建妇女会，设妇女主任一职。

3 月 4 ~ 6 日　村选出代表出席蓉葭区农代会，经提名酝酿，选举成立区农民协会。

3 月　237 户农民和 80 户渔民共入股 951 万元（旧币），有 317 股支持筹建陆家供销合作社。

12 月　蓉葭区成立工农业余教育委员会，蓉葭三个联村成立夜校，开展冬学义务扫盲教育运动，至 1980 年达无盲大队标准。

△　三个联村的 60 户村民率先持 120 元人民币入股蓉葭信用社。

1951 年

1 月 16 日 ~ 3 月 10 日　由乡政府和村农会具体负责，在县、区工作队协助指导下，蓉葭三联村完成了土地改革任务。

3 月　开展抗美援朝运动，蓉葭三联村掀起参军高潮，适龄青年踊跃报名，经审查合格有吴秋德等 14 位同志赴朝参军参战，保家卫国。

6 月　发动群众捐献飞机大炮，支援抗美援朝，域内村民热烈响应，捐献出金、银、铜、铁、锡等金属物品。

7 月中旬　阴雨连绵，遭台风袭击。水位猛涨至 3.30 米，域内大部分稻田被淹。

10 月　全村完成土地改革任务后，相应组织互助组。

11 月　80 户渔民建立蓉葭渔民协会，主任陈金生，副主任陆锦平、许良生、盛培根、戴士明。

1952 年

3 月上旬　阴雨连绵，农田积水严重，乡、村干部带领群众排涝抗洪。

1953 年

5 月　渔民组建临时互助组。

7 月 1 日　零时开启全国第一次人口普查，西厍、许家、韩泾三个联村积极投入人口普查工作。

12 月 20 日　村域内开始实行粮食统购统销政策。于 1955 年 1 月关闭粮食自由交易市场，由国家控制，以证为主、以票为辅，使用全国和江苏地方粮票。
1965 年起，增加使用昆山县购粮券。

1954 年

6 月　菉葭建许家初级农业生产合作社，入社农户占总户数的 70%。韩泾、
西厍二社于翌年建立。

5 ~ 7 月　连续大雨，村域内水位剧升，水产鱼簖被冲垮，农田受淹严重。
村上组织力量，全力以赴，加固河塘岸，排涝抗灾，坚持六十多天。

9 月　实行棉布统购统销政策。棉花实行统一收购，村民将棉花卖给供销社。

是年　全县渔民集中玉山镇参加镇压"水火帮"大会。

1955 年

1 月 1 日　开始建立户口登记制度。

2 月 24 日　国家发行新人民币，原 1 万元旧币兑换新币 1 元。

7 月　国家颁布《兵役法》，实行义务兵役制。在征兵体检中因血吸虫患病
率高，自 1957 年起，昆山地区农村连续 7 年免征新兵。1964 年恢复征兵工作。

11 月 18 日　农村实行"三定一奖"到户，即定购、定销、定产，超产奖励。

12 月 19 日　村全面开展以包工、包财、包产和超产奖励为中心内容的第一
次整社、整党运动，对少数严重违法乱纪的党员给予必要的处分。

是年　渔民建立运销组，负责人戴正祥。

1956 年

春　建立西厍高级农业生产合作社。

2 月　响应中共中央"七年内基本消灭血吸虫病"的号召，西厍高级社成立
血防领导小组，成立治疗组，分批治疗血吸虫病。

3 月　域内六十余户渔民建立新风渔业生产合作社，社长陆锦平，副社长许
良生，会计文介六。1959 年改建为渔业大队，实行养捕结合，2000 年并入陆家村。

9 月 23 ~ 24 日　在菉葭镇第二届人民代表大会第一次会议上，张阿东当选
副镇长，渔民许良生当选昆山县第二届人民代表大会代表。

1957 年

2 月下旬　西厍高级农业生产合作社推行"三包一奖"制（包产、包工、包本，
超产降本奖励）为内容的整社工作。

6 月　域内开展"除四害"（蝇、蚊、鼠、雀）卫生突击活动，并连续多年
进行检查评比。

8 月　张阿东任西厍高级社党支部书记。

是年　西厍高级社开通有线广播，全社安装舌簧喇叭 20 只。

1958 年

2 月 22 日　按菉葭乡部署，西厍高级社开展整风整社运动。

4 月 20 日　遭受龙卷风袭击，三麦、油菜、村域内房屋受损严重。

9 月 18 日　在高级社的基础上成立人民公社。西厍属于五大队，张阿东为五大队书记。

是月　村域内开展大办工厂、大炼钢铁、造水泥、制造高效肥料等活动。由于设备简陋，技术落后，产品质量低劣，最终关闭停产。

△　实行全民皆兵，大队建立民兵营，生产队也建立民兵排，分为基干民兵和普通民兵。

11 月　秋收秋种，实行"军事化"大兵团作战，社员生活实行供给制，大办食堂，吃饭不要钱，理发、洗澡每人发券，搞平均主义，浪费严重。一年后食堂停办，而后粮食按计划定量供应。

是年　利用农村广播线路，大队接通电话，有电话机 1 部。

△　培训农村保健员，建农村合作医疗保健站。

1959 年

6 月　菉葭公社五大队改划为新丰、星生、菉葭三个大队。

7 月　渔民集中，上级派党代表张建明领导进驻，组建渔业大队。

9 月 24 日　菉葭大队党支部书记张阿东，由于各项工作成绩显著，代表先进农业大队赴北京参加建国十周年国庆典礼，受到毛泽东主席及其他中央领导同志的接见。

11 月　渔业大队组织部分渔民在夏桥火车站、青阳港两条铁路之间开挖 45 亩鱼塘，首开水产养殖业。

1960 年

4 月　渔民供应定销粮，使用购粮证。菉葭大队社员秤粮回家自开炉灶。

是月　菉葭大队民兵营长、抗美援朝退役军人吴秋德，因民兵工作突出，出席全国民兵群英会，受到毛泽东主席的接见，并获奖品半自动步枪一支及纪念章一枚。

9 月 19 日　工业战线首批职工下放农村安家落户当农民，下放到菉葭大队 7 人。

1961 年

1 月 8 日　公社党委召开扩大会议，重点研究浮肿、消瘦病人的治疗问题，大队也分期分批集中治疗。

1 月 24 日　社队干部学习中共中央《关于农村人民公社当前政策问题的紧急指示信》（简称《十二条》），帮助纠正以"共产风"为重点的"五风"（共产风、浮夸风、瞎指挥风、强迫命令风、特殊化作风），进行三大观念（群众观念、政策观念、组织观念）和四大基本作风（实事求是的作风、密切联系群众的作风、批评与自我批评的作风、艰苦朴素作风）的教育。

2月 按照县委制定的《关于一平二调退赔兑现初步方案》，对社员"一平二调"的账，分三批算清、退赔。3月中旬大队退赔工作基本结束。

6月 菉葭大队、渔业大队全面深入学习、贯彻中共中央《农村人民公社工作条例（草案）》（简称《农村六十条》）。

8月2日 按上级规定，菉葭大队耕地面积的5%划给社员当作自留地。

12月30日 大队执行"队为基础"政策，建立7个核算单位。翌年分为8个核算单位。

1962年

1月 大队贯彻中共八届十中全会"调整、巩固、充实、提高"八字方针精神，接受下放人员落户。

9月6日 第14号台风过境，一昼夜降雨量达230～270毫米，村域内部分水稻受涝，房屋受损。

1963年

3月5日 响应毛主席题词"向雷锋同志学习"的伟大号召，掀起"学雷锋、做好事"的热潮。两大队社员尽义务做好事蔚然成风。

是月 菉葭大队党支部书记张阿东出席华东地区和省农业先进代表大会。

7月 "四清"工作队进驻大队开展以清经济为主，包括"清账目、清仓库、清财务、清工分"的"四清"运动。

12月29日 大、小队干部参加公社党委召开的三级干部会议，学习中共中央《关于农村工作中若干政策的规定（草案）》（简称《前十条》）和《关于农村社会主义教育运动中的一些具体政策问题》（简称《后十条》），揭阶级斗争盖子，会上放下包袱，"洗手洗澡"，社会主义教育运动全面展开。

是年 知识青年接受贫下中农再教育，先后有城镇插队青年7人在菉葭大队落户。

1964年

2月20日 组织学习《人民日报》发表的《大寨之路》报道和社论，大队掀起"农业学大寨"的热潮。

2月 公社成立农业技术推广站，菉葭大队建立农科队，培训农技员。

是月 渔业大队组织潘小巧、戴叙元、许良生等8户，赴浙江嘉兴罱网捕捞。

春 大队试种双季稻，先试种稻田的10%左右，以后逐年增加，1969年全面推广。

4月　公社人武部成立基干民兵营，蒌葭大队建立武装基干连，连长由吴秋德兼任。小队为持枪基干排，由排长带领男女武装基干民兵出操军训，形成战备常态化，常备不懈，至1966年后撤编为大队民兵营。

7月1日　蒌葭大队、渔业大队开展第二次全国人口普查。

10月　蒌葭大队开办耕读小学一所，包文彩任教。

1965年

3月　创立蒌葭渔业大队渔民子弟流动学校，首任教师潘水观(后改名潘浩)。

4月　蒌葭大队派卫生保健员蔡全林去淀东进行血防工作培训。

9月　配备血防大队长，全面调查螺情、病情，以生产队为单位开展灭螺、治病工作，进行粪便管理，提倡打水井，饮用深井水。

是月　社会主义教育工作队进驻大队，全大队党员干部、社员群众接受社会主义教育。

11月　大队开展向王杰同志学习的活动。以王杰同志为榜样，发扬"一不怕苦、二不怕死"的革命精神，搞好各项工作。

是年　大队开展"农业学大寨"运动。大搞土地平整，实现田块方整化，兴修水利，搞农田基本建设。

年底　大队通电，95%以上农田实现了机电化。

1966年

1月　渔业大队组织部分渔民到粮库服务打工。

3月　蒌葭大队党支部换届选举，选举杨小毛为大队党支部书记。

4月　经江苏省人民委员会批准，改蒌葭公社为陆家公社，蒌葭大队为陆家大队，蒌葭渔业大队为陆家渔业大队。

是月　成立公社贫下中农协会，陆家大队选举蔡生才为贫协主席。渔业大队选举陆考生为贫协主席，戴林生为贫协副主席。

5月16日　"文化大革命"开始，两大队社教工作队撤回。

8月　全大队实行"大寨式"评工计分制度。

10月下旬　由大队组织召开"活学活用毛主席著作典型人物"的学习心得交流讲用会。

11月　陆家大队农业中学停课闹革命，师生外出到杭州、南京等地串联。学校和社会秩序混乱。

1967年

10月　大队推行殡葬改革，改土葬为火葬。

1968年

5月　全公社渔民组织起来实行"一社一个渔业队"，推行"大寨式"评工记分制。两年内渔民陆续陆上定居。

7月1日　渔业大队成立党支部，首任党支部书记朱林生。

1969年

2月　大队成立革命委员会领导8个革命生产领导小组（简称"革生组"），渔业大队革委会领导4个革生组，设立政治队长负责抓阶级斗争，指导农业生产。

3月　大队重建党的基层支部组织，恢复党员组织生活。

是月　大队干部改选，选举吴宝康为陆家大队党支部书记，改选杨小毛为大队长，改选胡炳生为贫协主席。

5月　大队建立卫生室。经医院培训，蔡全林等医务人员成为半医半农的"赤脚医生"，渔业大队的许玉秀、潘雪花为赤脚医生，同时进行卫生知识宣传。

9月4日　陆家、渔业大队成立群众专政办公室，简称"群专组"。

11月　渔业大队4个小队分4个点，在新建、长浜、河浦、孔巷等大队定点种田280亩。

12月　渔业大队首位应征青年陆雪明光荣入伍。

1970年

8月　陆家大队和渔业大队社员响应党的号召，家家户户"深挖防空洞"，进入战备状态，造成一度紧张，次年即废除。

12月20日　大队组织社员参加拓浚整治西杨林塘和庙泾河工程，至翌年1月结束。

1971年

4月　重建共青团委组织，陆家大队陈培忠当选为公社团委委员。

5月下旬　两大队分期分批参加公社举办的党员干部"批陈（伯达）整风"学习班。10月在林彪事件后转为"批林整风"，深入揭批林彪反党集团的罪行。

8月　公社妇女代表大会召开，大队建立妇代会，生产队建立妇代小组。

是年　渔业大队购买第一台8匹手扶拖拉机，为农田服务。

1972年

2月　批判林彪一伙炮制的"571"工程纪要，深入开展"批林整风"运动。

7月　陆家大队根据公社多种经营办公室的布置，开始在各小队推广蘑菇栽培种植，发展副业生产。

11月26日~12月6日　大队组织社员参加拓浚白茆塘昆山段工程。翌年1月2日结束。

1973年

2月下旬　大队召开群众大会，传达贯彻省委、县委常委扩大会议精神，深入开展"批林整风"运动，"抓革命，促生产"。

3月　大队组建水泥预制场，生产民用水池及下水道管子等。

1974 年

春　陆家大队派 80 个劳动力去开挖星光河。河长 3.67 千米。

3月　大队贯彻公社计划生育会议精神，开展"计生"宣传动员。具体工作由大队妇女主任王素珍主持。

4月 22 日　上午 8 时 9 分 14 秒，溧阳地震，村域内震感明显，门窗家具响动。

11月　陆家大队会计由方荣官担任。

是年　渔业大队创办沙粉厂。

1975 年

春　渔业大队渔民选派 28 人参加开挖友谊河工程。

5月 30 日　下午 7 时 30 分，受冰雹和 8 级以上暴风雨袭击，历时 10 分钟，村域内部分油菜、三麦秧苗受损。

11月 22 日　陆家大队与渔业大队派出民工参加浏河二期拓浚工程。于 1976 年 1 月竣工。

是年　公社安排部分渔民去砖瓦厂上班。

1976 年

1月 8 日　周恩来总理逝世，自发组织收听广播，开展悼念活动。

2月　公社召开干部大会，听取中共中央指示，开展所谓"反击右倾翻案风"运动，再次强调以阶级斗争为纲，批判"唯生产力论"。

是月　陆家大队被县认可为"基本消灭血吸虫病"大队。

8月下旬　唐山大地震后，一度人心惶惶，域内家家搭起防震棚，备好食品，夜宿棚内。

9月 9 日　毛泽东主席逝世，陆家、渔业两大队社员万分悲痛。18 日，追悼大会上，社员痛哭流泪，参加了公社礼堂举行的悼念仪式后，大队设立毛主席灵堂。

10月 14 日　中共中央公布，一举粉碎"江青反革命集团"。人们奔走相告，群情振奋，敲锣打鼓，热烈庆祝，坚决拥护党中央的英明决策。

10月 15 日　大队赤脚医生参加县里组织的系统培训，经培训合格，于 1979 年领取证书。

1977 年

8月 21 日　大队热烈庆祝中共第十一次全国代表大会的胜利召开，"文化大革命"宣告结束。

1978 年

7月 11 日　下午 2 时许，村域内受龙卷风袭击，瞬时风力 10 级以上，房屋受损，电线杆折断，水稻倒伏，受灾严重。

11月　公社组织社员参加苏州地区吴江域内开挖太浦河二期工程，陆家大队由陈宝林带领60人参加，同年底结束。

冬　大队党员干部参加公社党委组织的党员干部培训（冬训）。

1979年

2月　贯彻中共十一届三中全会精神，大队开始实现全党工作重点转移到社会主义现代化经济建设上来。

3月　陆家大队党支部改选，选举陈鸣志为陆家大队党支部书记。

是月　按国务院规定，提高粮食、油菜籽、禽蛋、生猪、水产等18种主要农副产品的收购价格，使农民平均年总收入增加90多元。

是月底　贯彻中央指示，对两大队中16名地、富、反、坏、右分子进行"纠错平反"，并对其子女重新定了成分，为公社社员。

9月　根据中共中央指示精神，不再组织知识青年上山下乡，并对村域内插队青年落实政策，统筹安排，分批上调，分配工作。至此知青上山下乡成为历史。

秋　大队四队试办服装攀顶厂，地址东弄仓库内。

1980年

5月　全国劳动模范、水稻专家陈永康来陆家指导，并走访陆家大队。党支部书记陈鸣志、大队长李玉明等陪同到部分生产队秧苗现场，陈永康对秧苗生长管理作指导时说："只有秧好，才有稻好。"

是月　大队创办皮鞋厂，地址木瓜河南大队部内。

7月30日～8月28日　连降暴雨，水位最高为3.45米，大片土地受涝。

11月　共青团江苏省委授予陆家大队团支部"先进团支部"荣誉称号。

12月　大队干部群众广泛开展学习《中共中央关于控制我国人口增长问题致共产党员、共青团员的公开信》和新的《中华人民共和国婚姻法》，提倡晚婚晚育，"一对夫妇只生一个孩子"。

是年底　大队青年男女响应国家号召，二十多对夫妇领取独生子女证。

△　"农业学大寨"运动在村域内逐渐淡化，于1980年结束，历时17年。

1981年

春　从实际出发，大队双季稻面积逐步调减，至1985年起，全部改种单季稻。

5月　贯彻《中华人民共和国户口登记条例》，整顿户口，换发新户口簿。

1982年

3月　按上级规定，大队对领取独生子女证的夫妇，每年发给独生子女保健费（城镇40元，农村30元），从领证的当年起发至孩子满14周岁止。独生子女在同等条件下享有优惠政策。

7月1日　进行第三次全国人口普查，陆家大队共422户，1504人，其中男性 684 人、女性 820 人。渔业大队共 167 户，658 人，其中男性 343 人、女性 315 人。

是年　陆家大队通过领导班子改选，由陈建华任陆家大队大队长。

是年底　大队建立纸品包装厂，地址陈家浜路，大队部内。

1983 年

4 月　陆家大队推行家庭联产承包责任制，土地联产、承包到户，农户完成定购后，多余粮食自行处理。

6 月　政社分设，陆家大队改为陆家村民委员会，渔业大队改为渔业村民委员会，分辖 9 个和 4 个生产队。翌年生产队改设为村民小组。

9 月 4 日　严打开始，渔业村 3 名严重破坏社会治安的刑事犯罪分子被依法逮捕。

11 月　大队创办无纺针织厂和五金加工厂。

12 月　陆家村民委员会组建合作社，李玉明为陆家村合作社社长，主抓工业创建工作。

是年　大队开始同步对儿童施行计划免疫，实行卡介苗、百白破、麻痹糖丸、麻疹、乙脑、流行性脑膜炎等疫苗的免费接种，保障儿童的健康成长。

1984 年

4 月　陆家村与花桥赵家村联营，创办花桥联合漆包线厂，厂址在陆家镇南市梢潘正浦西岸的十三福桥边。后因销售不畅，于 1987 年 6 月停产解散。

1985 年

2 月 28 日　村施行乡政府制订的《陆家乡关于村镇建设土地管理暂行规定》。《规定》对统一规划、社员宅基地用地管理及奖惩都有明确要求。

3 月 1 日　实行乡政府制定的《关于征、使用土地补偿安置暂行规定》。

5 月　渔业村潘才生、唐梅珍夫妇夜间在吴淞江拖虾时，渔船被一搜 3 吨水泥船撞翻，二人落水身亡。

7 月 31 日 ~ 8 月 1 日　遭 6 号台风袭击，普降暴雨，水位陡涨至 3.61 米，村域内水稻受淹，民房倒塌数十间。

12 月　陆家建筑站派出陆家村村民徐云良等 3 人前往科威特从事 257 援建项目。

1986 年

12 月 15 日　经省人民政府批准，陆家乡撤乡建镇，实行镇管村体制。

1987 年

3 月　连续阴雨潮湿，26 日出现严重晚霜和薄冰，村域内油菜、蚕豆正值开花期，受冻严重。

4 月　按照镇政府机构改革，由陆金元任陆家村农业社长。

1988 年

9 月 陆家村会计朱惠华上调镇外经办，村会计由陆建英担任。

11 月 6 日 陆家村无纺厂车间内失火。由于电压不正常导致梳棉机上接触器铜块被烧熔而跳闸，散出火花引起火灾，直接和间接经济损失达 25 万元。事故发生后，经县保险公司现场勘察与核实，赔付 24.2 万元。

是月 成立陆家镇计划生育协会陆家村分会。

1989 年

1 月 25 ~ 27 日 陆家村、渔业村两党支部组织全体党员干部参加镇党委举办的 1988 年度党员干部冬训。

4 月 陆家村建立联防队。

6 月 15 日 连接陆家、陈巷两村的"箓溪大桥"举办开工典礼，并于 12 月 25 日竣工。共投资 80 万元，跨度 75.30 米，桥宽 9.10 米，昆山市副市长徐崇嘉题写桥名。

9 月 28 日 昆山撤县设市，实行市辖镇制，陆家村、渔业村均隶属于昆山市陆家镇。

12 月 4 日 两村据上级统一部署开展除"六害"（卖淫嫖娼、制作贩卖传播淫秽物品、拐卖妇女儿童、私种吸食贩运毒品、聚众赌博、利用迷信骗财害人）专项斗争。

1990 年

1 月 4 ~ 6 日 陆家、渔业两村党员干部参加镇党委组织的 1989 年度冬训会议。

4 月 16 日 两村党员干部按照镇政府下发的《关于筹集教育经费的暂行办法》，每人每年缴纳 30 元，主要用于翻建校舍，添置教学设备。连续贯彻三年。

7 月 1 日 开展第四次全国人口普查。陆家村共 503 户，1710 人，其中男性 761 人、女性 949 人。渔业村共 184 户，总人口 738 人，其中男性 370 人、女性 368 人。

是月 25 ~ 28 日 两村党支部组织党员参加党校举办的《党的基础知识》轮训。

8 月 23 日 ~ 9 月 10 日 又一次开展"新风户"评选活动，两村共评选出"新风户"679 户。

9 月 10 日 陆家模锻厂建成，为渔业村村办镇管的社会福利企业，经营加工模锻、机械产品。

10 月 陆家镇成立改水领导小组，陆家村领导相当重视改善饮水措施。次年，全村村民用上自来水。

是月　陆家村建立综合治理领导小组及治保调解委员会，并设立信访调解室，配备联络人员。

12月25～29日　两村组织党员干部参加镇举行的1990年度冬训会。

1991年

6月17日　两村选派农民代表参加镇农民代表暨农工商总公司成立大会，并举行公司揭牌仪式。

12月　陆家村开始安装程控电话，至次年全村90%以上农户装有家庭电话。

1992年

4月3日　村按照镇党委政府执行上级规定，决定凡有收入的镇、村在职职工，外商投资企业中的中方职工和私营企业职工，每人每年一次性缴纳20元防洪保安资金。

10月　陆家村中日合资企业林谷沙公司投产，生产出口肩衬、文胸等。

12月10日　村实施镇政府出台的《陆家镇农村社会养老保险实施细则》，还建立了合作医疗基金和大病风险基金。

是年　建成童泾路大桥，此桥横跨夏驾河南出口处，跨径60米，桥宽15米，三跨平板混凝土结构。1995年进行南端降坡改造。

1993年

2月12日　村实施镇党委、政府制定的《关于实施农村"三老"干部年老保养的若干规定》，农村老干部、老党员、老队长均可享受年老保养。

4月1日　粮食销售和经营全部放开，对原发行的全国、地方粮票及购粮券、油票荤菜票证停止使用。

10月　村开展社会公德、职业道德、家庭美德教育，学习《文明市民读本》和《市民守则》。

是年　陆家村被评为"农业规范服务一级合格村"。

1994年

1月起　全镇中小学民办教师，全部按月发放工资，陆家村7名教师按月领取工资。

1月5～8日　两村组织党员干部参加1993年度农村党员干部冬训会。

3月1日　村、镇机关，社会团体，企事业单位实行"双休日"新工时制度。

4月26日　建立陆家公墓，位于陆家村七组的吴淞江畔，占地26.10亩。

6月　村组织党员干部参加"知我昆山、爱我昆山、兴我昆山"活动，以"礼貌、礼仪、礼节"为主题的"三礼"教育培训、知识竞赛等活动，创建文明单位。

8月24日　村组织党员干部参加"20世纪90年代陆家人形象和共产党员形象"大讨论，用实际行动投入活动。

1995 年

1 月　渔业村村民开一辆双排座汽车凌晨去上海做水产生意，在 312 国道翔黄路上与一辆大货车相撞，造成 1 死 2 伤重大车祸。

3 月 18 日　渔业村荣获省 "1994 年度建成电话村" 铜匾。被市列入省首批 "电话村"。

8 月　渔业村 1 组潘培林、许玉珍夫妇在夏驾河杨村浜口打捞水花生草时小船沉没，夫妻双双溺水身亡。

10 月　陆家渔业村建造首座水冲式公厕。

12 月 15 日　镇党委下发通知，每个支部、每位党员为投资建设 "杏泉园" 做出一份贡献，交一次特殊党费，干部党员每人 50 元，一般党员每人 30 元。

是年　陆家村被评为市 "六有十无" 双文明村。

1996 年

1 月 20 日　渔业村村民开一辆双排座汽车到上海做水产品生意，在 312 国道徐公桥口与苏北一辆大客车相撞，造成 3 死 3 重伤的特大交通事故。

5 月　铺建渔民住宅中间道路，长 180 米，宽 4 米。

10 月 18 日　村组织党员干部（包括老党员、老干部）去昆山参观 "1996 昆山金秋经贸洽谈会" 展馆，并参加了看城区和开发区的活动。

10 月 22 ~ 23 日　村组织全体党员、干部、教师、学生观看昆山市思想道德法制教育展。

是月　渔业村在吴淞江边新建石驳岸 150 米，改善村容环境。

12 月 25 ~ 28 日　两村党员干部参加冬训会，进行民主评议党员活动。

1997 年

1 月 1 日　村执行《陆家镇农村合作医疗章程》和《陆家镇合作医疗大病（住院）统筹章程》。

2 月 20 ~ 25 日　全村党员干部和村民以各种形式沉痛哀悼邓小平同志逝世。

5 月 12 ~ 23 日　村分批组织全体党员观看 "1997 迎香港回归祖国" 图片展。

7 月 1 日　香港回归祖国，全体党员干部和群众收看电视实况，并开展多种形式的 "庆香港回归" 活动。

是月　连续暴雨，河水猛涨，淹没庄稼，造成 50 年来特大洪水灾害，村民损失严重。

10 月 27 日　镇党委、政府下发《关于实施开展农村村务公开活动意见》的通知。两村建立了民主理财小组和村务公开议事小组，设立固定公开栏，每季度公布一次，做到 "给予村民一个明白，还干部一个清白"，并接受理财、议事小组督促审议。

是年　渔业村征用黄泥浜木瓜河边旱地 6.70 亩，建造 22 幢小洋房，改善了渔民陆上定居的条件。

△　村办企业实行股份合作制、风险抵押承包、租赁、拍卖等转制形式。

是年 10 月至 1998 年 1 月　建材、无纺针织厂、鸿羽化纤公司转制为民营。

1998 年

1 月 1 日　村自此日起实施农村最低生活保障线为年均纯收入 1200 元。

6 月 9 日　村全体党员干部和群众踊跃捐款、捐物，支援灾区人民战胜洪涝灾害，重建家园。

8 月　村全面完成土地的第二轮承包，发放土地经营权证书 223 份，涉及确权发证农户 223 户，人均确认面积为 1.32 亩。

是年　村开始由农民带资在小区自费建房。

1999 年

1 月 12 日　村组织党员干部参加"三讲"（讲学习、讲政治、讲正气）为主要内容的党性党风教育培训，于 3 月底结束。

1 月 25 ~ 27 日　陆家村、渔业村参加 1998 年度党员干部冬训大会，学习《中共中央关于农业和农村工作若干重大问题的决定》，开展民主评议党员活动。

12 月 20 日　村组织党员干部、群众参观"迎澳门回归"图片展，收看澳门回归交接仪式的电视现场直播，庆祝澳门回归祖国。

是年　全村农户领到陆家镇建管所房产科颁发的房产证。

2000 年

1 月 22 ~ 24 日　村组织党员干部参加镇 1999 年度冬训大会，听取市农工部长周锦文作的《全面落实党的农村政策，促进农业增效、农村稳定》的报告。同时进行宗旨、政策、法制教育，开展民主评议党员活动。

3 月 17 日 ~ 4 月　两村组织对农村干部进行全心全意为人民服务的宗旨教育及党的农村政策教育（"三项教育"）。

5 月 19 日　村组织党员干部参加镇召开的"致富思源、富而思进"双思教育会议，并分批参加培训。

8 月 5 日　渔业村与陆家村合并成新的陆家村，办公地址在陈家浜路 2 号。

11 月 1 日　开展第五次全国人口普查，统计时间截止到 1 日零时，全村共计 724 户，总人口为 1628 人，其中男性 754 人、女性 874 人。

2001 年

1 月 1 日　村执行市委、市政府制定的"28 条"富民政策。4 月 24 日党委制定《陆家镇 2001 年富民工程实施意见》，把富民政策落到实处。

1 月 6 ~ 8 日　村组织参加 2001 年度党员干部冬训暨"三个代表"重要思

想学教动员大会，开展民主评议党员活动，观看文艺演出。

是月　村成立社区卫生服务站，面向社会，服务社区，方便群众。

2月8～11日　村支书、村主任、老干部及种养业大户参加"三个代表"学教座谈会。学教活动从1月初开始，到3月中旬结束。

4月　村贯彻镇政府下发的陆家镇《农村税费改革实施方案》的批复，并予以实施，以减轻农民的负担。

7月27日　镇召开"创建无毒社区"动员大会，确定陆家村、菉溪新村为创建试点，并签订责任状。

8月27日～9月25日　村进行第七届村民委员会换届选举。

12月6日至2002年2月5日　村开展村级"三个代表"重要思想学习教育活动。转变干部作风，改变村风民风，创建"五好"村党支部。同时结合开展"三讲"主题教育活动，提高党员干部的思想政治素质。

2002年

4月15日～5月11日　连续27天阴雨，造成湿害、渍害，影响夏熟作物灌浆结实，导致全村三麦、油菜作物减产。

6月11日　镇党委下发《关于学习中共特别党员陶一球同志的通知》，村组织党员干部结合"三个代表"学教活动，认真学习《中共特别党员陶一球》这本史书，以陶一球为榜样，树立正确的思想、信念和人生观、价值观。

10月　镇党委来村宣布曹根妹任陆家村党支部书记。

11月8日　上午9时，村党支部组织全体党员干部集中村会议室收看中共十六大开幕式。

12月　陆家村会计陆建英被评为"全国先进村组财会人员"。

2003年

3月20日　村组织党员干部、离退休人员去昆山参加"万人看昆山，齐心奔小康"的大型参观活动。

4月　村全面实施农村基本养老保险，并发放养老基金。

4月17日～6月底　非典在全国范围肆虐，村上马上成立专业队，设立检测点，层层把关，落实责任措施，预防并严控非典流行。

8月13日　村贯彻政府下发的《陆家镇拆迁工作实施意见》，取消农户动迁置换宅基地的政策，停止农房批建，全部采用货币补偿和优惠购置定销房补偿办法，由政府招标建造定销房。

12月26～28日　村组织党员干部参加2003年度党员干部冬训大会，并开展民主评议党员活动。

是月　村组织党员干部参加司法所举办的法制讲座和法律知识竞赛。

2004 年

2 月 村全面推行农村居民医疗保险制度。

4 月 12 日 陆家村与政府签订实施"三有工程"工作责任书,力争在三年内 70% 以上村户实现"个个有技能,人人有工作,家家有物业"这一目标。

7 月 12 日 陆家村人好孩子集团总裁宋郑还被评为"江苏省首届十大优秀专利发明人"。

7 月 20 日 村贯彻镇下发的《陆家镇实施"基石工程"工作意见》,明确职责,发展村级经济,促进农民增收,维护农村稳定。

9 月 村委会组织人员参加第一次全国经济普查会议,开展调查摸底工作。党支部全面推行"两推一选"的方法进行换届选举,选举曹根妹为陆家村党支部书记。

12 月 2 日 村进行第八届村委会换届选举。本着"公开、公平、公正"的原则,坚持差额、无记名投票的方式,选举产生新一届村委会领导班子。

12 月中旬至 2005 年 1 月 20 日 组织人员参加 2004 年度镇党员干部冬训,冬训主题是"提高党员素质,加强基层组织,服务人民群众,促进各项工作"。冬训分成深入调研、集中学习、总结建档三个阶段进行。

2005 年

3 月 原村会计陆建英到龄退休,由曾英任陆家村会计。

6 月底 村党总支组织全体党员庆祝中国共产党成立 84 周年,同时募捐老干部基金。

12 月 30 日 村组织党员参加镇举办的全镇农村党员、干部冬训大会。

2006 年

5 月 22 日 村组织参加在镇广场举行的"第一届全民健身月"启动仪式,参加 3000 米环镇长跑赛,以及乒乓球、桌球赛。

11 月 村开展"文明家庭"评比活动,参评 615 户,参评率为 100%。评出文明家庭 604 户,占比 98.20%。其中"五好文明家庭"6 户,占比 1.80%。落评户 5 户,占比 0.80%。

是年 全村各户安装有线电视。

2007 年

1 月 20 日 村全体党员干部参加 2006 年度党代会例会暨党员冬训会议,为期三天,进行学习讨论。

5 月 9 日 村域内育才社区第七届居委会换届选举中,胡光明当选育才社区主任。

10 月 10 日 村召开第九届村委会换届选举工作会议,开始村委会换届选举各项准备工作。

是年　陆家村完成自来水管网改造，进一步提高群众饮用水质量。

2008 年

5月21日　全村响应镇党委号召，全体党员向四川地震灾区捐款，缴一次"特殊党费"。

是月　曹根妹调至镇政府计生委工作，高维仁同志接任陆家村党总支书记。

2009 年

1月13～14日　村全体党员干部参加镇召开的中共陆家镇委员会十二届四次全体会议暨2008年度党员干部冬训大会。

6月30日　陆家村农业经营户参加市政策性农业保险。

8月2日　村域内遭受50年一遇的特大暴雨袭击，村委会组织村民投入防汛抗灾工作。

11月　创办陆家村便民服务站。

2010 年

1月20日　陆家村召开双述双评会议，镇党委委员苏培兰参加会议，会上对每一位在职党员进行了认真测评。

2月2日　由陆家村领导带礼品和慰问金对全村老年人进行春节慰问，特地走访慰问了90岁以上老人沈宝英、徐阿妹等人。

2月27日　在菉溪广场举行的元宵晚会上，陆家村舞蹈队表演了歌舞，为晚会增添光彩。

3月27日　青海玉树地震牵动全国人民的心，陆家村党总支书记高维仁带头发动工作人员和党员干部积极向灾区人民奉献一份爱心。

5月10日　苏州名艺人张小燕老师应邀来陆家村为村民奉上一台别开生面生动多彩的演艺节目。

5月13日　昆山市第四人民医院医师在陆家村多媒体阶梯教室举办口腔卫生讲座，座无虚席。

6月2日　由村妇女主任陆亚华主持的"独生子女企业退休人员享受一次性奖励"会议在村会议室召开，13位村民小组长参加了会议。会上向大家分发了宣传公告用于张贴。

11月1日　第六次全国人口普查工作开展。

2011 年

1月7～8日　全村党员干部参加在艺体中心召开的陆家镇2010年度党员干部冬训会议。

2月1日　村、社区领导班子成员参加在文化中心影剧院召开的全镇机关作风和效能建设工作会议。

2月25日　村支书和村主任参加镇召开的2011全镇经济工作会议,镇领导进行总结和部署工作。

5月16日　陆家镇全民健身月首届太极柔力球比赛在菉溪广场举行,陆家村参赛队荣获一座金奖杯。

6月24日　村领导对低保户、困难户家庭进行走访慰问,并送去慰问金。

9月9日　村主任高峰和妇女主任陆亚华前往敬老院对村"五保户"进行重阳节慰问,并带去月饼等慰问品。

9月30日　为庆祝建国62周年,陆家镇举行"一村一品"文艺汇演,陆家村的扇子舞登台表演。

10月18日　村召开征兵动员会议。

11月1日　全国人口普查考试登记工作开展。

12月19日　村举行第十届村民委员会换届选举大会,高峰连任村主任,曾英、陆亚华任村民委员会委员,选举结果上墙公布。

2012年

1月6～7日　村组织党员干部参加在镇艺体中心召开的2011年度全镇党员冬训暨中共陆家镇第十三次代表大会第二次会议。

3月7日　召开全镇党建工作会议,会上村党总支签订并递交了2012年度党风廉政责任书。

是月　拆迁的村民住进小高层,用上天然气,改善了生活条件。

4月28日　陆家镇举行公共自行车启用仪式,陆家村范围内设14个投放站,方便群众绿色出行。

5月9～12日　"陆家杯"全国老年门球赛成功举办,来自全国20个省、市、自治区的37支门球队共三百余名运动员参赛,陆家村门球队荣获一等奖。

5月　村党总支书记高维仁调至镇经管办,副书记胡光明调至邵村社区任邵村社区党支部书记。

6月　陆家村村民委员会主任高峰接任陆家村党总支书记。

12月12日　村志编撰人员在镇党校参加业务培训。

2013年

入夏后　村域内连续45天以上高温,树木枯死,旱情严重,150年来少见。

7月30日　召开村及社区党员大会,镇党委宣布季卫忠任陆家村党总支书记,高峰调离陆家村工作。

8月25日　中共陆家村第十一届党支部换届选举大会召开,选举季卫忠为党总支书记,汪冰为副书记,曾英为委员。

9月2日　村党总支书记季卫忠带领村、社区干部参与慈善一日捐活动，共捐款 2600 元。

是月　村委会抽调 2 人参加第三次全国经济普查摸底工作。

10月6~7日　村域内遭受台风"菲特"影响,普降大雨,水位猛涨,屋漏船沉,灾情严重。

2014 年

3月22日　村召开党的群众路线教育实践活动动员大会，镇党委委员李建平作动员讲话，村党总支书记季卫忠作活动安排报告。

4月4日　昆山市委常委、组织部部长杨军到村督导群众路线实践活动。

5月15日　村日间照料中心投入使用，开始每周一至周五为独居、空巢、失独、残疾等符合配送餐条件的老人提供用餐、送餐服务。

6月19日　镇人大主席李凤泉、副镇长诸建德到村召开"陆家镇第二大选区市镇两级人大代表述职会议"。

6月28日　村党总支召开全体党员大会，庆祝中国共产党建党 93 周年，同时募捐党员关爱基金 6485 元。

第一章　建置区域

陆家地区历史悠久，新石器时代的先民即在当地从事生产、劳作。秦汉时属娄县，后分置信义县、昆山县和新阳县。清代地属昆山县和新阳县，分属新阳县武元乡，兼属昆山县永安乡，以区、图建制。民国期间隶属昆山县菉葭浜乡、区、第三区等，推行保甲制。新中国成立后，废保甲，设区、乡、村。菉葭村隶属昆山县（市），菉葭区、乡、镇。公社化时下设生产大队和生产小队，菉葭大队辖9个生产小队，渔业大队辖4个生产小队。1983年撤社建乡，大队改村，小队改村民小组。1986年撤乡建镇，实行镇管村。2000年8月5日原陆家村和渔业村合并成新的陆家村，辖13个村民小组。

第一节　沿　革

陆家村域春秋时代（公元前770~476年），从属吴地的"娄邑"。

公元前473年越灭吴，归属越。

公元前355年楚败越，归属楚，为楚春申君领地。

公元前221年，秦统一中国，属娄县。

公元前206年，西汉改娄为娄，属娄县。

东汉、三国、晋、宋、齐各朝承汉置不变。

南梁天监六年（507）分娄县置信义县，属信义县。

大同二年（536）分信义县置昆山县，属昆山县。

宋淳祐十二年（1252）地属昆山县武元乡，永安乡。

明宣德年间（1426）《嘉靖昆山县志》载，形成陆家浜市，地属昆山县，十二保属永安乡。

清雍正二年（1724）分昆山县置新阳县，分属两县：木瓜河南属昆山县永安乡，果区七图；木瓜河北属新阳县武元乡，夜区一图。

清咸丰十年（1860），太平天国改昆珊、新阳两县，同属苏福省。

清同治二年（1863）复名昆山，与新阳同属苏州府。

清宣统二年（1910）属菉葭浜乡，分属昆山县、新阳县。

1912年昆山、新阳两县合并，仍名昆山县，一地不再分属两县，地属昆山县。

1929年属昆山县第三区。

1934年省颁《各县整理自治区域办法》，规定百户以上的村庄为乡，万户以上的街市为镇，二十五户为闾，五户为邻。同年11月推行保甲制。据《陆家镇志》考证，辖区内自然村玉皇殿、许家村和南圣堂一带为一保，其中南圣堂为五甲，许家村为六甲，玉皇殿为十一甲。

1939年菉葭浜乡镇属昆山县第三实验区。

1942年属昆山县第七区。

1945年属昆山县第三区，后改为菉葭区。

1949年属昆山县第三督导区。1949年5月13日昆山解放，同年7月废保甲制，建区、乡，地属菉葭镇蓬朗区。同年11月建菉葭区，地属菉葭镇。

1950年1月废除保甲制后，建立区、乡，辖区内建有许家、韩泾、西库3个联村。

1953年5月，建渔民生产互助组。

1954年6月，许家联村建立新生初级农业生产合作社。翌年建韩泾、西库两个初级社。

1956年3月，蓬朗、菉葭合并，设菉葭区，后撤区并乡，地属菉葭乡。后掀起合作化高潮，办有西库高级农业生产合作社。

1958年9月18日，建菉葭人民公社，村域属由新丰、星生、西库三高级社合并成的五大队，西库辖7个生产小队。

1959年6月，五大队分成新丰、星生、西库三个大队，后改西库大队为菉葭大队。同年组建菉葭渔业大队，下辖4个生产小队。

1961年，菉葭大队从1队和2队中划出部分组成第8生产队。

1966年4月，菉葭大队改为陆家大队，菉葭渔业大队改为陆家渔业大队。

1980年在陆家大队内的2队以陈家浜河为界，河西划为第9生产队，河东仍为2队。

1983年6月，改乡管村制，建陆家村民委员会，辖9个村民小组。建陆家渔业村民委员会，辖4个村民小组。

1986年12月，实行乡改镇管村制，村属陆家镇。

2000年8月5日，陆家和渔业两村合并为新的陆家村村民委员会，辖13个村民小组。至2012年，按自然村归属：1组在小夏驾，2组在鹤塘路煤屑墩，3组在东弄，4组在韩泾村，5组在玉皇殿、许家村，6组在南圣堂，7组在黄泥浜，

8 组在西库，9 组在陈家浜，10 组为原渔业村四组，11 组为原渔业村一组，12 组为原渔业村二组，13 组为原渔业村三组，其中 10、11、12、13 组四个组村民均分布在渔业一村和渔业二村。

第二节 村 境

陆家村，地处陆家浜镇区周边，位于东经 121° 02′ 19″ ~ 121° 03′ 19″ 北纬 31° 18′ 08″ ~ 31° 19′ 42″ 之间。东西宽 1.70 千米，南北长 2.80 千米，总面积 3.20 平方千米，平面图上呈箭头状。东沿东城大道，与邹家角村及花桥镇的集善村相隔；南濒古木江，与花桥镇的金城村交界；西以吴淞江及夏驾河与陈巷村及神童泾村隔水相望；北以陆丰路（312 国道）与夏桥村及邹家角村接壤。距镇政府 0.50 千米，北距昆山市中心 12.50 千米，西距苏州市中心 50 千米，东距上海市中心 55 千米。全村辖 8 个自然村，13 个村民小组。

第三节 区 划

一、村民委员会

陆家大队（村） 陆家村位于陆家镇周边，早年属菉葭浜镇，新中国成立初村域内有许家、韩泾、西库 3 个联村。1958 年公社化时属第五大队。1959 年由西库大队更名为菉葭大队。1983 年 6 月改为陆家村，辖 6 个自然村，9 个村民小组，村委会设在陈家浜路 2 号。1989 年全村共有 494 户，1640 人，其中劳动力 948 人，村办企业有粮饲加工厂、水泥预制场、攀顶厂、包装厂、漆包线厂、皮鞋厂、无纺厂（含喷胶绵厂）及中日合资林谷沙有限公司等。

陆家村村民委员会 2000 年 8 月陆家村和渔业村合并而成新的陆家村，建立陆家村村民委员会，地处镇边农夹居。村域内地势较平，平均高程 3.63 米，位于陆家镇政府驻地西南偏南方位。村边北 3000 米处有沪宁铁路、沪宁城际高铁、沪宁高速公路及 312 国道东西贯通，交通便捷。

陆家村下辖 13 个村民小组，8 个自然村，其中第 10 ~ 13 村民小组原属渔业村。村域内尚有陆家、育才 2 个社区居民委员会，分辖 30 个居民小组、23 个居民小区和 6 所学校。

20 世纪 50 年代全村耕地 1776.39 亩。2006 年实有耕地 334 亩。农业主要以种植水稻、三麦、油菜作物为主。20 世纪 90 年代陆家村有中型拖拉机 4 台、稻麦联合收割机 4 台、自走式联合收割机 2 台、手扶拖拉机 9 台、水稻直播机 2 台、中拖开沟机 2 台、中型旋耕机 4 台、手托螺旋开沟机 9 台、插秧机 3 台等大中型农机具。村内有排灌站 4 座、流动水泵船 6 艘、防洪闸 7 座，基本实现农业机械化。

有 20 户村民加入阳澄湖围网养蟹业，21 户成为经营渔商专业户，53 户自产自销为业。

2001 年 1 月镇南卫生服务站成立。村里建有一支 10 人的村级专职保洁队伍。设有老年活动室 2 间，文化活动中心 1 处。全村普遍通电话及有线电视，联网使用自来水。

2004 年第八届村委会换届选举，以无记名投票方式选举出新一届领导班子。

2012 年工业总产值 12165 万元，利税总额 521 万元，固定资产净值 232 万元。全村共 685 户 2300 人，劳动力 1389 人，外来人员 3600 人。村集体收入 324 万元，人均纯收入 26252 元。

陆家村曾获评"江苏省生态村""江苏省卫生村"及"苏州市建设社会主义新农村示范村"等称号。

陆家村民委员会设在陈家浜路 15 号，邮政编码 215331。

附录　　　　　　　　　　　　**居民委员会**

村域内以陆家浜路为界，有陆家（东）、育才（西）两个社区居民委员会。

（一）陆家社区居委会

陆家社区居委会设在陆家村东部的联谊路。辖区面积 1.89 平方千米，东至东城大道，西至陆家浜路，南至木瓜小区，北至 312 国道。陆家社区共划 13 个居民小组，常住居民 3643 户，9981 人。辖区内企事业单位多家，含幼儿园、医院和农贸市场等。

社区居委会工作人员 8 名：设主任兼书记 1 名，副主任 2 名，工作人员 5 名。辖区内建有木瓜小区、桃园春天、联谊新村、联谊花园、名湖花苑、启发广场、碧湖苑、星旺商苑等住宅小区及 9 个自然商业区。2005 年在陆家镇人民政府的大力支持下，投资 90 万元新建陆家镇陆家社区居委会的办公大楼，使之成为集办公场所、文化娱乐、社区服务等为一体的新型功能区。陆家社区居委会以计划生育、社会保障、公共卫生、矛盾调解、社会治安、征兵等工作及政府中心工作为主要内容，以务实、创新、规范、服务的作风来面向居民开展工作。近年来获得多项集体荣誉。

2007 年 6 月被苏州市人民政府授予"绿色社区"称号。12 月，获"昆山市关心下一代工作'五有五好'先进单位"。

2008 年被中共昆山市委宣传部授予"昆山市新农村（村级）文化设施标准化建设达标单位"。

2009 年，被苏州市依法治市领导小组办公室授予"民主法治社区"称号。

2010～2011年被苏州市文化广电新闻出版局授予"苏州市公共文化服务示范区"称号。

陆家居委会主任依次为：第一届张鹤松（1990～1992），第二届李云娥（1993～1995），第三届张根元（1996～2001），第四至第八届宋卫东（2002～2012）。

陆家社区居委会管辖住宅小区情况表

表1-3-1

小区名称	占地（亩）	建筑面积（平方米）	幢数	建造年份	开发商
启发广场	117.04	213211	25	2012	昆山启发置业有限公司
镇南路商品房	2.25	2200	2	2002～2004	
名湖花苑	84.69	38110	30	2002	昆山佳宏地产发展公司
联谊新村	45.23	53828	28	1995～2004	
联谊花园	50.25	59000	11	2009～2012	
星旺商苑	3.83	73600	6	1985～2002	昆山鼎源房产开发公司
桃园春天	58.64	35396	11	2006	昆山住宅建设开发公司
唐板桥花苑	30.00	9438	39	2000	
木瓜北苑	36.62	14180	60	2002～2003	
木瓜东苑	57.98	21506	91	2003	
木瓜南苑	54.36	19852	84	2003	
木瓜西苑	24.62	6853	29	2002～2003	
碧湖苑	11.05	14519	5	2004～2005	昆山月盛房产公司

注：海渝公寓、食品站小区、卫生院小区已于2012年前先后拆除。

（二）育才社区居委会

育才社区居委会驻地陈家浜路15号（原成人学校内），辖区面积0.52平方千米，区域范围东至陆家浜南路，西至吴淞江，南至木瓜河，北至夏驾河。社区内主要有育才新村、长丰新村、牧医新村、鹤塘新村、菉溪新村、陆粮新村和龙溪新村等8个小区及老区散户。户籍人口1393户，居民数3347人，常住人口一千八百多户，五千七百多人，其中外来人口约二千九百多人。辖区内企事业单位二十多家，其中中、小学各1所。

育才社区居委会工作人员6名，居民小组长11名，社区办公室面积653平方米，其中社区多功能活动中心200平方米。社区以"服务居民，奉献社区"为宗旨，为残疾人、贫困者、老年人提供便利服务。通过劳动保障网络系统，积极为社区居民提供就业服务渠道；利用社区软、硬件资源，开办了市民学校，法制学校等，为社区居民提供了学习场所；每年暑期，对少年儿童进行爱国主义、传统美德等教育服务；结合社区特点，创办了育才舞蹈队、健身球操队。

社区在环境、综合治理、计划生育、关工委等方面做出了较好的成绩：

2004年被评为"昆山市文明社区"。

2005年被评为"昆山市关心下一代工作'五有五好'先进单位"。

2006年荣获"昆山市关心下一代先进集体""社区建设先进单位"等荣誉称号。

2007年被评为"昆山市社区教育先进单位""老龄工作先进集体"，并成功创建了"苏州市绿色社区"。

2008年度获得"昆山市民主法治示范区"称号。

2009年在全民健身日活动中获得健身球操优秀奖。

育才居委主任依次为：第三至第五届沈正素（1997～2004），第六届孔卫平（2005～2008），第七至第八届胡光明（2009～2012）。

育才社区管辖住宅小区情况表

表1-3-2

小区名称	占地（亩）	建筑面积（平方米）	幢数	建造年份	开发商
鹤塘新村	5.12	5400	4	1996	
牧医新村	4.43	7320	6	1994	
长丰新村	12.90	17000	6	1999	长安房产开发公司
菉溪商苑	0.63	700	1	1998	
龙溪新村	3.07	5848	4	1994	
陆粮新村	6.26	8400	6	1982～2000	
菉溪新村	21.98	24506	28	1988～1995	
育才新村	13.37	24576	11	1993～1998	

二、村民小组

陆家村 1 组地处小夏驾村，位于陆家村北 1000 米处，东临韩泾河与陆家浜天主堂隔河相望，南隔教堂路与昆山市第四人民医院毗邻，西临夏驾河，北接陆家食品站。地处陆家镇政府驻地北 200 米。村庄南北长 173 米，东西宽 221 米，呈扇叶形。耕地面积 193 亩，住宅面积 26 亩。全组在籍户口 63 户 216 人，其中男 100 人、女 116 人。村上有方姓 18 户，陈姓 13 户，潘姓 8 户，沈姓 5 户，徐姓 4 户，陆姓 3 户，戴姓 2 户，王、李、施、周、贾、郭、朱、冯、张各 1 户。全村以农业为主，种植水稻、小麦、油菜等作物。

2011 年 5 月，因建设用地，房屋拆迁，村庄消失，全部失地面积为 219 亩。小夏驾村民大部分迁居神龙花园和邵村 10 期小高层居住区。

陆家村 1 组（队）长：方金生、方锦芳、陈鸣志、方阿小、方建忠、陈金贵、潘阿林、潘仁云。

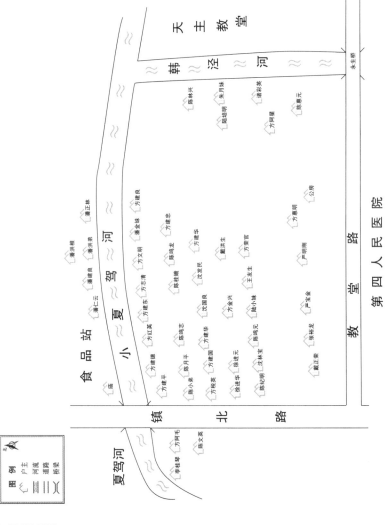

　　陆家村 2 组属农夹居，无自然村名。北至兽医站，南达木瓜河，东沿陆家浜南路，西临陈家浜河。东西宽 250 米，南北长 600 米，呈手枪形。于 1980 年以陈家浜为界，河西部分增设为 9 队。2 队位于陆家镇政府驻地南偏西 500 米处。耕地面积 146 亩，住宅面积 26 亩，全组在籍户口 59 户，总人口 169 人，其中男 80 人、女 89 人。村中张姓 7 户，顾、陆姓各 6 户，钱姓 5 户，吕、吴、诸姓各 4 户，孙姓 3 户，王、朱、曹、高、夏姓各 2 户，邹、林、程、瞿、陈、金、李、潘、浦、戴姓各 1 户。村民以农业为主，种植水稻、小麦、油菜等作物。其中戴小弟、顾荷良、程建芬、钱惠良、陈秀英、张佳元、顾建英、杨井田、高怀德等 9 户已于 2012 年前拆迁，安排在邵村西苑和杏花苑。

　　陆家村 2 组（队）长：张学明、吴建生、诸仁元、张建德。

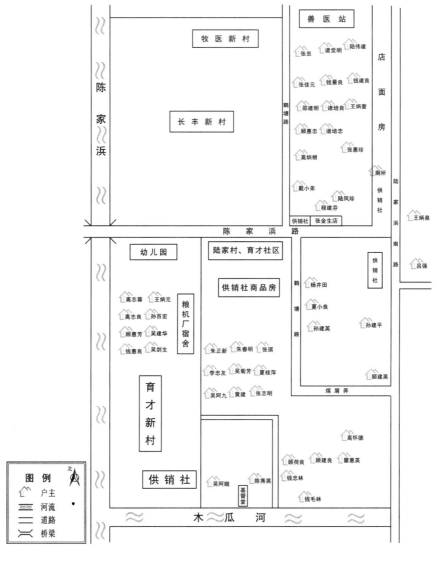

　　陆家村 3 组即陆家浜东弄村，系农夹居混杂区。北自新开河，往南沿韩泾河，散在分布于新宅弄、王家弄（旧称黄家弄）、东弄，南至白鹤溇一带。西隔陆家浜南路，在韩泾河东岸也聚居有 10 户村民，村庄似零星长条形位于韩泾河西岸。南北长 800 米，东西宽 100 米，在陆家镇政府驻地南 700 米处。全组有耕地 244 亩，住宅面积 39 亩。在籍户口 96 户，295 人，其中男 130 人、女 165 人。有顾姓 17 户，沙、陈姓各 7 户，诸、王姓各 6 户，杨、柯姓各 5 户，黄、陆姓各 4 户，蔡、陈、沈姓各 3 户，张、蒋、彭、李、廉、朱姓各 2 户，周、何、陶、姚、于、刘、庄、唐、孟、徐、胡、祝、余、孔姓各 1 户。全村以农业为主，种植水稻、小麦、油菜等作物。村民陈其明、彭小青、陶义明、陈伯生、蔡金龙、王亚娟、彭余秀、王三囡、王小英、余志明、余卫明、姚文东已于 2012 年前拆迁安置在联谊花园。

　　陆家村 3 组（队）长先后为：沙炳文、诸惠明、诸宝英、蔡金良、陈妙林、诸寿明、诸照明、张祥官。

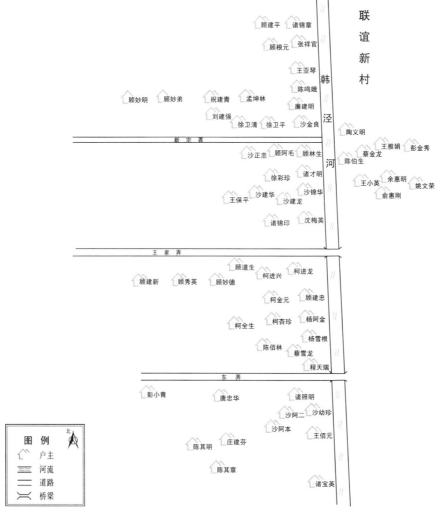

陆家村4组，所在韩泾村。村庄西依韩泾河，北至新开河，东到吼张浜，南至木瓜河。东西宽100米，南北长250米，略呈牛形状。耕地面积224亩，住宅面积30亩，位于陆家镇政府驻地南偏东1000米。在籍户口70户，共253人，其中男112人、女141人，其中陈姓14户，顾姓13户，李姓11户，张姓9户，诸姓6户，王姓3户，曾、潘姓各2户，唐、周、陶、彭、庄、陆、万、吴、汪、宋姓各1户。全村以农业为主，主要种植水稻、小麦、油菜等作物。

2003年建东城大道征地，2009年全面动迁，村庄消失。全部失地面积254亩，村民迁居联谊花园。

历任陆家村4组（队）长先后为：陈菊鲁、李玉明、诸惠宝、潘洪道、张耀祖、李建国、万林生、冯爱珍。

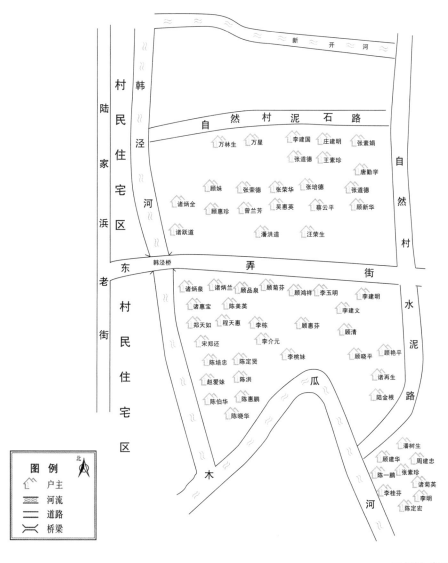

陆家村 5 组所在自然村玉皇殿（含许家村）。村庄东靠潘正浦，与花桥集善村接壤，南至古木江，西接木瓜小区，北接木瓜河，呈蝶形，南北长 500 米，东西宽 250 米，住宅面积 30 亩，耕地面积 255 亩。位于陆家镇政府驻地南偏东 1000 米处。全组在籍户口 30 户，共 252 人，其中男 124 人、女 128 人。姓氏统计为：陈、胡姓各 8 户，张姓 7 户，蔡、戴姓各 2 户，沈、吴、李姓各 1 户。全村以农业为主，种植水稻、小麦、油菜等作物。

2003 年，陆家镇政府安排建别墅式木瓜小区用地 185 亩，新开河植树绿化 40 亩，2009 年建联谊花园小高层楼房及绿化带占地 30 亩。2010 年，因规划建设用地及绿化带拓宽，房屋拆迁，村庄消失，全部失地面积 285 亩。本组村民迁居联谊花园。

陆家村 5 组历任组（队）长先后为：陈雪林、胡士明、王秀英、陈建华、陈宝林、胡菊林、张惠林。

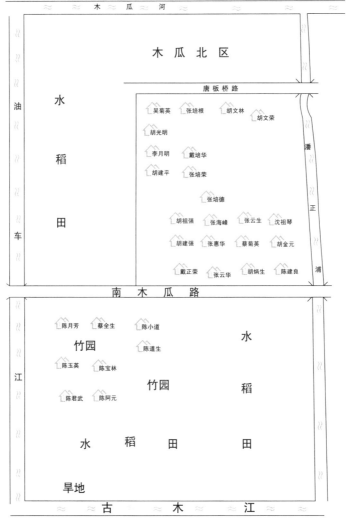

　　陆家村 6 组，地处南圣堂自然村。村庄东依油车江与 5 组交界，西邻黄泥浜与 7 组接壤，北接西弄（兴学弄），南至古木江与花桥陆巷村隔江相望。村庄地势平坦，呈长方形，南北长 600 米，东西宽 340 米，位于陆家镇政府西南 1100 米处，耕地面积 261 亩，住宅面积 36 亩，共有 43 户 244 人，其中男 107 人、女 137 人。全组有吴姓 7 户，李、包姓各 5 户，朱、陆姓各 4 户，杨、曹、陈姓各 3 户，沈姓 2 户，孔、周、张、刘、孙、鲁、邱姓各 1 户，全村（组）以农业为主，种植水稻、小麦、油菜等作物。

　　2003 年，建造农民别墅，形成木瓜小区。小区南部 100 多亩用于绿地造林及开河。自此，6 组失地 297 亩，村庄消失。本组 7 户安排至木瓜小区，2010 年全面拆迁安排在联谊花园小高层。

　　陆家村 6 组历任组（队）长先后为：杨小毛、包进堂、王阿林、曹三毛、张阿俭、孙寿林、吴文英等。

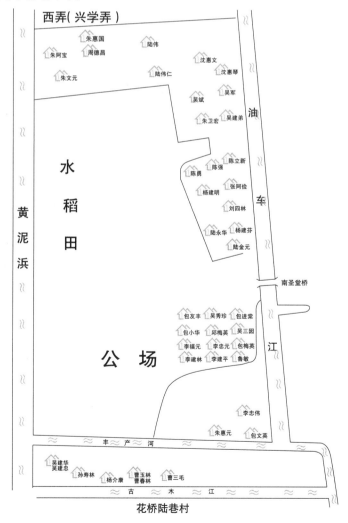

陆家村7组地处自然村黄泥浜。村庄位于吴淞江东岸，北靠渔业新村二村和木瓜河，东临黄泥浜，南至丰产河。南北长250米，东西宽100米，呈长方形，在陆家镇政府驻地南1000米处。耕地面积155亩，住宅面积16亩。村中在籍户口24户，总人数155人，其中男77人、女78人。全组姓氏有：张姓9户，李姓6户，王姓2户，徐、陈、包、吴、曹、胡、夏姓各1户。村民主要从事农业，种植水稻、小麦、油菜等作物。2007年征地用于陆家中学高中部扩建，村庄消失，村民多迁居邵村南苑。

陆家村7组历任组（队）长依次为包阿弟、张义康、胡进才、张寿康、曹根生、武敏珠。

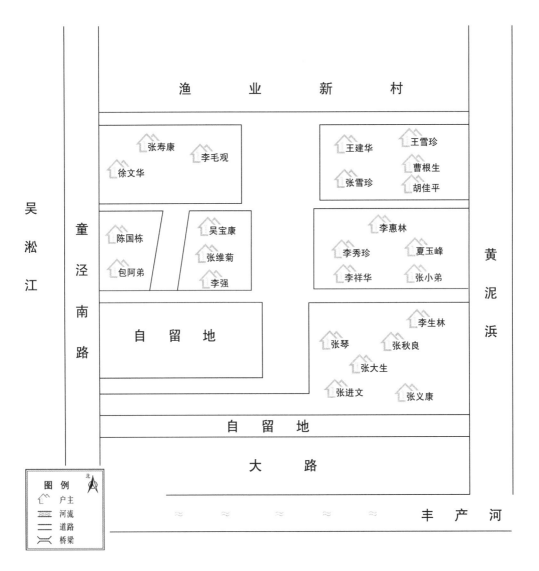

陆家村 8 组所在西库村、施家宅、唐家宅、张家宅。村庄东隔韩泾河与邹家角的七千浜相望，南至北圣堂，西临陈家浜，北达昆山市第四人民医院和碧湖苑，呈散花形，长宽难述。位于陆家浜政府驻地南 100 米处。全组耕地面积 96 亩，住宅面积 22 亩，在籍户口 46 户 147 人，其中男 66 人、女 87 人。村上有施姓 10 户，黄姓 7 户，唐、冯姓各 6 户，张姓 5 户，鲍姓 3 户，吴姓 2 户，王、陆、甘、盛、沈、沙、陈姓各 1 户。全村以农业为主，种植水稻、小麦、油菜等作物。

1983 年后，本组大量土地征用于地方建设。2012 年已有施小林、施芳、施小英、施宗明、张新宝等 5 户拆迁。

陆家村 8 组（队）长先后为施阿根、唐福民、施荣生、施建忠、唐进元、施金林、李雪凤。

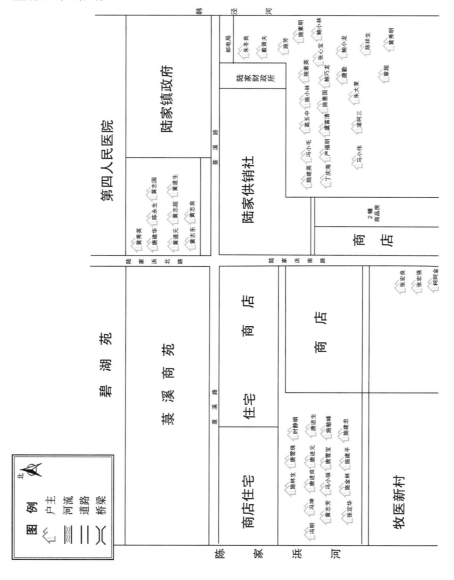

陆家村9组，村庄位于陈家浜村。该村位于陆家镇政府驻地南偏西700米处。1975年后，因供销社、信用社扩展，迁入部分村民。1980年以陈家浜为界进行划分，东部为2队，河西部为陈家浜9队。村域北至菉溪新村，南达木瓜河，西临菉溪新村路，东依陈家浜。南北长400米，东西宽50米，呈手枪形。有耕地146亩，住宅面积26亩。在籍户口65户，总人口240人，其中男117人、女123人。姓氏中，张姓21户，徐姓8户，吴、陆姓各6户，王、孙、巢姓各4户，林、姚姓各3户，诸、周、蔡姓各2户。村民以农业为主，种植水稻、小麦、油菜等作物。2012年因土地全部征用，村民动迁，村庄消失，大部村民迁往邵村西苑、蒋巷北苑和邵村10期。

陆家村9组（队）长先后为吴秋德、徐品仁、蒋琴、顾敖生、张白妹、张阿东、徐金虎、张大弟、孙惠林。

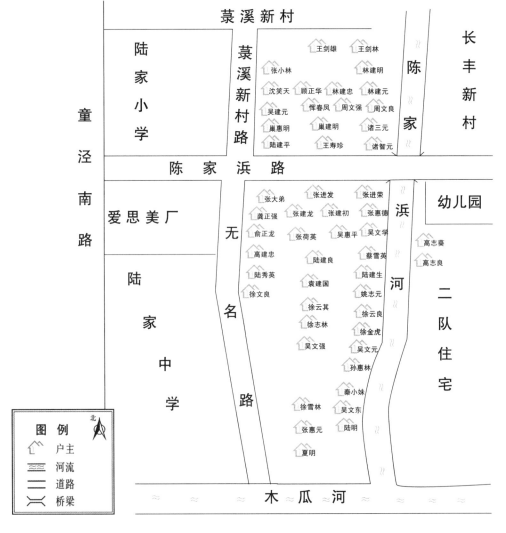

陆家村 10 ~ 13 组原属渔业村（大队）的 1 ~ 4 组（生产队），所在渔业新村是 1968 年渔民陆上定居形成的自然村，故名。村庄东依童泾南路，南邻金城试剂有限公司，西临吴淞江，北靠保温瓶厂和陆家镇环卫所。东西宽 200 米，南北长 120 米，位于陆家镇政府驻地西南 500 米处。住宅面积 36 亩，呈手枪形，自然村在籍户口 224 户，共 767 人，其中男 367 人、女 400 人。姓氏中潘姓 79 户，陆姓 34 户，戴姓 27 户，朱姓 17 户，徐姓 12 户，许姓 10 户，刘、陈、唐姓各 8 户，王姓 6 户，盛姓 3 户，曹、凌姓各 2 户，赵、冯、诸、孙、吴、张、李、谢各 1 户，村民世代从事渔业。由于人口增长，于 1997 年在陆家村 7 组的黄泥浜征地建造别墅式民房，形成渔业新村二村，原村为一村。

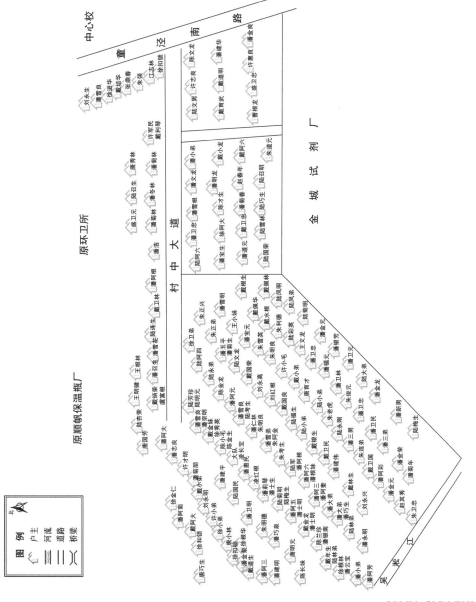

　　1997 年，经政府特批征用陆家村黄泥浜自然村北面一幅 6.75 亩的旱地安排年轻渔民营造 22 户小别墅，形成渔业村二村。二村北临木瓜河，东依黄泥浜，南接黄泥浜自然村，东沿童泾南路，东西长 100 米，南北宽 45 米，呈手枪状，在陆家镇政府驻地南 1000 米处。全自然村在籍户口 22 户 92 人，其中男 44 人、女 48 人，有潘姓 8 户，陆姓 5 户，戴姓 4 户，朱姓 2 户，唐、陈、徐姓各 1 户。村民继承祖业从事渔业，以捕捞水产品为主，大小渔船沿岸停靠，在环境整治中，政府花巨资搭建毛竹船舫 13 只，渔民船只有序停放，形成一道秀丽的水上风景线。

　　陆家村 10 组历任组长是：戴水根、陆文弟。

　　陆家村 11 组历任组长是：潘小巧、戴小龙。

　　陆家村 12 组历任组长是：刘永生、陆风生、刘永兴、戴阿大、戴林生。

　　陆家村 13 组历任组长是：陆守芳、陆梅生、潘彩生、潘小弟。

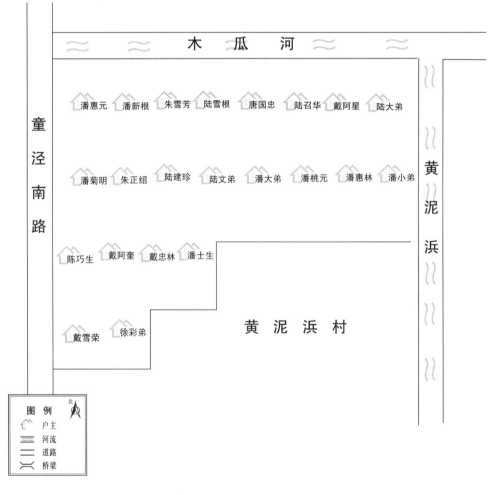

第四节　村庄地名

　　小夏驾村　清乾隆甲午《菉溪志》多处提及"小夏驾"而无"小夏街"之说。今正名为"小夏驾村"，因小夏驾河穿村而过，故名。

　　韩泾村　村庄位于韩泾河畔，故名。

　　东弄村　村民、居民杂居于东弄里，故名。

　　玉皇殿　香严观易地玉皇殿所在村，故名。

　　许家村　村民无许姓，因村上一座古木庙内土地老爷姓许而得名。

　　黄泥浜村　村庄建于黄泥浜西岸，故名。

　　西厍村　该村位于施家宅西面，俗称西厍。

　　陈家浜村　一条陈家浜河穿村而过得名。

　　渔业新村　1968年村域内渔民陆上定居而形成的新村，故名。村庄位于吴淞江东岸原陆家造船厂东边。

　　渔业二村　位于木瓜河南岸，黄泥浜西边。系渔民扩建住宅而得名。

第二章　自然环境

陆家村地处镇驻地周边，属长江三角洲东端的太湖流域。自古以来，村域内地势平坦，高度差在 0.15 米左右，土地肥沃，四季分明，日照充沛，气温宜人；河网纵横，水资源充足；自然资源丰盛，物产富饶。村域内适宜种植、养殖、经商贸易，是人们安居乐业、繁衍生息的绿色热土。

第一节　地貌土壤

一、地貌形态

陆家村平面图上呈"枪托"状。地貌形态属华东陆台范围江南古陆地带。古时候受黄浦江回潮影响泥沙逐渐沉积，成土母质为河湖相沉积，局部地区兼有江海沉积。村域内 60 ～ 133 米深度之内均为第四纪疏松堆积物所覆盖，成陆年代距今 4200 ～ 6000 年之间。地面平坦，地势较高，地貌差异不大。自然坡度较小，略呈边高中低，是典型的昆东青阳港半高平田土区。地面高度平均 3.69 米（基准面：吴淞零点，下同），小夏驾 3.78 米，施家宅、唐家宅为 3.65 米，韩泾联村 3.63 米和 3.76 米，陈家浜 3.63 米，玉皇殿 3.63 米，许家村 3.79 米，黄泥浜 3.69 米。

新中国成立后，村域总面积、地貌变化不大，基本保持历史原貌。

二、土壤状况

种类　村域内成土母质为河湖相沉积。局部地段为江海沉积物，质地较轻，粉沙含量较高，渗水性能较高，保肥性能也较差，土壤肥力不平衡，氮、磷、钾不协调，部分土地偏碱。土壤组合以黄泥土，粉沙心黄泥土、粉沙底黄泥土为主，局部镶嵌有乌泥底黄泥土、乌山土、堆叠土等土壤类型，其中黄泥土占 93.50%，粉沙心黄泥土占 1.70%，粉沙底黄泥土占 3.90%，乌泥底黄泥土占 0.10%，僵土占 0.60%，乌山土占 0.20%。长期以来，土地养分失调，土壤地力下降，局部地段内排条件较差。

养分　村域内土壤因水旱轮作，昔日有机肥料投入和耕作水平提高，干湿交替明显，微生物活动较强，养分储量比较丰富。进入集体化生产后，有机肥料投入相对逐年减少，化学肥料、除草及防病除虫药物使用量逐年增多，尽管机械化程度不断提高，土壤养分和地力却渐差。推广种植双季稻后，干湿差别拉大，土壤养分更差，氮、磷、钾明显失调。之后，又推行浅耕免耕耕作制，而有机肥料投入几乎是零，导致地力薄弱，影响产量和粮质。实现了家庭联产承包制后，农户又广积自然肥料，夏秋两季投入草泥、猪塮、牛窠等有机肥料，土地养分逐渐增加，肥力有一定的回升，粮食产量年年有增。特别是实行土地流转承包种植之后，大农户注重氮、磷、钾肥的搭配使用，夏秋两季100%秸秆还田，土地养分得到了进一步改善和提升。

第二节　河　流

一、自然河浜

陆家村西有吴淞江，北有夏驾河，东临吼张浜与潘正浦，南有古木江，流向多变。民谚有：古木十八湾，摇到才吃饭。村域内共有小夏驾河、陈家浜河、月河、韩泾河、木瓜河、黄泥浜河、油车江河、古木江、鹤塘浜河9条河。

陆家村自然河道简表

表 2-2-1

河名	起讫地址	流向	水面（亩）	长（千米）	宽（米）
木瓜河	小瓦浦河至吴淞江	东西	172.50	5.75	20
韩泾河	木瓜河至小夏驾河	南北	25.20	1.20	14
陈家浜河	木瓜河至夏驾河	南北	27.60	1.15	16
黄泥浜河	木瓜小区至木瓜老河	南北	6.72	0.32	14
古木江	潘正浦至吴淞江	东西	45.00	1.00	30
小夏驾河	星光河至夏驾河	东西	71.40	2.80	17
月河	北圣堂至夏驾河	东西	45.00	1.50	20
油车江河	木瓜河至古木江	南北	16.20	0.60	18
鹤塘浜河	木瓜河至北圣堂	南北	7.50	0.50	10

二、新开河道

村域内新河道开挖工程，由大队统一规划，报水利部门审核同意实施，作为水利建设的重点工程，由大队工程指挥部统一指挥，统一检查监督，统一完成开挖时间和质量标准，确保冬季生产和来年春耕生产两不误。在劳动力分配和管理上，实行生产队划段承包，生产队按户劳动力划定河段开挖面积。合理安排用工时间，既满足小队里冬季生产农事用工，包括开上海运肥、罱泥、田间管理等，又要保证开河工程的进度。因此，开河用工集中在生产队集体劳动收工后挑灯夜战或节假日期间突击完成。个别户有特殊情况，也请来亲朋好友帮助完成。劳动报酬按照划定的土方量，生产队按照大队计酬标准，统一记工分参加年终分配。

　　新开河　陆家村结合农业生产的发展和水利建设规划，从实际出发，抓住秋、冬季节，自1970～1972年新开许家村丰产河和陈家浜贯通河，另有4条河是镇政府所开。

陆家村域内新开河道一览表

表 2-2-2

河道名称	起　讫	流向	面积（亩）	长（千米）	宽（米）	开挖年份
陈家浜贯通河	月河至夏驾河	南北	7.50	0.25	20	1970
许家村丰产河	黄泥浜至潘正浦	东西	15.30	0.85	12	1971
陆家镇区新开河	吼张浜至韩泾河	东西	14.63	0.65	15	1993
顺陈路新开河	木瓜河至吼张浜	东西	14.03	0.55	17	2003
木瓜小区新开河	潘正浦至吴淞江口	东西	20.40	0.85	16	2004
南木瓜河	新木瓜河至吴淞江	东北	45.00	1.50	20	2009

　　自1970年开始，陆家及渔业大队曾先后派员参加拓浚西杨林塘、庙泾河、白茆塘、星光河、浏河、友谊河、太浦河等工程，大兴水利建设。

三、填废河浜

　　20世纪60年代后期，农业学大寨兴起高潮，生产大队、生产队结合农田平整和方正化，对部分溇、浜、河段进行填埋后改造成耕田，建成道路或建造厂房。20世纪80年代中后期，村、组彻底改变传统的农业生产方式。村、组农田成片、方正、规格化，结合农田基本建设、水利建设和城乡一体化规划建设的统筹，进一步规划对潭、溇、浜和河道的填埋。至2012年底，陆家村域内共填埋河道24条，总长度6625米。其中填埋潭、溇、浜共16个（条），总长度3640米，扩大种植面积112.50亩，改善了生产环境，增加了经济收益。

陆家村域内已废河道浜溇一览表

表 2-2-3

名　称	起　讫	流　向	面积（亩）	长 × 宽（米）	填埋年份	用　途
鹤塘浜	老街	南北	2.25	300 × 5	1958	筑路
南圣堂后浜	南圣堂西至油车江	西南	4.50	150 × 20	1964	成田，建木瓜小区
北圣堂后浜	北圣堂至韩泾河	东西	3.38	150 × 15	1966	成田，建菜市场
叫化浜	油车江东边	长圆形	1.68	45 × 25	1970	成田，后宅基
陆小弟浜斗	夏驾河边	南北	1.95	100 × 13	1970	成田，后水厂
龚家坟无名浜	龚家坟南	东西	1.58	70 × 15	1966	成田
南圣堂前浜	武家柏树坟北面旱地	东西	2.40	80 × 20	1970	成田，陆家浜南路
玉皇殿浜	玉皇殿至前浜	东西	1.80	60 × 20	2003	建木瓜小区
月河浜	陈家浜河至夏驾河	南北	4.50	200 × 15	1972	建蓁溪新村
后鱼池	老中学东南方	东西	4.50	100 × 30	1980	成田，建中学
堰基溇	陆家8队至老天主堂	南北	3.38	150 × 15	1984	蓁溪商苑住宅
金家溇	通向夏驾河	东西	4.08	170 × 16	1992	建教堂路
学堂浜	陆家浜北路至夏驾河	东西	1.50	50 × 20	1994	建住房
月河浜	陈家浜河至夏驾河	东西	11.25	500 × 15	1994	筑路，建商品房
七千溇	陆家3队田中	东西	5.85	300 × 13	1994	新开河，筑路
鹤塘浜北段	北更楼至鹤塘新村	南北	9.00	300 × 20	1994 ~ 2004	筑路，建商住楼
蟹沿浜	严泾浜至312国道	东西	9.60	400 × 16	1995	建康贝厂
油车江河	老木瓜河至新木瓜小区	南北	12.15	450 × 18	1995	筑陆家浜南路

（续表）

名 称	起讫	流 向	面积（亩）	长×宽（米）	填埋年份	用 途
堰基溇	陆家8队至陈家浜河	南北	2.25	100×15	1995	建沿街商住楼
吼张浜	312国道至南洋交大	南北	22.50	1000×15	1999	筑路，建南洋学校
许家村新开河	潘正浦至黄泥浜	东西	14.76	820×12	2003	建木瓜小区
鱼池	许家村	东北	1.02	80×8.5	2003	成田
古木江	潘正浦至吴淞江	东西	45.00	1000×30	2009	筑绿地大道
唐板桥无名浜	唐板桥南	东西	2.25	50×30	2003	绿化带

第三节 气 候

陆家村属北亚热带南部季风气候区。气候温和湿润，四季分明，光照充足，雨量充沛，无霜期长。但是，由于冬夏季节风进风退，有早有迟，强度变化不一，降水和气温年际差异较大，旱、涝、风、冻等灾害时有发生。

一、四季特征

春季 桃红柳绿，风和日丽，连续5天日平均气温稳定在10℃时，为春季的开始，以此为准。入春后，气温逐步上升，历年平均（1960～2012年，下同）从4月2日至6月14日，历时74天。期间，偶有"倒春寒"。平均雨量288毫米，占全年总雨量的27%。1981～2012年中，2009年4月14日村域内尚见飘雪，气温降至0℃。

夏季 连续5天日均气温在22℃以上为入夏，以此为准。历年平均在6月15日入夏，9月17日结束，为期95天。7月中下旬至8月上旬为盛夏，最热旬均气温28.30℃，年极端最高气温35～38℃。夏季总雨量410.10毫米，占全年总雨量38.60%。初夏有一段集中降雨期，称之"梅雨"或"黄梅天"。历年平均6月18日入梅，7月9日出梅，梅雨期在22天左右，平均梅雨量183.80毫米。其中1959年为枯梅年，降雨量30毫米。出梅后有一段副热带高压控制的高温旱伏天气。8～9月份多台风，时有暴雨，平均每年有2次台风影响。2010年8月13日极端最高温度为39.20℃。

秋季　连续 5 天平均气温在 22℃以下时入秋。历年平均在 9 月 18 日~11 月 18 日为秋季，历时 62 天，为四季中最短的季节。秋季总雨量 243.70 毫米，占全年总雨量的 22.90%。9 月上旬有炎热天气出现，俗称"秋老虎"。随着副热带高压主体迅速南撤，村域内呈现"一场秋雨，一场凉爽"自然降温过程。

冬季　持续 5 天平均气温低于 10℃入冬，以此为准。冬季是四季中最长的一个季节，历年平均从 11 月 19 日入冬，至次年 4 月 1 日为止，共 134 天。初冬常受北方强冷空气影响，气温骤降，最冷时段在 1 月中旬至 2 月上旬，最冷旬在 1 月中旬，平均气温 2.60℃。冬季总雨量 121.90 毫米，占全年总雨量的 11.50%。受大陆冷高压控制，1977 年 1 月 31 日出现最低温度 -11.70℃。冬季最低气温 0℃的日数占冬季的 95% 左右。

（一）气温

根据昆山县气象资料分析，1959~1987 年，陆家村域内年平均气温为 15.30℃，极端最高气温为 37.90℃（1978 年 7 月 8 日），极端最低气温零下 11.70℃（1977 年 1 月 31 日）；1988~2006 年平均气温 16.30℃，最高年平均气温 17.60℃，最低年平均气温出现在 1987~1989 年，均为 15.20℃；2007~2012 年平均温度为 17.10℃。

暖冬　1988~1993 年，年气温平均比 1959~1987 年偏高 0.90℃；1994~1997 年，年均气温比 1959~1993 年偏高 0.80℃。其间，1994、1995、1997、1998、2000、2001、2003 年都出现了暖冬天气。1998 年 12 月至 1999 年 2 月平均气温达 6.80℃，比历年偏高 2.50℃，整个冬季无寒潮冰冻天气；2000 年 12 月至 2001 年 2 月平均气温 6.60℃，2000 年 12 月下旬，2001 年 1 月上旬和 2 月下旬平均气温分别比历年同期高 3.20℃和 4℃，是历史上最暖的一个冬季；2003 年 12 月~2004 年 2 月，平均气温相比历年偏高，冬暖较为明显。

夏凉　村域内出现 2 次夏凉。1989 年 7 月平均气温比 1959~1987 年同期偏低 1.80℃，无高于 35℃高温天气，是明显夏凉天气。1999 年 6~8 月平均气温 24.90℃，创历史夏季最低气温。

酷夏　1966~2012 年村域内出现 10 次酷夏。其中，1971 年 7 月气温高于 35℃有 25 天；1995 年气温高于 35℃的有 12 天；1998 年 8 月有 15 天；2000 年 6 月有 4 天，7 月有 13 天；2001 年 6~7 月三个时段 17 天，7 月 22 日极端最高气温 38℃；2003 年高于 35℃、37℃、38℃气温日分别有 13 天、8 天和 4 天；2004 年高于 35℃和 33℃分别为 18 天和 42 天，比历年偏多 12 天和 21 天；2005 年 6~9 月 35℃高温天气有 17 天，比常年偏多 11 天，9 月 13 日至 23 日出现历史上罕见的"秋老虎"炎热天气；2006 年气温异常偏高有 20 天，比常年多 13.50 天；2010 年 21 天。

低温 1977年1月31日极端最低气温为-11.70℃；2000年1月下旬至2月上旬出现持续低温天气，1月25～27日，日均气温-1.20℃～-3.20℃，26日极端最低气温-5.40℃，比历年同期偏低1.90℃；2004年的12月30日出现大雪天气，31日至2005年1月2日连续3天冰天雪地，1月1日极端最低气温-5.70℃；2006年1月5～10日持续冰冻天气，其间平均最低气温为-3.10℃～-3.80℃，出现了"倒春寒"天气。2012年平均气温16.80℃，是年最高为7月5日的37.40℃，最低为2月3日的-4.40℃。1960～2012年间，最高气温高于35℃天数最多为1971年的25天，最少为1968、1981、1982、1986年的0天。最低气温低于0℃天数最多的是1985年的64天，天数最少的是2000、2006年的13天。2012年高于35℃为16天，低于0℃为28天。

（二）降水

村域内降水基本集中在春、夏、秋三个季节，春季在4～5月，有着"菜花水发"传统说法，汛期明显，雨量可占全年的22%。夏季6～7月，多数年份连续下雨，俗称"黄梅水发"，降水量要占全年量的50%左右，集中在梅雨季节。降雨期最长的是1954年达49天，梅雨期一天最大降雨量为1959年的107.40毫米，降雨量最大为1957年，总雨量475.20毫米，占全年降水量的31%。1995年7、8、10月降水特别多，1996年6月3日～7月梅雨总量447.20毫米，1998年初夏入梅，暴雨4天，稻田和鱼塘全部受淹。但是，也有入梅迟，出梅早，梅雨期4天之短的历史之最。2002年6月19～24日和6月28日～7月17日出现二段梅，梅雨量比历年少。2004年9月22日～11月9日的49天里总降水量仅8.60毫米，10月2～24日连续23天无降水。2005年1月下旬到2月中旬，出现历史罕见的连续阴雨和雪天，降雨量多达往年的234.90%。2006年10月23日～11月15日连续25天无降雨。在1960～2012年间年降水量最大为1960年的1569.90毫米，最小量为1978年的667.10毫米；降水天数最多为1977年的150天，最少为1971年的71天；日最大降水量最多为1960年的223毫米，出现在是年的8月4日。2012年降水量为1084.50毫米，年降水144天，降水量134.40毫米。

（三）雷暴雨

1981～2012年村域内雷暴雨平均初见日3月17日，平均终止日10月3日。雷暴两极日期：1981～2012年最早初见日为2002年的1月15日，最晚终止日为2012年的12月15日。2012年雷暴初见日为2月22日。

（四）日照、蒸发量、湿度、风力

日照 村域全年晴、雨、阴天近乎各占1/3。1960～1987年本地平均日照时数2165.20小时，为可照时数的49%，最多1978年2460.70小时，最少是2007年1643.40小时。日照时数最多在7、8月份，为可照时数的60%左右；

2～6月日照较少，为可照时数的39%到42%。月日照时数最少是1960年3月，为64小时。1988～2006年平均日照1948.90小时，1988年为最多年份，日照2235.40小时，1999年为最少年份，日照1696.90小时。2007～2012年平均日照1737.73小时。2012年日照为1732小时。

蒸发量 村域内1959～1987年平均蒸发量为1385.50毫米，超过年降雨量25.80%。在1960～2012年间，年蒸发量最小为2009年的852.10毫米，最大为2005年的1674.30毫米。2012年年蒸发量893.40毫米。

湿度 1988～2006年相对湿度年平均为80%，以8月份最大，为85%，最小相对湿度出现在冬、春季节，12月份最小，为72%。1960～2012年曾有4个年份湿度最大为84%，最小值为2005年的69%。2012年均相对湿度73%。

风向 本地季风气候明显。冬季受蒙古冷高压控制，盛行风向为北风，其中以北到西北风为主；春季是夏季风交换季节，盛行风向为东南风；夏季受副热带高压和印度热低压的共同作用，东南风的频率占2/5以上；秋季是夏季风与冬季风交替季节，盛行风向接近冬季北风或西北风。

风速 风速也有明显的季节性变化，一般是冬春风速大，夏秋风速小。1959～1987年年平均风速为每秒3.60米，冬春平均风速分别为每秒3.60米和每秒3.90米，夏秋平均风速分别为每秒3.60米和3.20米。这是因为冬春气压梯度大，寒潮和气旋活动频繁，而夏秋气压梯度小，除台风外，其余时间均风速较小的缘故。

1988～2012年年均风力每秒2.85米，春季平均风速最大为每秒3.30米，秋季最小每秒2.70米。2012年均风速2.30米/秒。

霜雪 据1959～1987年昆山县气象要素资料分析，年平均初霜日为11月5日，终霜日为3月30日；初霜最早为1979年10月22日，终霜最晚为1986年4月16日；年均无霜期229天，最长1977年256天，最短是1979年199天。1988～2012年气象资料分析记载，村域内平均初霜期为11月13日，最早为1993年10月25日，最迟为1995年12月5日；年平均终霜期为3月26日，最早2002年，终于2月25日，最迟1992年，终于4月16日；平均年无霜期为230天，最短是1992年191天，最长为2004年264天。2012年无霜期228天，初霜为2011年11月5日，终霜为2012年4月3日。

1959～1987年平均降雪6.6天，年平均无雪期295天。平均初雪日1月3日，最早初雪日是1976、1977年11月7日；平均终雪日3月7日，最迟终雪日1980年4月24日。1964、1970、1977、1984年春季相继出现较大春雪，积雪厚度达16～20厘米，使交通运输、广播通讯、邮电供电、农副业生产受到损失。

1981年～2012年受全球气候趋暖影响，村域内降雪也呈减少的气象。初雪期最早为 2009 年 11 月 19 日，终雪期最早为 1999 年 12 月 31 日；初雪期最迟为 2006 年 2 月 13 日，终雪期最迟为 2009 年 4 月 14 日。无雪期最多是 1998 年和 2006 年 365 天，最少是 2009 年 219 天。2012 年无雪期 301 天，初雪 2011 年 12 月 18 日，终雪 2012 年 2 月 20 日。

按昆山气象局提供资料表明，1981 ~ 2012 年年无霜期平均 230 天，初霜日 11 月 12 日，终霜日为 3 月 27 日；初雪日 12 月 31 日，终雪日 2 月 25 日，无雪期平均 313 天。初霜日最早为 10 月 25 日，终霜最晚 4 月 16 日；初雪最早为 12 月 3 日，最晚为 4 月 14 日。

二、物候

（一）主要农作物物候

1980 年开始，按照国家气象局农业气象观测方法规定，对陆家地区主要农作物发育期进行观测，至 1987 年，8 年间平均日期：中熟春性品种小麦播种期 11 月 4 日，出苗 11 月 15 日，分蘖 1 月 8 日，起身 2 月 13 日，拔节 2 月 26 日，抽穗 4 月 25 日，开花 5 月 1 日，乳熟 5 月 25 日，成熟 6 月 4 日。

中晚熟甘蓝型品种油菜播种 9 月 18 日，出苗 9 月 25 日，五叶 10 月 14 日，移栽 11 月 1 日，现蕾 2 月 24 日，开花 4 月 4 日，成熟 6 月 1 日。

中晚熟粳稻品种单季晚稻播种 5 月 17 日，出苗 5 月 23 日，移栽 6 月 21 日，返青 6 月 25 日，分蘖 7 月 5 日，抽穗 9 月 5 日，开花 9 月 16 日，乳熟 9 月 27 日，成熟 10 月 22 日。

（二）主要鸟类昆虫物候

蜜蜂始见期 3 月 7 日，豆雁 4 月 7 日，家燕 4 月 14 日，大杜鹃始鸣期 5 月 18 日，蚱蝉 6 月 28 日。

（三）树木发育期

榆树芽开放 3 月 5 日，展叶盛期 4 月 7 日，开花盛期 5 月 14 日，种子脱落 9 月 28 日，落叶始期 11 月 11 日；槐树芽开放 4 月 5 日，展叶盛期 4 月 23 日，开花盛期 5 月 10 日，种子脱落 9 月 9 日，落叶始期 11 月 14 日；楝树芽开放 4 月 14 日，展叶盛期 5 月 2 日，开花盛期 5 月 19 日，落叶始期 11 月 17 日。

第四节　灾　害

一、台风暴雨

台风　据 1959 ~ 1987 年统计，台风出现 43 次，平均每年 1.60 次；大风暴雨成灾 25 次，平均每年 0.89 次，其中 1962 年成灾台风有 4 次，1984 年 6 号台风袭击,受灾较重。

据《陆家镇志(1988～2006)》记载:本地夏秋两季,每年都会受到热带风暴(台风)和阵头风(雷雨夹带强风、龙卷风)影响,最早出现在5月中旬,并持续到最迟11月中旬,主要集中在7月中旬至9月中旬,约占总数的78%。平均每年有2～3次。

1990年8月31日～9月1日,受15号台风袭击,风力9级,连续出现大雨和暴雨,31日日降雨量达120.5毫米,水稻、经济作物、鱼塘普遍受淹,损失严重。

1992年9月23日受19号台风袭击,造成水稻倒伏。

1995年5月19日大风暴雨,二分之一以上三麦倒伏,水稻秧田、油菜和经济作物相应受灾。

2005年9号台风风力8～10级,暴雨、局部大暴雨;9月12日15号台风风力10级,日降雨量114毫米,两次台风都使部分水稻田受淹和倒伏。

二、冰雹龙卷风

1988年5月3日夜里遭冰雹大风袭击,三麦油菜倒伏受灾。

2003年7月22日晚上6时许,村上遭龙卷风暴雨夹冰雹袭击,全镇电力线受袭,10根电线杆被击断,造成停电。电讯、电视网络同样受袭,直接经济损失达五百多万元。

附录:　　　　　　　　　　　**历史灾情一览表**

表2-4-4

年号	公元	灾情记述
汉文帝三年	公元前177年	暴风,吹损民房
三国吴大帝元年	公元222年	八月初一,大风,江海涌溢、平地八尺水
梁天监元年	502年	大旱
宋景祐元年	1034年	大水
熙宁四年	1071年	大水,众田皆没
宣和四年	1122年	大水,田与江通
绍兴五年	1135年	10月丁未,大雷电激射如箭,海水大溢,覆船坏屋
隆兴二年	1164年	大水。明春2月,民大饥且疫
元至元二十四年	1287年	水涝成灾,浚娄江导水入海
大德五年	1301年	秋7月,风潮并举,飘荡民庐,死者八九
明洪武二十三年	1390年	庚午秋7月,东北大风夹潮而上,峻阜高陵皆漂没
永乐元年	1403年	大水

（续表）

年号	公元	灾情记述
正统七年	1442年	夏大水，7月17日飓风拔苗
景泰五年	1454年	大水，民饥，疫作，次年夏大旱，苗枯、民病、死横于道
弘治五年	1492年	大水，禾稼无收，民饥
弘治十年	1497年	冬寒无雪，12月草木皆吐华
弘治十二年	1499年	3月大水，田野如江潮，菜麦皆烂死。7月初，海潮如血，泥沙犹然
正德四年	1509年	7月7日大雨如注，一昼夜未尽淹，民多死徒，饿殍满路
正德十三年	1518年	4月大风拔禾，三日大雨漂没，芸穗麦田
嘉靖元年	1522年	7月25日飓风大作一昼夜，拔禾发屋，船行漂没
嘉靖二年	1523年	大旱，米石银二两
嘉靖八年	1529年	夏6月飞蝗蔽天，8月大水
嘉靖二十三年	1544年	河渠皆涸，野多饿殍
嘉靖四十年	1561年	春，雨雪不止，4、5月淫雨，江湖涨溢，禾苗尽淹
隆庆二年	1568年	大旱，次年大水，后年复大水岁浸
万历二年	1574年	7月5日，顷之雷电交作，风雨大至，屋瓦尽飞
万历四年	1576年	大水，高下皆没
万历三十六年	1608年	4、5月连雨50日，大水，田皆淹没
天启四年	1624年	夏大水，后大旱，民饥
崇祯十三年	1640年	6月大旱，溇江淤断，飞蝗蔽天
崇祯十四年	1641年	夏大旱，大江涸，民大疫，死者相枕。斗米银三钱。秋蝗，民削榆皮为食
清顺治五年	1648年	3月3日大雨雹，大者如斗，破屋杀畜，夏大风雨冰雹，秋大水
顺治十年	1653年	春3月大雨雹，夏5月大雨，6月复雨伤禾。冬11月冻不解，人行冰上
康熙七年	1668年	夏，地震
康熙十年	1671年	大旱
康熙十八年	1679年	3月至8月不雨，飞蝗蔽天，斗米三钱
康熙三十二年	1693年	夏旱水涸
康熙四十六年	1707年	4月不雨至7月，大旱，井泉竭，次年夏大风大水
雍正二年	1724年	5月蝗，8月大水。次年3月望日大雨雹
雍正九年	1731年	10月，地震，房塌

（续表）

年号	公元	灾 情 记 述
乾隆三年	1738 年	夏亢旱，饥荒。次年 4 月 10 日大雨雹损麦
乾隆十八年	1753 年	秋旱，米价腾涌
乾隆五十八年	1793 年	春久雨伤麦，夏大水，禾苗多淹
嘉庆九年	1804 年	夏 5 月淫雨兼旬止，陆地水深尺许，田禾尽淹
嘉庆十九年	1814 年	夏大旱，河底俱涸
嘉庆二十四年	1819 年	大旱，因吴淞江初浚，潮水存至民田，借以灌溉
道光十四年	1834 年	夏秋之交久旱不雨，河水俱涸
道光二十二年	1842 年	秋，水涨淹禾，仅露芒穗，农人置舟田中，没股以割
咸丰六年	1856 年	夏大旱，河港多涸，8 月飞蝗蔽天
咸丰十年	1860 年	春连绵阴雨，立夏日霏雪自辰至未，积约一寸
光绪八年	1882 年	6 月地震
光绪十四年	1888 年	3 月地震，4 月下大冰雹，人畜及夏麦均损
光绪十五年	1889 年	雨 8 月 24 日始 10 月初止。水高六尺许，田禾尽淹
光绪十八年	1892 年	夏秋亢旱，饥。冬 12 月大雪，吴淞冻，人行冰上
宣统三年	1911 年	春夏间多雨，田禾被浸，民不聊生，抢米之风甚
民国 6 年	1917 年	63 天不雨，夏驾河见底，两岸一万余亩无收
民国 10 年	1921 年	河水泛滥成灾
民国 20 年	1931 年	7 月上旬至下旬连雨，遂致一片汪洋，无分水陆
民国 23 年	1934 年	7 月夏驾桥飓风过境，倒屋压死牛羊
民国 30 年	1941 年	大水
民国 37 年	1948 年	大水
	1949 年	暴雨、台风俱来，外河水位高 3.70 米，农田淹没
	1949 年	三化螟虫危害，白穗严重，稻飞虱造成单、后季稻早死
	1951 年	7 月中旬淫雨为害，外河水位高 3.30 米，农田被淹
	1952 年	9 月份连绵阴雨，外河水位高 3.40 米
	1953 年	入夏后，菉葭区 2500 亩田因干旱减产
	1954 年	5 至 7 月连续降雨，水位上涨到 3.88 米，作物受损
	1956 年	梅雨早发，农田受淹，8 月 1 日台风，受损严重
	1960 年	8 月 3 日暴雨，水位上涨到 3.57 米，农田被淹
	1963 年	12 号台风风力达 9 级，受损严重
	1971 年	7 月份连续高温，影响中稻抽穗扬花，造成莠而不实
	1975 年	5 月 30 日下午 7 时半，冰雹和 8 级暴风雨袭击 10 分钟，部分作物被打烂

（续表）

年号	公元	灾情记述
	1977 年	8 月 22 日 7 号台风带来暴雨，受损严重
	1978 年	7 月 11 日，发生 10 级龙卷风，至 8 月 40 天高温
	1980 年	7 月 30 日到 8 月 28 日连续暴雨，低田受淹
	1985 年	7 月 31 日夜至 8 月 1 日晨，台风暴雨，局部水位涨至 3.61 米
	1986 年	7 月 11 日大暴雨，水稻田受淹
	1987 年	3 月 26 日出现严重霜和冻，庄稼受冻
	1988 年	5 月 3 日夜，遭冰雹大风袭击，三麦油菜倒伏受灾
	1990 年	8 月 31 日~9 月 1 日，受 15 号台风袭击，风力 9 级，连续大暴雨，31 日降雨量达 120.50 毫米。水稻、经济作物及鱼塘普遍受淹，损失严重
	1992 年	9 月 23 日，受 19 号台风袭击，水稻倒伏
	1995 年	5 月 19 日，大风暴雨，半数以上三麦倒伏，水稻、油菜和经济作物相应受灾
	1997 年	8 月 18~19 日，持续 24 小时，风力 10 级，降雨 49.50 毫米，损失 64 万元
	2003 年	7 月 22 日晚 6 时许，遭龙卷风暴雨夹冰雹袭击，全镇电力线受袭，10 根电线杆被击断，造成停电，电讯、电视网络亦受袭，直接经济损失五百余万元
	2005 年	8 月 5~7 日，持续 48 小时，风力 10 级，降雨 183.40 毫米，损失 105 万元
		9 号台风风力 8~10 级，暴雨成灾；9 月 12 日 15 号台风风力 10 级，日降雨量 114 毫米，两次台风过境均造成水稻田受淹和倒伏
	2008 年	1 月 26~29 日，持续 72 小时暴雪，倒塌房屋 4 间，直接损失 164 万元
	2010 年	8 月 6~9 日，持续 72 小时，风速 10.60 米/秒，降雨 120.20 毫米，经济损失 1194 万元

第五节 土 地

一、土地资源

新中国成立初期，陆家村有耕地面积 1470.61 亩，旱地 254.90 亩，坟地 30.38 亩，竹园 18.50 亩，杂荒地 2.07 亩，小河 0.19 亩，共计 1776.39 亩，人均面积为 1.81 亩。属于土地资源充足，物产丰富的农业村，又是半农半商的农居村。

二、土地使用

新中国成立前，陆家村土地大部分集中在地主、富农、富裕中农家庭。贫苦农民绝大多数是租田种植，每年每亩按照契约交租米一石（约为 75 千克），约占当时产量的 40% 左右，租田农户靠交租后剩余粮食养家糊口，多余劳力做长工、短工、忙月零工来维持生活。

新中国成立后，1950 年 8 ～ 10 月进行土地改革，陆家村 237 户 982 人分得了土地 1776.39 亩，人均 1.81 亩。从此，农民领到了土地证，有了自己的土地，信心百倍，发展农业生产。由于单干生产，不少贫困户缺少资金、生产资料和劳动力等多种原因，又出现了雇工、放债、买卖土地等现象。

1953 年夏秋两季，人民政府因势利导，号召农民组织起来进行互助合作，解决劳动力、生产资料等不足的问题，巩固土改成果。村域内先后办起互助组和临时互助组 14 个。之后，建立初级社、高级社、人民公社等，土地集体所有，大力发展农副业生产，引导广大干部群众种植水稻、三麦、油菜、绿肥、旱地蔬菜、棉花等，土地使用率达 100%。

1983 年底全村实现家庭联产承包责任制，彻底打破"大呼隆""大锅饭"的管理机制，充分调动村民种田的积极性，连续多年丰收。

1998 年 9 月，村上认真做好全面延长土地承包期工作，经过调查摸底、自报互评、填报审核、办理手续等具体事宜，向农民颁发农村集体土地经营权证书。全村 267 户，882.92 亩土地，100% 颁发了土地承包经营权证书。之后，村成立了土地股份制合作社，推出了土地流转承包种植新机制。由村合作社与土地确权户、承种户签订合同，确定土地承种流转费，每年交至村合作社，由社按确权户亩数兑现分配到户。

在土地使用上严格执行申报审批手续制度。农户分家宅基地、房屋翻建均由村统一规划。农户提出申请，村分管领导按照规划，实地勘察，确定方位后申报，经镇村镇建设办、土管部门批准实施。集体公益性建设、企业办厂、道路、绿化、水利等方面建设，先申请报批，后办理土地使用手续，做到珍惜每一寸土地，不随便浪费一寸土地。至 2000 年，出让土地 193.72 亩，镇级道路 146.72 亩，其他征用 109.04 亩。1988 年前使用 191.24 亩，共计 893.96 亩。2000 年后用作扩展木瓜小区、陆家高中、农贸市场、道路景观带、绿地大道等建设用地。

2007 年前陆家村土地征（使）用状况简表

表 2-5-5   单位：亩

组别	年份	小计	用地单位及项目	二三产业项目	事业建设	道路	水利控压	小组合计
1	2003	208.10	陆家镇开发用地	200.10		8.00		208.10
2	2003	152.10	陆家镇开发用地	99.10	45.00	8.00		152.10
3	2003	297.63	陆家镇开发用地	227.63	33.00	37.00		303.20
	2004	5.57	水利及东方幼儿园		1.26		4.31	
4	2003	51.00	陆家镇开发用地	46.00		5.00		222.02
	2004	137.49	昆山住宅建设及东方幼儿园	69.66		67.83		
4	2005	28.84	联谊路、公墓路、东城大道及绿化			28.84		222.02
	2007	4.69	花桥宝湾物流	4.69				
5	2003	184.53	木瓜小区建设	184.53				236.73
	2004	37.20	东城大道			37.20		
	2005	15.00	东城大道			15.00		
6	2003	181.00	木瓜小区及陆家中学	141.00	36.00	4.00		191.42
	2006	10.42	陆家镇政府用地			10.42		
7	2003	35.00	陆家中学及公墓		27.00	8.00		67.77
	2005	15.05	木瓜小区建设			15.05		
	2007	17.72	陆家中学扩建		17.72			
8	2003	125.00	陆家镇开发用地	60.80	44.00	15.00	5.20	125.00
9	2003	165.80	陆家中心校及乐溪广场	38.79	100.00	27.01		165.80
合计		1672.14		1072.30	303.98	286.35	9.51	1672.14

说明：1. 10 ～ 13 组为渔民无土地。

2. 土改时 1776.39 亩。平坟、填河浜增后征（使）用 1672.14 亩。2008 年尚余 151 亩耕地，扣除绿地大道、农贸市场及绿化用地全额征用已无耕地。

三、土地利用

自古以来，陆家村农民从租田耕种，至分得土地保持小农经济生产方式，直到土地归公参加集体化生产劳动和实行家庭联产承包、确权及土地流转承包，在这一系列变化中，都充分利用每一寸土地。

复垦 1956 ～ 2012 年底，村域内根据不同时期规划建设的需要，切实抓好废河、浜、溇、竹园宅基地等的利用，先后复垦土地 112.50 亩。

1994年4月贯彻市深化殡葬改革、清理墓葬用地工作会议精神,陆家村7组提供26.10亩土地建陆家公墓。

四、土地管理

新中国成立前,陆家村土地管理均由保长负责,进行土地纠纷调解,提供租田卖地立契担保、申报批办田契等手续服务,实现土地私有制管理经营的确权。

新中国成立后,村域内土地管理基本上接受区乡土地专管员业务指导,按照《土地法》办事。1984年镇成立了土地管理所(简称土管所),农房、道路、公益建筑、企业用地等建设项目均要申报审批,由土管所督促实施。2007年后土管所改为国土分局。村主任被聘为土地专管员,负责村农田保护、土地监察、土地管理、土地使用、土地利用等具体工作。村域内土地至2012年已全部征(使)用。

第三章 人　口

　　早在新石器时代，陆家村所在地区就有先民居住，从事捕猎耕种，繁衍后代。秦汉以后，为避战乱，北方人群纷纷南迁，村域内人口日益增多。1951年据土改时统计，村域内有1282人（陆家982人、渔业300人）。由于新中国成立后，社会安定，经济发展，卫生条件改善，人民生活质量提高，尤其在消灭了血吸虫病后，人口增长速度迅猛。在1951～1970年间，这20年全村净增545人，年平均增加27人。1971年后，推行计划生育。1982年以此列为基本国策，提倡一对夫妇只生一个孩子。由于措施合理，人口增速得到有效控制，人口素质也有了显著提高。据2012年统计，全村363人受过高等教育，占总人口的15.78%。村民的健康状况不断改善，寿命延长，全村80岁以上老人109人，占总人口的4.74%，男女性别比例长期持平在87左右。2010年1名苗族女青年来此婚配定居，在清一色的汉族村民中添上一枝苗族之花。136个姓氏排名中，潘姓夺魁。

　　2012年全村总人口2836人（含小城镇户口536人），人口密度719人/平方千米。全年全村出生9人，出生率6.86‰。人口自然增长率为负10.68‰，外来投资、务工发展人员，高峰期达4255人。

　　渔业村曾于1978年荣获"昆山县计划生育先进集体"称号。

　　陆家村曾于1992年荣获"昆山市计划生育先进集体"称号。

第一节　人口规模

一、人口总量

　　1951年土改时，陆家村域内有许家、韩泾、西库三个联村和一个渔业群体。其中：

　　许家村有52户，村民248人，其中男120人、女128人；

　　韩泾村有93户，村民428人，其中男201人、女227人；

　　西库村有92户，村民306人，其中男166人、女140人；

渔业群体有 60 户，渔民 300 人，其中男 151 人、女 149 人；

全村总计 297 户，1282 人，其中男 638 人、女 644 人，男女性别比为 99.01，人口密度为 401 人 / 平方千米。

1982 年全村共 607 户（陆家 440 户、渔业 167 户），总人口为 2159 人（陆家 1501 人、渔业 658 人），其中男 1025 人（陆家 684 人、渔业 341 人）、女 1134 人（陆家 817 人、渔业 317 人），男女性别比为 90.39，人口密度为 675 人 / 平方千米。

2012 年全村共 685 户，总人口 2300 人，其中男 1092 人、女 1208 人，男女性别比为 90.40，人口密度为 719 人 / 平方千米。

综上所述，在 1951 ~ 2012 年这 61 年中，总户数增加 388 户，总人口增加 1018 人，其中男性增加 454 人，女性增加 564 人，人口密度增加 318 人 / 平方千米。

由于统计口径不同，导致统计结果各异。2012 年据陆家村民家庭档案显示，全村总人口为 2836 人，在扣除小城镇户口后，全村总人口为 2300 人。陆家派出所统计陆家村的纯农业人口总量为 1311 人，统计数据均可采用。

二、人口变动

陆家村在 1951 年土改时，三个联村共 237 户，总人口 982 人，其中男 487 人、女 495 人；在 1964 年此三联村所在的菉葭全大队共 1204 人，其中男 523 人、女 681 人。在 13 年期间，增加 222 人，平均年增加 17 人，其中男增加 36 人，年平均增加 3 人，女增加 186 人，年平均增加 14 人，女性人数的增量是男性的 4 倍。

资料显示，1963 ~ 1970 年是陆家地区人口发展的高峰期，此后每隔约十年作一次统计分析如下：

1970 ~ 2012 年陆家（含渔业）人口自然增长简表

表 3-1-1 单位：人

时间段（年份）	村（大队）	出生	死亡	增减（±）	年均增减（±）
1970 ~ 1979	陆家	278	71	+207	+21
	渔业	79	27	+52	+5
1980 ~ 1989	陆家	228	89	+139	+14
	渔业	107	43	+64	+6
1990 ~ 2000	陆家	177	185	-8	-1
	渔业	81	44	+37	+4
2001 ~ 2012	陆家	71	180	-109	-10

实际从 1997 年开始，陆家村的人口自然增长率一直保持负增长趋势，分析人口变动除出生与死亡等因素外，尚存在迁移户口等机械因素，今分类作如下表述：

婚迁 男女婚嫁引起的人口变动是陆家村人口机械变动中的主要部分，其数量较大无从精确统计。自 1953 年开始，粮食实行统购统销后的 40 余年中，户籍迁移与粮油计划连在一起办理。自农业生产集体化后，办理户口迁移，先要由接收单位（村、大队）出具"户粮迁移证明"，俗称"接收证"（又称同意证），以证明对方同意接收此户口的迁入，不能造成"袋袋户口"。开具此证明的规格上有五项：一为迁出单位（大队或村）的名称；二为事由，如果属婚迁，说明两单位的男女依法结婚，需办理户粮迁移手续；三为对方单位名称落款；四为出具证明的年月日；五加盖单位公章，实属证明信。然后由迁出单位开具户口迁移证及粮油计划迁移证件去乡（镇）政府民政部门办理手续，再由乡（镇）发给户口迁移通知单加盖乡（镇）政府公章去派出所或大队（村）落实户籍。通知单上有姓名、性别、出生年月日、民族、出生地、籍贯、成分、婚史、文化程度、职业、迁入原因、何地迁入等栏目。

凡外地迁入者需由迁入者原所在单位及乡（镇）政府出具一封证明信与上述接收证类似。由乡（镇）政府开具户口联系单，凭此单办理户口入籍手续。

参军 依据《中华人民共和国兵役法》陆家村自 1955 年开始，村民中的适龄青年响应号召报名服兵役。50 多年来全村共有 64 人应征服兵役，其中：

吴增元于 1960 年参军支援西藏，后转业回昆山任昆山气象站长，已退休。

蔡金生于 1968 年 3 月入伍，官升营级干部，转业回昆山，在昆山纪检委任职，已退休。

李梅福于 20 世纪 60 年代入伍，转业后在昆山公安局任职，现已退休。

徐卫球于 1978 年 3 月入伍，官升团级干部，转业昆山市工作，已退休。

其余 60 名入伍军人均已复员回乡。

支军 1955 年无锡硕放军用机场建设，动迁多家农户，陆家村 1 组（小夏驾）接纳周裕根 1 户 4 人。

调干 陆家村民中直接上调提升为国家干部和教师共 24 人。

其中：1 组方荣官，2 组高峰，3 组诸宝英，4 组顾雪生、顾品泉、陈伯华、程锦华、诸建德、诸炳生、陈伯荣、汪新解，5 组蔡全林、陈玉良，6 组包文彩、曹玉林、周兴昌、包正言，7 组吴宝康、包治平，9 组潘月芳、张白妹、陆丰，10 组戴培华、陆彩英。

插队知青 知识青年（简称知青）上山下乡，这里是指下乡。早在 1956 年毛泽东主席即发出"知识青年到农村去接受贫下中农再教育，很有必要"的指示，

1962 年贯彻"调整、巩固、充实、提高"这八字方针后，于 1963 年菉葭大队迎来了首批插队知青 2 名。在社员眼里，他们参加农业生产劳动，主要是体验农村生活的"日出而作、日落而归"，体验劳动的艰辛，深刻理解"谁知盘中餐，粒粒皆辛苦"的道理。毛泽东主席又于 1968 年 12 月发出"农村是个广阔天地，在那里大有作为"的号召，随即出现知青响应号召，插队落户的新高潮。大门贴上光荣榜，敲锣打鼓送下乡，陆家大队又迎来了 4 名插队知青。1973 ~ 1976 年又有 3 名知青陆续来到陆家大队插队。

来陆家大队插队的知青中，有参加田间体力劳动者，有如郁小平背上药箱当上赤脚医生的，有像李宗元这样兼任 3 队会计的，有像杜建芳这样担任民办教师的等。来陆家大队插队的 9 名知青，都没有在农村成家。插队期间，陆家大队遵照上级指示精神，对知青是照顾的，当时公社也有专职干部负责领导知青工作。在年终分配和口粮分配上，都作政策倾斜。1971 年李宗元响应号召参军，户口迁出，后任职陆家邮电局。1972 年宋郑还迁出，经办陆家中学校办厂，后成为好孩子公司总裁。按政策变化，这批来陆家大队插队的知青于 1979 年全部回城安置就业。

另外，原来插队在外地，后转迁入陆家大队的沈小英、顾雪华、戴梅兰、陆如琴、顾自耕等 5 名不作为大队插队知青统计。

陆家大队插队知青简表

表 3-1-2

插入小队	姓名	性别	迁入		迁出	
			时间	原居住地	时间	安置单位
6	叶秋玲	女	1963	陆家粮机厂	1979.12	昆山中石公司
2	顾庆元	男	1964	陆家镇	1979.08	服装一厂
2	郁小平	男	1968	陆家镇	1980.05	昆山化肥厂
3	李宗元	男	1969	陆家镇	1971.01	参军，后陆家邮电局
4	宋郑还	男	1969	陆家镇	1972	陆家中学校办厂
3	王痛华	男	1973	陆家镇	1979	昆山同丰油厂
2	王　政	男	1976.09	上海	1979.02	上海
2	梅基建	男	1976	陆家镇	1979	陆家食品站
7	杜建芳	女	1968.10	陆家镇	1974	昆山毛纺厂

买户口　1991 ~ 1993 年昆山市玉山镇实施小城镇户籍制度改革，在全昆山范围内试行。凡本市农村户口缴纳城镇建设维护费 1.50 万元，可办理 1 名成为玉山籍居民户口。陆家村和渔业村共 19 名村民办理此项手续，其中 1 组 3 名、

陆家村志

4 组 6 名、5 组 2 名、6 组 1 名、7 组 2 名、9 组 2 名、11 组 2 名、13 组 1 名。
1996 年陆家镇政府发出《昆山市陆家镇小城镇户籍制度改革实施细则》和办法
10 条，从是年 9 月 1 日起实施。办理该手续每人须缴纳城镇建设费 3800 元，后
减为 1500 元，几年累计办理 969 人（含 262 名缴纳 1500 ~ 2200 元的土地工）
迁为陆家镇居民户口，连同玉山镇居民户口共计 988 人，其中 1 组 116 人、2 组
87 人、3 组 102 人、4 组 151 人、5 组 94 人、6 组 92 人、7 组 48 人、8 组 49 人、
9 组 120 人、10 组 25 人、11 组 23 人、12 组 42 人、13 组 39 人。依年龄分析：
18 ~ 35 岁者 711 人，占总人数的 71.96%。

　　录取高校　1993 年前，陆家村历年录取大中院校 270 人，其中男 117 人、
女 153 人。

<h3 style="text-align:center">1970 ~ 2012 年陆家村（大队）人口变动状况表</h3>

表 3-1-3

年份	总人口（人）	出生（人）	占比（‰）	死亡（人）	占比（‰）	自然增长率（‰）	迁入（人）	迁出（人）	机械增长率（‰）
1970	1399	44	31.45	10	7.15	24.30	27	20	5.00
1971	1431	35	24.46	4	2.80	21.66	17	16	0.70
1972	1431	30	20.96	6	4.19	16.77	6	30	−16.77
1973	1455	31	21.31	6	4.12	17.18	10	11	−0.69
1974	1459	17	11.65	6	4.11	7.53	3	10	−4.80
1975	1477	24	16.25	10	6.77	9.48	13	9	2.71
1976	1502	28	18.64	5	3.33	15.31	13	11	1.33
1977	1507	18	11.94	6	3.98	7.96	6	13	−4.64
1978	1520	27	17.76	6	3.95	13.82	12	20	−5.26
1979	1496	24	16.04	12	8.02	8.02	15	51	−24.06
1980	1494	10	6.69	13	8.70	−2.01	16	15	0.67
1981	1501	21	13.99	6	4.00	9.99	22	30	−5.33
1982	1501	14	9.33	8	5.33	4.00	12	18	−4.00
1983	1511	15	9.93	8	5.29	4.63	18	15	1.99
1984	1519	16	10.53	9	5.92	4.61	30	29	0.66
1985	1523	17	11.16	6	3.94	7.22	49	56	−4.60
1986	1544	30	19.43	6	3.89	15.54	12	15	−1.94
1987	1581	28	17.71	9	5.69	12.02	47	29	11.39
1988	1614	36	22.30	11	6.82	15.49	25	17	4.96

（续表）

年份	总人口（人）	出生（人）	占比（‰）	死亡（人）	占比（‰）	自然增长率（‰）	迁入（人）	迁出（人）	机械增长率（‰）
1989	1640	41	25.00	13	7.93	17.07	57	59	−1.22
1990	1710	28	16.37	11	6.43	9.94	76	23	30.99
1991	1763	36	20.42	8	4.54	15.88	56	31	14.18
1992	1776	12	6.76	8	4.50	2.25	103	94	5.07
1993	1802	32	17.76	12	6.66	11.10	113	107	3.33
1994	1783	15	8.41	9	5.05	3.37	77	102	−14.02
1995	1667	16	9.60	7	4.20	5.40	5	130	−74.99
1996	1569	12	7.65	10	6.37	1.28	10	110	−63.73
1997	1289	6	4.66	12	9.31	−4.66	5	279	−212.57
1998	1142	13	11.38	15	13.13	−1.75	14	159	−126.57
1999	1076	2	1.86	3	2.79	−0.93	13	78	−60.41
2000	918	5	5.45	10	10.89	−5.45	13	166	−166.67
2001	1484	4	2.70	12	8.09	−5.39	16	8	5.39
2002	1441	3	2.08	21	14.57	−12.49	3	28	−17.35
2003	1383	1	0.07	35	25.31	−24.58	9	33	−17.35
2004	1376	6	4.36	10	7.27	−2.91	6	9	−2.18
2005	1380	9	6.52	14	10.14	−3.62	17	8	6.52
2006	1386	6	4.33	14	10.10	−5.77	19	5	10.10
2007	1386	9	6.49	18	12.99	−6.49	12	3	6.49
2008	1385	10	7.22	5	3.61	3.61	1	7	−4.33
2009	1378	10	7.26	19	13.79	−6.53	6	4	1.45
2010	1380	2	1.45	7	5.07	−3.62	7	0	5.07
2011	1370	2	1.46	2	1.46	0	12	22	−7.30
2012	1311	9	6.86	23	17.54	−10.68	8	53	−34.33

1970～2000年渔业大队（村）人口变动状况表

表 3-1-4

年份	总人口（人）	出生（人）	占比（‰）	死亡（人）	占比（‰）	自然增长率（‰）	迁入（人）	迁出（人）	机械增长率（‰）
1970	428	12	28.04	1	2.34	25.70	1	0	2.34

（续表）

年份	总人口（人）	出生（人）	占比（‰）	死亡（人）	占比（‰）	自然增长率（‰）	迁入（人）	迁出（人）	机械增长率（‰）
1971	522	10	19.16	2	3.83	15.33	88	2	164.75
1972	516	4	7.75	2	3.88	3.88	3	11	−15.50
1973	530	8	15.09	4	7.55	7.55	11	1	18.87
1974	532	9	16.92	4	7.52	9.40	1	5	−7.52
1975	539	10	18.55	3	5.57	12.99	3	3	0
1976	572	10	17.48	2	3.50	13.97	31	6	43.71
1977	546	7	12.82	2	3.66	9.16	2	33	−56.78
1978	541	4	7.39	4	7.39	0	2	7	−9.24
1979	545	5	9.17	3	5.50	3.67	3	1	3.67
1980	622	8	12.86	5	8.04	4.82	76	2	118.97
1981	649	9	13.87	5	7.70	6.16	32	9	35.44
1982	658	18	27.36	6	9.12	18.24	1	4	−4.56
1983	665	10	15.04	2	3.01	12.03	2	3	−1.50
1984	671	6	8.94	5	7.45	1.49	10	5	7.45
1985	686	13	18.95	3	4.37	14.58	19	14	7.29
1986	704	19	26.99	2	2.84	24.15	11	10	1.42
1987	715	14	19.58	7	9.79	9.79	8	4	5.59
1988	716	8	11.17	1	1.40	9.78	8	14	−8.38
1989	706	2	2.83	7	9.92	−7.08	3	8	−7.08
1990	719	12	16.69	3	4.17	12.52	8	4	5.56
1991	738	11	14.91	4	5.42	9.49	13	1	16.26
1992	748	12	16.04	3	4.01	12.03	1	0	1.37
1993	766	7	9.14	2	2.61	6.53	15	2	16.97
1994	769	5	6.50	3	3.90	2.60	2	1	1.30
1995	770	10	12.99	6	7.79	5.19	0	3	3.90
1996	762	2	2.62	4	5.25	−2.62	0	6	−7.87
1997	729	7	9.60	8	10.97	−1.37	1	33	−43.90
1998	732	4	5.46	4	5.46	0	5	2	4.10
1999	722	6	8.31	5	6.93	1.39	5	16	−15.24
2000	710	5	7.04	2	2.82	4.23	2	17	−21.13

第二节 人口结构

一、民族

当地历来是汉族聚居的地方，1953～2000年的五次全国人口普查中，全村人口均为汉族。2010年湖南籍的苗族女青年陈圆圆与陆家村12组的汉族男青年刘斌恋爱，喜结良缘，入村婚配定居。自此这里汉族人群中添上了一枝苗族之花，苗族在陆家村总人口中占0.43‰。

二、性别

1951年土改时，菉葭全村农业总人口982人，其中男487人、女495人，男女性别比为98.38，各占总人口的49.59%和50.41%，女比男多8人。

1982年第三次全国人口普查，全村（含渔业）共2162人（陆家1504人、渔业658人），其中男1027人（陆家684人、渔业343人）、女1135人（陆家820人、渔业315人），男女性别比为90.48，其中男女各占总人口的47.48%和52.52%，女比男多108人。

2012年，陆家村总人口为2300人，其中男1092人、女1208人，男女性别比为90.40，其中男女各占总人口的47.48%和52.52%，女比男多116人。

按派出所资料显示，总体女比男多，主要是户籍迁移及女性长寿老人多等因素所致。性别比在87.20附近波动，依1968～2012年统计，性别比最低为1983年的91.89，女比男多92人，最高为1974年的81.16，女比男多207人，但总体趋于平稳、平衡。

1968～2012年陆家（含渔业）大队（村）人口统计简表

表 3-2-5

年份	村别	总户数（户）		男		女		性别比（男、女）
		村户数	合计	村人数	合计	村人数	合计	
1968	陆家	304	392	619	833	718	919	90.64
	渔业	88		214		201		
1969	陆家	310	385	621	847	748	938	90.29
	渔业	75		226		190		

（续表）

年份	村别	总户数（户）		男		女		性别比（男、女）
		村户数	合计	村人数	合计	村人数	合计	
1970	陆家	320	394	623	853	776	974	87.57
	渔业	74		230		198		
1971	陆家	316	404	643	912	788	1041	87.61
	渔业	88		269		253		
1972	陆家	331	417	629	896	802	1051	85.25
	渔业	86		267		249		
1973	陆家	335	438	629	904	826	1081	83.63
	渔业	103		275		255		
1974	陆家	338	448	618	892	841	1099	81.16
	渔业	110		274		258		
1975	陆家	350	460	648	927	829	1089	85.12
	渔业	110		279		260		
1976	陆家	360	482	668	960	834	1114	86.18
	渔业	122		292		280		
1977	陆家	384	506	663	948	844	1105	85.79
	渔业	122		285		261		
1978	陆家	374	495	670	953	850	1108	86.01
	渔业	121		283		258		
1979	陆家	398	508	656	937	840	1104	84.87
	渔业	110		281		264		
1980	陆家	430	553	671	998	823	1118	89.27
	渔业	123		327		295		
1981	陆家	427	552	679	1016	822	1134	89.59
	渔业	125		337		312		
1982	陆家	422	589	684	1027	820	1135	90.48
	渔业	167		343		315		
1983	陆家	435	603	694	1042	817	1134	91.89
	渔业	168		348		317		
1984	陆家	459	628	684	1032	835	1158	89.12
	渔业	169		348		323		

（续表）

年份	村别	总户数（户）		男		女		性别比（男、女）
		村户数	合计	村人数	合计	村人数	合计	
1985	陆家	464	633	682	1035	841	1174	88.16
	渔业	169		353		333		
1986	陆家	471	642	691	1053	853	1195	88.12
	渔业	171		362		342		
1987	陆家	473	642	710	1073	871	1223	87.74
	渔业	169		363		352		
1988	陆家	489	676	727	1091	887	1239	88.05
	渔业	187		364		352		
1989	陆家	494	686	733	1094	907	1252	87.38
	渔业	192		361		345		
1990	陆家	503	687	761	1126	949	1303	86.42
	渔业	184		365		354		
1991	陆家	509	693	786	1156	977	1345	85.95
	渔业	184		370		368		
1992	陆家	540	725	797	1169	979	1355	86.27
	渔业	185		372		376		
1993	陆家	613	798	816	1192	986	1376	86.63
	渔业	185		376		390		
1994	陆家	712	974	793	1166	990	1386	84.13
	渔业	262		373		396		
1995	陆家	688	949	754	1125	913	1312	85.75
	渔业	261		371		399		
1996	陆家	655	916	714	1080	855	1251	86.33
	渔业	261		366		396		
1997	陆家	582	835	587	940	702	1078	87.20
	渔业	253		353		376		
1998	陆家	528	780	514	870	628	1004	86.65
	渔业	252		356		376		
1999	陆家	516	763	480	830	596	968	85.74
	渔业	247		350		372		

（续表）

年份	村别	总户数（户）		男		女		性别比（男、女）
		村户数	合计	村人数	合计	村人数	合计	
2000	陆家	476	724	409	754	509	874	86.27
	渔业	248		345		365		
2001			683		690		794	86.90
2002			667		675		766	88.12
2003			648		643		740	86.89
2004			632		637		739	86.20
2005			619		641		739	86.74
2006			615		647		739	87.55
2007			606		651		735	88.57
2008			605		647		738	87.67
2009			598		646		732	88.25
2010			698		647		733	88.27
2011			691		639		731	87.41
2012			685		1092		1208	90.40

注：2000 年陆家村与渔业村合并为陆家村。

三、年龄

分析 2002 ~ 2012 年陆家村民年龄分段的统计数据，在 18 岁以下是少年儿童组中的 0 ~ 5 岁学龄前儿童及 6 ~ 17 岁的青少年学生组，这 11 年从 14.09% 下滑至 9.00%，人数减少 85 人；在 18 ~ 59 岁这组中，11 年间由 58.59% 微调至 59.73%，占比升高，这个劳动力组的人数却减少 60 人；在 60 岁以上的老年组中，这 11 年间由 27.41% 上升到 31.27%，人数增加 15 人。

另从 2003 年的 60 岁以上老年人的年龄分段统计看，60 岁以上总人数 351 人，其中 70 岁以上 216 人、80 岁以上 59 人、90 岁以上 7 人，分别占老年人总数的 61.54%、16.81% 和 1.99%。亦即年事越高，人数下滑越快，70 岁老人还占总人数的六成多，90 岁以上老人没几个了，只能百里挑一到二。

外来流动人口中，绝大多数是青壮年人，是劳动大军，少儿和老人相对较少。

老年村民，老有所医，老有所养。2012 年全村有 159 人领取农保养老金，455 人领取社保养老金。五保户全村共 3 名，他们是 3 组薛梅生、4 组诸三宝和 10 组王小妹，全部入住陆家福利院（敬老院），也全部享受农保待遇，晚年生活受到较好的照顾。

随着人民生活水平的提升，借助医疗卫生事业的发展，人们健康意识的增强，人均寿命得以延长。至 2012 年底，陆家村全村 80 ～ 89 岁老人有 106 人，占全村总人口的 4.61%。90 岁以上长寿老人有 3 人，占全村总人口的 0.13%，全是女性，她们是 3 组徐阿妹（99 岁）、5 组裘小妹（97 岁）和 10 组潘阿妹（91 岁）。

2012 年陆家村人口年龄构成统计分析表

表 3-2-6　　　　　　　　　　　　　　　　　　　　　　　　　　　　　　　　单位：人

村民小组	人口			学龄前儿童0~6岁	学龄少年7~14岁	青少年15~18岁	兵役年龄18~22岁	育龄妇女15~49岁	劳动力女16~54岁，男16~59岁	老年人60岁以上	高龄人80~90岁
	男	女	合计								
1	98	118	216	17	10	11	13	110	134	44	7
2	76	93	169	13	3	12	10	40	128	20	8
3	128	167	295	20	6	38	17	86	181	77	12
4	94	159	253	6	9	16	7	75	156	40	12
5	111	141	252	15	6	11	12	132	158	54	14
6	104	140	244	14	9	15	17	137	153	47	11
7	69	86	155	11	5	4	4	75	89	38	7
8	66	87	153	10	12	16	9	91	104	22	5
9	115	125	240	19	5	10	7	40	145	25	7
10	67	76	143	7	1	21	11	42	102	33	6
11	122	139	261	16	9	29	18	76	157	65	14
12	120	121	241	21	6	24	15	65	161	46	9
13	102	112	214	13	6	23	14	55	83	55	9
合计	1272	1564	2836	182	87	230	154	1024	1751	566	121

2002 ～ 2012 年陆家村民年龄分段统计表

表 3-2-7

年份	总人口（人）	18岁以下（少年儿童组）		18 ～ 35 岁（青年组）		36 ～ 60 岁（中年组）		60 岁以上（老年组）	
		人数（人）	占比（%）	人数（人）	占比（%）	人数（人）	占比（%）	人数（人）	占比（%）
2002	1441	203	14.09	198	13.74	645	44.76	395	27.41

（续表）

年份	总人口（人）	18岁以下（少年儿童组）		18～35岁（青年组）		36～60岁（中年组）		60岁以上（老年组）	
		人数（人）	占比（%）	人数（人）	占比（%）	人数（人）	占比（%）	人数（人）	占比（%）
2003	1383	194	14.03	207	14.97	631	45.62	351	25.38
2004	1376	175	12.72	210	15.26	636	46.22	355	25.80
2005	1380	158	11.45	215	15.58	644	46.67	363	26.30
2006	1386	153	11.04	223	16.09	640	46.18	370	26.70
2007	1386	153	11.04	228	16.45	636	45.89	369	26.62
2008	1385	154	11.12	227	16.39	627	45.27	377	27.22
2009	1378	141	10.23	226	16.40	630	45.71	381	27.65
2010	1380	131	9.49	239	17.32	596	43.19	414	30.00
2011	1370	125	9.12	239	17.45	583	42.55	423	30.88
2012	1311	118	9.00	229	17.47	554	42.26	410	31.27

注：①18岁以下的少儿组含0～5岁学龄前儿童及6～17岁的青少年学生，这11年从14.10%下降为9.00%，人数减少85人；

②18～60岁这组在11年中从58.50%增为59.70%，比重增加了，但劳动力组人数减少60人；

③60岁以上在11年中由27.41%增加到31.27%，人数净增15人，有老龄化趋势。

2003年陆家村60岁以上人数统计表

表 3-2-8 单位：人

年龄段	60～69周岁（1943～1934）			70～79周岁（1933～1924）			80～89周岁（1923～1914）			90～99周岁（1913～1904）			合计
组别	男	女	小计	男	女	小计	男	女	小计	男	女	小计	
1	6	8	14	3	10	13		3	3				30
2	1	5	6	2	9	11	2	2	4				21
3	4	6	10	3	8	11	3	4	7		2	2	30
4	2	6	8	4	11	15	1	3	4		1	1	28
5	7	9	16	8	6	14	2	4	6				36
6	5	7	12	6	7	13	2	2	4				29
7	4	11	15	3	4	7		3	3		2	2	27
8	2	2	4	4	5	9	1		1				14
9	4	2	6	5	8	13		2	2				21
10	7	8	15	3	6	9	1	1	2				26

（续表）

年龄段	60～69周岁 (1943～1934)			70～79周岁 (1933～1924)			80～89周岁 (1923～1914)			90～99周岁 (1913～1904)			合计
组别	男	女	小计	男	女	小计	男	女	小计	男	女	小计	
11	2	3	5	7	10	17	1	4	5				27
12	7	6	13	6	8	14	1	2	3				30
13	5	6	11	4	7	11	2	6	8		2	2	32
合计	56	79	135	58	99	157	16	36	52		7	7	351

平均寿命　已故村民的平均寿命，以2006年与2012年两年的统计数据为样本加以分析比较：

2006年陆家村故世13位村民，其中男5人、女8人。男性中最高88岁，最低55岁；女性中最高92岁，最低49岁。男性已故村民的平均年龄73.60岁，女性平均年龄为75.30岁，总平均年龄为74.60岁。

2012年陆家全村故世25位老人，其中男12人、女13人。男性中最高94岁，最低35岁；女性中最高95岁，最低48岁。男性已故村民的平均年龄为73.80岁，女性平均年龄为78.60岁，总平均年龄为76.30岁。

两个年份相比较：总体平均年龄提高1.70岁，其中男性提高0.20岁，女性提高3.30岁。这些数据的变化与村民的生活质量的提升及医疗卫生条件的改善密切相关。

百岁老人　据资料显示，陆家村曾有百岁老人2人，全为女性，她们是：

张五妹　陆家村7组村民，生于1905年7月，卒于2008年9月26日，享年103岁，生育儿子4个，女儿1个，抚育成人3个儿子。她平日血压偏高，但耳朵与眼睛均佳。饮食上无特殊偏好，性情温和，从不发火。

陈宝英　陆家村7组村民，生于1911年11月15日，卒于2011年1月31日，享年100岁，她生育1子5女，均培育成人。平时身体较好，耳目清楚，性情开朗温和，无特殊爱好。

长寿老人　陆家村2012年统计有90岁以上长寿老人3名，全为女性，她们是：

徐阿妹　生于1913年10月28日，现年99岁，陆家村3组人，生育有4女2男，生活俭朴，与烟酒无缘，血压偏高，偶发心脏疾病，视力与听力俱佳。手脚灵活敏捷，平日看看电视，不大串门，心情愉快，不与别人争吵，爱讲笑话。

裴小妹　生于1915年12月4日，现年97岁，陆家村5组人，生育3男2女，均成长健康。平日早睡早起，年轻时发胃病，不喝酒，荤素菜统吃，60岁以后患青光眼，动过手术，血压正常，一耳有点聋。性格开朗活泼，心态好，与人无争吵，健谈，爱说笑话，与乡邻和睦相处。平日看看电视，不打牌。

潘阿妹　生于 1921 年 12 月 13 日，现年 91 岁，陆家村 10 组人（原渔业村 4 组），渔民出生，生育 4 子 3 女，一生清贫，与丈夫勤劳持家，最小子女成家时她已 60 岁开外了，还是张钓捉鱼维持生计。体谅子女忙于生计不常探视，丈夫 2004 年去世后，她独立生活至 90 周岁，身体健康，耳目清亮，生活自理，每餐一碗米饭。待人友善，是虔诚的天主教徒，礼拜天总去天主堂望弥撒。

2012 年陆家村 80 ~ 89 岁老人状况统计

表 3-2-9

组别	合计（人）	男（人）	女（人）	男女性别比例（%）
1	6	1	5	20
2	7	3	4	75
3	9	3	6	50
4	10	4	6	67
5	10	5	5	100
6	5	2	3	67
7	7	2	5	40
8	6	3	3	100
9	4	2	2	100
10	5	1	4	25
11	14	3	11	27
12	8	5	3	167
13	6	0	6	0
总计	97	34	63	54

注：性别比为以女性为 100 与男性所比之值。

四、文化

新中国成立前，陆家村虽在镇区周边，但农家子弟生活困难，很少入学读书，女孩的入学率更低，即使入学，也只是识上几个字，读两三年的书后就从事农业劳动了。在成年人中文盲居多，据新中国成立初期统计，文盲率为 93.70%，很多人连自己的名字都不认识。

在 1949 年下半年，人民政府即成立冬学工作组，办民校。1950 年，陆家各联村成立冬学运动委员会，同时设立俱乐部开展扫盲工作，开办冬学、民校、夜校，开展扫盲活动，大搞群众识字教育。翻身农民迫切要求学文化，学习积极性特高，扫除了一大批文盲。至 1958 年，在青壮年中文盲、半文盲已扫除 83.5%，剩余 16.5% 延至后期完成扫盲发证，基本脱盲。由于社会经济的发展，人民生活不断提高，学龄儿童都能上学读书。20 世纪 60 年代中期小学入学率已达 90% 以上，20 世纪 70 年代初中入学率达 70%。从 20 世纪 80 年代后期开始普及九年制义务教育，中学生不断增多，且年年都有高中生录入高校，也还有通过自学考试自学成才者。全村人口的文化水平不断提升。

据 1982 年、1990 年、2012 年陆家村民文化水平统计分析：

2012 年全村总人口 2836 人，0～5 岁不在校儿童 224 人，占总人口 7.90%；初识字 207 人，占总人口 7.40%；小学程度 605 人，占总人口的 21.31%；初中水平 1105 人，占总人口的 38.92%；高中水平 332 人，占总人口的 11.69%；大专以上 363 人，占总人口的 12.79%。

五、姓氏

2012 年底，陆家村总人口 2836 人，据统计，有姓氏 136 个，其中常用姓氏 9 个：潘、陆、陈、张、朱、李、徐、戴、吴，共 1502 人，占全村总人口的 52.49%。其中，潘姓共 313 人，占全村总人口的 11%，其中九成分布于第 10～13 村民小组（即原渔业村）。少见的 32 个姓氏有 32 人，占全村总人口的 1.13%，这些姓氏是：解、桂、应、骆、司、郝、缪、蒲、郏、钟、恽、廖、罗、瞿、樊、于、冷、项、戚、谷、苏、柴、崔、闵、齐、鞠、眭、屈、谭、葛、邬、郭，各姓氏作了翔实记载。

2012 年陆家村人口姓氏统计

潘 313	陆 218	陈 200	张 187	朱 134	李 127	徐 113	戴 110
吴 100	顾 91	王 81	诸 78	方 59	唐 59	沈 57	杨 46
许 42	胡 41	黄 40	刘 39	施 34	孙 31	周 31	曹 30
蔡 26	钱 26	包 26	金 22	冯 22	沙 19	俞 17	高 17
夏 16	邱 15	程 14	赵 13	姚 13	柯 13	鲍 11	袁 11
陶 11	盛 10	林 10	马 9	邹 9	肖 9	孔 8	严 8
孟 7	何 7	庄 7	巢 6	廉 6	章 6	蒋 6	吕 6
凌 5	鲁 5	姜 5	曾 5	靖 4	薛 4	林 4	裘 4
万 4	龚 4	郁 4	贾 4	叶 4	谢 3	颜 3	华 3
汪 3	蒋 3	彭 3	阮 3	季 3	范 3	尹 3	浦 3
殷 3	郑 2	翁 2	倪 2	祝 2	费 2	江 2	秦 2
祁 2	甘 2	武 2	梁 2	田 2	邵 2	宋 2	贡 2

梅 2	董 2	卜 2	尤 2	冬 2	任 2	石 2	熊 2
解 1	桂 1	应 1	骆 1	司 1	郝 1	缪 1	蒲 1
郏 1	钟 1	恽 1	廖 1	罗 1	瞿 1	樊 1	于 1
冷 1	项 1	戚 1	谷 1	苏 1	柴 1	崔 1	闵 1
齐 1	鞠 1	眭 1	屈 1	谭 1	葛 1	邬 1	郭 1

第三节　人口控制

长期以来"早生儿子早得福"等世俗观念支配着人们，早婚、多育处于无政府状态，20 世纪 60 年代底，陆家大队人口出生率 31.45‰。

20 世纪 70 年代初，大队妇女主任具体分管大队的计划生育工作。1979 年五届全国人大及 1980 年中共中央发布的《关于控制我国人口增长问题致全体共产党员、共青团员的公开信》（下简称《公开信》）具体号召一对夫妻只生一个孩子，并作奖惩规定，将计划生育定为国家的基本国策。各级党政一把手亲自抓，坚持"两种生产"一起抓，严控二胎。早期陆家大队曾有 17 户响应号召生育一胎的村民享受双份自留地的待遇。后依据地方法规，凡领取独生子女证者自发证起至孩子 14 周岁，每年可领取独生子女保健费 40 元（农村 30 元）。2012 年全村有 114 户独生子女户，凡男满 60 周岁、女满 50 周岁的独生子女户，一次性领取独生子女费 3600 元。生育一子的退休职工增发工资 5%，终身无子女者按 100% 发放退休金。生育一胎育龄妇女享受 105 天产假，工资奖金照发。凡超生者，罚超生款，并作违纪论处。

陆家村加强计生工作，将流动人口的计生工作列入管理范围并组织所有育龄妇女参加各类培训活动，落实孕期检查及新生儿的免费疫苗注射确保妇婴健康。开展优生优育提高人口素质工作，实现人口生产类型从高出生、高死亡、高增长、低素质至低出生、低死亡、低增长、高素质的历史性转变。2012 年陆家村的人口出生率 6.86‰，人口自然增长率 –10.68‰。

1994 ~ 2012 年，陆家村（含渔业村）育龄妇女人数最高为 1994 年的 852 人，独生子女家庭最多为 1995 年的 572 个家庭，1 ~ 14 周岁有效领证人数最高为 1994 年的 474 人，落实节育措施最高为 1995 年的 708 人。2012 年育龄妇女 312 人，已婚育龄妇女 249 人，独生子女家庭 218 户，1 ~ 14 周岁有效领证 62 人，落实节育措施 209 人。

第四节 家庭档案

（一）本村民录人口总数以"陆家村户口簿"2012年12月31日止在册村民为准，不享受粮贴者未入录。

（二）本村民录分户主姓名、与户主关系、文化程度、出生年月等4栏。其中，具体一个村民的出生年月日以"陆家村户口簿"2012年12月31日止在册登记的时间为准。

（三）本村民录是在村志编写组和13个村民小组组长共同协作下编制的。由村民小组组长最后审定后签名定稿。

（四）有些因母亲户口农转非，户籍不在陆家村，其子女出生后户籍随母申报者，未列入家庭档案。

（五）家庭档案中凡户主和紧接着的家属为一户。

第1村民小组家庭档案

表 3-4-10

姓名	与户主关系	文化程度	出生日期	姓名	与户主关系	文化程度	出生日期
沈凤娥	户主	小学	1942.9.16	陆伶英	妻子	小学	1942.9.10
潘冬妹	户主	高中	1964.7.30	陈 刚	儿子	高中	1973.7.20
潘道竞	女儿	本科	1991.5.13	陈静珍	女儿	高中	1970.5.20
施小妹	户主	小学	1940.12.13	陈家榆	孙子	高中	1996.10.21
方惠明	户主	初中	1967.2.10	严鸿飞	外孙	初中	1993.11.3
孙卫娟	妻子	初中	1970.8.22	陈静娟	户主	初中	1967.6.24
方 蕾	女儿	大专	1991.11.15	张牧文	女儿	本科	1991.7.31
方惠荣	户主	大专	1970.4.27	陈小弟	户主	小学	1947.10.13
吴金妹	妻子	初中	1970.10.23	鲍巧珍	妻子	小学	1954.11.20
方辰衣	女儿	中专	1992.8.11	陈 强	儿子	初中	1976.10.23
方根元	户主	初识字	1931.1.19	吴春燕	儿媳	初中	1975.3.11
方 燕	孙女	大专	1977.3.18	陈嘉仪	孙女	小学	2002.9.8
陈应涛	孙婿	中专	1974.2.9	陈月平	户主	初中	1968.2.18
方 勇	孙子	研究生	1985.6.30	陈 香	妻子	初中	1967.2.17
陈方舟	曾孙		2003.1.25	陈 捷	女儿	本科	1991.7.1
陈鸣元	户主	初中	1942.9.13	陈桂娥	户主	初识字	1933.5.15

（续表）

姓名	与户主关系	文化程度	出生日期	姓名	与户主关系	文化程度	出生日期
方雪珍	户主	小学	1949.12.17	朱洪珍	妻子	初中	1964.12.22
陈鸣志	丈夫	初中	1945.12.16	方丽	女儿	大专	1989.7.20
孙志良	女婿	高中	1971.10.22	方阿毛	户主	小学	1936.1.22
孙成桓	孙子	初中	1993.11.24	熊惠珍	妻子	小学	1939.1.16
徐全妹	户主	初识字	1923.3.15	方建平	户主	初中	1963.9.5
陈铭龙	户主	初中	1954.12.16	方英	妻子	初中	1964.11.17
蒋梅娣	妻子	小学	1955.4.16	方婷	女儿	本科	1988.11.15
潘桂秀	户主	小学	1936.8.5	方建良	户主	初中	1957.9.12
陈林兴	户主	初中	1957.4.22	顾云芳	妻子	初中	1958.8.12
潘雪芬	妻子	初中	1963.3.17	方琼	女儿	本科	1984.1.28
陈月	女儿	大专	1987.10.7	阮旭航	孙子		2011.3.3
沈国良	户主	初中	1957.10.12	方阿星	户主	小学	1926.10.20
张惠英	妻子	初中	1963.8.1	方建德	户主	初中	1960.3.24
沈萍	女儿	本科	1985.8.14	方诚	儿子	大专	1986.5.6
张卓琦	孙女		2011.3.6	贾琴芳	户主	小学	1932.12.10
方建忠	户主	高中	1955.3.3	诸彩英	户主	初中	1965.7.11
方建英	妻子	小学	1954.2.23	吴正伟	儿子	本科	1989.5.19
方敏	儿子	大专	1979.2.17	潘仁云	户主	小学	1943.12.24
姜丽琴	儿媳	初中	1978.11.7	潘林生	儿子	小学	1971.2.13
方欣雨	孙女	小学	2003.3.21	潘玲珍	户主	初中	1969.2.23
姜方泽宇	孙子		2009.6.26	姜建东	丈夫	初中	1968.2.25
周建平	户主	初中	1954.11.9	潘璎璐	女儿	本科	1992.5.21
潘金妹	妻子	初中	1953.9.23	潘洪根	户主	初中	1957.7.7
周华	儿子	高中	1976.10.22	冯玉英	妻子	初中	1957.11.11
蒋芳	儿媳	高中	1976.11.1	潘梦龙	儿子	职高	1981.12.11
周庆一	孙子	小学	2000.4.11	邱媚娟	儿媳	本科	1981.11.10
方金妹	户主	小学	1929.12.24	潘秋华	孙子	小学	2004.7.30
方文明	户主	初中	1957.4.18	邱雨鑫	孙女		2012.2.16
曹梅英	妻子	初中	1956.10.1	陈鸣芳	户主	初中	1965.6.15
方玲	女儿	大专	1983.1.30	潘晓明	儿子	大专	1989.1.6
方庆伟	儿子	本科	1993.9.29	方红英	户主	初中	1962.9.4
方建德	户主	初中	1965.12.31	方磊	儿子	中专	1986.8.27

（续表）

姓名	与户主关系	文化程度	出生日期	姓名	与户主关系	文化程度	出生日期
方宇涵	孙子		2009.12.8	冯彩英	妻子	小学	1949.2.22
陆培明	户主	初中	1961.6.24	冯云明	儿子	初中	1970.9.14
潘玉英	妻子	小学	1964.10.13	陆鸣娟	儿媳	初中	1969.7.8
潘萍萍	女儿	大专	1986.8.9	冯金宝	母亲	小学	1925.9.3
朱月妹	户主	小学	1952.4.26	冯戴明	孙子	大专	1993.6.13
张鸽	儿子	高中	1975.8.20	**冯建红**	户主	中专	1968.1.9
邱花英	儿媳	大专	1977.10.17	沈丹凤	女儿	中专	1990.3.15
张邱峰	孙子	初中	1999.4.16	**徐英**	户主	初中	1965.6.23
陈纪明	户主	小学	1943.8.4	曹英	女儿	初中	1989.1.4
杨秀英	妻子	小学	1944.8.11	**徐进华**	户主	小学	1956.11.19
陈玉兰	女儿	初中	1964.9.10	金玲娣	妻子	小学	1962.12.24
张建明	女婿	初中	1963.10.9	徐娜	女儿	大专	1984.8.14
陈栋	孙子	大专	1987.8.12	徐欣彤	孙女		2007.12.2
孙燕君	外孙女	本科	1988.4.30	**徐进元**	户主	小学	1951.2.18
陈玉珍	女儿	大专	1966.9.25	徐华	儿子	初中	1973.10.6
陈慕尧	曾孙		2012.11.24	周勤兰	儿媳	初中	1972.12.11
陈燕	户主	本科	1987.7.30	徐梦颖	孙女	小学	1996.11.12
沈林宝	户主	初识字	1941.1.4	**陆小妹**	户主	小学	1963.10.10
沈玉珍	女儿	初中	1965.2.22	方斌	儿子	大专	1986.12.20
施建林	女婿	高中	1962.5.1	方焱	孙子		2011.1.23
沈婷艳	孙女	本科	1986.11.27	**方金兴**	户主	初中	1953.12.28
沈婷芸	孙女	本科	1992.10.17	沈杏英	妻子	初中	1958.4.20
戴正荣	户主	小学	1953.2.4	方伟	儿子	大专	1980.10.22
戴华	儿子	本科	1981.9.18	**方建国**	户主	初中	1964.9.30
戴同舟	孙女	小学	2006.11.3	戚天燕	妻子	初中	1986.2.21
戴心月	孙女		2012.3.31	方雅琳	女儿	小学	2007.3.9
王裕生	户主	高中	1955.1.14	**沈雪娥**	户主	小学	1940.12.9
方玉珍	妻子	初中	1957.1.8	方建华	儿子	初中	1957.2.18
王洁	儿子	本科	1982.1.25	施彩如	儿媳	小学	1976.11.8
王洪一菲	孙女	小学	2006.9.20	方家明	孙子	初中	1996.2.10
王洪彦熙	孙女		2012.6.10	**李桂琴**	户主	小学	1949.11.5
戴洪生	户主	小学	1945.10.12	陈惠忠	儿子	初中	1973.12.17

（续表）

姓名	与户主关系	文化程度	出生日期	姓名	与户主关系	文化程度	出生日期
俞明珠	儿媳	初中	1973.8.14	沈 平	儿子	小学	1978.3.4
陈 新	孙女	大专	1996.12.5	沈冯凤	女儿	大专	1992.11.30
陈文英	户主	小学	1950.7.22	**陈惠元**	户主	小学	1940.2.24
郁火香	丈夫	小学	1952.8.16	**潘金娣**	户主	小学	1944.9.13
陈郁华	儿子	初中	1976.5.15	夏初林	丈夫	小学	1946.7.15
郁 娟	女儿	初中	1978.6.20	潘建良	儿子	小学	1966.7.15
施敏红	儿媳	职高	1974.1.25	钱玉珍	儿媳	初中	1964.1.21
陈庆雯	孙女	初中	1999.10.1	潘 洁	孙女	大专	1989.9.6
方国忠	户主	初识字	1940.8.18	**郭惠芬**	户主	初中	1962.12.9
施阿珍	妻子	小学	1938.7.19	**潘凤妹**	户主	小学	1962.12.13
方建东	儿子	初中	1966.12.28	王 莉	女儿	大专	1986.4.21
吴月清	儿媳	初中	1968.9.30	**潘洪弟**	户主	初中	1963.4.18
方佳青	孙女	本科	1989.11.16	顾素芬	妻子	初中	1961.11.23
方志清	户主	小学	1945.12.23	潘永清	儿子	大专	1986.1.3
赵江琴	妻子	小学	1953.12.3	潘志豪	孙子		2010.1.21
方惠红	女儿	初中	1974.4.17	**张 芳**	户主	初中	1973.7.17
方陆飞	孙子	高中	1996.8.28	沈思远	儿子	小学	2001.4.18
沈发明	户主	小学	1954.8.4	**陈月弟**	户主	高中	1965.5.22
冯惠琴	妻子	小学	1962.7.4	**陆 平**	户主	高中	1973.4.7

第 2 村民小组家庭档案

表 3-4-11

姓名	与户主关系	文化程度	出生日期	姓名	与户主关系	文化程度	出生日期
顾建英	户主	初中	1953.11.19	钱学强	孙子	小学	1999.8.28
许 峰	儿子	初中	1975.4.2	**钱玉英**	户主	小学	1928.6.6
许 佳	女儿	初中	1979.8.10	**邹凤英**	户主	小学	1938.9.11
许馨月	孙女	小学	2002.7.12	**诸培良**	户主	初中	1962.12.11
钱毛林	户主	初中	1950.11.15	王亚萍	妻子	初中	1963.3.10
孔维珍	妻子	小学	1949.9.23	**高来夫**	户主	小学	1926.12.27
钱伟东	儿子	初中	1976.1.11	**王炳奎**	户主	小学	1953.11.22
邹春红	儿媳	初中	1977.1.7	李玉凤	妻子	小学	1954.12.18

（续表）

姓名	与户主关系	文化程度	出生日期	姓名	与户主关系	文化程度	出生日期
王炳泉	户主	初中	1957.4.22	孟坤仑	儿子	大专	1986.9.21
朱翠玲	妻子	初中	1958.6.15	吴剑生	户主	初中	1957.11.17
王建鑫	儿子	大专	1991.11.27	季凤娥	妻子	初中	1957.12.9
王青	女儿	大专	1988.7.10	吴清	儿子	高中	1981.8.11
陆永芳	户主	初中	1965.12.16	吴曾木榕	孙女		2008.7.15
高燕	女儿	大专	1988.6.9	吴月娟	户主	初中	1963.8.11
高炳根	户主	初中	1947.12.12	徐晓明	儿子	高中	1986.3.7
许琴萍	妻子	初中	1952.2.5	陈秀英	户主	初中	1947.9.5
高峰	儿子	大专	1977.1.7	沈建文	儿子	初中	1969.10.13
高俊杰	孙子	小学	1997.11.19	眭网琴	儿媳	初中	1974.10.20
顾惠芳	户主	小学	1953.11.27	沈坤瑶	孙女	初中	1995.7.1
吴蔚	女儿	本科	1976.2.25	戴小弟	户主	初中	1949.12.26
吴麟琳	孙女	小学	2000.7.27	张建平	妻子	小学	1953.7.18
陆嘉琪	孙子		2009.11.21	张戴琴	女儿	职高	1973.11.16
瞿惠英	户主	小学	1950.2.8	戴利琴	女儿	职高	1976.6.2
钱月英	女儿	初中	1975.12.20	黄昊天	外孙	初中	1997.7.2
钱维林	儿子	大专	1978.7.4	陆浩琪	外孙	初中	1998.9.23
钱宗依	孙女	小学	2005.8.20	张戴英	户主	初中	1970.10.6
曹昌明	户主	小学	1932.9.2	马卫红	丈夫	初中	1967.1.13
孙建英	户主	初中	1964.2.8	马海威	儿子	本科	1991.9.12
方杏弟	丈夫	小学	1964.2.22	张志明	户主	初中	1937.8.15
方正龙	儿子	初中	1987.8.24	吴巧珍	妻子	初中	1944.7.10
方馨瑶	孙女		2012.6.23	张佳东	儿子	高中	1970.3.26
吴阿娥	户主	小学	1928.2.27	张哲超	孙子	初中	1995.7.7
孙建平	户主	初中	1958.9.1	张佳元	儿子	高中	1972.9.9
孙卫	儿子	中专	1985.2.10	张小红	儿媳	初中	1973.11.9
孙祁东	孙子		2007.10.6	张哲人	孙子	小学	1994.9.2
陆惠英	户主	小学	1932.10.15	张哲宇	孙子		2010.7.5
陆永琴	户主	初中	1969.3.23	林彩娥	户主	小学	1935.2.3
孔文革	丈夫	初中	1966.12.15	钱惠良	户主	初中	1962.1.19
孔磊	儿子	初中	1990.10.6	沈妹兰	妻子	初中	1965.10.13
张惠珍	户主	初中	1961.10.1	钱杰	儿子	高中	1988.6.17

（续表）

姓名	与户主关系	文化程度	出生日期	姓名	与户主关系	文化程度	出生日期
张菊妹	户主	初中	1960.1.15	朱鸣宇	儿子	高中	1993.4.13
钱 峰	儿子	大专	1984.3.23	吕 强	户主	初中	1964.11.24
吴芳芳	儿媳	大专	1986.11.15	顾玉芳	妻子	小学	1965.11.13
钱思程	孙子	小学	2007.11.18	吕彦文	儿子	本科	1990.7.8
钱景良	户主	小学	1964.8.28	诸义元	户主	小学	1939.6.29
范青英	妻子	初中	1967.2.2	屈梅娣	妻子	小学	1939.3.15
钱振峰	儿子	职高	1994.10.21	顾惠英	户主	初中	1963.11.10
孙伯宏	户主	小学	1953.7.8	诸 英	女儿	大专	1986.10.3
胡月珍	妻子	小学	1955.1.9	蒋诸嘉	孙女		2009.5.29
孙 东	儿子	中专	1979.7.1	诸菊妹	户主	初中	1965.5.18
郁 宝	儿媳	大专	1979.5.1	戴锦清	儿子	大专	1987.5.11
孙佳怡	孙女	小学	2003.5.6	诸小妹	户主	初中	1967.12.1
金贞妹	户主	小学	1927.9.18	黄 晨	儿子	高中	1993.12.28
夏桂萍	户主	初中	1968.8.12	程建芬	户主	高中	1957.1.12
朱绮倩	女儿	本科	1992.8.12	颜则豹	丈夫	高中	1955.4.6
曹凤珍	户主	小学	1938.9.10	颜顺屹	儿子	大专	1981.11.1
张建德	户主	初中	1944.7.16	颜瑜沁	孙女		2009.10.13
陆彩英	妻子	小学	1946.6.11	陆凤珍	户主	小学	1933.2.19
张 忠	户主	高中	1968.7.21	叶美娟	儿媳	初中	1964.6.1
万彩英	妻子	高中	1970.3.17	程 维	孙子	大专	1988.3.13
张诚浩	儿子	高中	1991.6.29	徐菊英	户主	小学	1933.9.18
张 琪	户主	大专	1970.7.3	顾惠忠	儿子	初中	1968.11.1
王小英	妻子	初中	1975.8.22	张玉芳	儿媳	初中	1967.7.12
张诚伟	儿子	初中	1996.12.15	顾佳玉	孙女	大专	1991.6.11
吕渭源	户主	初中	1931.5.17	李忠友	户主	初中	1964.10.7
徐梅珍	妻子	小学	1932.11.26	吴雪珍	妻子	高中	1962.3.13
吕 娟	户主	初中	1956.6.24	李晓龙	儿子	本科	1989.11.25
陈建农	丈夫	初中	1956.11.29	钱梅芳	户主	初中	1953.7.16
陈 祖	儿子	初中	1983.7.14	冯寅星	儿子	本科	1974.10.11
吕 英	户主	初中	1962.10.17	樊梅娟	儿媳	初中	1973.12.2
宋耀成	儿子	初中	1989.5.15	冯 晨	孙女	初中	1997.12.2
朱春明	户主	初中	1966.3.16	顾荷良	户主	初中	1966.5.21

（续表）

姓名	与户主关系	文化程度	出生日期	姓名	与户主关系	文化程度	出生日期
陈 静	妻子	小学	1967.9.24	吴奕杨	孙女		2007.6.21
吴雪娇	女儿	大专	1990.1.27	杨轩懿	孙子		2011.11.16
顾建良	户主	初中	1956.12.19	朱雪芳	户主	初中	1962.5.16
陆永芬	妻子	小学	1958.4.26	钱伟桉	儿子	本科	1987.10.25
顾 萍	女儿	大专	1981.12.21	夏梦怡	户主	本科	1988.11.21
李顾承则	孙子		2007.3.24	陆永强	户主	初中	1954.12.2
顾李承彦	孙女		2012.11.3	陆锦英	户主	初中	1944.2.12
吴建华	户主	初中	1956.9.28	潘献红	户主	初中	1977.1.20
张月琴	妻子	初中	1957.9.15	浦一兰	户主	初中	1965.4.5
吴 燕	女儿	初中	1981.10.13				

第3村民小组家庭档案

表 3-4-12

姓名	与户主关系	文化程度	出生日期	姓名	与户主关系	文化程度	出生日期
程天瑞	户主	高中	1944.1.29	盛金英	儿媳	小学	1964.2.28
程影婷	户主	高中	1971.1.1	顾秋菊	孙女	本科	1991.11.3
黄 林	丈夫	高中	1971.10.2	陆大妹	户主	小学	1941.6.11
程家丰	儿子	大专	1994.10.1	姚文荣	户主	高中	1968.7.3
程影青	户主	高中	1972.8.4	诸秋萍	妻子	初中	1968.7.30
钱敏坚	丈夫	初中	1973.8.22	姚芋晴	女儿	大专	1991.9.20
钱家成	儿子	大专	1996.11.11	诸秋芳	户主	初中	1963.7.11
黄永泉	户主	初中	1964.2.10	贡燕青	儿子	高中	1987.11.29
陶玉兰	妻子	初中	1965.8.30	陈鸣娥	户主	小学	1951.3.12
黄俏威	儿子	大专	1991.9.17	诸益斌	儿子	大专	1974.11.5
顾林生	户主	初中	1940.12.8	诸铭轩	孙子	高中	1998.4.14
张道珍	妻子	初中	1944.8.5	周丽萍	儿媳	高中	1975.1.19
陶 敏	儿子	高中	1963.1.14	诸素英	户主	小学	1932.6.20
胡秀英	儿媳	初中	1964.5.17	徐惠平	儿子	高中	1962.2.1
陶雨晨	孙子	本科	1988.2.25	沈建芬	儿媳	初中	1963.10.5
顾阿毛	户主	初识字	1933.4.15	徐晓磊	孙子	大专	1988.11.20
顾月弟	儿子	初中	1963.1.7	吴月清	儿媳	初中	1970.3.14

（续表）

姓名	与户主关系	文化程度	出生日期	姓名	与户主关系	文化程度	出生日期
徐洁	孙女	本科	1988.4.4	黄维香	妻子	初中	1966.2.13
徐菊芳	儿媳	初中	1962.12.9	黄小燕	女儿	初中	1993.2.27
徐惠清	儿子	初中	1964.4.23	沙炳文	父亲	初识字	1921.11.4
徐衍	孙子	高中	1993.5.22	杨丽萍	户主	高中	1984.1.5
诸锦章	户主	初中	1953.9.14	沙锦华	户主	初中	1954.9.1
李梅新	妻子	小学	1953.6.3	蒔菊珍	妻子	初中	1955.11.5
诸东艳	儿子	初中	1977.12.6	沙志强	儿子	高中	1980.8.6
诸佳懿	孙女	小学	2000.7.30	沙楷奥	孙子		2010.1.7
诸雨哲	孙子		2012.8.28	于月侠	户主	小学	1953.5.13
诸锦印	户主	初中	1956.9.28	沙志英	女儿	初中	1975.12.6
顾建英	妻子	高中	1958.3.10	陆佳忆	孙女	初中	1997.5.21
诸敏	女儿	高中	1984.3.29	沙志刚	户主	初中	1971.6.30
张诸寰	孙女		2008.11.11	李娜	妻子	初中	1970.11.21
诸惠明	户主	小学	1930.11.10	沙逸婷	女儿	高中	1994.4.11
程琴	妻子	小学	1930.1.21	庄建明	户主	初中	1955.9.18
沙阿本	户主	小学	1950.11.20	诸照琴	妻子	初中	1955.8.20
诸照明	户主	小学	1950.1.27	庄丽蔚	女儿	大专	1980.11.17
顾水英	妻子	小学	1953.8.17	叶金胜	女婿	本科	1976.12.12
诸晴菊	女儿	初中	1977.6.28	庄舒涵	孙女		2006.7.19
诸晴龙	儿子	本科	1981.8.28	张月娥	户主	初识字	1970.9.20
诸怀熙	孙子	小学	2008.12.19	刘艳	外孙	初中	1985.10.23
杜嘉曜	孙子		2011.8.22	廉建芬	户主	初中	1957.8.15
徐天	外孙	小学	2003.10.24	朱建华	丈夫	初中	1959.12.7
沙正忠	户主	小学	1943.12.16	朱良	儿子	高中	1982.10.29
朱爱妹	妻子	初识字	1942.11.25	陶静华	儿媳	中专	1983.3.2
沙建华	儿子	初中	1969.3.24	朱佳怡	孙女		2007.11.25
姜丽娟	儿媳	初中	1970.2.10	王雅琴	户主	小学	1942.9.1
沙丽娜	孙女	高中	1993.2.9	沈梅英	户主	小学	1945.11.16
沙建龙	户主	初中	1966.2.24	陈强	户主	高中	1969.10.28
金小妹	妻子	初中	1966.7.26	潘玉妹	妻子	初中	1969.5.12
沙静	女儿	高中	1989.3.16	陈文婷	女儿	高中	1993.5.11
沙锦明	户主	初中	1959.11.11	俞惠刚	户主	初中	1968.8.6

（续表）

姓名	与户主关系	文化程度	出生日期	姓名	与户主关系	文化程度	出生日期
陈　萍	妻子	初中	1968.2.15	陈琪明	户主	初中	1957.8.20
俞佳璐	女儿	高中	1992.1.25	杨小芳	妻子	初中	1962.5.1
唐忠华	户主	初中	1951.8.17	陈　炯	儿子	高中	1984.3.30
朱惠华	妻子	初中	1951.7.22	陈子康	孙子		2008.9.16
唐茜萍	女儿	大专	1986.12.12	陈琪璋	户主	初中	1952.5.21
唐茜芹	女儿	大专	1978.6.13	顾素琴	妻子	初中	1953.12.30
沙幼珍	户主	初识字	1936.6.6	陈　理	女儿	高中	1978.2.22
张祥官	户主	初中	1947.3.11	陈奕彤	孙女	小学	2001.8.27
陈伯珍	妻子	小学	1949.12.26	王奕菲	孙女		2008.12.12
张志强	儿子	初中	1972.7.25	朱见华	户主	初中	1948.4.14
张志勇	儿子	初中	1974.5.21	柯税珍	妻子	初中	1948.1.22
唐惠珍	儿媳	初中	1974.10.10	朱景倩	女儿	高中	1973.4.15
张敏宇	孙子	小学	1999.2.23	陆健雄	女婿	高中	1968.4.7
陶爱宝	母亲	初识字	1921.10.28	朱彦君	孙子	小学	1998.9.12
王亚娟	户主	小学	1952.11.27	陈伯生	户主	小学	1956.2.17
王　辉	儿子	高中	1977.6.22	庄建芬	妻子	初中	1958.10.6
陶　琰	儿子	本科	1987.7.15	陈　冬	儿子	大专	1982.12.31
徐阿妹	户主	初识字	1913.10.28	陈孙伊	孙女		2008.6.19
王佰元	儿子	小学	1951.1.28	陈伯林	户主	小学	1952.12.28
薛梅生	户主	初中	1947.2.2	谷嘉珍	户主	初中	1958.4.4
王　坚	户主	初中	1957.7.13	廉晓玲	女儿	初中	1981.11.15
金一萍	妻子	初中	1959.8.30	廉心优	孙女	小学	2005.8.25
王金景	女儿	高中	1982.11.7	廉心爱	孙女		2009.3.15
陆金妹	户主	初识字	1939.10.25	廉建明	丈夫	初中	1953.1.16
彭金秀	户主	初中	1973.10.3	陆建英	户主	高中	1954.3.15
贾红浦	丈夫	初中	1970.4.25	潘凌芸	女儿	本科	1983.8.30
彭贾祯	儿子	初中	1997.4.21	孔维仁	户主	高中	1963.4.13
陆伟健	户主	初中	1968.11.14	陈佰英	妻子	初中	1963.12.13
徐　英	妻子	初中	1970.2.9	孔垂洁	女儿	大专	1989.6.29
陆　赟	女儿	初中	1993.8.12	杨雪根	户主	初中	1953.12.6
彭小青	户主	初中	1970.6.23	顾卫芬	妻子	初中	1961.5.6
彭倩文	女儿	初中	1998.11.22	杨阿金	户主	初识字	1934.10.1

（续表）

姓名	与户主关系	文化程度	出生日期	姓名	与户主关系	文化程度	出生日期
杨也珍	妻子	初识字	1932.12.3	顾雪芳	妻子	小学	1949.12.19
杨雪明	户主	初中	1962.3.3	柯小萍	女儿	初中	1970.4.13
李凤娥	妻子	初中	1965.1.23	陈玉英	户主	初识字	1940.11.5
杨丽娟	女儿	高中	1985.7.27	陈雯	女儿	初中	1971.1.26
杨雪华	户主	初中	1958.7.21	朱文忠	户主	初中	1968.8.27
杨阳	儿子	大专	1983.12.29	柯玲	妻子	高中	1968.7.16
杨以沫	孙女		2011.5.14	柯琦峰	儿子	高中	1991.7.2
唐焕仙	妻子	初中	1972.6.15	柯进龙	户主	初中	1950.1.16
李仙宝	户主	初识字	1931.12.24	潘金凤	妻子	小学	1953.2.25
廉双芬	女儿	初中	1963.1.18	柯海丰	儿子	初中	1977.2.7
杨志龙	外孙	大专	1989.11.10	吴雷英	儿媳	初中	1977.7.13
蔡雪龙	户主	初中	1958.6.21	柯海萍	女儿	初中	1975.4.18
徐建珍	妻子	初中	1962.3.15	朱雅妮	外孙	小学	2000.10.8
蔡洁	女儿	高中	1983.11.12	方仙宝	母亲	初识字	1922.9.9
蔡银龙	户主	初中	1954.10.3	柯紫芸	孙女	小学	2002.1.28
戴燕萍	妻子	初中	1954.7.11	周德秀	户主	小学	1949.3.7
蔡莉	女儿	高中	1980.3.15	顾颖明	儿子	初中	1972.11.16
李素珍	户主	初中	1953.11.19	顾文俊	孙子	小学	1998.10.8
蔡茜	女儿	高中	1978.12.1	顾颖超	女儿	初中	1970.10.23
沈蔡怡	孙女	小学	2001.10.19	唐学明	女婿	高中	1969.6.23
孟坤林	户主	小学	1930.4.11	唐文超	外孙	高中	1996.3.2
周颖珍	妻子	初中	1932.8.27	顾大妹	母亲	初识字	1926.6.24
王瑛	户主	初中	1961.5.9	顾秀英	户主	小学	1946.10.12
周平	丈夫	初中	1961.7.30	殷瑛	女儿	初中	1973.10.22
胡素芳	户主	初中	1962.11.9	殷燕	女儿	初中	1971.1.28
孟冰歆	女儿	高中	1985.12.9	潭段恒	外孙	小学	1997.8.21
柯全生	户主	初识字	1934.2.7	陆怡婷	外孙女	初中	1993.8.3
诸小妹	妻子	初识字	1932.1.7	顾裕龙	户主	小学	1928.10.10
柯梅英	户主	小学	1956.11.3	顾金秀	妻子	初识字	1924.10.23
曹文龙	丈夫	小学	1952.2.4	顾渺明	户主	初中	1964.4.13
柯丽芳	女儿	本科	1980.12.11	杨惠琴	妻子	初中	1965.5.5
柯金元	户主	初中	1944.2.11	顾伟	儿子	大专	1989.10.13

（续表）

姓名	与户主关系	文化程度	出生日期	姓名	与户主关系	文化程度	出生日期
顾渺弟	户主	初中	1960.10.9	周琴	儿媳	初中	1970.4.12
高小英	妻子	初中	1963.11.26	刘杰	孙子	高中	1992.11.10
顾玲	女儿	大专	1985.9.9	薛宝英	户主	初中	1964.12.11
王淳诺	孙女		2012.6.10	顾根元	户主	小学	1946.7.28
顾渺德	户主	初中	1950.10.13	吴小妹	妻子	初中	1952.1.28
胡兴妹	妻子	初识字	1952.1.28	顾月明	儿子	初中	1977.8.22
顾云飞	儿子	初中	1976.11.14	李萍	儿媳	初中	1985.4.16
陆佳怡	孙女	小学	2000.3.1	顾宇峰	孙子		2006.1.13
顾素娟	户主	初中	1948.1.8	祝建清	户主	初中	1965.8.26
陶雯	女儿	初中	1971.11.24	季素芳	妻子	初中	1965.11.15
陶金瑾	孙女	初中	1992.9.1	祝晓栋	儿子	本科	1988.6.29
陶枫	户主	初中	1974.8.4	顾菊珍	户主	初中	1974.6.10
俞昊喆	儿子	初中	1999.7.14	何文华	丈夫	初中	1968.12.23
俞庆丰	丈夫	初中	1976.1.30	何雨梦	女儿	高中	1995.5.7
顾杏英	户主	初中	1940.2.2	柯杏珍	户主	初中	1953.1.28
沈秀珍	户主	初识字	1933.4.16	顾桂英	户主	初中	1950.8.10
顾建国	儿子	初中	1966.6.28	王小英	户主	初中	1951.3.26
周丽娟	儿媳	初中	1973.7.1	顾渺元	户主	高中	1945.2.27
周顾喆	孙子	初中	1996.7.11	徐彩珍	户主	初中	1962.10.26
顾秀萍	户主	初中	1963.8.28	蔡锦良	户主	高中	1940.5.18
袁美丽	女儿	高中	1988.2.18	沈静	户主	初中	1978.12.17
顾建忠	户主	初中	1963.12.11	黄盈英	户主	高中	1960.12.20
顾茜	女儿	高中	1987.7.24	黄凤丹	女儿	中专	1984.2.4
顾思榆	孙女		2012.10.18	朱银军	女婿	本科	1983.1.9
顾建新	户主	初中	1955.2.11	黄奕霖	孙子		2008.2.13
严惠琴	妻子	初中	1957.9.8	朱辰悦	孙女		2011.10.16
顾静	女儿	初中	1981.6.16	黄敏	户主	初中	1962.12.23
潘泓昊	外孙	小学	2005.5.9	张皇志	儿子	中专	1987.3.15
顾建平	户主	初中	1961.11.11	张晨希	孙子		2010.1.4
张建英	妻子	初中	1963.6.27	黄艳燕	户主	初中	1967.1.24
刘小妹	户主	小学	1941.10.4	王振铭	儿子	高中	1990.4.22
刘建强	儿子	初中	1968.5.20	何洁	户主	初中	1972.11.1

第 4 村民小组家庭档案

表 3-4-13

姓名	与户主关系	文化程度	出生日期	姓名	与户主关系	文化程度	出生日期
汪新娟	户主	高中	1963.3.22	李 杰	儿子	初中	1983.11.24
姚 洁	女儿	大专	1987.10.15	李宇航	孙子		2010.1.27
李建文	户主	初中	1950.7.17	庄层层	儿媳	初中	1987.7.28
潘雪英	妻子	初中	1950.12.25	**李桃妹**	户主	小学	1948.2.5
沈 荣	女婿	初中	1975.8.13	孟 胜	儿子	大专	1969.6.9
李益红	女儿	初中	1976.2.25	方 华	儿媳	小学	1970.4.23
李一帆	孙子	小学	1998.7.12	孟 丽	女儿	高中	1972.3.10
戴小妹	户主	小学	1949.6.14	孟晓倩	孙女	中专	1993.12.28
李文冬	儿子	高中	1971.11.6	蔡孟心玮	外孙	中专	1994.4.25
李文红	女儿	初中	1974.11.11	**陈月宝**	户主	初中	1934.9.19
陶惠琴	儿媳	高中	1974.9.25	**方素珍**	户主	小学	1937.12.26
李 涛	孙子	小学	1996.6.12	李景明	女婿	高中	1963.1.8
陆金根	户主	小学	1954.1.27	顾艳萍	女儿	初中	1962.10.13
李蓉琴	妻子	小学	1954.1.7	李俊君	外孙	初中	1987.11.23
陆洁洁	女儿	初中	1981.3.18	顾晓平	儿子	初中	1965.3.7
陆志超	孙子	小学	2003.9.4	裘小凤	儿媳	初中	1968.8.8
王 瑛	户主	初中	1963.9.2	**陈宝仁**	户主	小学	1927.5.21
严 进	儿子	小学	1991.8.6	邹凤娥	妻子	初识字	1932.8.5
龚明元	户主	高中	1962.7.9	**陈定宏**	户主	初中	1955.5.2
唐勤伟	妻子	初中	1962.10.7	诸菊珍	妻子	初中	1959.6.1
龚 叶	女儿	大专	1987.2.30	郝晨希	孙子		2010.2.1
龚孙语	孙女		2010.6.29	**陈定贤**	户主	初中	1957.3.8
唐勤学	户主	小学	1955.1.29	张秀珍	妻子	初中	1956.3.14
朱美玉	妻子	小学	1955.6.2	陈维娜	女儿	大专	1983.4.28
唐 伟	儿子	大专	1980.10.4	陈昭嘉	孙女		2009.9.19
唐馨怡	孙女		2004.4.14	陈国洪	女婿	本科	1980.6.25
朱 静	儿媳	大专	1979.10.10	**朱勤芳**	户主	小学	1950.2.12
李玉明	户主	中专	1940.12.5	诸建峰	儿子	大专	1973.7.17
王菊芳	妻子	小学	1946.4.26	严 英	儿媳	高中	1975.9.15
李介元	户主	小学	1958.11.27	诸佳奇	孙子	大专	1996.8.22
陆梅宝	妻子	初中	1962.3.9	**曾发康**	户主	小学	1941.6.12

（续表）

姓名	与户主关系	文化程度	出生日期	姓名	与户主关系	文化程度	出生日期
李国芳	妻子	初中	1945.12.22	吴琴琴	女儿	高中	1988.11.16
曾英	户主	大专	1969.11.12	诸宝英	户主	初识字	1925.1.9
龚敏佳	女儿	本科	1991.12.2	诸惠秋	户主	初中	1942.7.10
曾红	户主	初中	1971.5.28	诸雅玲	女儿	高中	1970.11.12
曾晓伊	女儿	大专	1994.7.15	诸沙江	儿子	高中	1975.4.25
钱晓多	女儿	小学	2004.4.18	曹思远	外孙	大专	1995.7.28
曾秋芳	户主	高中	1973.6.17	诸鑫宇	孙子	小学	2006.9.15
吴桑依	女儿	大专	1998.2.18	张荣珍	户主	初中	1950.12.19
冯爱珍	户主	初中	1942.1.15	顾琰	女儿	大专	1978.8.16
徐晓兰	外孙女	大专	1992.9.7	朱燕铭	户主	大专	1968.5.1
李炳生	户主	初中	1947.2.27	王语鼎	儿子	大专	1992.6.27
李梅珍	妻子	小学	1949.5.29	朱燕红	户主	本科	1973.5.17
李明	户主	高中	1970.1.27	朱麒麟	女儿	高中	1998.10.18
邹燕	妻子	高中	1970.4.15	张耀祖	户主	初中	1947.7.25
李俊杰	儿子	本科	1993.9.11	沈萍	妻子	高中	1949.7.26
李栋	户主	初中	1970.12.10	陈伟强	户主	初中	1966.9.24
黄晓华	妻子	初中	1973.5.29	陈伟林	弟弟	初中	1971.6.11
李思优	女儿	初中	1994.11.12	肖海英	妻子	初中	1970.5.23
李建国	户主	初中	1955.11.16	陈婷婷	女儿	高中	1993.2.13
诸月琴	妻子	小学	1957.9.1	华秀英	弟媳	初中	1972.12.12
李想	孙子		2009.2.24	华义鹏	侄子	小学	2000.7.8
李桂芬	户主	小学	1953.1.11	华李娜	侄女	小学	1999.2.18
袁惠元	丈夫	初中	1950.8.22	潘玲妹	户主	小学	1942.10.3
袁芬	女儿	大专	1979.7.10	陈娟	女儿	高中	1972.1.6
袁天奕	孙子	小学	2003.10.14	陈芳	女儿	高中	1970.4.28
罗小锋	女婿	大专	1977.3.10	陈刚	儿子	大专	1968.4.22
江阿五	户主	初识字	1925.5.1	陈韫韬	孙子	大专	1995.5.5
诸再生	儿子	高中	1966.3.28	陈振洪	户主	初中	1958.2.27
诸丽君	孙女	小学	1990.8.9	陈云芳	妻子	初中	1962.7.13
张培英	户主	小学	1930.2.5	陈惠鹏	户主	初中	1951.10.13
诸晨霞	孙女	大专	1991.12.19	时彩珍	妻子	小学	1949.10.8
诸敏琴	户主	高中	1964.10.19	陈峰	儿子	职高	1978.3.20

（续表）

姓名	与户主关系	文化程度	出生日期	姓名	与户主关系	文化程度	出生日期
陈佳蕾	孙女		2002.1.4	诸菊英	户主	初中	1951.11.26
陈宝英	户主	初识字	1933.4.22	诸维明	儿子	高中	1979.8.17
陈一鹏	儿子	初中	1963.3.29	诸艳婷	孙女		2003.6.26
陈雪芳	儿媳	初中	1964.5.28	张红燕	儿媳	初中	1979.6.18
陈 琳	孙女	大专	1988.11.29	张素珍	户主	初识字	1948.2.20
赵爱妹	户主	初识字	1934.6.1	诸伟宏	女儿	高中	1971.10.11
陈建东	儿子	初中	1957.4.12	诸梦婷	孙女	高中	1995.1.12
程丽华	儿媳	初中	1960.5.25	诸秋英	户主	初识字	1936.6.8
陈建月	户主	小学	1965.5.2	顾鸿祥	儿子	初中	1964.4.2
诸秋菊	户主	小学	1941.9.24	许秀芬	儿媳	初中	1963.8.15
章 萍	女儿	初中	1971.1.19	顾志强	孙子	大专	1981.2.17
章 超	户主	高中	1964.10.20	顾菊芬	户主	小学	1956.9.26
陈玉妹	妻子	初中	1966.3.4	顾王磊	儿子	大专	1983.10.16
章 欢	女儿	大专	1989.11.9	顾巧菊	户主	初中	1966.12.4
章 英	户主	大专	1963.3.14	胡 琴	女儿	高中	1991.7.30
陈 倩	女儿	大专	1989.7.17	贾瑞英	户主	小学	1951.3.3
章 权	户主	高中	1967.4.19	顾意林	儿子	高中	1978.11.21
章超权	儿子	高中	1993.3.24	姚华芳	儿媳	高中	1975.10.16
周建忠	户主	初中	1962.5.21	顾 鑫	孙子	大专	1998.10.22
包爱萍	妻子	初中	1964.4.28	顾星莹	孙女		2001.10.5
周 静	女儿	高中	1986.11.29	陶小红	户主	高中	1969.11.7
周建明	户主	初中	1964.9.20	顾 俊	儿子	高中	1995.12.13
徐惠芬	妻子	初中	1964.8.1	陈建忠	户主	初中	1959.11.23
周 莉	女儿	高中	1988.4.16	蔡云芳	妻子	初中	1960.5.30
诸三宝	户主	初识字	1926.10.1	陈 淳	儿子	大专	1986.3.7
万林生	户主	小学	1942.11.15	张凤英	户主	小学	1933.5.24
李秋英	妻子	初识字	1946.6.15	蔡云平	儿子	初中	1965.1.6
万 星	女儿	初中	1969.12.9	蔡佳君	孙女	大专	1989.10.12
李庆明	女婿	初中	1966.10.27	吴惠英	户主	小学	1949.9.18
万怡情	孙子	本科	1990.8.11	潘 虹	女儿	初中	1975.2.22
诸菊芬	户主	小学	1948.11.17	潘 萍	女儿	初中	1978.6.20
缪培芳	儿媳	初中	1972.10.12	潘晴云	孙女	小学	2000.8.31

（续表）

姓名	与户主关系	文化程度	出生日期	姓名	与户主关系	文化程度	出生日期
马向明	女婿	高中	1974.5.23	方雪娥	妻子	初识字	1935.8.6
张荣德	户主	初中	1955.4.10	顾巧华	户主	高中	1966.6.6
诸建萍	妻子	初中	1955.1.1	王珏	儿子	高中	1988.9.17
张秋	女儿	高中	1980.8.18	顾新华	户主	初中	1956.7.4
张荣华	户主	初中	1953.1.23	诸彩珍	妻子	高中	1959.11.11
杨彩娥	妻子	初中	1955.4.20	顾昱	女儿	大专	1982.12.23
张扬	儿子	大专	1980.1.27	唐燕组	女婿	本科	1977.1.1
顾利明	户主	初中	1968.1.8	顾留晔	孙女		2006.2.2
顾玉英	妻子	初中	1972.12.12	庄瑞华	户主	小学	1954.11.16
顾静	女儿	初中	1996.10.11	张晓磊	女儿	大专	1981.6.23
陆云娣	户主	初识字	1923.4.14	黄洛琪	孙女		2005.12.30
张素娟	户主	小学	1934.9.27	张荣兰	户主	初中	1960.11.16
姚伸明	儿子	初中	1965.10.31	莳静娟	户主	小学	1959.12.28
姚真珍	孙女	高中	1989.3.7	李雄	儿子	高中	1986.10.4
王瑞英	儿媳	初中	1963.4.17	李诗语	孙女		2011.1.5
潘树生	户主	高中	1942.9.25	金花	户主	初中	1968.1.30
沈月英	妻子	小学	1946.11.9	邹敏丽	户主	初中	1966.6.10
潘惠东	儿子	初中	1969.3.14	邹程晨	女儿	高中	1991.4.8
潘惠萍	女儿	高中	1970.10.26	曹俊	户主	大专	1990.9.4
潘鸣君	孙子	大专	1993.1.31	朱小妹	户主	初识字	1925.5.20
李文君	外孙	大专	1994.7.18	李娟	户主	高中	1966.4.19
李明	女婿	高中	1969.4.27	高梦晗	女儿	本科	1992.11.12
顾建华	户主	小学	1954.10.18	王瑾	户主	初中	1967.7.9
陈幼芬	妻子	小学	1955.3.28	陈秀英	户主	初识字	1932.5.16
顾奕	女儿	大专	1980.11.18	蒲妹臻	户主	初中	1979.3.14
顾林生	户主	小学	1934.7.20				

第 5 村民小组家庭档案

表 3-4-14

姓名	与户主关系	文化程度	出生日期	姓名	与户主关系	文化程度	出生日期
胡建平	户主	初中	1967.6.9	张雪琴	妻子	初中	1967.3.3

（续表）

姓名	与户主关系	文化程度	出生日期	姓名	与户主关系	文化程度	出生日期
胡晓慧	女儿	大专	1990.6.24	沈陈娜	外孙女	大专	1989.1.25
肖建忠	户主	初中	1955.11.15	陈乃雯	孙女	本科	1990.10.31
顾菊芬	妻子	初中	1956.10.11	唐雪珠	户主	初中	1964.12.5
肖勇	儿子	初中	1982.3.29	吴菊英	户主	小学	1951.9.3
肖宇	儿子	大专	1986.10.31	诸杰	儿子	初中	1976.7.2
杨佳	儿媳	高中	1987.6.22	诸伟	儿子	高中	1973.12.11
肖依晨	孙女		2009.1.20	诸金良	户主	初中	1957.12.5
肖建明	户主	高中	1960.4.30	张荣芬	妻子	初中	1957.4.20
顾惠芳	妻子	初中	1963.9.20	诸萤	女儿	初中	1981.11.14
肖云	女儿	大专	1986.11.9	诸志仁	户主	初识字	1926.10.1
李小娥	户主	初识字	1935.10.2	李惠娥	户主	小学	1940.11.21
蔡全林	户主	小学	1948.1.1	唐雪荣	儿子	初中	1966.6.25
戴阿妹	妻子	小学	1948.11.18	唐莺	孙女		2002.8.17
蔡永强	儿子	职高	1970.9.6	任琴	儿媳	初中	1976.6.2
蔡丽娟	女儿	高中	1974.9.1	诸培根	户主	初中	1945.5.12
张梅芳	儿媳	高中	1973.12.9	张秀英	妻子	小学	1943.11.12
蔡剑明	孙子	高中	1994.7.6	诸林	户主	初中	1967.10.25
蔡赢洁	孙女	大专	1990.3.4	诸依沁	女儿	大专	1994.5.16
方伟	户主	大专	1972.12.31	朱菊英	户主	小学	1931.8.1
方瑞楷	儿子		2010.9.9	诸建生	户主	初中	1957.11.7
姚文娟	户主	初中	1948.3.28	诸娟	女儿	初中	1986.9.22
蒋梅芳	儿媳	高中	1979.11.28	顾桂珍	户主	初中	1964.9.15
杨佳磊	孙子		2001.5.13	诸正刚	户主	初中	1950.3.17
周瑞珍	户主	小学	1962.4.10	金志文	户主	初识字	1932.3.28
姚志凯	儿子	大专	1984.12.3	李纯珍	妻子	小学	1940.3.4
姚歆愉	孙女		2012.5.6	金彩琴	女儿	高中	1966.7.15
陈建华	户主	小学	1945.3.17	金月琴	户主	高中	1961.7.11
诸梅琳	妻子	初中	1941.8.17	刘林根	丈夫	初中	1957.8.23
陈一平	儿子	初中	1964.3.15	金建忠	儿子	高中	1982.9.17
金兰	儿媳	初中	1965.8.2	金家齐	孙子		2011.8.16
陈二囡	女儿	初中	1967.7.10	陆小弟	户主	初中	1957.5.1
沈惠弟	女婿	初中	1964.12.27	金建琴	妻子	初中	1963.3.21

（续表）

姓名	与户主关系	文化程度	出生日期	姓名	与户主关系	文化程度	出生日期
陆 英	女儿	大专	1984.12.23	王 涛	外孙	初中	1996.3.15
陆晟怡	孙女		2009.7.19	胡菊林	户主	小学	1943.9.17
张惠林	户主	初中	1946.9.1	胡士明	父亲	初中	1922.9.18
陈妹妹	妻子	初中	1950.6.10	蔡金宝	妻子	小学	1942.12.7
张海峰	儿子	初中	1975.1.8	胡建强	户主	初中	1966.6.6
陈 玉	儿媳	初中	1978.3.12	朱月芳	妻子	初中	1968.5.26
张非凡	孙子		2001.11.29	胡晓军	儿子	本科	1990.2.28
张荷生	户主	小学	1941.4.20	朱菊芳	户主	小学	1945.12.4
张素琴	妻子	小学	1937.5.16	胡文林	儿子	初中	1968.11.11
张玉英	户主	高中	1963.5.23	胡 超	孙子	初中	1996.8.19
吴 雯	女儿	大专	1988.6.10	胡文荣	户主	初中	1966.11.26
吴 梅	女儿	大专	1991.10.27	盛祥英	妻子	初中	1962.5.2
张惠华	户主	初中	1968.5.21	胡晓华	儿子	大专	1991.6.19
张燕飞	女儿	高中	1991.1.4	胡勇新	户主	初中	1941.9.25
朱凤花	户主	高中	1968.10.7	陈宝英	妻子	小学	1945.10.5
张云华	户主	初中	1960.8.15	胡建芬	女儿	初中	1970.9.28
马国琴	妻子	初中	1960.7.7	郁潇颖	外孙	大专	1993.10.23
张 吉	女儿	大专	1984.12.19	肖 明	户主	高中	1962.2.20
戴培华	户主	初中	1963.8.26	张月琴	妻子	初中	1966.4.10
朱凤妹	妻子	小学	1964.5.30	肖元宏	儿子	大专	1989.6.16
戴勤宏	儿子	大专	1986.2.26	胡玲芳	户主	初中	1972.4.29
戴正荣	户主	初中	1951.2.23	周思佳	女儿	初中	1993.11.3
陆梅芳	妻子	小学	1952.1.3	葛杏春	户主	初中	1968.11.3
戴 鸣	儿子	高中	1976.10.25	胡玲琴	妻子	初中	1970.8.11
戴 琳	女儿	高中	1978.3.4	胡晶莹	女儿	高中	1992.2.2
戴成学	孙子		2001.10.20	胡金弟	户主	小学	1948.10.1
张春妹	儿媳	初中	1978.10.3	沈秋芳	妻子	小学	1958.10.8
刘 佳	外孙		2008.3.30	李宝仁	户主	小学	1938.5.15
胡金生	户主	小学	1946.8.9	李月芳	女儿	初中	1966.11.14
蒋琴妹	妻子	小学	1950.3.12	许建平	女婿	小学	1966.6.22
胡光明	儿子	大专	1975.10.26	李 华	孙子	大专	1990.7.28
胡琴芳	女儿	初中	1973.7.3	李月明	户主	初中	1963.6.11

（续表）

姓名	与户主关系	文化程度	出生日期	姓名	与户主关系	文化程度	出生日期
胡小英	妻子	初中	1963.6.26	陈永秋	户主	初中	1973.5.10
李 吉	儿子	大专	1987.9.26	曹英杰	儿子	高中	1995.8.6
程一芳	户主	初中	1954.12.9	张云生	户主	小学	1941.7.3
陆敏洁	儿子	高中	1979.5.16	施梅英	妻子	初识字	1939.8.15
程建新	户主	高中	1960.9.23	张建华	儿子	初中	1964.3.5
马杏花	妻子	初中	1964.2.21	诸志琴	户主	初识字	1934.11.5
程莉雅	女儿	大专	1985.12.7	靖 珠	女儿	初中	1962.10.27
程建东	弟弟	初中	1964.9.11	张建龙	女婿	高中	1961.8.18
蔡菊英	户主	初识字	1929.12.24	靖 静	孙女	初中	1986.3.31
徐惠良	儿子	小学	1953.3.22	靖 雯	孙女	大专	1992.6.28
徐妹妹	女儿	初中	1965.9.24	靖 辰	曾孙		2012.5.12
朱莹莹	外孙	大专	1988.5.7	张光华	户主	小学	1931.8.15
金阿秀	户主	初识字	1937.11.15	夏秀英	妻子	初识字	1932.8.15
金梅秀	户主	高中	1941.8.8	张培荣	户主	初中	1963.1.11
陈永伟	儿子	高中	1970.9.15	李玉琴	妻子	初中	1966.6.5
赵 英	儿媳	大专	1970.3.20	张莉雅	女儿	大专	1986.7.17
陈轶婷	孙女	高中	1993.10.14	张培根	户主	初中	1954.11.16
陈永宽	儿子	初中	1977.1.18	施绥芬	妻子	初中	1955.12.28
陈中杰	孙子		2001.2.13	张 燕	女儿	大专	1985.1.14
李志坚	户主	小学	1950.1.7	张建国	儿子	大专	1979.9.30
裘小妹	母亲	初识字	1915.12.4	张顾馨	孙女		2008.5.15
裘月娣	妻子	初中	1953.1.27	张培德	户主	初中	1951.7.17
李 敏	女儿	高中	1976.2.1	陈 艳	妻子	高中	1974.1.14
李 立	儿子	大专	1981.9.13	张莉莎	女儿	初中	1996.4.18
王云霞	儿媳	初中	1984.7.9	陈月芳	户主	小学	1955.4.23
李鑫妍	孙女		2006.11.22	李梅芳	妻子	小学	1955.7.21
陈永华	户主	初中	1968.11.10	陈建东	儿子	大专	1979.9.20
苏卫娟	妻子	初中	1969.1.17	陈建刚	儿子	大专	1982.3.31
陈 晨	儿子	大专	1991.7.1	陈欣雨	孙女		2008.2.18
陈建良	户主	小学	1949.9.22	刘晓燕	儿媳	大专	1981.4.4
张巧英	妻子	小学	1950.6.2	陈阿元	户主	小学	1953.3.14
陈永清	儿子	高中	1978.8.11	姚文燕	妻子	初中	1954.12.12

（续表）

姓名	与户主关系	文化程度	出生日期	姓名	与户主关系	文化程度	出生日期
陈丹妮	女儿	高中	1979.4.15	陈小道	户主	小学	1955.5.20
朱陈茜	孙女		2004.1.11	杨连英	妻子	小学	1959.9.12
陈月琴	户主	小学	1965.1.1	陈国华	儿子	中专	1981.12.5
任 捷	儿子	硕士	1986.9.16	张成林	儿媳	高中	1984.11.2
陈君武	户主	初识字	1927.4.6	陈旭辉	孙子		2005.2.26
陈凤英	妻子	初识字	1929.12.24	陈敖根	户主	初识字	1928.9.1
陈桂林	户主	初中	1963.8.4	王秀英	妻子	初识字	1932.8.15
张秋娥	妻子	初中	1963.9.13	沈祖琴	户主	小学	1950.6.6
陈 丽	女儿	大专	1986.7.14	李学弟	儿子	初中	1972.11.8
陈宝林	户主	初中	1951.1.30	李菁彦	孙女		2002.3.7
金阿琴	妻子	小学	1955.8.20	陈建霞	儿媳	初中	1976.12.9
陈晓莲	女儿	大专	1979.7.31	陈玉英	户主	小学	1953.7.13
顾 陈	孙女		2007.12.5	胡祖强	户主	初中	1962.9.25
潘小妹	户主	小学	1937.11.11	李建珍	户主	初中	1956.12.1
潘惠娟	儿媳	初中	1959.1.25	张雪峰	儿子	初中	1978.12.26
胡炳生	户主	小学	1937.8.28	张紫轩	孙女		2002.9.18
陶永康	女婿	初中	1963.8.4	张 庆	孙子		2011.9.19
胡玉婷	孙女	高中	1989.4.9	张 月	户主	高中	1976.5.4
蔡全生	户主	初中	1957.3.7	胡培珍	户主	高中	1951.2.19
诸秀琴	妻子	初中	1963.5.29	李雪花	户主	初中	1975.7.19
蔡丽华	女儿	大专	1985.5.10	冬 亮	丈夫	初中	1970.12.15
陈道生	户主	小学	1950.3.4	冬佳怡	女儿	大专	1997.10.6
邱金凤	妻子	小学	1950.1.11	俞 娟	户主	高中	1964.2.26
陈云龙	儿子	初中	1975.6.18	张 俞	女儿	大专	1987.10.5
陈 悦	孙子	高中	1998.5.31	诸莉亚	户主	本科	1981.6.29
李惠英	儿媳	高中	1975.3.23	胡金元	户主	小学	1954.8.9
陈云秋	户主	初中	1973.9.2	柴美玉	妻子	高中	1957.11.14
刘建青	丈夫	高中	1972.12.13	胡玲芳	女儿	中专	1982.3.10
刘启贤	儿子	初中	1995.12.7				

第6村民小组家庭档案

表 3-4-15

姓名	与户主关系	文化程度	出生日期	姓名	与户主关系	文化程度	出生日期
陈海宝	户主	小学	1938.12.25	沈传林	户主	初中	1934.6.29
吴素珍	妻子	小学	1936.5.28	李秀英	妻子	初中	1940.12.10
陈勇	户主	初中	1966.3.3	沈惠星	女儿	初中	1958.9.22
陈建英	妻子	初中	1966.5.23	唐燕敏	外孙	高中	1984.12.12
陈洁	女儿	本科	1993.2.23	沈文革	儿子	大专	1966.6.15
陈强	户主	初中	1963.6.25	沈惠兰	户主	初中	1961.5.20
闵菊珍	妻子	初中	1963.4.20	沈益君	儿子	本科	1985.1.11
陈燕	女儿	大专	1986.12.29	曹秀珍	户主	初识字	1950.10.15
陈立新	户主	初中	1955.6.20	陆敏健	儿子	初中	1973.2.17
吴彩娥	妻子	小学	1957.8.3	沈建芬	户主	初中	1963.10.5
陈华	儿子	大专	1981.6.6	李林元	丈夫	高中	1964.1.11
陈妹珍	母亲	初识字	1932.12.5	李敏华	儿子	高中	1988.1.13
陈云巍	孙子		2004.12.29	李鑫泽	孙子		2012.7.27
王庆云	儿媳	大专	1981.9.22	俞凤珍	户主	初识字	1932.7.7
陈阿妹	户主	初识字	1943.7.21	朱正新	户主	高中	1966.8.23
陈龙	户主	初中	1972.8.27	朱艳	女儿	高中	1989.9.5
邱远梅	妻子	初中	1972.12.5	孔秀珍	户主	小学	1950.10.16
陈振森	儿子	初中	1998.9.25	朱秋英	女儿	初中	1971.10.6
陈忠	户主	初中	1968.7.5	朱玲龙	孙子	高中	1993.6.16
朱杏荣	户主	小学	1944.2.6	朱玲峰	孙子		2001.11.30
陆凤珍	妻子	初识字	1948.9.7	何齐访	女婿	高中	1973.4.12
朱月英	女儿	初中	1972.7.19	朱惠国	户主	初中	1953.6.6
邬敏佳	外孙	大专	1994.3.23	李秋芳	妻子	初中	1955.7.26
吴建弟	户主	高中	1968.6.15	朱淑亮	儿子	初中	1979.11.27
朱月雅	妻子	高中	1968.10.6	朱淑明	儿子	大专	1979.11.27
朱敏杰	儿子	大专	1991.10.23	王启侠	儿媳	大专	1982.6.30
蔡秀英	户主	初识字	1915.9.16	朱君怡	孙女		2006.12.25
吴斌	户主	高中	1962.10.4	朱惠元	户主	小学	1950.12.26
顾小华	妻子	高中	1964.2.10	陆凤珍	妻子	小学	1953.12.25
吴晏清	女儿	本科	1989.7.30	朱瑛	女儿	初中	1976.10.1
李秀英	户主	小学	1940.6.28	潘朱英	孙女	大专	1999.7.1

（续表）

姓名	与户主关系	文化程度	出生日期	姓名	与户主关系	文化程度	出生日期
朱惠珍	户主	小学	1942.4.6	鲁世林	儿媳	初中	1969.12.15
黄建文	儿子	初中	1966.9.21	李 倩	孙女	高中	1993.8.26
吴芳妹	儿媳	初中	1965.8.27	**田桂芬**	户主	初中	1964.2.29
黄钱寅	孙女	高中	1989.9.25	李 玲	女儿	初中	1986.5.1
钱建亚	户主	初中	1968.2.21	**俞玉珍**	户主	小学	1959.10.9
翁明昌	丈夫	初中	1970.4.3	曹 俞	儿子	初中	1982.5.1
翁晓亮	儿子	高中	1995.8.11	**邱雪英**	户主	小学	1944.5.29
周月琴	户主	小学	1942.12.23	**邱 亚**	户主	初中	1963.3.10
孔文良	儿子	初中	1969.8.26	邱尧涛	儿子	高中	1986.12.21
张文英	儿媳	初中	1968.11.27	**严根妹**	户主	初中	1964.9.12
孔丽莉	孙女	高中	1993.4.23	**邱 军**	户主	初中	1967.5.16
吴文英	户主	小学	1942.10.19	邱宗明	儿子	初中	1992.1.31
陆 伟	儿子	初中	1967.9.17	**王素珍**	户主	初中	1971.8.24
徐文花	儿媳	小学	1969.12.22	**曹小弟**	户主	小学	1929.9.6
陆子阳	孙子	大专	1992.3.29	曹金娥	妻子	小学	1932.7.10
吴秀珍	户主	小学	1946.1.6	曹春林	儿子	初中	1969.2.4
邱 悦	女儿	初中	1970.11.10	黄 英	儿媳	高中	1971.9.20
李惠珍	户主	小学	1951.7.26	曹盈瑛	孙女	大专	1993.11.17
倪尹华	女儿	大专	1973.11.22	**包仁娟**	户主	初中	1964.2.9
吴文华	女婿	高中	1975.1.15	曹玉林	丈夫	高中	1964.3.13
倪尹伟	孙子	大专	1997.10.8	曹伊娜	女儿	本科	1989.3.5
高振友	户主	小学	1953.1.2	**朱惠鸿**	户主	小学	1950.11.3
邱荷英	妻子	小学	1954.4.4	周小妹	妻子	小学	1958.4.20
高晓红	女儿	初中	1979.5.5	**周德昌**	户主	小学	1945.6.16
高家宝	孙子		2001.9.13	周 益	女儿	初中	1979.5.24
高全英	户主	初中	1944.7.4	周欣怡	孙女		2001.2.6
陆惠元	户主	初中	1957.10.10	周云桥	女婿	初中	1976.1.18
陆金凤	妻子	初中	1960.6.9	**包文英**	户主	初中	1955.10.1
陆振兴	儿子	本科	1984.2.2	黄晓瑾	女儿	高中	1981.10.16
陆希文	孙女		2010.6.9	陶兴华	丈夫	初中	1953.4.12
陆秀英	户主	小学	1934.4.1	**沈乾林**	户主	小学	1937.10.6
李 强	儿子	初中	1971.1.30	沈卫琴	女儿	初中	1969.4.15

（续表）

姓名	与户主关系	文化程度	出生日期	姓名	与户主关系	文化程度	出生日期
张敏伟	外孙	大专	1994.3.11	孙亚	女儿	大专	1978.12.8
沈惠文	户主	初中	1966.3.22	吴怡雯	孙女	高中	1996.6.26
陈彩琴	妻子	初中	1966.5.22	曹三毛	户主	初中	1947.9.4
沈佳伟	儿子	高中	1990.11.4	蔡雪娥	妻子	初识字	1945.11.17
吴金娥	户主	初中	1948.11.12	曹平	儿子	高中	1968.10.17
包海泉	丈夫	初中	1949.12.15	李福元	户主	高中	1958.8.26
包肖强	儿子	高中	1974.3.20	尹雪娥	妻子	初中	1961.5.24
秦芳	儿媳	初中	1976.4.16	李华	儿子	大专	1983.6.8
包秦芋	孙子		2000.5.23	崔艳艳	儿媳	中专	1983.3.12
包林	户主	小学	1969.1.21	李皓轩	孙子		2010.4.3
蒋国珠	妻子	初中	1971.10.19	邱梅英	户主	小学	1950.4.14
包启嘉	儿子		2004.4.19	李君	女儿	初中	1977.7.5
王凤珍	户主	小学	1949.12.2	李峰	儿子	初中	1975.12.30
陆峰	儿子	初中	1975.9.28	陆培玉	儿媳	初中	1974.12.24
陆金元	户主	高中	1955.7.7	李佳敏	孙女	初中	1999.5.10
吴全珍	母亲	初识字	1932.1.13	李月珍	户主	初识字	1932.8.15
朱正娥	妻子	小学	1954.12.24	李忠元	户主	初中	1961.1.15
陆永敏	儿子	大专	1980.8.4	杨美华	妻子	初中	1961.9.15
陆欣裕	孙女		2008.11.16	李丽	女儿	中专	1989.11.2
刘瑾裕	孙女		2012.3.22	包小华	户主	高中	1968.12.19
吴三囡	户主	初中	1949.7.7	季品芳	妻子	高中	1973.7.27
吴银娥	妻子	初中	1953.2.12	包婷伊	女儿	大专	1995.1.22
吴小弟	户主	小学	1928.3.3	李信康	户主	小学	1938.3.30
吴建龙	户主	初中	1966.2.27	李建平	户主	初中	1964.5.12
吴菊芳	妻子	初中	1967.5.2	杨妹琴	妻子	初中	1965.7.4
吴晓辉	儿子	高中	1989.6.21	李明	儿子	大专	1987.3.4
吴建忠	户主	初中	1963.7.8	吴文兰	户主	高中	1960.4.16
李承容	妻子	初中	1964.6.6	鲁弟	户主	初中	1963.9.13
吴欣	女儿	初中	1990.9.10	鞠云娣	妻子	小学	1963.11.25
孙寿林	户主	小学	1951.4.13	鲁晓冬	儿子	中专	1987.10.29
吴菊英	妻子	小学	1950.2.2	朱秀珍	户主	初识字	1935.2.12
吴春亚	女儿	本科	1975.4.10	鲁敏	户主	初中	1956.10.8

（续表）

姓名	与户主关系	文化程度	出生日期	姓名	与户主关系	文化程度	出生日期
冯美华	妻子	初中	1963.5.20	曹云娣	妻子	小学	1948.8.27
鲁星	女儿	本科	1986.8.20	曹张明	儿子	初中	1971.2.1
杨妹	户主	初中	1972.9.3	曹张红	女儿	高中	1973.9.7
杨小琴	妹妹	初中	1975.11.22	周时娟	儿媳	初中	1973.12.14
尤文龙	丈夫	初中	1973.7.26	曹一非	孙女	高中	1996.3.24
杨宇轩	儿子	大专	1997.2.12	顾亦凡	外孙	初中	1999.6.4
杨大毛	户主	初中	1926.4.4	**吴军**	户主	高中	1959.8.20
陆妹芬	儿媳	初中	1963.9.23	陈建英	妻子	初中	1960.6.19
杨春华	孙子	高中	1985.3.29	**李忠伟**	户主	初中	1969.5.11
沈敏敏	孙媳	大专	1986.9.23	朱芬崎	妻子	初中	1968.12.7
杨皓宇	曾孙		2009.12.29	李也凡	女儿	本科	1993.10.27
杨小毛	户主	小学	1932.2.17	**杨彩英**	户主	初中	1957.8.12
陆五宝	妻子	初识字	1932.9.23	黄伟	儿子	高中	1982.4.12
杨建明	户主	初中	1963.9.15	**张晨英**	户主	初中	1969.6.1
朱云珍	妻子	初中	1963.12.14	**李勇**	户主	初中	1967.10.4
杨茜	女儿	大专	1989.1.6	**沈伟东**	户主	初中	1969.3.20
吴秋芳	户主	初中	1953.7.21	齐丽丽	妻子	初中	1971.3.5
杨清	女儿	初中	1977.8.28	沈雁斌	儿子	大专	1993.6.12
杨周鑫	孙女	小学	2003.6.24	王婷	女儿	大专	1994.1.25
杨秀珍	户主	小学	1936.12.1	**吕付英**	户主	初中	1968.11.22
沈玉明	女婿	初中	1967.3.19	陈春梅	女儿	大专	1996.1.2
杨建英	女儿	初中	1970.4.18	**沙志英**	户主	初中	1975.12.6
杨慧	孙女	高中	1991.8.10	陆伟忆	女儿	初中	1998.5.21
张阿俭	户主	小学	1948.10.20				

第 7 村民小组家庭档案

表 3-4-16

姓名	与户主关系	文化程度	出生日期	姓名	与户主关系	文化程度	出生日期
徐建明	户主	初中	1954.1.31	徐倩阳	孙女		2009.9.29
黄国琴	妻子	初中	1952.7.13	**朱丽华**	户主	初中	1975.10.29
徐雅娟	女儿	大专	1979.8.5	**徐雪珍**	户主	初中	1939.11.27

（续表）

姓名	与户主关系	文化程度	出生日期	姓名	与户主关系	文化程度	出生日期
朱 育	儿子	初中	1969.11.4	周凤珍	妻子	小学	1946.10.1
朱 燕	女儿	初中	1971.10.12	张建平	儿子	初中	1972.10.16
许海东	儿媳	初中	1974.12.19	张 莹	孙女	大专	1996.8.13
朱语承	孙子		2001.12.3	朱阿英	户主	初识字	1926.11.1
徐玉珍	户主	小学	1942.7.27	李秀珍	户主	初识字	1938.1.5
袁俊元	丈夫	小学	1938.5.10	夏 峰	儿子	初中	1970.4.23
袁 英	女儿	初中	1971.6.17	黄晓晨	儿媳	高中	1974.8.26
袁 霞	女儿	初中	1972.10.4	夏 阳	孙子	初中	1997.11.7
王东生	女婿	初中	1971.5.7	夏 轩	孙子	初中	1999.10.3
袁继敏	孙子	大专	1995.11.13	夏玉峰	户主	初中	1966.1.12
武敏英	户主	初识字	1933.4.8	江妹金	妻子	初中	1964.5.7
张大生	户主	小学	1951.1.17	夏纯超	儿子	研究生	1988.10.28
李玉妹	妻子	小学	1952.12.27	陈国栋	户主	初中	1951.11.7
张建华	儿子	初中	1975.4.5	陈华强	户主	高中	1978.6.4
张晨辉	孙子	初中	1998.4.22	朱红岭	妻子	初中	1978.6.21
朱星虹	儿媳	初中	1971.7.2	陈颖秋	女儿	小学	2002.8.17
姚水英	户主	初识字	1941.9.16	陈彦延	儿子		2009.2.11
杜云涌	儿子	初中	1971.9.11	张小弟	户主	小学	1953.6.13
杜思璇	孙女	大专	1996.11.26	陆福珍	妻子	初识字	1957.9.2
张雪珍	户主	初识字	1950.12.11	张知青	儿子	研究生	1980.11.23
叶凤娟	儿媳	初中	1977.12.28	浦雪珍	户主	小学	1941.12.6
张怡文	孙女		2000.3.4	陈国良	丈夫	小学	1942.11.20
胡佳平	户主	初中	1967.12.24	陈 斌	儿子	小学	1970.7.3
钱鸣芳	妻子	初中	1967.9.18	陈晨丽华	孙子	初中	1997.12.20
胡 煜	儿子	大专	1990.12.13	项贤银	儿媳	小学	1970.3.19
胡秀珍	母亲	初识字	1935.6.10	张秋良	户主	初中	1947.3.28
张义康	户主	初识字	1930.11.28	徐文英	母亲	初识字	1925.11.11
张世英	妻子	初识字	1930.7.16	包白妹	妻子	小学	1949.2.21
张志明	儿子	小学	1964.4.9	张 英	女儿	初中	1973.3.5
殷白妹	儿媳	初中	1968.7.5	邹建学	女婿	高中	1973.7.5
张 静	孙女	大专	1990.8.15	张 琴	女儿	初中	1975.12.3
张维菊	户主	小学	1945.6.8	张若琪	孙女		2000.11.23

（续表）

姓名	与户主关系	文化程度	出生日期	姓名	与户主关系	文化程度	出生日期
张 敏	女儿	大专	1979.5.15	李冰清	孙子		2002.12.8
王建华	户主	初中	1965.1.7	包定元	户主	小学	1955.6.24
胡阿芳	妻子	初中	1965.9.3	蔡培珍	妻子	初中	1964.12.15
王 迪	女儿	大专	1990.1.1	包晓艳	女儿	大专	1985.10.23
陈 明	户主	初中	1961.5.20	包阿弟	户主	初识字	1931.10.17
陈爱芳	妻子	初中	1961.5.5	包仁华	儿子	初中	1961.4.28
陈丽娜	女儿	初中	1986.10.24	吴玲珍	儿媳	初中	1961.10.8
郑 平	女婿	初中	1986.10.14	包静斌	孙子	大专	1985.7.25
陈艳霓	孙女		2008.12.21	包浚武	曾孙		2011.4.22
郑陈曦	孙子		2012.1.10	李惠林	户主	高中	1955.11.22
方妹珍	户主	初识字	1934.1.5	顾素芳	妻子	初中	1957.2.19
包福生	儿子	初中	1969.7.22	李晓明	儿子	大专	1981.10.2
包福元	户主	初中	1957.11.23	何 惠	儿媳	初中	1979.2.19
王利珍	妻子	高中	1962.5.15	李潆媛	孙女		2008.2.6
包晨霞	女儿	留学	1988.6.10	包庆元	户主	初中	1954.10.3
张寿康	户主	初中	1944.4.6	王雪珍	妻子	初中	1955.4.14
陈桂兰	妻子	小学	1942.2.5	包春华	儿子	高中	1977.5.14
张凌云	儿子	初中	1968.2.22	张进文	户主	小学	1942.1.5
张思汉	孙子	中专	1992.11.22	武敏珠	妻子	小学	1941.4.17
李毛观	户主	初中	1944.6.20	李 强	户主	初中	1974.8.22
李祥妹	妻子	小学	1943.10.4	戴霞芳	妻子	初中	1978.7.10
李云龙	儿子	初中	1968.6.27	曹根生	户主	小学	1937.2.3
李珍妹	女儿	初中	1970.12.16	俞素英	妻子	小学	1941.5.1
祁文英	母亲	初识字	1923.9.20	曹 萍	女儿	初中	1966.5.20
李逸伟	孙子	高中	1994.9.14	曹 龙	儿子	初中	1971.4.2
吴小琴	儿媳	初中	1971.3.9	朱梅珍	户主	初中	1955.12.21
李生林	户主	初中	1943.9.8	冷卫萍	女儿	职高	1978.12.14
孙惠琴	妻子	小学	1941.6.7	李忠福	户主	初中	1956.10.15
李 英	女儿	初中	1969.12.14	曹夏琴	妻子	初中	1963.8.10
钱 东	女婿	初中	1970.11.20	李曹华	儿子	高中	1985.7.12
李 伟	儿子	高中	1975.9.27	梁金凤	儿媳	初中	1986.12.20
钱 怡	外孙	大专	1993.10.23	李慧欣	孙女		2008.12.26

（续表）

姓名	与户主关系	文化程度	出生日期	姓名	与户主关系	文化程度	出生日期
李翔华	户主	初中	1953.8.9	张晓洁	儿子	本科	1991.9.10
包平元	户主	小学	1963.12.23	张秀芳	户主	初中	1964.11.28
梁 丽	妻子	初中	1967.8.22	凌 峰	儿子	研究生	1988.2.27
包剑峰	儿子	大专	1988.12.24	徐文良	户主	初中	1949.7.22
诸桂英	户主	小学	1947.10.1	徐建英	户主	初中	1957.8.24
杜 清	女儿	初中	1971.3.28	陆桂珍	户主	小学	1954.8.11
卜小芳	户主	初中	1969.5.21	陈 燕	女儿	初中	1980.4.5
张 清	户主	初中	1967.1.2	胡玉英	户主	初中	1956.12.23
李红霞	妻子	初中	1966.6.26				

第 8 村民小组家庭档案

表 3-4-17

姓名	与户主关系	文化程度	出生日期	姓名	与户主关系	文化程度	出生日期
鲍小龙	户主	初中	1964.12.4	陈菊珍	妻子	小学	1966.4.5
贾建英	妻子	初中	1966.7.4	施 虹	女儿	大专	1989.4.18
鲍贾红	女儿	高中	1989.7.25	施 芳	户主	初中	1974.5.6
王炳荣	户主	小学	1952.7.21	施允聪	儿子	大专	1994.10.22
施玉明	儿子	初中	1979.1.1	陆小龙	户主	初中	1964.7.28
陈文婷	孙女	小学	2001.10.6	施梅芬	妻子	初中	1964.5.20
施素英	户主	初中	1970.6.4	陆颖韬	女儿	本科	1989.12.17
周建明	丈夫	初中	1966.12.8	冯小毛	户主	小学	1952.9.15
李雪凤	母亲	初中	1950.6.25	范仁娟	妻子	小学	1963.9.21
施 佳	儿子	本科	1991.6.7	冯玲玲	女儿	大专	1989.2.14
张心宝	户主	小学	1963.5.20	陈朵懿	孙女		2012.5.28
王培其	女婿	初中	1984.8.26	鲍巧龙	户主	初中	1957.9.6
鲍晴花	女儿	大专	1988.8.30	姜琴凤	妻子	初中	1956.4.6
施小林	户主	初中	1965.2.13	鲍志明	儿子	大专	1982.5.4
潘小英	妻子	初中	1967.7.10	黄道生	户主	小学	1932.3.12
施鸣杰	儿子	初中	1989.11.8	黄秀英	户主	初中	1965.12.3
盛金娥	户主	小学	1926.6.20	尹为成	丈夫	初中	1964.10.13
施惠国	户主	小学	1966.1.18	尹柯吉	女儿	高中	1988.1.7

（续表）

姓名	与户主关系	文化程度	出生日期	姓名	与户主关系	文化程度	出生日期
胡瑞琪	孙女		2012.3.2	朱艳	儿媳	高中	1984.10.6
黄道元	户主	初中	1937.9.15	陈皓冬	孙子		2009.12.30
黄丽萍	女儿	初中	1980.5.30	唐进生	户主	小学	1960.5.12
黄丽花	女儿	初中	1982.8.11	施瑞芬	妻子	小学	1960.11.13
徐黄毅	孙子	小学	2003.4.2	唐洁	女儿	大专	1985.6.1
黄志东	户主	初中	1964.1.1	唐进元	户主	初中	1947.2.18
薛琴	妻子	小学	1966.1.4	唐惠龚	妻子	小学	1950.1.17
黄洁	女儿	大专	1987.2.23	唐奇	儿子	初中	1973.10.9
黄志良	户主	初中	1962.4.28	唐琴	女儿	初中	1971.5.11
杨素娥	妻子	初中	1962.5.5	唐磊	孙子	小学	2001.10.9
黄磊	儿子	本科	1985.12.10	甘安秀	户主	小学	1932.7.23
黄志超	户主	初中	1956.6.4	浦阿三	女婿	初中	1965.5.25
陈巧英	妻子	初中	1956.7.7	陆丽英	女儿	小学	1966.6.12
黄芳	女儿	初中	1979.12.3	陆伊丽	孙女	大专	1988.3.14
黄丽辉	孙女	小学	2002.12.15	张佩曦	曾外孙女		2012.9.20
黄志国	户主	初中	1968.8.27	唐丽娟	户主	初中	1953.10.23
李英	妻子	初中	1966.12.25	张炳泉	丈夫	初中	1951.3.13
黄勇	儿子	本科	1992.9.22	张荣	儿子	初中	1979.9.29
潘美珍	户主	初中	1944.2.25	张逸昊	孙子		2004.4.22
唐建华	儿子	初中	1970.5.25	唐进良	户主	初中	1956.11.16
杨永琴	儿媳	初中	1968.6.10	王凤珍	妻子	初中	1958.7.16
唐嘉敏	孙女	本科	1992.9.21	冯明	户主	初中	1947.12.28
施月琴	户主	初中	1967.10.3	冯阿妹	户主	小学	1928.5.24
吴月初	丈夫	初中	1966.6.8	潘美英	户主	初中	1946.8.8
吴文婷	女儿	本科	1991.4.12	施根林	丈夫	初中	1947.2.26
吴静娟	户主	初中	1969.9.28	施敏峰	儿子	大专	1970.10.18
吴佳菲	女儿	大专	1992.7.12	金倩	儿媳	初中	1969.1.10
吴敏娟	妹妹	初中	1972.7.18	施雨晴	孙女	小学	1993.7.22
高忆文	外孙女	初中	1994.9.22	张会英	户主	小学	1933.1.22
陈永生	户主	初中	1957.12.14	张定华	户主	初中	1956.8.21
张雪英	妻子	初中	1962.11.4	许凤珍	妻子	初中	1957.9.9
陈良	儿子	高中	1984.1.11	张春燕	女儿	初中	1981.4.28

（续表）

姓名	与户主关系	文化程度	出生日期	姓名	与户主关系	文化程度	出生日期
张海芸	孙女		2009.9.19	冯宇晨	孙子		2007.10.4
李冬明	女婿	本科	1975.11.25	冯建平	户主	大专	1968.3.10
张宏良	户主	初中	1966.4.2	谢春芳	妻子	初中	1967.3.16
尤秋英	妻子	初中	1964.10.5	冯宇晨	儿子	初中	1991.8.30
张尤	女儿	初中	1989.1.1	施建忠	户主	初中	1953.10.13
施惠英	户主	小学	1952.2.2	施英	女儿	初中	1978.12.20
程平	女儿	小学	1975.3.15	施若琰	孙女	小学	2004.4.12
程涛	孙子	小学	2001.4.3	徐若琳	孙女		2010.7.7
沙瑞莲	户主	初中	1961.6.29	施建平	户主	初中	1961.7.10
石维林	丈夫	初中	1958.3.6	张冬梅	妻子	初中	1962.11.21
石岚	女儿	大专	1984.5.19	施晓波	女儿	初中	1986.1.31
沙瑞忠	弟弟	初中	1963.4.29	何子谦	孙子		2010.6.28
沙瑞芳	妹妹	初中	1965.2.25	沈惠芳	户主	小学	1934.12.11
唐勤芬	户主	初中	1967.12.23	张宏强	户主	初中	1969.2.16
吴琴英	户主	初中	1963.2.15	周育	妻子	初中	1980.3.22
沙怡	女儿	初中	1990.1.6	张琪	女儿		2001.6.29
施金林	户主	初中	1951.10.4	鲍小林	户主	初中	1967.3.20
施永华	儿子	职高	1977.11.25	许芬	妻子	初中	1968.9.20
沈琴	儿媳	初中	1980.6.16	鲍文强	儿子	初中	1996.1.10
施雨琦	孙女		2001.11.10	冯小妹	户主	小学	1934.12.24
冯雪珍	户主	初中	1957.10.8	陈六妹	妻子	小学	1940.11.26
黄志芳	丈夫	初中	1958.8.22	王和宝	户主	大专	1988.12.7
冯黄峰	儿子	高中	1981.6.27				

第9村民小组家庭档案

表 3-4-18

姓名	与户主关系	文化程度	出生日期	姓名	与户主关系	文化程度	出生日期
徐金虎	户主	初中	1948.9.14	徐蒋溢	孙子	初中	1999.8.9
徐蒋琴	女儿	初中	1976.4.27	徐妹英	户主	初中	1962.8.19
徐小琴	女儿	大专	1978.5.6	夏明	丈夫	高中	1962.2.2
曹金林	女婿	初中	1974.12.6	夏苏	女儿	大专	1987.5.6

（续表）

姓名	与户主关系	文化程度	出生日期	姓名	与户主关系	文化程度	出生日期
徐文良	户主	初中	1969.11.1	陆静娟	女儿	本科	1984.9.3
陆文妹	妻子	初中	1968.8.5	**沈笑天**	户主	初中	1964.11.18
邵培芳	母亲	小学	1933.2.19	张月娟	妻子	初中	1967.12.18
徐 清	女儿	大专	1992.11.4	沈 聪	儿子	本科	1989.12.21
姚志元	户主	初中	1953.7.6	**张小林**	户主	初中	1954.6.15
夏桂兰	妻子	初中	1954.12.1	张永华	儿子	高中	1979.10.3
姚明睿	孙子		2007.8.5	**张大弟**	户主	小学	1944.2.6
高志良	户主	初中	1956.3.25	夏桂芝	妻子	初中	1946.4.7
诸培娟	妻子	初中	1960.10.12	张庆华	儿子	职高	1968.12.6
高振伟	儿子	大专	1984.12.16	徐 英	儿媳	初中	1969.12.23
倪多萍	儿媳	初中	1985.2.16	张晓宇	孙子	本科	1992.3.5
高宇昊	孙子		2011.3.18	**张建初**	户主	初中	1955.11.24
高志葵	户主	初中	1969.4.14	许大妹	妻子	初中	1957.7.1
潘国强	儿子	本科	1991.10.3	张 君	儿子	大专	1980.12.7
陆建生	户主	初中	1954.8.3	吴宇红	儿媳	大专	1982.10.25
陆 华	儿子	初中	1979.10.9	张铭轩	孙子	小学	2004.6.1
陆进超	孙子	小学	2005.6.4	**张进荣**	户主	初中	1948.7.7
蔡雪英	户主	初中	1951.11.21	施杏珍	妻子	初中	1948.2.26
潘卫清	女婿	初中	1966.4.30	张丽琴	女儿	初中	1973.2.5
蔡静娟	女儿	初中	1970.9.21	赵济强	女婿	大专	1968.6.3
蔡雨豪	孙子	本科	1992.8.13	张晓军	孙子	大专	1994.3.18
沈惠琴	母亲	小学	1930.3.25	张丽丽	女儿	高中	1975.3.1
吴大文	户主	小学	1943.9.7	郑怡宇	孙女	小学	2002.7.17
杨萍芳	妻子	小学	1943.11.4	**吴建元**	户主	初中	1955.5.8
吴文东	儿子	初中	1968.1.26	朱彩英	妻子	初中	1960.4.19
王 娟	儿媳	初中	1968.3.17	吴 明	儿子	本科	1983.11.3
吴雨佳	孙女	中专	1992.1.21	吴雨橙	孙子		2011.7.19
吴文学	儿子	初中	1969.1.29	**徐雪林**	户主	初中	1964.5.14
钱敏芳	儿媳	初中	1970.7.5	杨雪琴	妻子	初中	1966.2.14
吴宇超	孙子	本科	1993.5.14	徐 婷	女儿	初中	1987.6.26
陆建平	户主	初中	1960.3.17	**徐志林**	户主	初中	1957.10.24
金桂珍	妻子	初中	1960.4.16	熊月芳	妻子	初中	1961.4.1

（续表）

姓名	与户主关系	文化程度	出生日期	姓名	与户主关系	文化程度	出生日期
徐 滨	儿子	本科	1987.8.31	张惠德	户主	初中	1945.3.16
徐知晗	孙子		2012.7.24	张惠元	户主	初中	1958.7.6
徐四金	户主	小学	1928.12.12	李荷妹	妻子	初中	1962.4.8
施瑞英	户主	小学	1933.11.6	张 敏	儿子	大专	1983.5.16
徐云龙	户主	初中	1965.10.9	孙红娟	儿媳	大专	1987.5.12
诸雅萍	妻子	初中	1968.2.22	张浩冉	孙子		2008.5.22
诸 晴	女儿	大专	1991.4.6	张月珍	户主	小学	1933.11.10
徐云其	户主	初中	1962.9.29	沈敏娟	儿媳	高中	1963.7.25
张丽娟	妻子	初中	1964.3.26	沈 斌	孙子	大专	1987.1.14
徐丽娜	女儿	大专	1987.6.5	张丽萍	户主	高中	1965.3.25
陆建良	户主	初中	1961.7.8	王正良	丈夫	高中	1966.3.29
柯彩珍	妻子	初中	1963.12.5	王晓辉	儿子	大专	1990.3.4
陆 阳	儿子	大专	1986.6.30	张进发	户主	初中	1939.2.2
陆芝薰	孙女		2012.10.15	张雪妹	妻子	小学	1939.12.21
陆秀英	户主	初中	1950.5.18	张元良	户主	初中	1958.4.16
袁 虹	女儿	高中	1971.11.30	夏桂亚	妻子	初中	1958.6.8
袁 琴	女儿	高中	1973.5.3	张学峰	儿子	大专	1983.1.7
陆晓帆	孙子	大专	1992.8.31	张茹涵	孙女		2010.3.29
吴宣君	孙女	高中	1996.10.15	张小良	户主	初中	1968.10.31
张荷英	户主	小学	1950.6.2	严凤艳	妻子	初中	1966.5.24
张文华	儿子	初中	1971.11.6	张云飞	儿子	本科	1993.10.5
姚丽芳	儿媳	初中	1973.6.12	张丽娟	户主	初中	1965.7.6
张淑君	孙女	初中	1997.2.10	吴国香	丈夫	初中	1964.9.13
吴惠平	户主	初中	1954.1.3	陈丹萍	女儿	大专	1989.3.3
孙建英	妻子	初中	1953.9.8	陆 明	户主	高中	1962.7.20
吴静琴	女儿	初中	1979.4.18	陈琴珍	妻子	初中	1962.6.29
张保平	女婿	中专	1977.9.28	陆依宁	女儿	小学	2003.11.8
吴张义揩	孙子	小学	2001.4.6	吴秀英	户主	小学	1930.12.23
陈美英	户主	小学	1923.9.10	吴文强	儿子	初中	1963.8.26
陆全元	户主	初中	1934.2.28	孙建芳	儿媳	初中	1964.5.1
陆建珍	女儿	初中	1965.3.23	吴剑锋	孙子	大专	1988.1.12
唐 晓	外孙	大专	1990.1.24	吴依涵	曾孙女		2011.8.12

（续表）

姓名	与户主关系	文化程度	出生日期	姓名	与户主关系	文化程度	出生日期
林建忠	户主	初中	1963.12.8	顾惠娣	妻子	初中	1955.8.14
李秋珍	妻子	初中	1966.6.7	诸佳威	儿子	初中	1978.5.17
林晓彬	儿子	大专	1989.11.14	钟玉翠	儿媳	初中	1976.12.15
林建明	户主	初中	1967.3.9	诸子怡	孙女	小学	2003.12.16
唐建芳	妻子	初中	1968.2.28	诸雨涵	孙女		2010.6.18
林崔华	儿子	本科	1992.11.6	**巢建明**	户主	初中	1965.1.1
林建元	户主	初中	1961.1.14	王秀珍	妻子	初中	1964.3.19
顾小英	妻子	初中	1962.12.13	巢英	女儿	本科	1988.8.18
林 玲	女儿	大专	1987.1.5	**恽晓庆**	户主	初中	1962.1.7
林俊毅	孙子		2010.7.5	梅洋	丈夫	初中	1967.5.10
钱凤娣	户主	小学	1933.12.13	巢文娟	女儿	大专	1983.6.26
戴根妹	儿媳	初中	1964.6.12	梅尔津	女儿	小学	2000.8.2
巢富荣	孙子	大专	1986.12.28	**巢惠明**	户主	初中	1957.9.9
蔡佳婷	曾孙女		2012.3.16	贡小妹	妻子	初中	1963.8.12
孙惠林	户主	初中	1945.11.13	巢 宏	女儿	本科	1984.11.26
吴惠英	妻子	初中	1945.11.10	**王瑞珍**	户主	初中	1946.11.4
孙拥军	户主	初中	1967.11.24	张黎明	儿子	初中	1972.11.4
李桂芳	妻子	初中	1966.11.10	李玉林	儿媳	初中	1973.5.7
孙晓燕	女儿	大专	1990.10.20	张燕飞	孙女	初中	1998.2.16
王炳炎	户主	初中	1945.3.2	**李建林**	户主	初中	1967.7.19
王芬香	妻子	初中	1945.12.28	张丽芳	妻子	初中	1970.7.16
王剑雄	户主	高中	1968.5.12	李伟奇	儿子	大专	1992.12.22
王剑林	户主	初中	1970.9.6	**朱阿娥**	户主	小学	1951.3.22
杨克英	妻子	初中	1973.10.15	吴文忠	儿子	高中	1975.1.6
王晓绮	女儿	小学	1997.12.20	杨秋芳	儿媳	大专	1974.11.14
吴菊珍	户主	小学	1948.10.2	吴建军	孙子	初中	1999.8.1
周文强	儿子	初中	1972.6.27	吴文清	儿子	初中	1976.9.9
严秀花	儿媳	初中	1972.10.31	王 梅	儿媳	初中	1980.12.11
周家俊	孙子	高中	1995.5.5	吴玉婷	孙女	小学	2003.11.15
朱丽珍	户主	小学	1948.3.4	**秦小妹**	户主	小学	1958.10.10
金 卫	儿子	初中	1974.5.5	孙鸣义	父亲	小学	1926.6.28
诸智元	户主	初中	1952.5.5	孙拥明	儿子	大专	1982.11.3

（续表）

姓名	与户主关系	文化程度	出生日期	姓名	与户主关系	文化程度	出生日期
汪 芳	儿媳	大专	1982.4.13	顾 昊	儿子	小学	2001.8.24
孙嘉悦	孙女	小学	2005.12.24	孙拥娟	户主	初中	1969.9.7
张建龙	户主	高中	1957.12.21	钱 文	丈夫	初中	1968.7.6
张俊杰	儿子		2010.6.18	钱 洁	女儿	本科	1993.11.9
张 励	户主	初中	1960.11.28	邹颖芳	户主	中专	1971.4.2
杨志坚	丈夫	中专	1959.11.1	周逸飞	儿子	高中	1994.8.18
杨晓杰	儿子	大专	1984.11.28	蔡静芳	户主	初中	1972.2.12
徐云良	户主	初中	1953.6.6	沈 旭	儿子	中专	1994.12.15
黄桂芳	妻子	初中	1953.8.15	廖紫嫣	女儿		2010.3.30
徐 强	儿子	大专	1977.9.20	张雪花	户主	初中	1977.1.26
陈云芳	儿媳	大专	1979.8.20	陆艳玲	女儿	初中	1999.12.19
徐小欣	孙女		2004.10.1	董文慧	户主	初中	1973.11.27
徐一晨	孙女		2010.3.27	许 雪	妻子	初中	1976.11.27
徐一慧	孙女		2010.3.27	董许成	儿子	初中	1999.4.8
徐 英	女儿	中专	1978.12.30	杨厚琴	户主	初中	1967.4.7
陈 刚	女婿	初中	1981.9.25	王晓敏	女儿	大专	1991.4.27
陈子龚	外孙	小学	2005.11.2	俞建英	户主	初中	1971.7.17
吴 静	户主	初中	1977.3.23	张 杰	户主	大专	1983.9.27
顾景峰	丈夫	初中	1977.12.13	张淳壹	儿子		2010.8.19

第10村民小组家庭档案

表 3-4-19

姓名	与户主关系	文化程度	出生日期	姓名	与户主关系	文化程度	出生日期
王根林	户主	初中	1962.9.17	唐巧玲	妻子	初中	1963.5.10
徐金娣	妻子	初中	1967.12.30	王晓君	女儿	大专	1988.9.12
王纯杰	儿子	高中	1991.6.15	王妹郎	母亲	初识字	1930.4.1
朱阿毛	户主	初中	1961.11.15	戴根生	户主	小学	1936.7.16
张爱娣	妻子	初中	1966.2.8	戴云宝	妻子	初识字	1938.8.4
朱 敏	儿子	初识字	1987.10.3	戴佩明	儿子	职高	1970.7.26
朱 佳	女儿	职高	1991.12.27	潘月芳	儿媳	初中	1973.6.27
王明建	户主	初中	1966.4.20	戴晓蝶	孙女	本科	1994.4.9

（续表）

姓名	与户主关系	文化程度	出生日期	姓名	与户主关系	文化程度	出生日期
陆桃英	户主	高中	1972.7.10	盛卫元	户主	小学	1968.1.28
戴佩华	丈夫	大专	1958.11.3	陆凤珍	妻子	初中	1968.12.30
戴晓静	女儿	大专	1985.6.14	盛 玲	女儿	大专	1990.9.12
戴旖宸	孙女		2009.10.9	盛卫忠	户主	小学	1963.8.28
戴佩林	户主	职高	1960.5.28	戴佩琴	妻子	初中	1963.12.25
戴梅英	妻子	小学	1961.11.6	盛 茜	女儿	本科	1987.8.27
戴 文	儿子	本科	1986.4.29	朱考生	户主	初识字	1936.9.1
潘三囡	户主	初识字	1930.8.16	朱群妹	妻子	初识字	1938.1.1
戴育武	户主	初中	1962.3.1	李 明	女婿	高中	1971.11.12
陆瑞英	妻子	职高	1962.2.20	朱伟英	女儿	初中	1971.4.4
戴 璐	女儿	大专	1987.8.28	李广益	外孙	本科	1995.4.21
潘士明	户主	初识字	1931.12.1	朱正兴	户主	小学	1957.6.27
王道英	妻子	初识字	1933.2.12	朱新珍	妻子	小学	1958.9.14
潘雪明	户主	小学	1958.4.5	朱建华	儿子	大专	1982.7.31
周春花	妻子	初中	1964.3.27	朱正弟	户主	小学	1959.1.24
潘芳燕	女儿	大专	1986.6.28	潘小月	妻子	小学	1961.5.26
王小妹	户主	初识字	1929.3.6	朱 萍	女儿	大专	1986.2.20
潘阿金	户主	初识字	1942.4.11	潘阿妹	户主	初识字	1921.12.13
潘雪妹	妻子	初识字	1941.5.7	陆文弟	户主	小学	1953.12.30
潘宝元	儿子	初中	1968.3.14	徐美花	妻子	小学	1955.1.1
周卫珍	儿媳	初中	1968.3.10	陆 琴	女儿	初中	1981.9.3
潘梦婷	孙女	大专	1993.11.10	徐美琴	女儿	高中	1987.3.31
潘桃元	户主	初中	1964.2.1	陆文男	户主	小学	1955.3.9
许引妹	妻子	初中	1966.1.26	戴桃英	妻子	小学	1956.6.7
潘珠茜	女儿	本科	1988.1.15	陆 强	儿子	高中	1980.12.8
潘卫忠	户主	小学	1945.2.17	赵迎娣	儿媳	初中	1983.12.2
戴巧仙	妻子	初识字	1943.5.18	陆宇辰	孙子		2006.1.15
潘秋平	儿子	初中	1969.9.12	潘菊生	户主	初识字	1947.11.10
潘丽英	儿媳	初中	1972.1.13	陆凤妹	妻子	初识字	1948.5.15
潘佳敏	孙子	职高	1992.6.16	潘玉方	儿子	初中	1976.1.1
盛小弟	户主	初识字	1940.10.23	潘玉平	户主	初中	1969.3.6
盛阿娥	妻子	初识字	1943.5.21	陆金英	妻子	初中	1967.8.24

（续表）

姓名	与户主关系	文化程度	出生日期	姓名	与户主关系	文化程度	出生日期
潘 蕾	女儿	大专	1991.9.21	孙秋珍	妻子	初中	1969.8.3
唐国方	户主	小学	1962.11.10	许佳丽	女儿	本科	1990.10.23
陆玉珍	妻子	小学	1964.4.3	潘小弟	户主	小学	1960.6.29
唐敏军	儿子	高中	1986.10.31	李菊仙	妻子	小学	1960.12.3
唐巧英	母亲	初识字	1933.1.1	潘宏光	儿子	初中	1985.9.29
陆杏荣	户主	初中	1949.12.1	潘馨儿	孙女		2009.8.26
王根妹	妻子	初中	1950.4.11	王根发	户主	初中	1958.9.17
陆雄华	儿子	高中	1971.11.17	潘金妹	妻子	小学	1962.10.13
陆 萍	女儿	高中	1973.6.1	王晓东	儿子	高中	1985.12.31
朱阿金	户主	初识字	1936.10.21	王晓芸	女儿	本科	1991.11.25
许秀珍	户主	小学	1962.8.9	孙 燕	儿媳	本科	1985.9.7
朱 东	儿子	大专	1984.12.1	王孙雯	孙女		2009.11.4
朱小牛	丈夫	小学	1958.7.14	潘梅英	户主	小学	1951.5.11
王根荣	户主	初中	1955.3.1	解 慧	女儿	高中	1968.1.1
戴秀琴	妻子	小学	1956.5.8	黄振雄	孙子	高中	1992.3.10
朱小妹	户主	初识字	1927.7.14	戴阿四	户主	小学	1956.1.20
戴炳荣	户主	初中	1962.10.3	李雪峰	儿子	初中	1976.12.25
朱妙英	妻子	小学	1962.8.6	潘阿三	户主	初识字	1936.5.9
戴 萍	女儿	大专	1985.10.7	戴雪妹	妻子	初识字	1937.11.13
鲍政权	女婿	大专	1978.4.13	潘金英	女儿	初中	1966.1.2
戴宇韬	孙子		2007.12.27	邵远政	外孙女	本科	1990.8.28
鲍宇昊	孙子		2011.2.2	潘金林	户主	初中	1957.2.28
潘雪珍	户主	小学	1954.8.10	潘 晶	儿子	本科	1982.7.8
陆永刚	儿子	初中	1974.3.18	潘胤森	孙子		2009.11.26
潘子聪	孙子	小学	2004.8.9	潘国明	户主	小学	1964.2.13
桂 珍	儿媳	初中	1979.9.10	陈雪兰	妻子	初中	1972.12.7
许杏元	户主	小学	1939.11.11	潘 晨	女儿	大专	1993.5.19
王雪妹	妻子	小学	1937.11.13	冯玲妹	户主	初中	1964.2.3
许惠良	户主	高中	1963.2.23	朱 枫	女儿	大专	1988.6.25
朱霄麟	妻子	高中	1960.9.15	戴金秀	户主	小学	1951.11.8
许佳捷	儿子	大专	1986.2.13	陆小弟	户主	初识字	1954.1.16
许志良	户主	初中	1965.7.7				

第 11 村民小组家庭档案

表 3-4-20

姓名	与户主关系	文化程度	出生日期	姓名	与户主关系	文化程度	出生日期
潘兆生	户主	小学	1955.4.16	徐彩琴	妻子	小学	1960.4.9
陈金妹	妻子	小学	1955.9.22	潘建龙	儿子	高中	1983.4.3
潘夏林	儿子	初中	1981.6.19	潘馨怡	孙女		2008.6.25
顾潘晨	孙子		2004.9.24	陈小红	户主	初中	1968.10.5
潘静宜	孙女		2011.7.31	潘琪	女儿	大专	1992.7.5
陆考生	户主	初识字	1930.3.3	潘浩	户主	初中	1945.5.14
潘玲弟	户主	小学	1962.10.7	戴大妹	妻子	初识字	1948.1.15
徐雪花	妻子	小学	1963.2.26	潘卫星	儿子	初中	1971.1.15
陆勤	女儿	中专	1985.11.3	刘继珍	儿媳	初中	1971.12.10
潘明龙	户主	小学	1951.5.28	潘瑜	孙女	初中	1997.8.10
戴美英	妻子	小学	1954.2.12	潘文龙	户主	初中	1957.7.18
潘惠峰	儿子	初中	1977.2.12	陆新花	妻子	小学	1957.6.15
陈喜	儿媳	初中	1978.2.24	潘春华	儿子	大专	1982.4.27
潘思怡	孙女		2001.3.8	陈林	儿媳	初中	1981.9.13
潘阿妹	户主	小学	1956.5.28	潘子正	孙子		2008.3.3
陆英	女儿	初中	1981.7.20	潘雪弟	户主	小学	1964.9.22
陆逸萍	孙女		2000.2.8	卜启萍	妻子	初中	1969.10.8
唐国忠	户主	小学	1950.5.21	潘秋红	女儿	职高	1991.8.27
潘月珍	妻子	小学	1955.12.15	潘雪良	户主	初中	1970.6.23
唐卫清	儿子	初中	1980.5.12	朱宝菊	妻子	初中	1970.11.4
祁雪英	儿媳	初中	1977.7.20	潘雅倩	女儿	职高	1993.9.18
唐佳雯	孙女		2001.3.25	潘宗明	户主	初识字	1925.12.10
陈才生	户主	初识字	1950.8.16	潘杏妹	妻子	初识字	1929.10.15
戴银秀	妻子	初识字	1952.9.11	陆明元	户主	初识字	1951.9.20
陈雪芳	女儿	初中	1974.2.16	潘金妹	妻子	小学	1954.11.15
陈雪娟	女儿	初中	1976.12.12	陆菊芳	女儿	小学	1973.6.25
陈亦田	孙子	高中	1996.6.14	陆阿四	女婿	初中	1970.11.15
田亦陈	孙子		2008.1.18	陆晓丽	孙女	大专	1994.5.3
徐秀英	户主	初识字	1950.6.9	潘卫民	户主	初识字	1951.3.22
陆军	儿子	职高	1977.10.16	朱小妹	妻子	初识字	1954.3.20
潘小弟	户主	小学	1958.7.26	潘彩弟	儿子	初中	1981.8.21

姓名	与户主关系	文化程度	出生日期	姓名	与户主关系	文化程度	出生日期
潘彩红	女儿	小学	1976.8.31	陆志杰	孙子	高中	1995.8.29
潘鲁斐	孙女		2006.2.10	潘雪根	户主	小学	1950.8.22
潘大弟	户主	小学	1952.3.20	陆梅宝	妻子	小学	1951.12.17
陈秀珍	妻子	小学	1952.3.20	潘惠根	儿子	高中	1975.12.20
潘震东	儿子	高中	1978.12.13	潘忠琦	孙子	小学	1999.11.28
潘永明	户主	小学	1952.10.3	潘雪良	户主	高中	1963.9.29
陆雪珍	妻子	小学	1953.12.10	戴美华	妻子	高中	1963.11.12
潘建红	女儿	初中	1978.3.15	潘晓峰	儿子	本科	1987.3.26
潘忆文	孙子		2000.2.10	凌长宝	户主	初识字	1929.4.15
戴年生	户主	初识字	1931.1.18	潘卫芳	女儿	初中	1967.7.16
吴月珍	妻子	初识字	1931.6.15	戴思敏	外孙女	本科	1993.6.24
戴亚萍	孙女	初中	1987.3.7	潘云囡	户主	初识字	1926.12.10
戴道明	户主	小学	1960.3.29	陈小毛	儿子	小学	1956.11.13
俞福妹	妻子	小学	1963.3.3	潘丽琴	户主	初中	1974.6.12
戴健	儿子	高中	1986.12.24	金荣	丈夫	初中	1975.2.8
戴思琪	孙女		2009.2.16	潘春英	妹妹	初中	1977.3.17
戴小龙	户主	初中	1960.4.8	金潘涛	儿子	小学	1998.8.28
陆四英	妻子	初中	1960.5.3	凌红根	户主	初中	1973.3.2
戴丽	女儿	大专	1984.5.8	陆忠妹	妻子	初中	1976.3.19
陈兰珍	户主	初识字	1931.11.3	戴林芬	母亲	初识字	1948.1.1
潘阿毛	户主	初识字	1933.6.20	凌娜	女儿	小学	1998.2.8
潘阿秀	妻子	初识字	1932.8.12	潘士生	户主	初识字	1950.3.16
潘阿五	儿子	初中	1968.1.10	潘卫珍	妻子	初识字	1952.12.20
徐建英	儿媳	初中	1968.12.31	潘凤明	儿子	高中	1975.9.20
潘志伟	孙子	高中	1992.10.23	潘凤良	儿子	高中	1977.4.4
陆菊明	户主	小学	1968.11.8	潘辰辉	孙子	小学	1999.12.4
戴杏珍	妻子	小学	1970.10.2	潘阿芳	户主	小学	1963.1.22
陆丽雅	女儿	中专	1993.2.1	潘婷玉	女儿	大专	1986.10.25
陆梅生	户主	中专	1947.5.3	陈巧生	户主	小学	1963.8.26
吴阿迷	妻子	初识字	1949.3.15	盛杏英	妻子	初中	1965.8.19
陆菊林	儿子	小学	1971.10.9	陈飞	儿子	高中	1986.11.11
陆琴芬	儿媳	小学	1973.5.11	潘阿元	户主	小学	1944.4.15

（续表）

姓名	与户主关系	文化程度	出生日期	姓名	与户主关系	文化程度	出生日期
潘凤菊	妻子	小学	1952.2.2	许佳俊	儿子	初中	1990.11.18
潘建明	儿子	初中	1974.9.10	许军民	户主	初中	1971.4.1
徐燕群	儿媳	初中	1975.7.6	刘晓华	妻子	小学	1970.10.17
潘莉	孙女		2001.9.14	许佳豪	儿子	初中	1996.1.28
陆雪林	户主	初中	1954.10.29	潘菊林	户主	初中	1967.4.28
潘梅芳	妻子	高中	1957.2.28	朱阿娟	妻子	初中	1968.11.28
陆宁	儿子	高中	1981.11.2	潘琴	女儿	职高	1990.4.3
陆宇豪	孙子		2004.5.8	潘阿根	户主	初识字	1940.11.29
夏萍	儿媳	高中	1982.3.18	潘菊明	儿子	初中	1970.8.8
陆生元	户主	初识字	1946.4.1	沈书群	儿媳	初中	1970.12.8
潘雪妹	妻子	初识字	1948.1.1	潘莹莹	孙女	高中	1994.4.20
许惠弟	户主	初中	1967.3.12	潘阿六	户主	小学	1966.9.16
陆建珍	妻子	初中	1970.11.8	戴洪秀	妻子	小学	1968.8.2
陆雅晴	女儿	大专	1991.11.15	潘菊凤	女儿	大专	1990.1.24
陆雅姿	女儿	小学	1998.11.5	陆连生	户主	小学	1952.9.27
陈金龙	户主	初识字	1945.10.20	潘新珍	妻子	小学	1955.9.27
戴凤英	妻子	初识字	1946.10.1	陆健	儿子	职高	1980.9.19
陈永明	儿子	初中	1970.8.16	陆燕	女儿	大专	1987.9.3
潘惠琴	儿媳	初中	1974.3.20	潘陆涛	孙子		2003.9.15
陈永芳	女儿	初中	1975.6.9	潘冬林	户主	初中	1963.9.2
陈啸鹭	孙子	高中	1995.8.16	潘小妹	妻子	小学	1964.7.9
朱晔辰	外孙		2000.9.29	潘玉凤	女儿	高中	1987.6.27
陆凤英	户主	初识字	1943.2.3	邹梓旭	孙子		2009.11.8
徐卫芬	女儿	初中	1974.5.22	潘仁林	户主	小学	1971.6.1
沈晗旖	外孙女	小学	1999.6.22	凌金凤	妻子	初中	1971.3.28
潘小妹	户主	初识字	1950.12.27	潘雅凤	女儿	职高	1994.11.16
潘惠红	女儿	初中	1972.2.17	潘根妹	母亲	初识字	1932.3.4
潘菊春	女婿	初中	1965.12.1	潘阿奎	户主	小学	1936.6.4
潘春红	女儿	初中	1976.3.1	陆巧妹	妻子	初识字	1934.7.30
潘佳玲	孙女	本科	1992.10.1	戴卫忠	户主	小学	1957.6.11
朱俊杰	外孙	小学	1999.10.12	潘月珍	妻子	小学	1959.10.4
戴莉琴	户主	初中	1968.7.18	潘雪东	儿子	本科	1983.1.13

（续表）

姓名	与户主关系	文化程度	出生日期	姓名	与户主关系	文化程度	出生日期
潘金良	户主	初中	1964.7.24	许大妹	妻子	初识字	1954.3.18
朱取珍	妻子	初中	1965.11.12	陆成珍	女儿	初中	1974.11.9
潘 阳	儿子	高中	1987.10.25	陆桃妹	女儿	初中	1979.11.13
潘梓涵	孙子		2011.7.10	陆宇飞	孙子	职高	1995.7.19
徐卫弟	户主	初中	1968.1.20	潘奕琪	外孙	小学	2002.10.1
陆菊英	妻子	初中	1968.4.18	马君宇	女婿	初中	1972.3.28
徐 健	儿子	职高	1990.11.27	陆梦婷	外孙女		2011.3.19
戴阿星	户主	小学	1958.8.28	陆巧生	户主	小学	1958.4.6
戴惠秀	妻子	小学	1958.12.20	陆芳琴	妻子	初中	1963.3.17
戴晓红	女儿	高中	1983.3.29	陆建平	儿子	大专	1984.7.12
戴冯毅	儿子	初中	1986.12.11	吴康宁	儿媳	初中	1983.3.23
马修明	女婿	大专	1983.11.8	陆宇凡	孙子		2007.9.8
马戴颖	孙女		2006.3.7	陈文龙	户主	小学	1949.2.26
戴潘烁	孙子		2009.7.7	戴秀英	妻子	小学	1950.12.11
陈巧妹	户主	初识字	1923.1.15	潘雪花	户主	初中	1961.11.26
陆芳珍	户主	初识字	1926.10.15	陈永清	儿子	职高	1986.4.35
陆 魏	户主	高中	1956.1.15	沈启飞	丈夫	初中	1963.7.6
陆 磊	儿子	大专	1983.9.7	应从玲	儿媳	初中	1987.9.9
陆海逸	孙子		2007.8.14	陈瑜欣	孙女		2008.11.2
戴梅英	妻子	高中	1955.9.8	潘云宝	户主	初识字	1923.3.28
戴阿奎	户主	初中	1962.3.8	陈银妹	女儿	初中	1963.5.10
唐大妹	妻子	初中	1965.6.4	陆 强	外孙	高中	1970.9.28
戴永福	儿子	初中	1987.10.25	戴阿六	户主	初中	1964.10.11
戴欣雨	孙女		2010.12.25	胡惠英	妻子	初中	1963.2.26
戴卫林	户主	小学	1955.11.30	戴 贤	女儿	本科	1987.10.29
俞家英	妻子	小学	1957.11.1	戴博文	孙子		2010.4.23
戴冬芸	女儿	初中	1981.10.29	陆雪明	户主	初中	1952.9.1
戴家庆	孙子		2003.6.2	戴银妹	妻子	小学	1955.2.9
王晓庆	女婿	高中	1977.11.24	陆 斌	儿子	中专	1979.10.2
戴金龙	户主	初中	1957.12.26	戴金妹	户主	初识字	1927.3.7
戴琳琳	女儿	高中	1984.10.27	潘惠元	户主	小学	1957.4.1
陆永弟	户主	初识字	1949.2.6	林向菊	妻子	初中	1963.12.24

（续表）

姓名	与户主关系	文化程度	出生日期	姓名	与户主关系	文化程度	出生日期
潘 林	女儿	中专	1985.11.24	潘士民	户主	初识字	1957.2.28
徐红英	户主	初中	1974.6.8	俞玉英	妻子	小学	1962.6.18
陈阿六	户主	小学	1967.5.16	潘建国	儿子	小学	1983.5.19
戴林芳	户主	初识字	1931.8.15	潘陆怡	孙女		2008.4.12

第 12 村民小组家庭档案

表 3-4-21

姓名	与户主关系	文化程度	出生日期	姓名	与户主关系	文化程度	出生日期
唐秀林	户主	小学	1954.7.15	许才明	户主	小学	1952.11.18
戴烈花	妻子	小学	1951.6.10	潘阿大	妻子	小学	1956.3.13
唐芬英	女儿	初中	1977.10.29	许凤珍	女儿	高中	1979.12.21
唐一芯	孙女		2003.8.26	许泽轩	孙子		2004.3.27
唐添许	孙子		2008.12.1	徐阿大	户主	初识字	1949.1.2
许永刚	女婿	初中	1975.1.28	潘月妹	妻子	小学	1951.2.17
潘惠林	户主	小学	1956.1.12	徐秋芳	女儿	初中	1974.1.11
宋惠琴	妻子	初中	1961.12.14	徐秋琴	女儿	初中	1982.2.7
潘海龙	儿子	高中	1983.11.8	徐秋英	女儿	初中	1982.2.7
戴雪梅	儿媳	初中	1986.11.17	徐晓蕾	孙女	高中	1995.5.20
潘可欣	孙女		2008.11.24	潘阿六	女婿	初中	1970.6.16
潘建明	户主	初中	1959.8.2	戴小弟	户主	小学	1964.3.28
潘小妹	妻子	小学	1960.9.1	潘月珍	妻子	初中	1962.12.12
潘 佳	儿子	本科	1983.9.16	戴琳琳	女儿	本科	1987.8.2
潘诗琪	孙女		2011.12.27	刘永明	户主	小学	1952.2.12
潘菊明	户主	小学	1962.2.12	潘金秀	妻子	小学	1956.11.18
朱卫娟	妻子	小学	1962.1.24	刘晓华	儿子	初中	1980.6.22
潘 炯	儿子	本科	1986.3.16	刘雨风	女儿		2003.11.5
潘志良	户主	小学	1957.2.2	刘耀祖	孙子		2012.2.17
徐小妹	妻子	小学	1959.3.11	张慧兰	儿媳	初中	1980.11.26
潘建明	儿子	高中	1982.5.11	许小弟	户主	小学	1960.2.24
陈 利	儿媳	初中	1984.8.22	唐小英	妻子	初中	1957.3.17
潘欣妍	孙女		2007.5.8	骆英姿	儿媳	初中	1981.9.30

（续表）

姓名	与户主关系	文化程度	出生日期	姓名	与户主关系	文化程度	出生日期
许航磊	孙子		2006.8.5	王晓晨	外孙	初中	1996.11.18
许莎	女儿	大专	1985.9.11	许良生	户主	小学	1932.4.20
吴飞	义子	高中	1981.8.12	王小路	妻子	初识字	1933.5.23
徐金仁	户主	初识字	1928.5.1	刘银龙	户主	初中	1967.5.3
唐巧生	户主	初识字	1925.12.20	潘亚英	妻子	初中	1971.5.10
潘阿妹	妻子	初识字	1924.7.3	刘鸣涛	儿子	高中	1995.12.6
唐明元	户主	初中	1967.1.28	刘永生	户主	初中	1944.8.20
陆小珍	妻子	初中	1966.3.20	吴妹	妻子	初中	1956.5.5
唐宇琪	儿子	本科	1991.10.23	陆娟	女儿	研究生	1980.12.19
徐扣宝	户主	高中	1957.12.3	陆杨杨	外孙女		2010.6.8
张彩芸	妻子	初中	1961.6.3	刘文龙	儿子	初中	1969.11.18
徐俊	儿子	初中	1982.8.30	金小城	儿媳	初中	1974.10.22
张心巧	儿媳	初中	1983.12.19	刘鸣浩	孙女	小学	1999.11.7
徐馨研	孙女		2007.9.12	徐小弟	户主	小学	1955.12.15
徐根华	户主	初中	1961.1.17	潘金妹	妻子	小学	1957.2.8
杨森妹	妻子	初中	1959.6.20	徐东	儿子	高中	1982.1.10
徐丽萍	女儿	中专	1985.7.15	徐娟	女儿	大专	1988.7.23
俞赢	女婿	大专	1982.3.26	徐淑婷	孙女		2010.2.15
徐子涵	孙女		2007.5.15	甘昊冉	外孙		2012.12.18
潘巧泉	户主	初识字	1935.4.18	诸强	户主	高中	1968.10.22
朱凤贞	妻子	初识字	1938.11.12	许晓梅	妻子	高中	1967.11.9
潘金雄	户主	小学	1965.7.7	诸圣豪	儿子	大专	1992.9.15
徐英	妻子	初中	1969.6.16	孙秋香	户主	初中	1966.9.12
潘菲	女儿	本科	1991.3.20	刘雪静	女儿	本科	1992.1.3
戴道生	户主	初中	1957.12.22	潘阿菊	户主	初识字	1931.12.26
戴平	儿子	本科	1982.9.18	陆福生	户主	初中	1961.10.25
戴阿三	父亲	初识字	1929.11.20	许玲芬	妻子	初中	1963.9.13
潘阿三	户主	初中	1961.7.1	陆洁	女儿	大专	1986.10.4
徐彩琴	妻子	初中	1965.1.6	刘陆逸昕	孙女		2012.12.31
潘建林	儿子	高中	1987.1.10	徐扣锁	户主	初中	1954.10.6
潘巧生	户主	小学	1932.5.12	徐燕	女儿	大专	1979.4.19
潘龙英	女儿	初中	1967.9.2	陈林宝	户主	初识字	1936.12.21

（续表）

姓名	与户主关系	文化程度	出生日期	姓名	与户主关系	文化程度	出生日期
徐根荣	户主	初中	1966.12.19	戴 燕	女儿	本科	1992.3.12
施正美	妻子	初中	1966.7.15	陆三弟	户主	初中	1957.8.12
徐佳宾	儿子	大专	1990.4.19	杨雪妹	妻子	初中	1959.1.19
徐子恒	孙子		2012.10.19	陆 剑	女儿	大专	1982.7.28
徐根林	户主	初中	1968.2.12	刘红根	户主	初识字	1966.4.15
黄小芳	妻子	初中	1970.8.30	徐英苏	母亲	初识字	1926.12.19
徐佳敏	儿子	大专	1993.8.28	戴冬良	户主	初识	1945.5.17
曹根妹	户主	大专	1967.3.13	刘永高	户主	初中	1944.9.18
张丽娇	女儿	本科	1990.12.30	吴秀英	妻子	小学	1947.11.7
张卫民	丈夫	大专	1965.6.5	刘纪忠	儿子	初中	1970.2.10
潘阿彩	户主	初识字	1937.5.1	裘小娟	儿媳	初中	1972.3.27
许秀珍	妻子	初识字	1938.2.1	刘雪娇	孙女	大专	1992.10.28
潘金龙	户主	小学	1962.11.16	戴国良	户主	小学	1943.5.17
陆维珍	妻子	小学	1963.11.17	戴琴芬	女儿	初中	1973.4.14
潘 琴	女儿	初中	1986.8.25	戴晓峰	孙子	初中	1997.4.10
陆雪根	户主	小学	1960.1.19	陆月珍	妻子	小学	1948.1.13
吴金妹	妻子	初中	1966.7.13	顾晓岚	孙女	初中	1995.7.15
陆敏浩	儿子	高中	1986.9.5	陆召生	户主	初中	1960.7.7
陆伊涵	孙女		2012.8.27	许雪妹	妻子	初识字	1961.11.27
唐金妹	母亲	初识字	1925.5.16	陆 菊	儿子	大专	1983.7.19
陆召明	户主	小学	1949.10.6	孙绣妮	儿媳	大专	1984.2.15
林阿二	妻子	初识字	1948.1.25	陆 舟	孙女		2007.9.12
陆林元	儿子	初中	1975.7.26	吴阿文	户主	初识字	1941.1.5
陆彩花	女儿	初中	1973.11.12	陆永生	儿子	初中	1974.1.6
庄逸婷	外孙女		1998.3.25	司伟华	儿媳	初中	1981.3.11
陆一星	孙子		1999.10.11	陆俊宝	孙子		2006.12.24
陆建花	儿媳	初中	1976.1.6	陆召华	户主	初中	1968.3.9
戴林生	户主	初识字	1940.4.12	陆小妹	妻子	初中	1966.8.24
潘明秀	妻子	初识字	1940.5.6	吴晓成	儿子	大专	1991.1.15
戴国荣	户主	小学	1964.2.7	陆文龙	户主	小学	1944.5.20
陆美英	妻子	小学	1964.7.12	戴小妹	妻子	小学	1948.1.13
戴 炯	儿子	职高	1988.8.25	陆大弟	儿子	初中	1968.11.17

（续表）

姓名	与户主关系	文化程度	出生日期	姓名	与户主关系	文化程度	出生日期
陆凤仙	儿媳	初中	1969.1.10	许亚芳	妻子	初中	1959.9.28
陆佳岐	孙子	大专	1991.4.22	潘丽慧	女儿	大专	1985.7.8
陆小弟	户主	初中	1968.11.17	**潘建平**	户主	小学	1956.2.5
陆文芳	妻子	初中	1971.7.6	潘春华	儿子	中专	1984.8.12
陆佳伟	儿子	职高	1992.1.29	**曹根龙**	户主	初中	1964.5.3
戴银生	户主	初中	1950.5.20	唐小妹	妻子	小学	1964.8.12
潘三宝	妻子	小学	1947.3.13	曹惠珍	妹妹	初中	1969.1.10
戴月芳	女儿	初中	1975.4.3	曹中婷	女儿	研究生	1987.6.5
刘惠华	女婿	初中	1976.11.29	**潘阿大**	户主	小学	1953.8.5
刘佳琪	外孙		2000.7.1	陆彩英	妻子	小学	1953.12.18
戴忠林	户主	初中	1969.5.5	潘建华	儿子	职高	1978.9.18
许素珍	妻子	初中	1968.4.17	潘志街	孙子		2006.11.29
戴仁刚	儿子	本科	1992.1.11	吴婷婷	儿媳	大专	1982.2.21
戴卫明	户主	小学	1954.7.10	**潘菊林**	户主	小学	1957.12.13
陆雪英	妻子	小学	1955.9.11	潘凤妹	妻子	初中	1960.6.7
戴庆英	女儿	本科	1980.10.1	潘银娟	女儿	中专	1983.11.11
赵伟	女婿	本科	1979.10.16	**潘卫民**	户主	小学	1947.12.25
赵戴祎阳	孙子		2007.8.5	潘小妹	妻子	初识字	1951.12.30
戴祎辰	孙女		2012.5.14	潘娟弟	儿子	小学	1973.9.7
潘建伟	户主	初中	1960.7.6	潘小弟	儿子	初中	1975.9.13
潘大妹	妻子	小学	1961.12.28	陆爱琴	儿媳	初中	1973.7.20
潘虹	女儿	大专	1985.9.16	潘月	孙女		2004.7.4
潘佳麒	孙子		2009.8.4	潘浩然	孙子		1998.12.5
刘永兴	户主	初中	1957.10.28	陈爱妹	儿媳	初中	1965.7.28
唐桂珍	妻子	小学	1959.4.28	**朱明德**	户主	小学	1943.11.7
刘斌	儿子	高中	1985.1.29	陆菊英	妻子	初识字	1942.9.5
陈圆圆	儿媳	初中	1984.10.23	朱雪芳	女儿	初中	1961.7.14
刘辰浩	孙子		2007.6.25	费阿六	女婿	初中	1957.7.30
刘小芳	户主	小学	1954.11.10	朱超	孙子	中专	1985.7.10
金文捷	孙子		2001.10.25	**唐小林**	户主	小学	1962.9.8
金惠	儿子	初中	1978.10.23	陈卫珍	妻子	初中	1964.3.23
潘建华	户主	初中	1955.12.15	唐晓君	儿子	高中	1987.8.24

（续表）

姓名	与户主关系	文化程度	出生日期	姓名	与户主关系	文化程度	出生日期
唐逸晨	孙子		2011.7.16	吴 红	妻子	初中	1962.3.19
刘红梅	户主	初中	1963.7.19	朱海林	女儿	本科	1982.2.16
朱洪斌	户主	高中	1960.6.16	朱海燕	女儿	本科	1984.8.12

第13村民小组家庭档案

表 3-4-22

姓名	与户主关系	文化程度	出生日期	姓名	与户主关系	文化程度	出生日期
朱老虎	户主	小学	1950.2.1	江娟娟	儿媳	初中	1975.4.6
戴伟伟	妻子	初中	1965.7.15	潘 越	孙子		2000.7.7
朱春华	儿子	初中	1986.4.27	**唐秀英**	户主	小学	1951.3.16
朱安琪	孙女		2009.5.3	陆亚华	女儿	高中	1976.7.19
陆凤明	户主	小学	1945.12.26	潘乐屹	孙女	初中	1998.2.20
潘彩妹	妻子	初识字	1943.12.23	陆菊明	丈夫	小学	1952.4.17
陆雄财	儿子	初中	1968.5.15	**陆凤弟**	户主	初中	1950.3.30
陆雄根	儿子	高中	1972.10.5	潘杏英	妻子	小学	1950.3.18
朱 平	儿媳	初中	1972.6.1	陆正华	儿子	高中	1973.12.9
陆晓晨	孙子	职高	1992.10.10	潘芳英	儿媳	初中	1974.5.10
吴文贤	儿媳	初中	1971.12.11	陆 峰	儿子	初中	1975.9.28
陆晓兰	孙女	初中	1995.12.25	陆恒毅	孙子	初中	1998.8.31
潘卫英	户主	初识字	1950.3.15	**潘宝生**	户主	小学	1951.4.3
潘银芳	丈夫	初识字	1953.10.22	潘花妹	妻子	小学	1951.1.3
陆 明	儿子	初中	1975.1.20	潘金云	女儿	初中	1976.6.11
陆杏宝	户主	初识字	1923.5.8	潘金芳	女儿	初中	1979.3.16
陆阿六	户主	小学	1952.4.16	潘宇龙	孙子		2000.1.17
潘秀英	妻子	小学	1958.3.3	**潘卫元**	户主	初中	1951.2.20
陆德强	儿子	初中	1977.10.15	潘玉英	妻子	小学	1951.7.28
许云芳	儿媳	初中	1976.8.28	潘拥军	儿子	初中	1974.9.13
陆文旭	孙子		2001.3.19	潘歆怿	孙女	初中	1998.11.23
潘金元	户主	小学	1950.1.1	潘拥兵	儿子	中专	1977.8.29
朱惠英	妻子	初识字	1953.11.2	俞佩芬	儿媳	初中	1977.8.31
潘国峰	儿子	初中	1976.10.29	费秋琴	儿媳	中专	1977.10.2

（续表）

姓名	与户主关系	文化程度	出生日期	姓名	与户主关系	文化程度	出生日期
潘昕乐	孙女		2008.3.17	潘玉林	户主	初中	1967.12.4
朱利德	户主	大专	1981.4.14	潘桂秀	母亲	初识字	1945.1.12
朱幕晴	女儿		2010.9.13	潘玉英	妹妹	初中	1971.1.12
朱道元	户主	小学	1954.4.17	吴夏	外甥	大专	1990.7.3
潘六妹	妻子	小学	1956.12.8	朱东良	户主	初中	1950.6.9
朱刚	儿子	初中	1981.10.23	唐秀珍	妻子	初识字	1948.3.15
朱伊瑶	孙女		2005.7.15	朱伟	儿子	初中	1971.11.7
陆彩英	户主	初识字	1948.1.1	朱红	女儿	高中	1974.12.3
陆红英	儿媳	初中	1975.11.11	朱震行	孙子	初中	1999.8.30
陆怡伟	孙子		1997.8.19	唐彩红	户主	初中	1971.11.10
潘新男	户主	小学	1954.4.1	沈屹峰	儿子	高中	1994.1.3
赵素珍	妻子	初中	1956.12.27	唐育才	户主	初中	1962.5.1
潘健华	儿子	高中	1985.2.13	范雪珍	妻子	初中	1966.2.10
潘智聪	孙子		2009.3.19	唐尧东	儿子	本科	1987.9.6
王文荣	户主	小学	1958.10.9	陆梅生	户主	小学	1947.6.6
徐雪珍	妻子	小学	1957.2.23	潘林英	妻子	小学	1949.1.1
王小明	儿子	职高	1982.7.16	陆小弟	户主	小学	1967.1.20
王英	女儿	大专	1987.5.28	潘秀珍	户主	初识字	1926.2.12
王卓成	孙子		2006.9.4	陆文武	户主	初中	1968.12.31
陈媛媛	儿媳	初中	1981.8.5	潘新英	妻子	初中	1967.6.20
朱金平	户主	初识字	1934.11.1	陆丽萍	女儿	大专	1991.12.3
朱金妹	妻子	初识字	1930.6.10	陆阿云	户主	初识字	1917.9.9
朱进元	户主	初中	1968.1.8	朱连弟	户主	小学	1940.4.20
潘秋娟	妻子	初中	1968.7.14	潘雪珍	妻子	初识字	1940.5.1
朱敏杰	儿子	本科	1991.6.20	朱正绍	户主	初中	1965.3.30
朱冬林	户主	初中	1962.12.1	朱雪英	妻子	初中	1967.3.14
潘雪妹	妻子	初中	1964.8.26	朱丽超	女儿	大专	1990.10.6
朱斌	儿子	本科	1986.6.7	戴小弟	户主	初识字	1936.10.17
朱明良	户主	小学	1966.6.15	俞阿妹	妻子	初识字	1939.3.26
徐卫月	妻子	小学	1965.4.29	戴雪荣	户主	初中	1968.5.11
朱俊	儿子	职高	1989.9.26	潘大妹	妻子	初中	1967.1.10
朱芸熙	孙女		2012.7.20	戴文华	儿子	大专	1990.12.13

（续表）

姓名	与户主关系	文化程度	出生日期	姓名	与户主关系	文化程度	出生日期
潘道元	户主	初中	1959.8.29	**潘小弟**	户主	初中	1956.4.13
潘凤珍	妻子	小学	1962.7.1	潘菊英	妻子	小学	1957.7.1
潘菊红	女儿	本科	1985.8.26	潘国华	儿子	高中	1982.5.20
潘银南	户主	初识字	1930.1.20	潘诗婷	孙女		2005.6.11
潘小妹	户主	初识字	1958.1.28	**许芳珍**	户主	初识字	1922.11.22
潘　魏	儿子	中专	1980.11.5	**潘菊年**	户主	小学	1964.10.22
潘佳雯	孙女		2011.7.23	潘芳英	妻子	小学	1965.8.21
潘卫林	户主	小学	1963.8.17	潘爱珍	女儿	本科	1988.3.5
戴梅珍	妻子	小学	1964.2.13	**潘卫忠**	户主	初识字	1943.12.15
潘　琪	儿子	初中	1987.10.8	潘玲妹	妻子	初识字	1945.3.6
潘阿妹	母亲	初识字	1923.9.15	潘金荣	儿子	初中	1968.7.29
潘欣悦	孙女		2010.7.13	潘培琴	儿媳	初中	1970.8.29
朱小弟	户主	小学	1951.4.1	潘敏华	孙子	大专	1993.8.8
潘秀英	妻子	小学	1950.5.15	**朱卫忠**	户主	小学	1954.8.23
朱　强	儿子	高中	1976.2.17	陆卫英	妻子	小学	1955.2.12
朱　良	儿子	本科	1982.6.24	朱桂芳	女儿	初中	1980.9.2
朱家文	孙子	初中	1999.10.2	朱　兰	女儿	本科	1991.11.28
潘阿根	户主	小学	1946.8.18	朱叶婷	孙女		2002.12.4
许玉秀	妻子	初中	1948.4.13	**陆彩英**	户主	初识字	1933.4.19
潘月娟	女儿	初中	1973.1.25	**潘三男**	户主	小学	1955.4.26
赵春年	女婿	初中	1970.2.10	潘月娥	妻子	初中	1958.8.2
赵晓雅	孙女	大专	1995.1.18	潘菊芬	女儿	本科	1982.1.11
潘月琴	户主	初中	1970.11.16	孙麦琪	孙女		2008.6.22
潘江涛	儿子	大专	1991.5.18	孙永鹏	女婿	本科	1981.5.21
潘卫忠	户主	小学	1947.9.15	**潘菊明**	户主	小学	1954.9.23
沈秋英	妻子	小学	1949.1.1	赵冲英	妻子	小学	1957.1.11
潘建红	女儿	初中	1976.4.12	潘锦伟	儿子	高中	1982.1.13
潘王剑辉	孙子	初中	1998.2.10	潘锦娟	女儿	大专	1990.1.1
张国祖	户主	大专	1957.1.1	陈巧红	儿媳	初中	1979.10.11
潘彩英	妻子	小学	1956.11.15	潘心怡	孙女		2005.10.11
张　欢	儿子	本科	1981.11.19	**赵其秀**	户主	初识字	1931.5.5
张夏岩	孙子		2005.8.27	**陆国民**	户主	初识字	1948.12.5

（续表）

姓名	与户主关系	文化程度	出生日期	姓名	与户主关系	文化程度	出生日期
陆文英	妻子	小学	1963.10.8	潘艳娇	女儿	大专	1990.3.29
陆叶	女儿	大专	1984.11.27	陆国荣	户主	高中	1960.8.27
戴卫国	户主	初中	1962.1.28	潘雪妹	妻子	初中	1964.7.22
沈明珍	妻子	初中	1962.7.12	陆晓玲	女儿	大专	1986.9.18
戴燕泽	女儿	大专	1986.9.15	潘新根	户主	初中	1958.1.17
薛立豪	外孙		2012.8.21	潘梅英	妻子	初中	1960.3.15
徐阿巧	户主	初识字	1937.7.15	潘宏良	儿子	大专	1982.11.22
许秀珍	妻子	初识字	1939.11.16	李丽	儿媳	初中	1982.3.13
徐彩弟	户主	小学	1962.4.23	潘翊麟	孙子		2006.1.11
潘玉妹	妻子	小学	1962.3.15	陆大弟	户主	小学	1963.12.11
徐洁	女儿	大专	1985.9.2	朱丽芬	妻子	小学	1966.1.6
陆瑜	女婿	大专	1983.10.17	陆雅	女儿	大专	1986.11.18
陆徐歆	外孙女		2012.8.2	刘月玲	女婿	大专	1980.8.15
戴二宝	户主	初识字	1927.7.15	刘研馨	孙女		2010.2.2
谢文明	户主	高中	1969.6.29	潘三弟	户主	初中	1959.8.2
潘金花	妻子	初中	1968.8.21	潘金妹	妻子	初中	1961.6.1
谢宇攀	儿子	本科	1992.9.15	潘丽华	女儿	中专	1988.2.2
潘金元	户主	初中	1966.9.27	李娟	户主	初中	1968.4.26
潘雪珍	妻子	初中	1967.3.12	陆丽君	女儿	大专	1991.10.2

第四章　农　业

　　新中国成立前菉葭村的农业以种植粮食作物为主，因受封建土地所有制的束缚和频繁的自然灾害侵袭，生产力极其低下，正常年景，水稻单产在一百七十五千克左右。

　　新中国成立后，生产关系有了很大变革，农业生产实现了机械化、科学化耕作，种田模式也有推进，但1958年的"大跃进"，加之连续三年困难时期，导致农业生产遭受重挫。1962年贯彻党中央的"八字方针"和《六十条》，落实以生产队为基本核算单位等一系列政策措施，农业生产得到恢复和发展。"文化大革命"中，片面强调"双熟制"，但得不偿失。1963～1978年这16年中，社员收入净增长58.11元，人均年增收3.63元。十一届三中全会后，一切从实际出发，恢复单季稻种植，产量稳中有升。

　　1983年全面落实家庭联产承包责任制，调整农业产业结构，结束了集体化"大锅饭"的生产经营管理体制，充分调动了广大农民的生产积极性，彻底解放了农村生产力。1998年8月，又进行第二次土地承包确权，进一步稳定家庭联产承包责任制，推进了农业现代化、商品化、专业化、集约化的发展进程。2008年全村所剩151亩耕地全部征用，是年起，村民分别投向了二、三产业。

第一节　农业体制

一、单干生产

　　新中国成立前，菉葭村土地所有权大部分集中在地主、富农手中。贫农、雇农和中农占有的耕地仅占耕地总面积的34.37%。众多无地或少地的农民，被迫以高额的地租向地主租佃土地耕种或沦为雇工以出卖劳动力谋生。地主则以地租盘剥农民，年租额一般为每亩大米一石（合75千克），收租米约占当时年亩产量的40%，同时规定不论年成丰歉，都要如数交纳。欠租者轻则加利偿付，重则锒铛入狱，吃租米官司。农民常因交不起租米而离乡背井，逃租躲债，生活凄凉。

陆家村土改前各阶层占有与使用土地情况统计表

表 4-1-1

阶级成分	居住本区			占有土地			备注
	户数（户）	人数（人）	占总人数（%）	亩数（亩）	占总面积（%）	人均占有（亩）	
地主	8	42	4.28	993.31	55.92	23.65	
富农	4	18	1.83	58.98	3.32	3.28	
半地主	1	7	0.71	29.20	1.64	4.17	
中农	81	417	42.46	510.75	28.75	1.22	
贫农	76	307	31.26	97.30	5.48	0.32	
雇农	7	25	2.55	2.47	0.14	0.10	
捕鱼	31	31	3.16	30.90	1.74	1.00	
小手工业	8	24	2.44	8.92	0.50	0.37	
商业	13	61	6.21	22.88	1.29	0.38	
宗教	7	44	4.48	20.93	1.18	1.48	
邮政	1	6	0.61	0.75	0.04	0.13	
合计	237	982	100	1776.39	100	1.81	

注：上表数据根据 1951 年土改资料统计。

陆家村各联村土改时简况表

表 4-1-2

村	户数（户）	人口（人）	男（人）	女（人）	农业人口（人）	非农人口（人）	总面积（亩）	其 中				
								水旱地（亩）	旱地（亩）	竹园（亩）	坟地（亩）	荒地（亩）
许家	52	248	120	128	217	5	572.94	485.70	70.38	0.93	4.77	11
西库	92	306	166	140	222	84	625.91	521.49	92.56	1.14	14.65	6.07
韩泾	93	428	201	227	220	208	577.54	463.43	101.96		10.96	1.46
总计	237	982	487	495	659	297	1776.39	1470.62	264.90	2.07	30.38	18.53

村	宅基地（亩）	房屋（间）	瓦房（间）	草房（间）	在家人口（人）	外出人口（人）	土改分得房（间）	原有（间）	自耕（亩）	出租（亩）
许家	24.39	183	13	170	243	5		183	569.27	3.67
西库	24.23	212	50.50	161.50	253	53	13	199	604.29	21.62
韩泾	23.43	259	177	82	390	38	29.50	231.50	550.78	26.77
总计	72.05	654	240.50	413.50	886	96	42.50	613.50	1724.34	52.06

二、土地改革

1950 年春，中共昆山县委派出工作组进行土地制度调查。同年 6 月，中央人民政府颁布《中华人民共和国土地改革法》，8～10 月进行土地改革试点工作，并进行民主选举乡长，有步骤地成立农会组织，训练干部，召开农代会，进行阶级教育。土地改革工作，主要由乡政府和村农会具体负责，县、区派出工作组协助指导，严格执行依靠贫农、雇农，团结中农、中立富农的路线。按照《中华人民共和国土地改革法》的规定，没收地主全部土地、大部分耕牛、农具和多余的住房、家具，同时征收了庙产、族产、校产等公用土地，由以乡农会为主的分配委员会负责，先分土地，后分其他财产。至 1951 年 3 月土地改革工作结束。

三、互助合作

土改后，原来无地、少地的农民分得了土地，摆脱了封建剥削，劳动热情高涨，为发展农业生产创造了条件。但由于他们家底薄，生产资料不足，个别农户又因劳动力少，家庭人员多，或者遭受天灾人祸，在生产生活上都存在不同程度的困难。有些地方又出现雇工、放债或买卖土地的现象。1951 年夏秋，县政府因势利导，号召农民在农村民间固有劳动互助习惯的基础上，按照"自愿互利、等价交换、民主管理"的原则，组成农忙临时互助组，并逐步巩固扩大为常年互助组。1952 年春，许家联村原有 5、6、7 三个自然村组成三个互助组，5 组由陈雪林为组长，6 组由包进堂任组长，7 组由吴和生任组长；韩泾联村建立两个互助组，3 组顾友龙为组长，4 组李荣林为组长；西库联村建两个互助组，1 组方金生任组长，2 组张炳文任组长。到 1952 年 5 月，约有百分之五十左右的农户参加了互助组，进行生产自救。至 1954 年，有将近 90% 左右的农户加入了互助组，成为农业生产合作化萌芽。

四、初级社

1953 年冬天，农村贯彻宣传党在过渡时期的总路线，动员农民组织起来，走社会主义集体化道路。1954 年 4 月底通过思想发动，贯彻自愿互利原则，在妥善处理各种经济往来后，在此基础上，三个自然联村先后成立农业生产初级合作社。第一个初级社在许家联村成立，称为新生农业生产合作社，社长为陈阿生，会计为吴宝林。一年后，另两个联村也相继成立初级社，韩泾联村建立的初级社社长为张凤英，西库初级社社长为陆秋芳，入社农户占总农户的 65.7%。初级社实行土地入股，生产统一经营，劳动评工记分参与分红，入股土地按比例参加分配。大型农具和耕畜折价入社，采取保本付息或租用办法。初级社的管理由社长、监察主任、会计等委员负责，在工作中逐步改进评工记分办法，加强民主管理工作，促使初级社逐步得到巩固和发展。

五、高级社

1955 年冬，中共中央《关于农业合作化问题的决议》在农村全面宣传贯彻后，随即掀起了初级社向高级社过渡的热潮。高级农业生产合作社一般以相近的几个初级社合并而成。1956 年 4 月，村域内原有三个（联村）初级社合并成立西厍高级农业生产合作社，社长为陆秋芳，会计吴宝林，办公地址在北圣堂内。高级社成立后由社员代表大会选举产生管理委员会和监察委员会。管委会设主任 1 名，副主任若干名，还有 7 ～ 13 名委员；监委会有委员 3 ～ 5 名。同时建立党、团、民兵和妇女等基层组织。由党支部书记张阿东，团支部书记陆泉元，民兵营长吴秋德，妇女主任张凤英，构建基层领导班子。社员的耕畜和大中型农具全部折价入社，统一管理，土地归集体所有，划出占总面积的 3.5% 左右的土地作为社员的自留地，取消土地分红，实行按劳分配。社内分设 7 个生产队，对生产队实行劳力、土地、耕畜和大型农具的"四固定"和包工包本超产减本奖励、减产增本扣赔等管理制度。但在新生事物的发展过程中难免产生各种问题或错误，有些问题和失误都在实践中加以克服和纠正。在工作中不断完善财务制度，完善劳动定额的修订，改进评工记分的方法，调整领导班子人员，使高级社得到巩固，有力地促进生产的发展。

六、公社大队

1958 年，在贯彻社会主义建设总路线和"大跃进"的高潮中，掀起了大办人民公社的运动。同年 9 月菉葭人民公社成立，实行"政社合一""工农商学兵五位一体"。原来的西厍高级农业生产合作社、新丰高级农业生产合作社和星生高级农业生产合作社合并为第五大队。劳动管理上按照军事建制，实行大兵团作战；生活上实行供给制，大办公共食堂，吃饭不收钱；分配上实行全社性的平均主义，无偿调用生产资料以及劳动力，甚至平调了社员的住房、家畜和家具，即所谓"一平二调"。广大干部群众被"一天等于二十年""跑步跨入共产主义"的口号所激励，到处夸海口，打擂台，使得以高指标、瞎指挥、浮夸风和共产风为主要标志的"左"倾思潮泛滥成灾，使原本脆弱的农村集体经济基础受到了难以承受的冲击。

1959 年 3 月，全面贯彻中共中央郑州会议精神，开始纠正"共产风"，进行清账退赔。然而又受"反右倾"的影响，使原本残存的"左"的错误继续抬头，加上自然灾害的侵扰，造成连续三年的农业生产的大滑坡。农民口粮不足，只能以瓜菜相代，体质明显下降，浮肿病蔓延，个别还发生非正常死亡，同时还出现劳动力外流的现象。1962 年，贯彻中共中央《农村人民公社工作条例（草案）》（即《六十条》）和《中共中央关于改变农村人民公社基本核算单位问题的指示》，确立三级（公社、大队、生产队）所有，队（生产队）为基础，以生产队为基本核算单位的管理体制。同时改进了劳动管理体系，坚持"各尽所能，按劳分配"原则，农业生产开始得到恢复和发展，取得了连续多年的丰收。

1962 年蓁葭大队下拨生产资料统计表

表 4-1-3

物资名	1队	2队	3队	4队	5队	6队	7队	8队	合 计
耕牛（头）	8	9	9	11	9	9	8		63
农船（只）	3	2	1	2	2	2	2	3	17
下车（部）	20	20	16	16	17	14	9		112
上车（部）	18	15	9	8	13	11	8		82
坑池（只）	7	5	2	4	4	4	4	2	32
船坊（只）	2	1			1	2	2		8
车棚（座）	10	12	8	5	8	9	6		58
轧稻机（部）	8	5	7	5	5	6	4	1	41
油布篷（顶）	2	2	2	1	2	3	1		13
喷雾机（只）	1	1	1	1	1	1	1	2	9
磅秤（台）	1	1	1	1	1	1	1	2	9
双套犁（套）	2	2	2	2	2	2	2	1	15
挽子（只）	3	2	3	3	3	3	3		20
铁锹（把）	2	2	2	1	2	2	1		12
公房（间）		7						48	55
船橹（支）			1	1					2
汽油灯（只）			1	2			1	1	5
石柱（根）			6	4	7			1	18
料刀（把）	8	9	7	6	10	8	8		56
料桶（只）	10	10	8	8	10	10	7		63
小风车（部）	3	3	1	2	1	2	3		15
小麦种（500克）	4632	4772	3719	3568.50	4822	4595	3904	693	30705.50
元麦种（500克）	501	1066	325	532	638	760	47	1049	4918
大麦种（500克）	687	1051	716		573	700	915		4642
蚕豆种（500克）	200	187	200	193	200	300	214	200	1694

1965 年，全村开展农业学大寨运动，学习大寨自力更生、艰苦创业精神，大搞土地平整，旱改水，实现田块方整化。在原许家联村处开丰产河填废弃浜，贯通 5、6、7 三个生产队，开展兴修水利等一系列农田基本建设，为农业生产的持续发展打下了一定的基础，同时取消了按完成农活定额记分制度，采用选标兵工、评政治分的方法，产生了新的平均主义。1966 年"文化大革命"开始，农村继续推行了"大寨式"的劳动管理制度，并在经营管理方式上片面强调以粮为纲，把发展多种经营视为资本主义进行打击和批判。直到 1971 年 12 月，中共中央指示不要照搬硬套大寨办法，加上基层干部群众的抵制，才逐步恢复了劳动定额、评工记分、按劳分配的制度。但有一段时期内，仍然批判"经济挂帅"，不讲经济效益，使集体经济和农民收入增长缓慢。

1983 年，实行政社分设，恢复乡（镇）村行政建置，经济组织由原来的生产大队改为村经济合作社，公社改为经济联合委员会。

七、家庭联产承包责任制

1978 年中共十一届三中全会以后，经过拨乱反正，解除了"左"倾思想的束缚。农民们的思想空前活跃，曾在"困难时期"议论过的包产到户问题又重新被提了出来。当时农村经济组织仍然是"三级所有，队为基础"，内部管理上由小段包工、定额计酬逐步发展为定产量、定成本、定工分、超产奖励等各种形式的生产责任制。到 1982 年 2 月，全村基本上都实行了联产到劳的承包生产责任制，这种形式的责任制以合同的形式将农业生产直接按务农劳动力进行承包，把社员的劳动成果和个人的经济利益联系在一起，统一经营和个人负责紧密结合，坚持生产资料集体所有制不变，基本核算单位不变，按劳分配原则不变。

1983 年，在乡率先试行的家庭联产承包责任制的基础上，是年底全村 9 个村民小组 422 户全部实行了家庭联产承包责任制。这种责任制以各农户为单位承包集体耕地，分田方法按各户人口数量分基本口粮田，一般每人半亩，其余土地按劳动力平均分配责任田。作物布局、机耕、灌溉、肥药供应和良种供给等事项，都由村合作社统一安排；农事活动由各农户自行安排；收获和收益，除完成农业税和粮油定购任务，交纳集体公积金、公益金和管理费外，其余全部归农户所有，社队不再进行统一分配。在家庭联产承包制分田到户的落实中，生产队垫发每亩耕地 40 元人民币。生产队将种子、化肥、农药、小农具等作价拨给各农户，就在此 40 元中扣除，尚余款项兑付现金。于 20 世纪 90 年代土地流转耕地承包给大农户时，3、4、5、6、7 组的农户，将此款收集回笼起来，用作大农户的启动资金。当时，第 1、2、8、9 组已失地，村民已无耕地，故此款在这四个组中不再回收。

农业生产实行联产承包责任制以后，各农户自主经营，投入讲究核算成本，用工讲究实际效率，农活讲究质量到位，大大提高了农民们的积极性和工作效益。加上现代化管理方法推广，优良品种的合理布局种植，肥药成本的合理投入，因而解放了大量的劳动力和节约了劳动时间。多余的劳动力和空闲时间大部分投入到农业生产以外的多种经营活动中去，获得了可观的经济收益。到1987年全村有百分之九十以上的农户基本上进社办、村办企业上班，成为半工半农户。全村人均收益大幅提高，连年递增。家庭联产承包责任制，在工作实践中体现出巨大的优越性。

八、土地流转

在实行联产承包责任制的几年中，随着劳动力的转移和建设用地不断征用，农民的思想认识也发生了变化，开始出现承包田差别很大和责任田多劳动力少的种田困难户，影响到农业生产的稳步增长。1988年8月，村委会根据镇政府的统一布置，按照"大稳定，小调整"的方针，采用集中转让土地，组织规模经营，重点协商，悬殊调剂，对全村家庭联产承包土地进行了第一次合理调整。

1993年8月，陆家村遵照陆家镇政府的指示精神，进行第二次土地承包确权工作，推行家庭联产承包责任制，推进农业现代化、商品化、专业化、集约化的发展进程，有组织有计划地将集体土地使用权转移给种田能手，并且合理配置农业生产要素，增强和优化经营户物质技术装备。遵照"因地制宜，有利生产，尊重群众意愿"的原则，实施农业"资金、物资、服务"三倾斜政策，推出"农技、农艺、农机"三优先原则向规模经营户优惠的方式，激发了规模经营模式的兴起和发展。1994年，全村规模经营户有4个，由袁中响、张明早、夏海根及张祥官农场经营，承包种植面积786亩，其中村集体农场457亩，占村粮田面积的58.14%以上，基本实现了"两田分离"。到1997年全村全面实现了"两田分离"。

1998年6～9月，根据中共中央国务院《通知》精神，贯彻执行江苏省、苏州市关于做好延长土地承包期和向承包农户颁发"农村集体土地承包经营权证书"的工作指示和昆山市委《关于稳定完善农村土地关系发放经营权证书的实施意见》的要求，结合陆家村实际，全面进行延长土地承包期，向农民颁发了"农村集体土地经营权证书"（简称"确权证书"）的具体工作。在书记、主任、会计等干部的指导下，工作人员分工负责，抓好调查摸底、自报互评、填报审核、办理手续等具体事项，9月底全村确权发证工作圆满完成。全镇人均确权面积1.43亩，陆家村人均只1.36亩，发放"确权证书"223户（份），100%颁发了"土地承包经营权证书"。

陆家村 1998 年第二轮土地流转承包调整表

表 4-1-4   单位：亩

组别	承包土地面积	其中		规模经营中		确权发证面积	调整落实情况					
		口粮田	规模经营	村办农场	承包大户		农户经营		规模经营			
							户数	面积	户数	面积	其中	
											农场	大户
3	65.60		65.60		65.60							65.60
4	217.08	22.74	194.34	54	140.34	217.08	18	14.23	3	202.85	54	148.85
5	207.05	75.47	131.58		131.58	207.05	45	69.61	2	137.44		137.44
6	229.68	38.47	191.21	132.60	58.61	229.68	25	32.46	3	197.22	132.60	64.62
7	66.49	24.69	41.80	41.80		66.49	17	23.33	1	43.16	43.16	
合计	785.90	161.37	624.53	228.40	396.13	720.30	105	139.63	9	580.67	229.76	416.51

注：1、2、8、9组无土地承包；10～13组原系渔民，无耕地。

第二节　传统耕作

一、夏熟耕作

夏熟作物的收成很大程度上取决于秋收结束后及时的秋播生产。遵循着"麦过冬影无踪"的播种规律，大家集中人力、畜力争相在"立冬"即每年的十一月上旬前完成夏熟耕作。

旧时，一种情况是垦田耕作：凡田少劳多户且无耕牛犁耙等大型农具者，全家人耕种几亩租田，只能用板齿或尖齿铁镐按行垦翻稻板田。要用 2～3 天时间把稻板土垦翻成瓦片状，借助烈日晒白，然后用阔齿铁镐轮翻倒斫 2～3 遍形成细土，再依田块阔狭，安排麦垄距，插上草把为标记，然后用阔齿铁镐套成一垄一沟的麦垄头，要求垄面略呈弧形，以利泄水。当垄面斫细斫实后，均匀撒上每亩 6～7 千克的麦种子，复用阔齿铁镐斫一遍麦泥，标准是没有露籽麦。每块田都如此即告三麦秋播完工，考究的在田块四周开上出水沟防涝。

另一种是田多劳少且有耕牛犁耙者，当秋收结束，抢时节，用耕牛犁田。牛一般是水牛，农具木犁由犁案、犁档、犁底、犁靴、犁铁头、犁梢等部件构成。犁田时，让耕牛肩上套上压头，操作者一手牵牛绳，一手扶犁梢，吹哨或吆喝发口令指挥耕牛，使之前行、打弯或止步。初犁稻板田，耕翻来回操作 3～4 犁合成一垄，晒白犁花片后再翻倒 2～3 次作拆垄犁。来回 3～4 趟后合成新垄，以反复碎泥成麦垄。然后让耕牛拖安装有刀齿的弯耙（又称旱耙）在麦垄上来回耙一遍，粉碎垄面的泥块。最后以人工用阔齿铁镐筑成弧形面的麦垄播下麦种子，斩麦泥消灭坖面上的露籽麦，确保三麦出苗率。

油菜耕作，也有人工垦田与耕牛犁田两种之分：其一，当人工垦田翻倒晒白后，按距离插上草把作坖距标记，用阔齿铁锗套成一坖一沟的油菜坖，一块田约可分成 5 ~ 6 坖。在套勒作垄后，用"菜花柱"在每勒上打 8 ~ 10 个潭，然后将移植的菜秧苗分插入潭内，浇上清水粪，此法俗称"神仙菜"，然成活率不理想。

其二是油菜犁田耕作，系用耕牛将稻板田按坖头阔狭，来回 3 ~ 4 犁合一坖。成型后用稠耙来回耙一次，以耙碎犁花片。然后人工套勒作坖，用菜花柱打潭乘泥土潮湿，移栽菜秧苗，提高秧苗成活率。

二、秋熟耕作

夏收结束，天气炎热，农时紧迫，人们习惯于抢晴耕翻晒枯田。此时田少劳多无耕牛户集中力量用板齿铁锗突击拆坖垦田。满田的铁锗花片，等晒白后翻倒 2 ~ 3 次，在上水前亚足基肥如猪窝、草塘泥等，适度上水后再用铁锗探平成莳田，以人工背木板反复多次让莳田平整后莳秧。

对田多劳少有耕牛户，其耕作首先是用犁拆坖。当来回 3 犁合成一新坖后，让新坖面的犁花片晒白，再拆新坖。这样连续翻倒 2 ~ 3 次，施上基肥、人粪尿后上水，用木犁贡水田。来回把坖型拆成满田犁花，再用稠耙（水耙）来回耙碎犁花泥块，然后人工用铁锗除墩填沟进行探田。最后一步是滑田，用长 2 米、宽 35 厘米、厚 3 厘米的硬质树做成的上有手提档、配有背索圈、下有滑齿的木滑，让耕牛背上，操作者一手抓牢牛尾巴，一手握牛绳，登上滑木在水田中来回滑行，达到田平如镜，始可经绳莳秧。

上述人工垦田耕作法至成立初级社后告终。耕牛犁田耕作法也在 20 世纪 70 年代被手扶拖拉机所取代，从而退出农田耕作的历史舞台。

第三节　粮油作物

一、水稻

（一）品种

陆家村历史上系纯晚稻地区。新中国成立前，水稻品种相当繁杂，有大头龟、吓一跳、洋籼、麻金糯、细柴糯等。新中国成立初，中粳品种有石稻、飞来凤、洋早十日，晚粳品种有铁粳青、金果黄、晚飞来凤等。1956 年，陆家村种植的晚粳大部分是太湖青，产量很低，亩产只有二百六十多千克，后来被逐步淘汰，引进种植松江老来青，单产在三百五十千克左右，产量有所提高。1958 年引进种植陈永康培育的晚粳良种老来青，此稻的米饭口感极佳，因而作为当家品种，产量明显提高，但此品种由于易感染发生垂颈瘟病，故被逐渐淘汰。1965年推广种植短杆多蘖的晚粳良种农垦58号（俗称世界稻），此稻米口感更佳，当时此品种种植面积占水稻总面积的50%以上。以后一段时间，有苏粳2号、加农、针选、矮三九、先锋1号等品种。由于农垦58号的品种有所退化，加之双季稻种植面积的扩大，水稻种植品种变动频繁。进入20世纪70年代后，合理调整了种植布局，缩小双季稻种植面积，种子实行自选、自留、自繁、自用原则，品种逐渐趋于稳定，良种的推广成效显著。1980年引进水稻品种昆农选16号，1983年推广昆稻2号，1984年又引进早单八、紫金糯、香血糯，并以此作为中熟晚稻的当家品种，但部分农户至今仍保留昆农选的水稻品种。1989年重视新品种的引进和推广工作，水稻引进昆农选一支发良种，1990年引进早单八良种，1991年推广种植88-122和88-121新品，1999年水稻推出太湖粳2号新品，种植93-25、9-92、苏香粳1号、嘉33等良种，收到较为明显的良种效应。

（二）栽培

新中国成立前，陆家地区水稻以单季晚稻为主，栽培上都以育秧、插秧移栽沿袭下来。新中国成立前的旧式秧田为沿田埂撩土成沟，各品种都杂处一田，以脚印相隔，不利于培育壮秧。1960年，推广陈永康的合式秧田，秧板宽四尺（1.33米）左右，沟系配套，便于治虫、拔草以及水浆管理。后来又推广他的"稀落谷"育秧经验，培育带蘖壮秧，减少播种量。至1965年前后，每亩秧田播种量在5千克左右，后因提高复种指数，秧田不足，秧田播种量增至每亩7.50千克左右。秧田与大田的比例为1:10～1:15。秧龄一个月左右，俗称"满月秧"。中、晚粳立夏前后播种，芒种前后中晚粳移栽，每亩栽一万五千穴左右，每穴5～6株。肥料以农家肥为主，田间管理有耘稻、除草、病虫害防治和水浆管理。寒露至霜降之间，晚粳稻成熟开镰，俗语"寒露无青稻，霜降一齐倒"。

新中国成立后，由于推广先进的栽培技术，改进育秧方法，提高秧苗质量，合理推广密植，加强田间管理，改革耕作制度，推广优良品种，使用化肥、农药，水稻产量不断增加。

育秧 在原有传统的育秧基础上，先进的育秧措施和技术被较快地推广。在有利于治虫、拔草和水浆管理的情况下，全面推广种子处理新技术。采用浓度为20%的盐水选种，清洗掉秕谷病粒，提高种子的饱满度，或者使用西力生、赛力散、多菌灵、石灰水浸种杀灭病菌，预防病害。待种子略有破口后再下播，采用先进的培育壮秧经验，以达到带蘖移栽的目的。1966年大队始种双季稻，并于1969年全面推广。由于大面积推广种植双季稻和杂交稻，育秧以足肥稀播为要求。双季早稻利用余留冬闲田作秧田，采用温水洗种，暖棚催芽育秧。双季稻秧田一般在"春分"前做好，这时气温较低，约在10℃左右。秧田施上草塘泥，加碳酸氢铵，然后用手扶拖拉机耕松，上水打烂。四周套出秧沟，再用欠部（滑勺）挖出秧板沟，用木板把秧板面推平、做光，然后放水晒两天，待秧板面板硬，可以落谷。落谷前秧板上抄混泥浆水再用木板推光，施上尿素 5 千克 / 亩，并用喷雾器均匀打上除草醚，然后落谷。秧田用稻种谷 7.50 千克 / 亩，使用的稻种谷事先进行催芽。在催芽哺谷前，把稻种谷在阳光下晒一天，后用清水淘尽瘪谷、杂质，再用多菌灵或食盐水浸种一天一夜（24 小时），沥干后再用清水漂净上温床催芽。温床是事先备好的，向阳，深 1 米左右，宽度不等。温床上需要搭棚，覆盖透明的尼龙薄膜。种子进床后，保持一层水面，水分要均匀，温度控制在 25 ~ 30℃。温度高了要烧芽，低了要回芽。这一切全由农技员专职值班操作。遇上冷空气侵袭，晚上用稻柴编好的草帘盖在薄膜上以保温。凡室内温度达不到要求时，用温水泼在种子上并用手工轻轻翻匀，让水分保持平衡。正常情况下，3 ~ 5 天催芽即告成功。待种子达到规定破口率后，才凉种播植于准备好的秧田，并用砻糠灰或柴灰覆盖，以保持温度、湿度防止回芽。接着是水浆和防病管理，在晴天下午施肥，注意不能撒在露水上，防止伤到秧苗。秧龄在 40 天以上开始移植大田，起秧前施上断奶肥，隔一天用平板铲秧，连土带秧苗铲起，采用带土移栽，提高成活率。操作者完全用手工掰秧栽入，多为女社员胜任。赤脚踏入冰冷的水田，一连干上几天，发扬一不怕苦二不怕冷的精神，为多打粮食多做贡献。

双季后作稻在 6 月中下旬播种，播种后必须覆盖麦壳防止烧芽，并严防秧板积水，引起烫种、淤种。秧田加施草塘泥、猪粪、碳铵等肥料，用拖拉机将田打烂，做好秧板块 4 ~ 4.50 尺宽（1 尺合 0.33 米），四周出水沟力求通畅。待秧板晒硬后，按 8 千克 / 亩落谷。往后是加强水浆管理，防病治虫和除草。秧龄在 45 天左右即可移植大田，秧龄长，根也长，用"二甲四六"解决拔秧困难。施上起身肥尿素 6 千克 / 亩，带肥移植。

后作稻的大田要求施足基肥，以猪窝为主，以 50 担 / 亩为宜（1 担合 50 千克）。未移栽前，先把肥料堆积在大田角落里。当大田一出空，就把肥料挑开、撒匀，用拖拉机打田平整，立即经绳莳秧。一定要抢时间，因为后作稻的生长期短，只有 150 天左右，要求在立秋前完成移植。时值大暑里，高温烈日下操作，劳动强度大，可惜双季稻自身不争气，用上成倍的种子、肥料、农药和用工量，产出的籼米质差、价低，谈不上经济效益。几年连种双季稻后土壤板结，地力消耗过大，在十一届三中全会后这种"革命稻"渐被淘汰。

推行承包制后，由村统一安排灌水茬口，由各承包农户自行育种、栽培、管理，由村分管农业社长统一负责指导。20 世纪 90 年代中期，栽培技术环节的关键是培育壮秧。因此选择露地湿润的半旱秧田育秧、肥床旱地育秧、机插双膜育秧或大田水育秧四种，目的是培育无病、无毒、无虫的健苗壮秧，"秧好半年稻"打好水稻高产基础。育秧无论采取何种方式，人们分秒必争，环环紧扣。

移栽　新中国成立前后一段时期，为了便利耘稻，水稻移栽密度普遍很稀，株行距为6×7寸或6×6寸（每寸合3.33厘米），每亩一般在一万五千棵左右，达4~6万株基本苗。20世纪60年代移栽密度逐步增大。20世纪70年代初，每亩达3万穴，15万株基本苗。进入20世纪80年代，推广宽行条栽，行距5×5寸，密度保持2.70万穴，基本稳定在12万株左右。双季早稻每亩4.60~5万穴，确保基本苗25~30万株；后季稻移栽密度保持3.50~4万穴，基本苗20~25万株；杂交稻株行距4×7寸，每亩移栽密度2~2.20万穴，单株、双株混栽，保持基本成活苗7~8万株左右。

1998年全村实现水稻轻型栽培水直播技术，逐步探索小苗机插移栽、小苗抛秧、旱育稀植和人工移栽等多种栽培技术，并在实践中总结提高，达到省工、省本、增产、增效的目的。

管理　新中国成立前至20世纪50~60年代，水稻田除草都是先稻后耘，一般都是二稻三耘。在稻苗成活转黑到成熟前，又要进行数次除草拔稗。耘稻除草用工量最多，劳动强度也最大。20世纪60~70年代增加药剂防治病虫害。20世纪80年代全面推广用"除草醚"除草，追施化肥，简化农艺，推广施用穗肥，用工量大大降低。除在防治稻飞虱和穗颈稻瘟病的关键时刻需集中劳力突击用药外，日常劳作主要是加强水浆管理工作。从秧苗移栽开始掌握深水护苗、浅水促发、分次轻搁田、湿润灌溉等环节，在水稻收割前5~7天放水落干，使水稻能活熟到老，增加稻粒的千粒重。对水稻的管理上必须严格控制好水浆、施肥、除草、防病、治虫等技术环节，千方百计挖掘增产潜力，提高资源利用率。

（三）植保管理

三化螟　新中国成立前，三化螟发病猖獗，来势凶猛，往往稻枯一片，受损严重，甚至颗粒无收。在当时条件下，农民既无农药可施，又是独户单干，缺乏科学种田知识，一遇虫害更是束手无策，只能求神拜佛，听天由命。新中国成立后采取挖稻根、拔枯心、采卵块、点灯诱蛾等简单方法治虫。另一种办法在7月下旬至立秋季节每天下午三点钟以后，采用人工拍螟蛾，治虫除害，广泛开展群众性的治螟运动，措施也有成效。1962年推广避螟改制经验，将中粳改种晚粳，连片种植，适当晚播晚栽，使抽穗期推迟到螟虫盛孵前齐穗，同时使用药剂防治方法，提高杀灭有效率。20世纪70年代单、双季稻并存，主要依靠药物控制螟害发生。三化螟防治用药和二化螟相同，常用大水泼浇或用不低于60千克/亩兑水量喷雾。进入20世纪80年代，恢复纯单季晚稻生产，一代三化螟仅在秧田中为害，加之水稻生长期间多次用药防范，特别是杀虫脒的全面应用，三化螟已不再是水稻的主要虫害。

二化螟　早年菉葭村为纯晚稻种植地区，在 20 世纪 60 年代以前就常遭二化螟危害，防治用药与三化螟相同，掌握施药时间。可使用 2000 国际单位 / 毫升苏云金杆菌悬浮剂 200 ~ 400 毫升 / 亩，或 8000 国际单位 / 毫升可湿性粉剂 200 ~ 300 毫升 / 亩兑水喷雾防治。40 天后用 5% 稻农一号 50 克 / 亩，或 46% 特杀螟 60 克 / 亩兑水喷雾。20 世纪 70 年代重点危害双季早稻和广二矮、昆稻二号、杂交稻等壮秆大穗型单季稻品种。大螟于 20 世纪 70 年代后期在单季晚稻中曾有发生。1980 年开始，二化螟、大螟都得到有效控制。1983 年以后，穗期不再用药物治螟。

稻飞虱　20 世纪 70 年代起，水稻布局变动频繁，稻飞虱容易繁殖，加之由南方迁入的虫源增多，开始成为常年爆发的水稻病虫害。1975 年、1985 年和 1987 年曾有较大虫情发生，有个别田块疏于防治，危害严重。后来采用混灭威和叶蝉散等高效药剂，使用弥雾机和喷粉机等机械施药防治。可用 10% 吡虫啉可湿性粉剂 20 克 / 亩，或 5% 锐劲特胶悬剂 30 ~ 40 毫升 / 亩，或 25% 扑虱灵粉剂 30 克 / 亩兑水喷雾防治。虫害得到有效控制，损失程度已降到最低限度。

稻纵卷叶螟　在水稻分蘖期和穗期，用 51% 稻农 1 号可湿性粉剂 50 克 / 亩，或 1% 灭虫清悬乳剂 40 ~ 50 毫升 / 亩，或 36% 苦参碱水剂 60 ~ 70 毫升 / 亩，或 46% 特杀螟可湿性粉剂 50 ~ 60 毫升 / 亩，或 5% 锐劲特悬乳剂 40 ~ 50 毫升 / 亩，皆兑水后喷洒。施药期田间需保持 3 ~ 6 厘米浅水层。

条纹叶枯病　分别用 5% 锐特或 10% 吡虫啉再加 48% 毒死蜱或 80% 敌敌畏防治。

纹枯病　8 月下旬视病情用好二次药，使用 12.50% 克纹毒水剂，或 12.50% 纹毒清，或 5% 井冈霉素水剂，合理稀释后喷洒于水稻中下部。

稻瘟病　在水稻移栽时用 750 倍稻曲宁，浸秧 3 ~ 5 分钟，取出后闷 20 ~ 30 分钟后再移栽。在大田发生，可用 75% 三环唑粉剂，或稻瘟灵乳剂，或 2% 春雷霉素水剂喷施防治。

稻曲病　抓好种子处理工作，采用盐水或石灰水浸种。抓住稻穗破口初期，使用 12.50% 纹毒清水剂，或 12.50% 可克纹毒水剂，或 5% 井冈霉素水剂，合理兑水喷雾防治。

新中国成立初，除点诱蛾灯预测外，没有其他测报手段。主要根据实况，见虫治虫。1959 年，县政府成立病虫测报站后，才有病虫害的预测预报。

进入 20 世纪 80 年代，短期预测预报的准确度有了明显提高。发生期由定性预报进入定量预报，误差率在三天以内，发生量和危害程度的定性预报误差极小。村委会（大队）根据上级病虫测报站的预测预报情况和要求，安排布置各生产队或农户采取及时的防治措施。

二、三麦

（一）品种

新中国成立前夕，陆家村种植的小麦品种有丈四红、茧子团等，大元麦有三月黄、立夏黄等。新中国成立初，小麦品种为火烧麦、洋麦等。直到1958年，逐步推广无锡小麦良种"无锡白麦"和"南大2419"等，淘汰易倒伏易受病害的丈四红。进入20世纪60年代，三麦推广种植良种有华东6号、苏麦1号、矮粒多等。20世纪70年代开始推广以昆麦672、扬麦1号为主的晚小麦品种，大麦种植早熟3号，元麦种植浙114。20世纪80年代，三麦良种增多，有昆麦672，鄂麦1号，扬麦4号、5号，宁麦3号等，大元麦种植沪麦4号、早熟3号、海麦1号等品种。1989年小麦推广671、672优良品种，1999年种植扬麦5号良种，2001年小麦引进种植扬麦12号，2006年引进扬麦16号良种。村民大农户中改变了自留种的传统观念，大胆种植优良品种夺高产。

（二）播种

新中国成立前，三麦耕作方式粗放，产量甚低，有"种麦不交粮，种种白相相"的说法。麦田均为狭垅宽沟，不施基肥，只施少量腊肥，每亩播种在四千克左右，品种都是丈四红、茧子团等农家土种，亩产不足百斤。20世纪60年代以后，先后推广良种，有苏麦、矮粒多、昆麦、扬麦等4种。由于精耕细作，普遍增施基肥，产量有所提高。20世纪70年代，大队全面推广"塘桥式"耕作，引进三麦高产栽培技术，实行薄片深翻，阔垅狭沟（主沟60厘米深，辅沟50厘米深），一块田四面出水，三沟配套，四面托起。大部分田块采用暗沟排水。方法是先开沟，再在沟面覆盖泥块，按8千克/亩的麦种进行播种，用人力将垅头泥块拍细、压平，减少露子麦。出苗后，按8千克/亩初施苗肥。越冬重施腊肥，促使春发麦苗健壮。实施科学治病防害，使产量从原来的70千克/亩上升至200千克/亩。采用精细整田，药剂拌种，并重施基肥，合理使用磷钾肥，增施苗肥和穗肥。越冬前再将麦田拍平压实，使三麦产量大幅度增加。20世纪80年代起推行免耕法播种（俗称板田麦），免耕麦是在水稻收割后，直接在稻板上撒麦播种，做好开沟覆土。待三麦出苗后，再经过补沟、补泥、补苗肥、补除草剂，完善免耕工作。由于三麦播种适时，出苗率高，省时省本，增产较为明显。至1987年，三麦播种的免耕面积达到三麦种植面积的90%以上。稻板上直接撒麦播种的免耕麦，一定要做好开沟覆土工作，一般按一垅一沟的标准开沟覆土，由于机械化程度的提高，利用开沟机进行开沟覆土十分普遍。免耕麦在播种前后都要使用化学除草剂喷洒以除草害。后期管理的重点是及时防治赤霉病，采用"肥促两头"的办法，基肥和苗肥约占总肥量的百分之六十左右，拔节孕穗肥和接力肥占百分之四十左右，关键是适度掌握施肥时间和施肥量，严防三麦倒伏，确保壮苗越冬，春发健苗，保穗型，争粒重，达到稳产高产之目的。20世纪80年代小麦平均亩产二百五十五千克左右。

（三）植保管理

赤霉病 气候性流行病害，流行频率高，对三麦生产威胁最大。新中国成立后曾在1952、1954、1958、1973、1977、1983年6次发生大流行，三麦损失严重。1984年起推广施用多菌灵，增加机动弥雾机，保证了防治的适时和施药质量，危害程度得到控制。

纹枯病 20世纪70年代，三麦纹枯病有零星发生，后逐渐有所蔓延，成为三麦主要病害之一。1986年发生的纹枯病使大田白穗率达10.50%。其他病虫害还有锈病、白粉病、黏虫、麦蚜虫等，此类危害较轻且易于防治。

三、油菜

（一）品种

历来陆家村油菜种植普遍是本土品种矮萁黄和长萁白梗等，属易遭病害、产量偏低的品种。1965年开始大面积推广种植甘兰型良种胜利52号（又称朝鲜菜），取代了原来的土油菜品种，产量有了明显提高。20世纪70年代后，油菜品种以晚熟胜利52号为主，适当挑选试种沪农早、新华1号、澳罗等新品。20世纪80年代油菜进一步良种化，大多为中熟型品种，除胜利52以外，还引进了宁油7号、春畸、"821"等。1989年油菜种植春畸、"821"，1991年换种汇油7号良种，2000年后油菜推广种植苏油1号，引进和推广良种，油菜产量年年有增。

（二）栽培

育秧 精选苗床，垦松施足基肥，略平。秋分时均匀下种，施以"盖籽肥"，人工脚踏使之出苗有力。一周后及时间苗令其稀匀。干旱年份增浇清水粪，抗旱保苗以使秧苗粗壮有力。

移栽 油菜栽培历来是以育秧移栽为主。新中国成立前后一段时期，品种普遍都是白菜型矮萁土油菜种，采用大田狭垗宽沟，土地利用率十分低，而且耕作很粗放。移栽前用耕牛耕翻，整地作垗后，再用菜花柱打一小坑，种上油菜秧，浇上清水粪，是谓"神仙菜"。此法成活率极低，须补苗、壅土，亩栽植量在4000～5000棵。或者作1米宽的菜垗，两边各开沟种植油菜秧，行距1尺，株距2～3寸。种时要壅土培肥，每亩种植约四万五千棵，这种方法可以起到御冻防寒作用，确保油菜安全越冬。基肥都以大粪为主，开春后再拍细粗泥块壅根。然而对雨涝病虫害却无防治措施，产量得不到保障，亩产量只能在二十五至四十千克。

20世纪60年代初，推广由蓁葭区农场引进的耐肥高产品种胜利52号（又称朝鲜菜）。改进移栽方法，移栽采用横条播，并适当放宽畦面，以充分利用地力。套肋刀栽，合理密植，每亩确保 5000 ~ 6000 棵，土地利用率达到 80% 以上，亩产量达到一百千克左右。20 世纪 70 年代中期，陆家村干部杨小毛由镇政府派遣，赴湖南韶山地区探讨打板种植技术。采用免耕法直接在稻板上栽种油菜，然后在全区各村推广。此法是先在旱地上把土地整平，能出水，采用 200 克 / 亩的种子量，稀播菜籽，培育壮苗，培育期为秋分前即下种。秧龄在三十五至四十天左右，霜降后移栽。采用竖条坽，移栽前在稻板上施足基肥过磷酸钙 100 千克 / 亩，再用 100 千克 / 亩的复合肥追加，打好除草药水后经绳手工栽种。20 世纪 70 年代末油菜开始实施免耕栽培，并在 20 世纪 80 年代初起大面积推广，大多采用竖条栽。沟系利用菜行空档，土地利用率接近 100%，移栽密度在每亩 8000 ~ 9000 棵之间。免耕油菜的优点是成活率高，活棵快，养分集中，生长健壮，确保高产。几年中，陆家村以此法每年种油菜四百多亩，亩产量在 130 ~ 150 千克，种植面积达百分之三十以上。

田间管理 除防病除虫、清除杂草外，防渍害成为田间管理的主要工作。新中国成立初期，由于耕作方式是以翻耕为主的狭坽宽沟模式，流水快，渍害矛盾并不突出。20 世纪 60 ~ 70 年代改为阔坽狭沟和套肋刀栽方法，渍害程度有所加重。直到 20 世纪 80 年代采用免耕种植栽培，地表不耕翻，透水性能差，渍害所带来的危害十分明显。为解决这一矛盾，必须在油菜移栽前开通加宽外三沟，栽后活棵开好内沟，定期清理沟内堵塞物，确保流水畅通，待冬后沟泥冰松后，再拍泥壅根。

栽培技术的不断提高和进步，加上合理的施肥和防治病虫害，油菜籽单产不断升级，从最早的 50 千克 / 亩逐步增加到 120 千克 / 亩，可谓是一大飞跃。

（三）植保管理

20 世纪 50 年代土种油菜病毒侵袭严重，病株率普遍达到 30% ~ 40%，个别田块几近颗粒无收。20 世纪 60 年代起，引进甘蓝型油菜，且推广药剂治蚜，病害程度减轻。后来菌核病由局部发生逐步扩展，成为重点防治的病害，此外，龙头病也偶有流行。蚜虫也是油菜的主要害虫，在苗期的危害频率高于结荚期。1979 年是历史上油菜病疫大发生年。然而，随着科学水平的发展，药剂药械的配套，防治病虫害效率提高，各种病虫害基本上都能得到有效控制。

（四）肥料及农药

施肥 新中国成立前后一段时期，油菜使用农家肥料。20 世纪 60 年代随着化肥供应数量的增加，油菜的施肥过程中除大粪等习惯用肥外，加施了无机磷肥，主要以过磷酸钙为主。大田一般施肥 5 次左右，基肥以氮、磷、钾为主，追肥重施腊肥、返青肥、苔肥，针对苗情再追施临花肥。

1988～2000年陆家村主要使用化肥种类有：尿素、磷铵、硫酸铵、碳酸氢铵、氯化铵、复合肥等。2001年至今化肥主要有尿素和复合肥，极少用碳铵。

1988年以来，农药供应上包括除草剂等种类很多，而且在不断更新换代中，为保证粮食质量，相应规定粮食生产中可限制使用的杀菌剂、植物生长调节剂、除草剂的剂量和施药时间。

1957～2000年陆家村耕地面积、粮食产量统计表

表 4-3-5

年份	水稻三麦总产量（吨）	其中								
		水稻			三麦			油菜		
		面积（亩）	总产（吨）	单产（千克）	面积（亩）	总产（吨）	单产（千克）	面积（亩）	总产（吨）	单产（千克）
1957	492	1803	426	236	912	66	72	404	16	39
1958	673	1721	613	356	585	60	102	210	9	42
1959	725	1923	654	340	398	71	179	174	8	49
1960	590	1685	525	312	507	65	129	201	13	67
1961	892	1685	805	478	677	87	128	202	12	57
1962	688	1674	588	351	702	100	143	284	9	32
1963	704	1674	608	363	767	96	126	335	32	97
1964	810	1674	704	421	723	106	147	382	42	109
1965	833	1674	718	429	628	115	183	432	45	104
1966	897	1684	792	470	744	105	142	435	47	109
1967	766	1684	679	403	745	87	117	416	52	125
1968	765	1684	628	373	741	137	185	493	67	137
1969	829	1692	724	428	790	105	133	462	62	134
1970	826	1696	707	417	782	119	153	430	50	117
1971	921	1696	756	446	772	165	214	409	59	145
1972	830	1696	678	400	784	152	194	389	53	137
1973	883	1448	752	519	648	131	202	381	23	60
1974	1075	1696	887	523	784	188	240	381	46	120
1975	942	1696	787	464	784	155	198	381	46	120
1976	996	1696	820	483	784	176	225	381	28	74
1977	864	1696	765	451	784	99	126	381	50	131
1978	1028	1694	813	480	784	215	275	319	44	137
1979	1004	1689	760	450	784	244	311	381	50	132

（续表）

年份	水稻三麦总产量（吨）	其中								
		水稻			三麦			油菜		
		面积（亩）	总产（吨）	单产（千克）	面积（亩）	总产（吨）	单产（千克）	面积（亩）	总产（吨）	单产（千克）
1980	844	1671	578	346	1061	266	250	346	28	82
1981	683	1367	458	335	922	225	244	408	54	131
1982	937	1640	661	403	1004	276	275	441	51	117
1983	911	1639	639	390	1084	272	251	400	41	102
1984	697	1103	524	475	718	173	241	386	53	136
1985	640	1143	494	432	743	146	196	400	32	80
1986	693	1042	500	480	753	193	256	405	35	87
1987	701	1199	530	442	779	171	220	419	46	110
1988	672	1239	561	453	433	111	256	433	46	106
1989	674	1279	575	450	447	99	223	447	52	116
1990	898	1305	679	520	827	219	264	508	57	112
1991	766	1175	599	510	677	167	246	488	25	52
1992	667	1045	533	510	536	134	250	352	37	105
1993	574	830	432	520	568	142	250	210	21	100
1994	435	784	353	450	468	82	175	365	19	52
1995	518	746	373	500	521	145	278	210	21	100
1996	505	736	368	500	433	137	316	254	28	110
1997	545	724	380	525	642	165	257	78	11	140
1998	499	740	414	559	600	85	141	67	2	30
1999	542	736	361	490	624	181	290	60	6	100
2000	517	751	357	475	727	160	220	30	3	100

2001 ~ 2007 年陆家村粮油作物产量情况表

表 4-3-6

年份	粮田面积（亩）	粮食产量（吨）	粮食单产（千克）			年份	粮田面积（亩）	粮食产量（吨）	粮食单产（千克）		
			水稻	三麦	油菜				水稻	三麦	油菜
2001	762	573	525	235	126	2005	254	187	530	300	100
2002	719	494	583	222	75	2006	334	225	530	302	140
2003	365	270	574	214	95	2007	317	210	472	306	145
2004	313	223	588	278	136						

1969 ~ 1981 年陆家大队双季稻产量情况统计表

表 4-3-7

年份	面积（亩）	单产（千克）	总产量（千克）	年份	面积（亩）	单产（千克）	总产量（千克）
1969	97	331	32107	1976	1420	315	447918
1970	556	297	164938	1977	856	295	252820
1971	974	269	261860	1978	895	275	246030
1972	699	292	203759	1979	769	291	223971
1973	672	310	207850	1980	369	251	926928
1974	872	325	283564	1981	293	221	64753
1975	936	311	290690				

陆家村粮食生产中可限制使用的除草剂

表 4-3-8

农药名称	剂型	每亩每次常用药量	施药方法	最后一次施药离收割的天数（安全间隔期）
丁草胺	60% 乳油	85 毫升	喷雾	水稻秧前 2 ~ 3 天或插秧后到 45 天
	5% 颗粒剂	1000 克	毒土	
快杀稗	50% 可湿性粉剂	26 ~ 55 克	喷雾	插秧后 5 ~ 20 天
苄嘧磺隆（农得时）	10% 可湿性粉剂	13 ~ 25 克	喷雾或毒土	插秧后 5 ~ 7 天施药，田间必须保水一周
异丙甲草胺（都尔）	72% 乳油	100 毫升	土壤处理	播前或播后苗前土壤喷雾
甲草胺	48% 乳油	150 毫升	土壤喷雾	播种后芽前喷施
抛秧净	25% 悬浮剂	30 ~ 40 克	喷雾	抛秧后 7 ~ 10 天施药
丁苄	35% 可湿性粉剂	80 克	喷雾	秧田、直播田在秧苗立针期，抛秧田在抛后 3 ~ 6 天施药
威霸	6.9% 浓乳剂	40 ~ 60 毫升	喷雾	杂草 2 ~ 6 叶期
乐草隆	15% 可湿性粉剂	5 克	撒施	插秧后 3 ~ 5 天
新代力	10% 可湿性粉剂	5 ~ 6 克	撒施	插秧后 3 ~ 5 天
乙草胺	50% 乳油	10 毫升	喷雾	插秧后 3 ~ 5 天

第四节　经济作物

一、蔬菜瓜果

陆家村民历来有杂边地种植蔬菜的传统习惯，除供自家食用，多余部分就腌制咸菜、萝卜干以作储存备用，下脚菜叶作为喂猪、羊、鸡、鸭的青饲料。蔬菜品种较多，春菜有大白菜、塌菜、雪里蕻、菠菜、韭菜、莴苣等，夏季菜有包菜、空心菜、马铃薯等，秋季菜有茄子、豇豆、扁豆、毛豆、黄瓜、菜瓜、丝瓜、茭白等。1958 年人民公社化以后，开办公共食堂，大队专门组建了副业生产队，种植旱地面积达 254.90 亩，共有人员 28 人，并配有饲养场。在三年困难时期，提倡以瓜菜代粮，蔬菜十分稀少，价格也十分昂贵。1961 年食堂解散，各农户重新分得自留地，由社员自主种植，部分社员将各自生产种植的瓜果蔬菜上市出售。"文化大革命"期间，社员上市出售蔬菜被当成"资本主义尾巴""割"掉了，造成物资匮乏，市镇居民吃菜紧张。部分生产队根据自身旱地充裕等条件，建立副业生产组，组织年老体弱社员集体种植瓜果蔬菜，以供集镇市场需要，提高了生产队的副业收入，壮大集体经济。

20 世纪 60 年代后期推广种植四季豆、日本乳瓜，部分生产队及社员都有种植。1978 年以后此举更为普遍，就利用早晚空闲时间采摘出售，也提高了收入。1987 年又扩大种植荷仁豆，在适时采摘后，由加工厂速冻处理，远销日本。青玉米其是牧场饲养奶牛的最佳饲料，其杆含糖量高，既可鲜食，又可贮存。除本地牧场收购外，大量运销到上海各大牧场，需求量大。此项各生产队及社员各户都有种植，带来一笔不小的副业收入。另外还有部分生产队及社员偶尔种植大头菜、胡萝卜、青萝卜等，由采购站统一收购后外运。

西瓜等瓜类种植并不普遍，只有少数生产队在种双季稻前将稻田作为西瓜田种植。

二、菌菇培植

20 世纪 70 年代初期陆家大队开始发展蘑菇种植业，用猪窝和麦柴堆料发酵栽培。1972 年开始每个生产队都种植蘑菇，由公社菌种厂提供菌种，并逐步扩大生产。

栽培蘑菇的工序比较繁杂，要有一定的技术经验。操作时，首先在堆料（培养基）场用敌敌畏药水消毒。其次堆料的水分适度保持在用手捏紧能挤出一、二滴水为宜，温度要始终控制在 80℃ 以上，用柴草遮盖，定时翻料。最后是进料棚后，停一天种菌种，待发出的菌丝正常后，再上泥（用泥掰成小泥块，事先晒干、消毒），然后用喷雾器均匀地喷上水，保持泥块湿润。一般在一星期后，蘑菇会出泥（俗称领头菇）。产蘑菇的高峰期在 10 月下旬至 11 月中旬，然后是断断续续的生长。蘑菇的种植是生产队副业的重要收入，是社员年终经济分配的重要来源之一。1972 ~ 1982 年，5、6、8 三个生产队坚持种植了十年，1983 年实行联产承包，集体菇棚基本上都解散了，在当地已经看不到种植蘑菇了。

1972 ~ 1982 年陆家大队蘑菇种植收入统计简表

表 4-4-9   单位：元

年份	合计	一队	二队	三队	四队	五队	六队	七队	八队	九队
1972	8778		1877	2508		1199	1450		1744	
1973	9025		738	2143	740	1875	2074		1455	
1974	12195		176	2438	1796	2074	2493		3218	
1975	6765			1089	532	1298	1821		2025	
1976	5311					1366	1780		2165	
1977	5072					2125	1822		1125	
1978	13482	1208	577	2061	1767	2282	2496		3091	
1979	22555	2073	1541	2568	3315	3037	4033	2684	3304	
1980	36869	5434	3068	4288	5368	5171	5072	5786	2682	
1981	15583	3628	1043	2697	547	2456	2553		1208	1451
1982	16341	2100	1177	3070		997	2247	4323	1378	1049
合计	151976	14443	10197	22862	14065	23880	27841	12793	23395	2500

三、棉花

本村域除了种植水稻、三麦、油菜外，还利用旱地种植棉花。因为菉葭历史上曾是个产棉区，各农户或多或少种植棉花。收获的棉花用来纺纱织布，多余的出售。1950 年本地曾是主要产棉区，后来村民们都在自留地上种植棉花，收获后利用农闲时间纺织粗布，解决衣着。20 世纪 80 年代后只有少数农户种植，多用于棉花胎、被褥等床上用品制作，不再纺织土布。

第五节　禽畜养殖

一、养猪

饲养家禽家畜是陆家村村民的传统副业，但新中国成立前后都处于自给自足的生产状态。农业合作化后，养猪业被列为发展农业生产的重要措施，社员和生产队集体养猪都有较大的发展。1958年人民公社化，把社员所养肉猪、母猪全部平调入社，接着连续三年困难时期，养猪业出现大幅度下降。1962年后，贯彻"公私并举，私养为主"的方针，生产队都建立饲养场，配备饲养员若干名，5队、6队曾经有百头饲养场，给集体经济带来较好效益。尤其是5队肥多、粮多，曾经连续两年创全村产量第一。集体按饲养量配发饲料粮，国家按生猪出售数发放奖励饲料粮。社员上交给生产队的猪窝肥料又按质论价记账，同劳动工分一样参与粮、钱分配，鼓励社员发展养猪，大大提高了社员养猪积极性。当时平均每户生猪出栏数基本上每年达到3头，各生产队都普遍建有饲养场。1968年强调"大办农业"，提出"猪多肥多，肥多粮多"的养猪积肥口号，并改良猪种，提倡公猪良种化，消灭近亲繁殖，养猪业有所发展。

1964 ~ 1983年陆家大队养猪状况统计表

表 4-5-10　　　　　　　　　　　　　　　　　　　　　　　　单位：头

年份	一队	二队	三队	四队	五队	六队	七队	八队	九队	合计
1964	36	71	47	53	47	42	34	31		361
1965	80	92	92	97	89	116	64	40		670
1966	96	95	116	60	98	154	69	42		730
1967	98	89	100	82	62	168	57	58		714
1968	125	92	108	73	83	84	61	40		666
1969	71	84	104	80	100	110	72	37		658
1970	99	180	160	203	70	140	91	47		990
1971	281	162	145	151	142	185	134	98		1298
1972	229	177	145	192	166	157	125	86		1277
1973	151	167	128	192	250	226	168	129		1411
1974	181	219	186	204	295	230	130	101		1546
1975	110	206	103	150	125	105	62	55		916
1976	99	118	99	122	105	96	84	45		768
1977	127	288	222	215	227	203	194	53		1529
1978	98	216	190	170	175	155	99	46		1149
1979	376	355	359	291	320	295	300	154		2450
1980	285	386	380	327	377	316	242	209		2522
1981	151	124	107	162	336	307	205	140	176	1708
1982	89	52	92	107	136	117	63	63	74	793
1983	103	65	118	118	113	125	79	50	69	840

1983 年实行联产承包责任制后，致富门路广阔。由于饲料价格不断调整，养猪成本高收益低，农户养猪数量逐年减少，集体饲养场基本解散。随着农业"两田分离"，农村劳动力转向二、三产业，养猪业逐步转向大农户、养猪专业户和扶贫养猪户，一般农户家庭就基本不养猪。随着土地流转，建设用地增加，耕地面积减少，城乡一体化步伐加快，陆家村养猪专业户已不再存在。

二、养羊、养兔

家庭养羊在陆家村也是传统性的，一般以山羊野外拴养、绵羊圈养为主，养羊的主要目的是自主食用。也有农户采用绵羊的羊绒纺出毛线后织毛衣，但并不普遍。近年来已放弃了养羊这一传统副业。

养兔业是 20 世纪 60 年代以后发展起来的家庭副业项目。大部分家庭养殖的兔子都是青紫蓝兔，主要用来食肉。20 世纪 70 年代中期引进西德、日本的长毛兔种，大多为安哥拉兔。1980 年起发展养殖以长毛兔为主，兔毛外销价格随着国际市场需求而变化。1986 年由于兔毛外贸滞销，价格暴跌，家兔饲养量随之锐减。

三、养牛

饲养耕牛主要是为了农用，以水牛为主，黄牛很少。穷苦人家几乎养不起耕牛。农业集体化时，农户以耕牛作价入社，由专人饲养，集体使用。主要用于翻耕土地和车水灌溉，每个生产队平均耕牛的饲养量为 3 头。随着机电排灌的普及，农业机械化程度的不断提高，耕牛的饲养量也逐步减少。

1964 ~ 1983 年陆家大队养牛情况统计表

表 4-5-11 　　　　　　　　　　　　　　　　　　　　　　　　　　　　单位：头

年份	一队	二队	三队	四队	五队	六队	七队	八队	九队	合计
1964	5	5	3	4	6	6	5	3		37
1965	4	5	4	4	5	7	4	3		36
1966	5	6	5	4	5	6	4	2		37
1967	6	6	5	5	5	5	5	2		39
1968	4	6	4	5	5	5	5	3		37
1969	6	6	4	5	5	5	6	3		40
1970	4	7	5	4	5	5	4	3		37
1971	5	6	5	5	5	6	3	3		37
1972	3	5	5	4	5	6	3	3		34

（续表）

年份	一队	二队	三队	四队	五队	六队	七队	八队	九队	合计
1973	3	5	5	3	5	5	2	2		30
1974	3	4	3	3	5	4	2	2		26
1975	3	4	3	3	4	4	2	3		26
1976	2	4	2	2	3	4	2	2		21
1977	2	3	2	2	4	3	2	2		20
1978	2	4	2	2	2	2	2	2		18
1979	2	4	2	2	2	3	2	2		19
1980	2	4	2	2	4	3	2	1		20
1981	2	2	2	2	2	2	1	1	2	16
1982	1	2	2	2	2	2	1	1	2	15
1983	1	2	2	4	2	2	1	1	2	17

四、家禽

村域内农户都有饲养家禽的习惯。苗禽也靠自家繁育，品种都是普通低劣的土鸡种。由于陆家村地域条件较好，一般都是前河后田的格局，因此农户们除饲养草鸡外，每家都饲养了鸭和鹅。鸡、鸭饲养下蛋后自给有余，上市出售，以换取日常需要的油盐酱醋，或换钱留作其他开支。

第六节 水产养殖

原陆家村副业中的养殖业在1978年中共十一届三中全会以后逐渐发展起来，在原来的低洼地及月河浜开挖养鱼塘，约8亩水面发展养鱼，初见成效。后在7队黄泥浜南部利用原渔业大队的网船坟地挖鱼塘水面约22亩，放养鲫鱼、鳊鱼、草鱼、白鲢、花鲢等品种，有专人管理和看守，基本上达到当年投资当年收益。临近春节时干塘捉鱼，产品供应市场，部分留给社员、企业职工，按质论价，与厂方结算，收入归大队。

2000年后，随农业耕作面积的流转，耕作实有面积的减少和村民进城居住，家庭养殖范围不断缩小。一般情况下，集体也不再经营水产养殖。

村中有一部分祖籍渔民，常年从事着捕捞、水产养殖及其运销等工作。

1965 ～ 1982 年陆家大队副业收入统计简表

表 4-6-12　　　　　　　　　　　　　　　　　　　　　　　　单位：元

年份	合计	一队	二队	三队	四队	五队	六队	七队	八队	九队
1965	11051	2532	2122	518	900	1319	1140	1580	940	
1966	13198	2809	1932	1945	1352	1433	1565	1240	922	
1967	17164	2092	1916	3229	2180	2573	2694	1505	975	
1968	20681	3174	4393	2686	1532	2788	2366	2052	1690	
1969	34847	3359	6615	4393	4330	4143	4866	3279	3862	
1970	36669	3591	6416	6152	4512	4768	3718	3860	3652	
1971	33257	3513	4345	5809	4315	4336	2529	3714	4696	
1972	39262	3912	6399	4515	3260	9151	5876	2558	3591	
1973	54354	6196	6475	7889	8538	6633	7864	6186	4573	
1974	60723	5378	8329	11709	6990	8771	7260	5276	7010	
1975	64765	7133	10336	8765	8724	9473	8074	5277	6983	
1976	64259	6697	11980	7137	9419	9417	7242	5137	7230	
1977	72489	7170	12401	10173	10575	11474	9193	5466	6037	
1978	52894	5141	8021	10839	6072	7203	7638	2972	5008	
1979	78925	12285	11670	10999	8139	13912	8749	7337	5834	
1980	123725	10156	4332	7382	63605	16782	9026	8342	4100	
1981	71941	6544	2820	6742	36046	3654	6206	5796	2308	1825
1982	49811	3466	4842	3782	24791	1429	3077	4865	1459	2100

第五章　渔　业

　　陆家渔业村地处江南水乡陆家镇，江河纵横，水产资源颇丰。渔民一户一船，以船为家，漂泊江湖，世代捕捞为生。渔民家庭，日夜操劳，收益低微。遇上灾害或战乱动荡，渔民过着食不果腹、衣不蔽体的穷苦日子。

　　新中国成立后，人民政府重视渔业生产，关心渔民生活，建立渔民协会，成立互助组、新风渔业合作社，逐步走上集体化道路。依靠集体经济的力量，发展捕捞生产和水产养殖业，扩展多种经营路子，渔民生活像芝麻开花节节高。尤其是实行陆上定居后，渔民家家户户住进楼房和别墅式洋房，汽车、高档电器进入每家每户，并享受社会五项保障，与市镇居民一样，过着安居乐业的小康生活。

第一节　渔业生产

一、生产关系

　　单干户　新中国成立前渔民捕捞是单干生产。生产工具简陋，四处漂泊，产量低，效益差，勉强养家糊口，维持生计，生活贫困。只有一小部分渔民有鱼簖、蟹网场基、鱼窝基地，生活相对稳定一些。

　　互助组　新中国成立后，在人民政府的重视下，将部分缺少生产工具和劳动力的渔民组建互助组，进行互相帮助，解决贫困渔民的生产困难问题。1953年在农村组建互助组高潮中，菉葭渔业组建了以许良生、陆惠林、陆守芳、陆阿云、凌阿道为组长的5个临时互助组，开展伴工协作，发扬互助互利的协助精神，帮助缺劳动力、缺生产工具、缺生产资金的贫苦渔民解决好这些问题，逐步摆脱贫困状况，使贫苦渔民享受亲帮亲、邻帮邻的温暖和友情。

　　渔业社　1956年建新风渔业社，组织渔民走合作化道路，对水产资源统一调配利用，捕捞生产有一些起色。

　　渔业大队　1958年人民公社化后，建立渔业大队，下辖4个生产队。由大队集体组织渔民进行捕捞生产，充分利用有限的水资源进行外塘养殖、划并管理、捉大留小，对水产资源起到一定的保护作用。

1968年渔民进行社会主义改造，政府把所有的渔民组织起来，将生产工具、住宅船只全部折价归公，由集体统一调配使用，合理利用水资源。渔民接受大队的统一安排进行捕捞生产，并在集体的规划下进行陆上定居。其间，实行"按劳取酬，多劳多得"的社会主义分配原则，充分调动广大渔民的生产积极性。是年贯彻中央《五·七指示》精神，渔业大队走亦渔亦农、亦副亦工的路子，在改革生产形式的同时，增设陆凤弟为农业技术员。1989年10月，任命潘金林为渔业村经济合作社社长，引导广大渔民在社会主义市场经济条件下，务实进取，全面发展多种经营生产，让渔民走上共同富裕之路。

在改进生产工具中，利用集体的力量，淘汰原始小工具，兴办大型工具，如电动牵引的大扛网和用挂桨机牵引的大塘网，组织渔民发展捕捞生产。同时合理调整劳动力配置，60%的劳动力进行渔业捕捞生产，10%的劳动力种田，10%的劳动力拾三合土，20%的劳动力务工。

渔业村　十一届三中全会以后，陆家渔业生产按照亦渔、亦工、亦商的生产经营理念，劳动力基本上按照30%务工、30%经商、30%从事水产内塘养殖、10%进行野生捕捞的比例配置，生产劳动自由支配，不受村集体限制。1995年荣获"江苏省1994年建成电话村"称号，1999年被评为"江苏省卫生村"。

二、捕捞工具

（一）大型工具

鱼簖、大扛网、大塘网、蟹网、虾兜、鱼窝、闸虾网、柴油机、电动机、挂桨机、电瓶。

（二）小型工具

小塘网、小扛网、丝网、罱网、拖虾网、赶虾网、超网、虾笼、鳝笼、料（捞）虾网、麦钓、鲤鱼钓、绷钓、铁钓、洋钓、滚钓、扯钓、地龙网、扒螺蛳网、鱼叉、响叉、笼梢、海兜。

（三）船只

连家船、塘网船、张网船、水泥船、挂桨机船。

三、捕捞方式

（一）定置作业

簖　大簖一般定点在吴淞江、青阳港、太仓塘、夏驾河等大江、大河内。此类作业用工量大、投资高，必须是由经济实力足，劳动力强，有技术者进行作业。因此簖只能由有大簖生产经营能力的渔民户或联户兴建和劳作。陆家簖基有三江口、太仓塘、青阳港、太仓坝里、石浦渡、竹家泾口、吴淞江华翔传统型簖等处。后来又在车塘江口、河宝村口、大新塘、高头口、友谊河口等地建现代化新鱼簖17条，后均在清除河道障碍时拆除。

建簖全部采用毛竹敲成桩，用棕绳压帘。由件头桩，河门、塘帘、拖屯、屯窝、蚌壳兜组成，配备附件网锁、乔（捉鳗鲡的笼子）、扁篮、蟹篮、毛竹筒。横跨河面，簖屯内还要张杠网捉鱼；网锁套在两岸边竹帘子预留的口子上，专门用来捉虾；乔套在屯窝下边预留的口子上，专捉鳗鲡、蟹、塘鳢鱼；扁篮挂在大屯内塘帘上，蟹篮扔在大屯内专捉蟹；毛竹筒挂在塘帘外边沉到河底，专捉鳜鱼、塘鲤鱼、蟹、杂鱼。每次捞簖要把屯窝门关上，再用长柄海兜在屯窝里捞鱼，然后拔乔再扎蟹篮，倒扁篮、毛竹筒、网锁等一系列劳作。一般是早晚各一次，旺季时增加捞簖次数。

簖除了配全水里作业用的工具外，还要在簖岸上建造杠网棚、簖棚用于牵杠网和存放材料，遮阳、避风、防雨。

每年5月修复或8月视情况再修复1次。张簖和修簖的水下作业，都要请太仓的阿双泉或本地朱杏村的阿新宝专职师傅来做。

簖在启用聚乙烯网后，就改革成用毛竹敲成簖的模型，然后用塑料网根据簖的要求进行拼接，上面穿网绳，下面滚石笼。沿着簖桩下网，屯屁股后面套大笼梢，大笼梢装有2个逆锁让鱼、虾、蟹、鳗、鳝等水中生物只进不能出。现代化鱼簖，捕捞方便，用时短，成本低，捕捞效益高。

大扛网 大扛网生产都设置在青阳港、吴淞江、夏驾河等大河内。扛网尺寸根据河面宽度而定，以度（1.70米）为计量标准，有25度或30度不等。长方形、四边纲绳、中间网叶。拼对扛网是一门技术，村上潘小巧较有名气，一般设置大扛网户都请其拼对。新中国成立初期网和纲绳都是麻和纱质的，后来改革成聚乙烯网和绳，能延长使用寿命。

摆布扛网也有一定的技术诀窍，首先要确定水流方向，再要查看地形，最后确定布网位置。扛网有大尖角、小尖角、倒杆角、盘车角四只角。布网时先要确定大尖角和盘车的位置，先树大尖角，用直径15厘米以上的毛竹，高约12～15米，根据扛网的尺寸大小来确定。大一点的扛网要用2根毛竹对接捆扎做大尖竹，树立大尖竹要动用所有牵扛网的人。先要用石榔头敲板桩线桩2个桩，第一个固定板桩铅丝，第二个帮辅桩，防止牵扛网时用力过大而拔起大尖竹。大尖竹上端固定二根板桩线，一根大尖角线，大尖竹竖好后，确定盘车角位置。这两只角是关键，一旦确定少有变动，然后确定倒杆角和小尖角的位置。在大尖角同岸上游，立一根倒杆，倒杆竹用15厘米毛竹，长8米，下端揽一块石头。根据扛网的大小确定与大尖角的距离，立在离岸8米处河中，倒杆竹上端套一根横绷铅丝向上游处岸上打桩固定牢，防止倒杆竹往河中心倒，再套住拉倒杆网角，确保牵网时能挺立，放网时能躺下。再在盘车角的下游，固定牢一杆树桩，揽扛网小尖角用，收放扛网后纲。盘车有二人用和一人用，根据扛网的大小确定用盘车。如果扛网放在青阳港或西吴淞江里，就需要一个一人用和一个二人用的盘车；若放在东吴淞江、夏驾河或其他江河里，只要一个二人的盘车。立一个盘车要钉2根盘车桩，超出地面要有一人高，顶端用8号铅丝固定，向后拉铅丝固定盘车桩，确保牵扛网时盘车桩不走动，然后在盘车桩高约80厘米处揽一只盘车弯头，每根一只。盘车弯头用硬质树凿成，代替转动的轴座，搁上盘车，系好盘车绳，四角确立，套上扛网就能投入生产了。牵大扛网每班至少3人，其中2人牵，1人捞鱼，小扛网1人就可以操作了。后来此网改用电动牵引和塑料网，减少劳动力投入和减轻劳动强度。每一个生产队都有扛网生产，20世纪90年代后集体生产解体，大扛网生产自行淘汰。

地笼网　亦名格子网，1988年从张浦渔民处引进，受到市渔政管理站的限制。只有少数几户人家参与生产，一般安置在活水河内。一户人家悄悄地投放4~5条，省工省本，产量相当可观。有些户仿照研制成网，大江河流投放数量增加，产量也成倍增长，引起了广大捕捞渔民的青睐和重视，成了一项新兴的捕捞作业，甚至连浜斗、溇潭均可布网。

地笼网是塑料网制成的，专业商店可购买；石子为建筑用246石子；格子是毛竹削成宽2厘米、厚1厘米的竹片，用线扎成四方形的竹格子；上面一块装罩网用的竹片，要放长20厘米，每边各10厘米。根据生产需要确定地笼网的长短和格数。将裁好的网系在格子上，每一格开一只逆锁口，左右匀称。然后穿好纲绳，用线扎牢，将事先滚好的石笼缝在格子网下面左右两边。再装上罩网，装上笼梢就可以投入生产。笼梢是用竹片扎成圆形的2只箍，缝对2只较长一点的逆锁，装在笼梢圆网里面向后拉挺，前边装在地笼网的口子上，后边口穿好绳子可以收放，张下去收紧揽牢，收网时解开绳子倒出笼梢里的鱼虾，再收紧揽牢，继续投放生产。地笼网白天黑夜都可以投放生产。地笼生产冬天是淡季，渔民趁机冲洗整修，待到3、4月份投放生产。地笼生产沿用至今长年不衰。

蟹网　捕蟹季节的生产工具，由网、纲绳、挂线、笼管铁、板铁、佘头组成。网从店里买取，纲绳和挂线都靠手工搓成，笼管铁和板铁都到镇上阿祝师傅处定打，佘头用杉木块切割成汉板。网和各种材料根据生产需要高低长短先拼接好，再穿好上、下肉里纲，在上纲以下20厘米处再做8眼招网，也穿好肉里纲，再要穿好笼管铁后轧板铁，每30厘米扎一档铁，并将挂线穿在板铁处，蟹网制作完成后选择晴朗天气进行排网，地方选择偏僻无小孩闯入的区域。运作上两边扦2只车桩，将上纲揽在两边车桩上，拿好标尺，1人排下纲，另1人揽挂线，还有 1 人排上纲、扎汉板。三人都要数清网眼，用标尺量好长短，确保一致。

牵蟹有专门固定场基。下网前先要清理蟹场基四边的杂草，用毛竹打桩，用竹帘片搭起网平台。在蟹台下游边上钉一个桩，供套蟹网料头绳；在蟹台上游边上钉一桩作揽蟹网船和斜过塘索；再在上游 10 米处钉一个桩，缆过江过塘索；蟹台对岸偏上游处钉一个停船桩，固定牵蟹船蟹网料头和斜过塘索；上游 10 米在岸边处钉一个桩揽过江过塘索用，过塘索是用稻草编成草辫子放在水中浸透后使用。揽好过塘索和斜索后，还要在停船一边岸上用毛竹搭一个晾晒蟹网的架子，一般是四个竖桩三根横档，高度跟人的高度一样，用于白天晾晒和修理蟹网。

下网牵蟹时，先用牵蟹船将网架上的蟹网整理在船头上，将船摇至蟹台下水桩头，套上蟹网料头绳，向对江停船桩方向摇过去。一边摇船，船头上的人一边下蟹网，船摇至停船桩，将船揽牢，再将蟹网的料头绳收紧固定在停船桩上，蟹网就这样下好了。然后点燃一支香作为计时标准，看好香烧完就可以牵蟹了。先解开揽船绳，将蟹网的料头绳固定在船上。前面人拉着过塘索，后边摇船向对江牵过去，船到蟹台，抓紧揽船，1 人拉料头绳，后梢人拿好蟹供（捉蟹的海兜）放在台上，再去拉下游桩上的蟹网，起网时速度要慢，用力要均匀，将蟹网拉上台，就开始捉蟹，将蟹一只只放在蟹供里，让女的带上船，男的解开船缆后将网理在船头上再向对岸停船桩一边摇一边下网。船到停车桩揽好船和料头绳，一网就结束，船头的人再将蟹供里的蟹一只只放到蟹篓里。一个夜晚牵上 7 ~ 8 网，最后一网拉上来再将蟹网洗净理在船头上，摇到对岸将蟹网挂在架子上，待下午休息后进行修补，投入夜间蟹网作业。同时，蟹网都是麻制品，由于麻制品经常泡在水中容易腐烂，影响使用寿命，必须采取防腐措施——血网。晴朗天气才能进行制作，具体操作步骤是：首先将蟹网洗净晾在架子上晒干，再用猪血加砻糠淘成血浆，把晒干的网浸没在血浆中，蟹网渗透血浆后再挂在架子上晾干，放在蒸桶里上锅蒸醒蒸透。这样可以延长使用寿命。

牵蟹季节性很强，一般是 9 月 20 日左右下网，到 11 月立冬后结束。在渔民中流行着"寒露发脚，霜降捉蟹。蟹立冬，影无踪"的说法。当然也有部分没有其他作业的渔民牵蟹至冬至，这段时间天气比较冷，虽蟹产量不高，但能牵到一点鲤鱼、鲫鱼、鳑鲏鱼等，也能维持生计。

陆家域内蟹场基有，吴淞江汤泾口、吴淞江窑浜口、吴淞江蔡家浜、吴淞江江桥、吴淞江陶仁江、吴淞江陆沙口、夏驾河盛庄湾、夏驾河七土桥浜口。牵蟹作业在 20 世纪 80 年代无蟹可捉了，自行淘汰。

闸虾网　称之笼子网，是专门捉虾的工具，有铁脚、汆头、网、网布、笼子等各大件组合而成。铁脚也是压头，一般都用链条做压头；汆头使用杉木块刻成汉板；网从商店里购买，根据生产需要，事先缝接好上下，穿好肉里纲绳；网布也叫帘布，在商店购买后两边用引针滚缝纲绳，再在网布上均匀地开笼子筒口，用引针将滚好纲绳的筒口周边缝好；笼子一般都是自己制作，材料是细棕绳和毛竹。将毛竹根据笼子的长短断好，劈成厚 2 毫米、长 60 厘米的篾条，用帘扒嵌入细棕绳，再加篾条编结成笼子的帘片。同时编结逆锁帘片，再用毛竹开成竹条削光，然后编成圆形的竹箍。每只笼子需要 4 道竹箍，再将笼子帘片包在竹箍上，嵌入逆锁缝合成笼子。加盖笼子帽子，亦称盖头，将笼子对着网布筒口用竹箍嵌牢盖上笼子盖，下纲缝好压头，网布同网缝接，上纲缝扎汉板，一般一条网有 25 只笼子。

闸虾网收放都比较简便，先在闸虾场基两岸边上各钉一个桩，再用拉耙在虾网场基河底摸清情况，清理障碍物之后即可下网。一般在下午 6 时左右下网，先有序地将笼子网整理在船头上，把网料头套在事先钉好的桩上，船头对着上游沿半弧形向对岸桩头摇过去，一边摇一边下笼子，摇到对岸放完笼子将料头绳套在桩头上则投网结束。第二天天亮收网，边收边倒笼子里的虾，清洗虾网后上市交易，同时将虾网牵放在平坦的岸边晾晒，准备继续生产。

闸虾生产中渔民们掌握水流下网，笼子口一定要朝下水头，让逆向爬行的虾纷纷进笼，提高捕捞产量。

闸虾生产季节性很强，一般从 6 月初开始至 9 月初结束。陆家村域内有江桥、窑浜口等处。后闸虾作业场基受到环境污染和地笼网影响，自行淘汰。

虾簖　亦名虾兜、蚌壳兜，一般都安置在大河水流急的地方。主要用料有：毛竹、毛巾竹、毛竹梢、网、纲绳、笼梢、石子，这些均可在市场上购买。选准地理位置后，从岸边向外敲桩，敲成蚌壳兜的模型，关键是必须用毛竹敲桩，其他地方可用毛巾竹或毛竹梢替代，以减轻生产成本。网根据所处水深确定高低，根据簖兜的大小确定长短，先把网拼接好，上边穿好纲绳，下边滚好石笼，两兜屯窝拼装笼梢，然后沿着竹桩下地笼。上纲在毛竹桩上固定牢，就形成一角虾斗子，放挺笼梢就能投入生产。有个别人家岸边使用竹帘，再套 2 只网锁就能增加产量。不过笼梢网锁每天要倒二次，早晨一次、傍晚一次，虾簖生产也是每年从 6 月初开始至 9 月初结束。1988 年以后随着地笼网的兴起，逐步淘汰。

小簖　亦名小兜子，是新兴的捕捞作业。安置在小河小江内，跟虾簖和现代式大簖大同小异。有着用工量小，投资适中，操作简便，一户人家可设置多条的优势，汛期产量高，是捕捞生产中较为理想的作业。后来在清理水环境的过程中消亡。

鱼窝　渔业捕捞生产中的一个传统作业。新中国成立初期，做鱼窝的渔民都有老鱼窝场基，可以随便做鱼窝。

鱼窝有大小之分。大河中做大鱼窝，用料多，用工量大，一般做一只鱼窝需要 40 担树茅头，选择位置以不影响交通为主；小河中做小鱼窝，一只鱼窝用料为 20 担树茅头，位置的选择主要考虑到不妨碍船只的出行。老鱼窝场基每年 7～8 月进行修补，上荒墩收割或从农户购买树茅头补充窝料。鱼窝修补好后用 2～5 根竹桩固定，还要捞野生水草如野茭白草、野笼管雾草、水花生、野生牛筋等覆盖在鱼窝上让其繁殖生长，掩护整个鱼窝，吸引鱼腥虾蟹钻入鱼窝栖身。

在农历九月底动手罱鱼窝，赶上十月卖个好价钱。罱大鱼窝要动用三只船头。一只船头放收笼子围网，两只船头动手罱，一整天最多罱 2 只大鱼窝。罱小鱼窝条件好一点的人家就用上两条船，小船装笼子网，大船罱网。具体操作：先用笼子网将鱼窝围牢，把鱼窝里的树枝全部捞光，堆在岸上，用网罱罱到无鱼停网。收笼子围网，倒出围网内鱼并及时将鱼、虾分类放入船头活水中或放入容器内，然后把岸上树枝、野生杂草重新堆放在鱼窝基内，竹头固定好，翻二塘新窝。

罱鱼窝生产中，头塘鱼窝一般是鳜鱼、黑鱼偏多，二塘鱼窝以鲫鱼、鳊鲅鱼、郎几鱼为主，末塘鱼窝主要是罱塘鳢鱼。罱鱼窝一般是罱到五月上旬待菜花鱼产完卵时结束。进入集体化生产后，逐步被淘汰，现在只有张簖渔民保留着几只大鱼窝。

（二）流动捕捞作业

塘网 渔业捕捞生产中的一种大中型工具。小塘网是一家一户操作生产，只需四个劳动力，所以很早被使用。新中国成立后，开始制作和使用小塘网捕捞工具，由于在小河小浜里作业比大塘网便利，省工省本，因而用户广泛。成立了人民公社以后，依靠集体的力量制作和使用大塘网进行捕捞作业。

塘网主要由网、纲绳、压头、汆头等部件组成。网和纲绳从商店里购买，压头可用砖块或者链条，汆头用杉木板加工制成汉板。做法是将买回来的网，按生产需要拼成一张网，长度一般为 7～8 庹，高度在 6 庹左右。两边料头网可逐步降低高度和网的密度。然后将网的上纲部位，先用 9 股线做 2 眼网，用 12 股线做 1 眼网，下纲部位先用 9 股线做 3 眼网，12 股线做 2 眼网，15 股线做 2 眼料脚网，再穿纲绳。细纲绳穿在网眼里，叫肉里纲，粗一点的捆住肉里纲，叫帮纲。下纲因吃力承重，纲绳要比上面帮纲粗一点。在结扎帮纲的同时，将上纲汆头和下纲的压头结扎好。另外还要将上下四个纲绳头全部做成牛鼻子，便于每幅网之间连接。最后要用麻搓牛鼻子绳，搓成两头尖中间粗，长约 60 厘米，供每幅网连接起来使用。牵小江，网幅连接少，叫小塘网；牵大江，网连接幅数多，叫大塘网。

塘网生产了一段时间就要烤网，延长网的使用寿命。烤网必须要用栲皮，商店都有供应，烤网的原理类似血网。牵大塘网由集体组织生产，使用劳力多，动用船只多，至少有一只装塘网的大船，一只装汆桶养活鱼的中船，另一只理牢头的小船。牵塘网生产一年四季都可进行，最理想的天气是晴天，风平浪静，产量高，但条件不好时也影响产量。因此，民间流传着一句谚语："塘网满江兜，不及爬江滩扔够兜。"

牵网生产前要将料头绳揽好，三人合力将座料头和塘网整理到船上，船头上的人理下纲，船艄上的人理上纲，中间的人理网。理好网后，就可以进行捕捞作业了。下网必须按照地形、水流、风向，确定拢网位置。先将拉行料头的人送上岸拉住料头绳，就可以摇船下网了。摇船的人，一定要身强力壮，还要配备一名副手帮忙，下网船要摇得快，才能追得上鱼。另外还要配备两人放网，船头上放下纲，船艄上放上纲。船到岸时，船上的人要迅速拉住料头绳跳上岸拉网，网头拉靠岸后，一人在船艄拉上纲，三人在岸边拉下纲，一人踏下纲，一人在船头上将下纲理到船上，行料头应抓紧逐步向座料头靠拢。下网时，装桶船紧跟塘网船将桶罩在网纲里，然后一起上岸拉网。理牢头小船拉着上纲泊在河中心，一是指挥来往船只避让塘网，二是打理牢头，凭经验正确判断，及时排除河底障碍物及其他故障，确保塘网作业顺利进行。一天牵 5 ~ 6 网，循环往复作业，效益有多有少，不少于其他作业。

塘网生产，实行联产承包责任制后，除内塘养殖外，外塘很少使用大小塘网生产，因水面逐步减少，此业渐被淘汰。

䍁网 䍁网捕捞单船双人作业，民谚有着"塘网满江牵，不如夹网两头尖"的说法，意味着䍁网是项不错的捕捞作业。

䍁网由网、网胆、网爿、网篙竹、网绞绳、网箍、七寸等构件组成，并且按照构件精心装配好䍁网。

䍁网作业都是男人在船头上䍁，女人把握方向摇船，少有女人䍁网的。䍁网张开，脚踏响板，将鱼虾吓到水草里。将网插到河底将鱼虾夹在网中，起网时将䍁网张开把鱼虾和水草倒在中船头的芦席上，多次反复操作，除吃饭时歇一歇。䍁到的鱼、虾等水产品上镇出售，养家糊口。1970 年后这种捕捞作业自行淘汰。

超网 超网是渔业生产中一项新兴的捕捞作业。针对农村大力发展水花生、水浮莲、水葫芦的形势，和渔业生产贯彻"捉大留小、养捕结合"的方针，确定从鱼苗放养至 7 月为休渔期，禁止捕捞。

1966 年二队渔民唐巧生仿照赶虾网制成的一种网叫超网，亦称大海兜。有着尺寸小和使用灵活的优点，在河边零星水草滩涂用"大海兜"插在水花生底下超鱼和虾，初试成功。初始比较麻烦，后来干脆把网插进去，抬高后拖出来，速度要快，全天产量也不少，且不影响水生作物。之后用此法捕捞的人越来越多，尤其在全社河浜普及"三水"（水花生、水浮莲、水葫芦）种植时，掀起超网捕捞生产热潮，捕获大量的鱼虾上市，效果甚好。

超网结构简单，制作方便，一般人都能制作。主要材料是毛巾竹 3 支，其中

2 支为网杆竹，1 支做网柄竹，再配一根长 60 厘米、直径 5 厘米的枥树棍作撑档。

超网进行捕捞作业，配备两个正劳力和一个半劳力负责摇橹。外船头人超网，里船头人撑篙。撑篙人要灵活，看准超网人的动作下篙。超网人插网撑橹前篙，超网人收网撑橹后篙，这样才能用网从水花生草底下捉取鱼虾。农村实行联产到劳之后，水生作物明显减少，超网作业开始淡化。

赶虾 陆家渔民传统的捕捞作业，可谓是世代相传。赶虾网的结构和组成原理与超网一致，就是减少一个柄，规格尺寸比超网小一点。赶虾网要投入生产，再要做两个椰头。椰头是用硬质树做的，凿刨成弓背式 30 厘米见方，下边是平的，似甲鱼背，背上再凿一个斜洞装椰头柄。椰头柄用小石竹削光插入椰头里，再用小木块针紧，即可投入使用。

赶虾捕捞作业是一家一户连家船生产，需要 5 人，其中，前后各 1 人掌椰头插网赶虾，1 人撑篙，1 人摇橹，1 人捡虾，各司其职。赶虾作业一年四季都可进行，大小河道都可以进行生产捕捞作业。这项作业沿袭到农村大面积种植"三水一绿"时自行淘汰。

打虾 新兴的捕捞作业，渔民抓牢 6 ~ 9 月捕捞季节，在小河浜里投入一条船，一条笼子网（20 ~ 25 只），两个椰头。操作上，先将笼子网盖好盖，整理在船上，看准水口和地形，扦牢网料头，笼子口对准岸边采用半弧形下网。到了岸边扦牢料头绳，就上岸每人 1 个椰头，从两面岸边逐渐向外边的笼口方向打出去，打到近笼子口时就停止，等待一刻钟，让岸边浑水里的虾都向清水的笼子里爬进去，收网倒虾，整理好网后继续投网生产，一天可打 5 ~ 8 次"落水"。在大河里作业，下网弧形要大，两边料头绳不着岸，人站在水里打椰头。水深将船横在网里向外打椰头。打虾作业在农村"三水一绿"大发展后，在调整渔业生产结构中被淘汰。

拖虾 拖虾生产是传统的捕捞作业，村域内渔民普遍从事此项作业。拖虾网由网、拖虾网铁 1 副，3 只铁老鼠，网梁竹 1 根，拖虾网料头绳 1 条等附件组成。

拖虾捕捞作业都是一家一户生产，妇女摇船，男人把一口 7 ~ 8 千克拖虾网下在河中，全靠摇船向前拖动虾网。在大江里都是两人交替摇船，小河、小浜都是女人摇船男人撑篙，以此来调节劳动强度。

拖虾生产是每年夏至即莳里节气，在大江、大河里摸黑连续作战乘顺水拖，船要摇得快，拖起来清一色是虾，直接倒在脚桶（盆）里。冬天气温下降，虾从大河里迁往小河浜的水草里栖身过冬，因此拖虾作业进入小河、小浜，产量虽不高，但能拖到河蚌、螺蛳、海蛳、蚬子、蛤蜊、鲫鱼、塘鳢鱼、郎几鱼、鳊鲅鱼、黄鳝、泥鳅，甚至连黄姥姥、稻管头、蟛蜞、蚂蟥等水产品，收入不错。

六月里用拖白虾网拖白虾。白虾小，比米粒稍大点，全身雪白，故称白米虾。拖白虾时将虾倒在一只大淘箩里，去掉水草杂质，分离出白虾，并要保持白虾的鲜活度。拖白虾都在天刚亮时或上半天出早工，拖起来的白虾赶早市去卖掉，下半天拖起来的白虾也要马上赶集卖掉。拖虾这项作业已基本淡化，村域内只有内塘养虾户还在使用拖虾网拖虾。

拖蟹　季节性捕捞作业，其工具的结构和生产原理与拖虾相同。拖蟹网网眼尺寸大。拖蟹在夜里作业，少有白天拖，并以大江为主，拖蟹生产只拖蟹，拖蟹生产船必须摇得快，快到追上水中蟹，方可提高产量。

农历六月里拖黄蟹，公历9月里拖夹黄、夹绿，拖蟹作业季节短，收益不稳，逐渐被淘汰。

蟹罾　新中国成立初期，扔蟹罾从太仓、常熟传入村域内，蟹罾是竹片爿和线绷成20厘米见方的正方形，边线上结网，四角竹片头上扎4块小砖头作为压头，蟹罾上面揽一根稻草绳，长短根据水位。进入20世纪80年代后期，受水环境污染的影响，此行业自行淘汰。

虾笼　新中国成立初期，村域内从事虾笼捕捞作业的渔民比较多。用一条船，一条虾笼（800只左右），一只倒虾落篓，配两个劳动力就能投入生产。本地所用的笼子，都从阳澄湖五桐泾购买，经过加工后使用。笼子一种叫头笼，两头有逆锁，另一种叫二笼，一头有逆锁，一头是笼盖，可开启，可关闭。组装成虾笼时，首先将头笼靠近逆锁口用剪刀剪开一个口子，约2.50厘米见方，再将二笼的逆锁口对准头笼剪开的洞，用竹篾扎牢，再在头笼背面近逆锁处穿一个笼子棕绳圈，整理成一只虾笼。虾笼在投入生产时，还要用绳子每20只穿成一串，每只间隔距离一庹一背肩（2.50米），将所有虾笼全部穿完放在水中浸泡一天一夜，才能投入生产使用。

虾笼投产前投入糖糟或者面粉加菜饼当作诱饵。虾笼里装诱饵、小竹管一支。小竹管直径1厘米，长8厘米，一头削扁平尖，另一头劈成六叉开花型，尖头一面插在笼子里面，开放一头装诱饵。投入生产时，将船摇到自认为虾比较多的地方，把整理好的虾笼有序地投放。收虾笼前要揽好倒虾篓，备好添加食饵。船头上的人收虾笼，收虾笼时要用手摇一下，感觉有虾就打开笼盖，倒在篓里，再将虾笼往船中间送。船舱里的人接过船头上人送过来的虾笼，添加上食饵，盖好虾笼盖，往后舱堆放整齐，直至全部虾笼收结束为止。从投放到收结束这一过程，俗称为"一落水"。一般都白天一落水，夜里一落水，第二天早晨去市场上卖虾，然后继续生产。生产了15天后要进行修补和烤虾笼。烤虾笼就是将整修后晒干的虾笼，在滚烫的石灰水中浸泡，然后再晒干，投入生产。

虾笼均在大江、大河中投放，从5月份开始，一直可以生产到10月底结束，普遍都是一家一户生产。集体化生产时停止过一段时间，十一届三中全会以后，又有部分人家恢复投虾笼生产。20世纪80年代后期，受水污染和地笼网引进、投入生产的影响，虾笼生产逐渐被淘汰。

张鳝笼 新中国成立前，渔民潘伯生一户人家独张鳝笼。新中国成立后，在潘家影响和引导下部分渔民搞张鳝笼生产。

鳝笼生产工具是笼子，跟虾笼相似。鳝笼生产单个投放，地点选择和笼内食饵投放的目的是多捉黄鳝。笼子投放时只需竹竿、深篮子、铁锗。

鳝笼生产用的食饵是蚯蚓，用铁锗在河泥塘边或荒地上垦到或在犁翻大田犁花里拾得。将收集到的蚯蚓用小篾片穿起来，一支篾片穿一条蚯蚓备用。把备用的食饵插在笼子里边，盖好盖子，计数标准以 12 只为一串。渔民挑着鳝笼投放在田里，手提一串鳝笼走上田岸，将其张在田岸两边，左一只、右一只，直至投完为止。记清投放串数和田岸数，以防明天收笼时遗失。收鳝笼挑回船岸，手摇每只鳝笼确定笼内是否有黄鳝、泥鳅、蛇。打开笼盖将黄鳝和泥鳅倒在篮内，再用挑杆钩住鳝笼，在河里洗干净，晒干，迎接晚间继续的张鳝笼生产。

鳝笼生产流动性大，涉及面广。1965～1966 年曾集体组织潘忠耀、戴林芳等人家到浙江省嘉兴地区去投放生产。受农业生产化肥、农药的影响，现已无鳝可张，张鳝笼行业自行淘汰。

钓黄鳝 手工捕捞作业，也有部分人跟叉鱼配合作业，主要是在水田、河沟、溇潭里作业，旺季为 6～7 月份。最早是在秧田里钓的，深秋在阳河沟、溇潭里钓黄鳝兼带叉鱼。稻田里作业，产量高，但黄鳝小。阳河沟、溇潭里的黄鳝，产量低，但黄鳝大。

钓黄鳝是一人一支钓子，一只装黄鳝用的篓子（俗称芦头）就可以进行作业。钓子是用旧阳伞骨子制成。

钓黄鳝一般是上午 8～9 点钟出发，下午 4～5 时回家，在每条田岸细心找黄鳝洞，找到了就下钓。一天多则钓上 4～5 千克，少则 1～2 千克。受农业化肥、农药大量投入施用影响，黄鳝无法生存，此业逐渐被淘汰。

张钓 有张麦钓、张鲤鱼钓、张滚钓、张曲蟮钓、张小鱼钓、张田钓、张洋钓、扦绷钓、扯钓等多种形式。主要工具除了船外，还有钓子和附件线、墰、脚盆、海兜、铁锗、杂头、竹头等。钓子有铁制的，如滚钓、扯钓、铁钓、洋钓，都在专业经销店里购买。另一种是竹制，如麦钓和鲤鱼钓。张钓用线有三个规格：6 股、9 股和 12 股棉纱线，一般都使用栲水烤一下晒干，引成团，然后在水中去掉紧旋后才能使用。麦钓每墰 800～1000 只，每只钓子距离 60 厘米，吊根长 20 厘米，鲤鱼钓每墰 200 只，铁钓每墰 400 只，每只钓子距离 2 度（3.50 米）。钓子装好、理好，备上各种食饵。食饵各有不同，麦钓诱饵用小麦、元麦，鲤鱼钓的食饵是玉米或面粉团。如果用面团做食饵，鲤鱼钓上要套青芦苇，0.50 厘米长管，将面团嵌在上方管子里。铁钓、田钓的食饵是蚯蚓，将蚯蚓扎在钓上即可。洋钓的食饵是鲜活小鱼，小鱼用罾赶捉。不管张什么钓子，除滚钓、扯钓外，全部都要安装食饵后才能投入生产。

村域内渔民绝大部分都有张钓史，一般每户人家都要张 4 ~ 5 垯钓子，下午开张完毕，第二天早晨 2 时起身收钓，连续往返作业生产，维持生计。张钓生产，不管张什么钓子，每生产半个月时间，就要用栲皮烤一次线，延长钓线的使用寿命。

蚯蚓钓生产季节在 3 ~ 5 月份，主要捕捞菜花鱼、鳗鲡、黄鳝、鲫鱼、川条鱼等。

小鱼钓生产季节在 5 ~ 7 月，主要捕捞甲鱼、黑鱼、鳜鱼、鳗鲡、牛鱼，偶尔有鲶鱼、鲫鱼等。

麦钓和鲤鱼钓是竹制的，在理钓时直接把食饵扦在钓子上，张钓和收钓都省时又方便，而且捕捞水产品都是活水货，不必天天出售，渔民有着"麦钓一只弯，鲜鱼汤加白米饭"之说。

鲤鱼钓 张鲤鱼钓使用的躺线和钓根线粗，每垯 200 只。食饵是玉米或面团，投放在有人家居住的河浜内，捉的全是鲤鱼，所以叫鲤鱼钓，也有叫番麦子钓。有着理钓快的优势，一天可张多次，产量不低。一般张麦钓兼带张鲤鱼钓为多。

滚钓 1962 年以前滚钓捕捞作业只有朱阿仁一户，以后逐步仿照、推广，形成张滚钓生产作业。

滚钓作业靠锋利的钓尖滚住鲤鱼。滚钓由钓子、钓根线、躺绳、籴头、压石、钢铃竹组成，构件材料从专业商店购买，整理后投入生产。

张滚钓是一家一户生产作业，一般都张在大江、大河中。先要看准水流风向，在岸边扦上钢铃竹，系上料头绳后，推梢向对岸张去，船头上的人用左手拍开滚钓，右手放钓，放到第一个籴头就揽一块压石头，随后每隔一个籴头揽一块压石，放至对岸，系在钢铃竹上扦牢，以后以同样方式进行。全部投放结束后，再要一横一横排钓，查看滚钓是否相互钩住或钩在躺绳上。全部清一次，衡量一下每一横钓子的宽紧度。排钓结束，停船坐等丰收。钢铃一响，立即捉鱼。第二天，将每一横滚钓再排查一遍。一边收一边解掉压石，将收好的滚钓套在竹竿上，一直到收完为止。再将每一横钓子晾起，理顺理清，待下午擦好油后，再选择地方，继续生产。滚钓生产最早从 3 月初开始，5 月结束。只要有生意，个别人家会一直生产下去。

扯钓 新兴的捕捞生产，用比滚钓粗一号的钩子，用线将两只钩柄交叉扎紧，就是一挡扯钓，每挡隔 10 厘米系在躺绳上，形成一副钓子投入生产。扯钓的长短根据生产的需要而定，生产前要用油石将钩磨锋利。扯钓生产，用两条船，四个劳动力才能形成生产线，一般都是两户人家组合生产的。生产作业选择寒冬季节，天气越冷越理想。生产前准备一副钓子，两头揽好料头绳，然后一档档放开横跨河面，坐在船头的人，各执一段竹竿揽牢料头绳，一边摇，一边扯，形成扯钓生产。白天作业，捕捞鲤鱼，也有钓住一些其他品种的底层鱼。船头上的扯钓人感觉竹竿抖动，摇船人就右拐板艄，让扯钓人收料头绳和钓子，用大海兜套起鱼，再理清钓子，左拐推艄向前摇，继续扯，扯至晚上收工。

田钓 即曲蟮钓，投放在稻田里，故称田钓。捕捉的都是黄鳝，每捉一条黄鳝损失一只钓子。钓子紧缺的情况下，大头针弯成钓子使用，效果也不差。装钓距离1米，每垯400只，作业程序为理钓垯、张钓垯和收钓垯。每天傍晚5点左右张钓，看准有水田块，沿田岸投放钓子，直至投放完所有的钓子。第二天清晨3点起身收钓，胸前戴好网衣水（一种防水布），揽好收钓垯，前面人收钓，后面人一手提桅灯照亮，一手提芦头存放黄鳝，收钓结束后，回到船上整理黄鳝，上市镇出卖。接着垦蚯蚓、理钓，傍晚选择水田继续张钓，如此反复进行捕捞作业。

扦绷钓 绷钓的用料和组成同小鱼钓一样，钓子投放时沿水面用竹竿扦绷在岸边，固定躺绳绷紧钓子，故称扦绷钓。

扦绷钓生产，备好钓子和若干小竹竿，以备扦钓子时固定钓子用。绷钓诱饵是活白米虾。事先拖好白米虾，扎在钓子上，让鲜虾摇头摆尾诱鱼上钩。扦绷钓一般在下午4时扦，不管大江小河都靠岸边扦。先将第一根竹竿扦牢，揽好钓子躺线，高低跟钓根线一样高，扦好后让小虾头尾在水中划动，然后船往后面退，船头上人放钓，每放满30只钓子扦一根竹竿，绷紧钓子揽牢。以此类推继续放钓，放完为止。第二天早晨巡看后收钓拔杆，扦绷钓作业就是如此。牛鱼、黑鱼、鲶鱼、川条鱼、白丝鱼、黄尚鱼等收获颇丰。

张网 张丝网生产，属于陆家渔民的新兴产业。新中国成立初期，外来户许金火、王阿毛、戴元福三户人家做张网生产，后来发展到家家户户都有张网史。

张网工具是丝网。旧时用细棉纱线手工结成的网条子，新中国成立后逐步发展成用蚕丝和锦纶丝组装成生产丝网。结构是用网条子在两边穿肉里纲，再用帮纲，上纲扎氽头，下纲扎锡脚做压头，规格有大有小。小丝网，专捉底层鱼，包括小鲫鱼、郎儿、鳑鲏鱼。再有川条网，专捉上层小鱼川条。大丝网，早期为大头盼，后期根据装网几眼一装、网眼几厘米、系头高低来确定标准，渔民根据自己生产的需要，选择规格购买使用。

张丝网作业，一家一户生产，2人一条船即可。用竹削成宽1厘米、长60厘米的扦子，用来穿丝网和张丝网时拔网。船头上的人张网，船艄上的人摇橹。张小渔网时，张在小河里，船头上的人将杆子扦住网的料头，船艄上的人摇橹向河中张去。船头人右手用扦子拨左手扦子上的网，张完一串再张一串，如此左张一串丝网，右张一串丝网，直至张完全部丝网为止。接着调头往回摇，一边摇，一边敲响板，惊吓鱼儿游动。摇到张第一串网的地方，拔掉扦子收网，一边收一边剥鱼，收回一串网后，放在水中洗一下，摆在船头上，继续收其他各串网直至收结束。这一过程俗称"一张水"，一天要张 8 ~ 10 张水才收工歇息。

张大渔网，一般每户人家张 5 ~ 6 串网。每一串网的料头上揽一个佘头，佘头用杉木板刨成 3×6×8 厘米的木板，抹上桐油晒干后就可以用。后来用塑料泡沫球做佘头。还要准备一只海兜、一支响叉。当船摇到要张网的地方，船头上的张网人将佘头扔出去，左手握一串网，右手用扦子挑网向对岸张去。张完一串网后，再张下一串网。张完网后，把船来回摇，敲响板或在水中敲响叉后，片刻开始收网。收到大鱼用海兜，捉住放进船头，直至收网结束，又开始到下一个目的地继续张。大丝网张在大河里，有横江张、沿江张、围圈张网作业。张丝网都是日出而作，日落而归。春季，鱼产卵时，需要窝夜张。黄昏时刻，沿江、沿水草张，天明收网。在河沟养殖时期，用高头稀网夜里攀白鱼。后来，张网户用小挂桨机，甚至用日产雅马哈挂桨机赶路，既减轻了劳动强度，又增加了作业时间，提高了张丝网的产量。

叉鱼 叉鱼投资小，作业灵活机动。工具是一把鱼叉：小小鱼叉 100 克，小鱼叉 150 ~ 250 克，中鱼叉 300 ~ 400 克，大鱼叉 450 ~ 600 克，特大鱼叉 900 ~ 1100 克。用途各异，有叉虾鱼叉，叉火鱼叉小中大都要用，叉阳塘鱼叉都是中鱼叉，叉黑鱼叉为大鱼叉，引鲤鱼叉就是特大鱼叉，团叉是用来叉甲鱼的，都在镇上阿祝师傅处锻打。鱼叉，装一根称心如意的鱼叉竿，叉起来得心应手，叉到擒来。叉鱼收入不太稳定，人们只是将其作为一项附带作业罢了。

叉虾鱼 叉虾鱼捕捞作业是一家一户生产。新中国成立前就盛行叉虾鱼生产，新中国成立后部分人家继续这项生产。夜间作业，一般是 5 月份开始生产，工具有夜照灯和一条船。叉虾鱼时，女的摇船，男的坐在船头上，左手操作灯，右手握鱼叉，船行进得很慢，见虾、见鱼就叉，全凭眼快手快提高产量。

叉火鱼 叉火鱼是在叉虾鱼基础上演变而来的捕捞作业。改革开放后，渔业生产推行承包责任制，小生产捕捞区域松动，部分青年渔民利用春夏季节，重操叉火鱼旧业。

叉火鱼，在橹前尖船头板钻一个直径 12 毫米的洞，用来装挂汽心灯摇柄。摇柄用 10 毫米钢筋弯成 W 型，生产时插在洞内。上挂汽心灯，能使汽灯前后左右转动，增加光照范围，拓展叉鱼视野。叉鱼人坐在汽心灯边上，左手握摇柄，右手握鱼叉。后艄人向前划桨，见鱼就叉。由于光照明亮充足、叉鱼出手快、下手机会多，产量比叉虾鱼明显增加。再加上小生产的捕捞作业区域放开后，陆家渔民叉火鱼，甚至发展到淀山湖、澄河、吴淞江及太湖边等范围内。同时根据生产要求，船上准备好从小到大几把鱼叉，叉鱼人从原来坐着叉到站起来叉，而且前后紧密配合，叉快鱼。最快的是飞镖叉鱼，就是船头上的人，看到前边有大鱼，叫划船人划得快点，但船再快还是比不上鱼快，叉鱼人就将手中的鱼叉对准鱼飞叉出去。有的甚至用万能蓄电灯套在头上，用作照明，叉起鱼来更是灵活自如，好像《水浒》中的英雄一样，"该出手时就出手，红火灯下叉江湖哎"。

叉黑鱼　叉黑鱼又叫守黑鱼，一个人带一把黑鱼叉，提一只芦头，就可以上路生产。第一目标是寻找黑鱼窝和黑鱼子。找到黑鱼窝和黑鱼子后，看准坐人位置，插上小树杈或杨柳条，精心做好伪装隐蔽，放好鱼叉，耐心守候，坐等大黑鱼进荡就下鱼叉。不管烈日晒得汗流浃背，还是蚊虫叮咬疼痒无比，都丝毫不动，全神贯注。待鱼进荡就下鱼叉，叉到了老黑鱼就换个地方寻找，叉到一条又一条，天黑满载而归。第二日上午上市集卖掉鱼，下午继续上路作业。渔民戴林守黑鱼、叉鲤鱼可称第一。

引鲤鱼　又叫叉鲤鱼，有季节性，在白天生产作业。至少需要 3 条鱼媒，多一些更好，鱼媒用条杆光滑、性格温和的鲤鱼，重量在 1.50 ~ 2.50 千克为好。雌雄搭配，选用培养多年而成熟的鱼媒，从事引鲤鱼生产作业。引鲤鱼先要看准水口，确定位置后就搭台。用 3 根车撑杆好后，揽上 3 根横档，将板搁在横档上，台要搭得结实、牢固。叉鲤鱼人坐在台上，放好海兜，搁好鱼叉，就将船头里一档鱼媒（2 雌 1 雄，渔民称一档鱼媒）提出来放在水中，将鱼媒竹交给台上叉鲤鱼人，由叉鲤鱼人掌握操作。叉鲤鱼人双眼盯紧水中，操纵鱼媒引诱野生鲤鱼前来捣江湖，他就可以见机下手，手到擒来。有道是："鱼媒身段真漂亮，水中清闲在游荡，野鲤伺机来偷情，飞叉命中是下场。"但是如果水口看不准，几乎半天看不到一条鱼影。好在引鲤鱼跟叉黑鱼不同，引鲤鱼人在台上可以活络活络手脚，或者吸吸烟打发瞌睡虫，熬到实在无趣，就拆台换地方。倒霉的辰光，一天拆好几回台，还是毫无收获，渔民们称"白船头"。水口看得准，一个上午叉到 10 条 8 条的也不稀奇。渔业村有人叉鲤鱼最多一天叉到 20 多条，有上百斤重。引鲤鱼生产，中老年偏多，其中潘小巧、唐巧生最有经验、最有耐心。

引鲤鱼这种捕捞行当由于水资源污染及收入不稳定等原因自行淘汰。

叉甲鱼　叉甲鱼又称排甲鱼，起始于 1987 年，排甲鱼是一家一户生产，也有一船一人生产。操作简单，主要工具是一条船和一两把正方形五齿团叉。叉甲鱼是看不到甲鱼的，所以称为排甲鱼。排甲鱼时用团叉沿着河边盲目地排放，有的人双手各握一把团叉排放，叉到就是甲鱼，虽然产量不高，但由于甲鱼价值高，收入也能维持日常生活。叉甲鱼经验特别丰富的人，收入较高。三队潘阿三较有经验，因此人们都称他是叉甲鱼阿三。地笼网的大量投入生产，对排甲鱼影响很大，叉甲鱼捕捞作业只能自行淘汰。

（三）贝类生产

贝类是指：螺蛳、海蛳、蚬子、蚌、蛤蜊、田螺这些水产品。生产作业有：扒螺蛳、趟螺蛳、拖螺蛳、扒蚬子、摸蚌等。生产工具简单，操作简便，只要有船，一般的劳动力都能参与生产。新中国成立初期，只有朱祥林、王福兴等渔民家庭重视贝类生产。当时贝类是食用产品，销量不大，渔民常常提篮走街串巷叫卖以交换食品。1958 年人民公社化运动进行时，生产螺蛳高效肥，需要用大量的贝类做原料，人民公社组织渔民专职拖螺蛳、扒螺蛳、扒蚬子。

1985 年至 20 世纪 90 年代前后，发展特种水产养殖，需要大量的贝类产品做饲料，形成了拖螺蛳、扒螺蛳、趟螺蛳等专业生产户。至今还有 7 ～ 8 户人家从事贝类生产，供应给养殖户或进行市场销售。

扒螺蛳 扒螺蛳工具是船、扒螺蛳网、扒板。扒螺蛳网用棉纱线结三角网，在生产过程中逐步改成畚箕网，也有用网片拼对成扒螺蛳网，穿好网绳，组装在网杆竹上。扒板使用直径 10 厘米的毛竹头段，将其均匀劈开可做 2 只扒板。将扒板用刨刨光，下边刨成斜口，中间凿一个正方形洞，装扒螺蛳杆竹用。扒螺蛳杆是一支细竹子，梢上还装一个套管。套管四边削成正方形，再装在扒板的洞内，用竹针增紧，就成了扒螺蛳的扒板。

扒螺蛳生产是白天作业，大江、小河、小浜有螺蛳的地方都去扒，一般男人扒螺蛳，女人摇橹。从岸边向外边扒，网杆搁在左肩上，左手搭在网杆竹上，右手用扒板在扒网前向网中扒。扒完洗净网中螺蛳，去除杂质，倒入舱内，再下网，继续扒，扒到产量和时间差不多时收网回家。一边摇船，一边筛捡螺蛳，大小分档，大的螺蛳上市场销售，小的卖给养殖场。

扒蚬子 操作方法和使用工具与扒螺蛳一致，不同的是作业地点。扒蚬子都在大江江底煤屑碳里进行，扒的都是黑蚬，加工后上市销售。湖里扒到的蚬子都是黄蚬，可供外贸公司出口日本等地，也可供居民煮汤食用，鲜美可口。因受到区域划分的限制，此行业自行淘汰。

拖螺蛳 在发展内塘养殖后，螺蛳是青鱼、鲤鱼、大闸蟹的主食，需求量很大，拖螺蛳成了渔民理想的捕捞作业。为了满足养殖需求，个别人家试用挂桨机挂两条网拖螺蛳，产量更高，收益更好。1992 ～ 1993 年每年夏天 3 个月时间，渔民平均每天生产 15 吨螺蛳。

每年 4 ～ 6 月是拖螺蛳生产旺季。操作原理跟拖虾相同，白天、晚上都可以拖。绝大部分都拖在大河的水草里，也有拖到小河中，只要有螺蛳的地方都要拖。作业随意性大，转产灵活，是夏天比较理想的作业。

趟螺蛳 主要生产工具是一口趟网。趟网的组成原理跟早期三角式扒螺蛳网一致，不同的是趟网主要靠一块趟板。趟板用硬质树刨成 10 厘米宽、60 厘米长、上平下斜、前薄后厚的板，再到铁匠店锻一只二叉的趟板柄，二叉趟板柄装在趟板厚的一面的中间，趟板柄上装趟杆竹，再系好三角式的网，就是一口趟网。

趟螺蛳白天、黑夜、大江、小河都可以趟。夏天，把船摇到趟的地方，前头的人将网沉到河底，握网杆趟向前一躬一躬地趟，趟到感觉网里比较沉重就起网。抖动网里的螺蛳，汰净泥水，捞去杂质，将螺蛳倒入船中，继续下网再趟，后艄的人不停地向前摇，如此反复，经过一天劳作，螺蛳产量很高。在回家途中，将趟到的螺蛳、蚬子、河蚌、海蛳、蛤蜊、小鱼和小虾用筛子进行分离，可供食用的只占三成，其余作为饲料或肥料，捡好后及时上市场销售，也有女渔民走村串巷兜售。

摸蚌 摸蚌简单，只要有一只小船，伸出两只手就能生产，摸到蚌、螺蛳及其他水产品放进船舱即可。没有船，爬在河边照样摸，用双手在河边的泥沼中摸，摸到蚌抛在篓里继续摸。螺蛳、田螺、蛤蜊、蚬子等都要，卖掉维持生计就行。

摸蚌一般在中午以后开始，劳作收获第二天上午上市场销售。摸蚌作业在组织集体生产后就自行淘汰。

扦小海 扦小海是项历史悠久的捕捞作业，主要生产工具是水草团和小海兜。水草是余在水面上细长而不腐烂的水草，叫"赤草"。在捞到的水草中间用绳子捆成拖把团，绳子一头扦在河底固定牢，水草团浮在水面上随风余。小海是用竹片削成宽1厘米的篾条子，围成30厘米篾圈环，用线扎牢，环上用4股棉纱做网兜，一边做一边密眼，网眼3厘米，海兜长50厘米，底上只密剩1眼成尖底，让鱼钻进去，只进不出。每一只小海底放一块小砖，扦在草团上，小海自然顺着风，晚上鱼消籽顺风一跃，就钻进小海出不来了。扦小海捕捞一般从5月10日左右投放，至6月底就要结束。捕捉的都是黄尚、沙了、白水、鲫鱼、鲤鱼等。扦小海捕捞生产在1956年后自行淘汰。

超鳜鱼 超鳜鱼是前人遗传下来的捕捞作业。主要生产工具是一口小超网和杨须团。杨须团是收集河边杨树根生长在水中的树须，用棉绳把杨树须扎成杨须团，扦在鳜鱼窝藏和经常出没的地方。等鳜鱼在杨须团里配对繁殖，就用小超网去超杨须团，超起鳜鱼。

6月黄梅开始到7月下旬结束，是鳜鱼消籽期，鳜鱼喜欢游进杨须团里产籽。因此超鳜鱼必须勤超，半个小时超一次。1958年以前尚有多户人家从事超鳜鱼捕捞作业，之后由于收集不到杨树须，此项作业就自行淘汰。

放鸟 放鸟亦称放鱼鹰、鸬鹚。居住在夏驾桥的四户渔民从事放鸟捕捞作业。主要工具是鸟、放鸟船、放鸟杆、海兜。鱼鹰下蛋孵化，自繁、自养、自用。鱼鹰在每年的3～4月份每窝最多下8只蛋，蛋壳是绿色的。下蛋时一对鱼鹰总是在一起，先有母鹰蹲窝下蛋，公鹰在边上守卫。母鹰下了蛋后跳出窝，公鹰就跳进去蹲窝，最后用老母鸡帮助进行孵化。比鸡迟 10 天，即 31 天出窝。幼鹰出窝喂养 60 天后就能捕鱼参与劳作。

放鸟是白天作业，早晨出工，下午就收工卖鱼。3 点左右替鸟喂食，每只鸟喂一块老豆腐、一块猪的奶脯肉、半斤小杂鱼。喂好食后，让鸟在船舷或挑杆上休息。第二天早晨用稻草或野蒿草壳，将每一只鸟的喉咙扎住，捉大鱼的鸟的喉咙扎得松一点，又开始放鸟捕捞作业。每年 10 月到来年 1 月是放鸟旺季，12 月到来年 4 月是捉鲫鱼、鳜鱼、黑鱼、牛鱼、鲶鱼的季节，在这些季节里，渔民基本上天天投入生产。

在大力发展河沟养殖、提倡捉大留小的形势下，放鸟捕捞作业于 1976 年被淘汰。

四、捕捞品种

陆家渔民常年捕捞的水产品有：鳜鱼、塘鳢鱼、黑鱼、白丝鱼、红条鱼、沙条鱼、黄尚鱼、鳝鱼、支鱼、鳑鲏鱼、鲫鱼、鸡葛郎、川条鱼、花菇、鲶鱼、牛鱼、尖子鱼、银鱼、毛齐鱼、鲈鱼、黄占、鲃鱼、泥鳅、黄鳝、河鳗、食黄、刀革勒、乔丁、黄老老，甲壳类有青虾、白虾、赤虾、螃蜞、黄蟹、大闸蟹、龟、鳖、小龙虾，贝类有螺蛳、田螺、河蚌、蛤蜊、海蛳、蚬子、削超，家鱼类有青鱼、草鱼、白鱼、花鲢、鳊鱼、鲤鱼。

产量 新中国成立前，陆家渔民年均捕捞时间在 240 ~ 260 天，户月均产量 4 ~ 5 千克，户年均总产量在 960 ~ 1200 千克和 1040 ~ 1300 千克之间。

新中国成立后，渔民捕捞作业产量有所上升，尤其在集体化后，逐步改善捕捞工具，扩大鱼箔、牵网、塘网、扛网等大型定置作业、流动作业、传统捕捞作业规模，同时，大力发展内塘、外塘、河湖水产养殖，水产品产量明显提高。

1962 ~ 2012 年陆家渔业野生捕捞产量统计表

表 5-1-1
单位：吨

年份	产量	年份	产量	年份	产量	年份	产量
1962	99	1989	171	1997	300	2005	145
1972	178	1990	153	1998	300	2006	145
1983	170	1991	90	1999	300	2007	135
1984	170	1992	91	2000	300	2008	125
1985	125	1993	100	2001	300	2009	115
1986	153	1994	150	2002	175	2010	115
1987	165	1995	330	2003	132	2011	105
1988	176	1996	300	2004	125	2012	100

五、水产养殖

（一）内河养殖

1959 年底，渔业大队安排社员在夏桥火车站西侧，由王福兴、朱根林带班，共整理 3 只鱼塘共 20 亩，称东场。合心大队两条铁路中间阳河沟由陆守芳带班，共整理 4 只鱼塘 25 亩，称西场。大队还派人去国营周市养殖场学习养殖技术，购回原种花籽，进行鱼苗培育养殖。从此，陆家走上了水产品自繁、自养之路。

1962 年大队对全社可利用的内河水面进行全面规划，发动社员在各个主要出入道口扦竹篱笆，围圈水面 500 亩实施内河养殖，确定禁捕时间，定期开放捕捞。

1968 年渔改后，将全社所有河沟水面，分归四个生产队进行养殖。第一生产队辖管合丰片，水面 620 亩；第二生产队分管陆家片，水面 600 亩；第三生产队分管星光片，水面 680 亩；第四生产队分管孔巷片，水面 500 亩。放养品种为四大家鱼，鱼苗由大队养殖场提供。缺少部分到新镇杨文大队及东方大队鱼苗场购买。早春投放，秋后起捕，捉大留小，一直延续到 1984 年。改革开放后，集体组织捕鱼模式基本上散架。绝大部分劳动力转移到一家一户捕捞生产上去，少部分转移到企业务工和水产品的营销上，只有部分社员继续承包夏驾河水面养殖。

（二）外塘养殖

1966 年，大队与城南、新镇、兵希、蓬朗以及太仓县西郊公社渔业大队联合，在太仓塘、青阳港水面进行联合养殖。东起太仓塘和新浏河接口处，西至东门塘同丰油厂东侧，南至陆家公社新安大队唐家村河口，沿大江各通水的小河口都扦上竹篱笆。再在东门塘、唐家村、新浏河口打三条大簖，安排专职人员看护管理。根据水面面积划成 10 份（股），故称"十份头"。同时成立联合养殖领导管理小组，办公地点设在城南渔业大队内。管委会每年召开两次会议，研究和决定鱼苗投放、日常管理、起捕时间等事宜，努力完成国家下达的水产品上交任务。

1968 年 9 月再次与城南、千灯、张浦公社渔业大队联合发起在青阳港段、东西吴淞江段进行联合养殖，东起陆家公社新成大队渡船浜口，西面城南公社在小吴江口西侧打一条篱笆，北面和十份头的簖合用，再在小吴江口和千灯塘口各打一篱笆，分别有西簖和东簖兼带管理。这个外塘养殖基地因四个大队发起故称"四份头"。办公地点还是设在城南渔业大队内，管理与十份头相同。

两大外塘养殖基地捕捞的所有水产品，全部上交水产收购站，完成国家水产品上交任务，再分摊到各渔业大队，抵扣相应的水产品上交任务。

（三）内塘养殖

1984 年建立乡水产养殖场，开创内塘水产品养殖的新局面。1987 年，1 组村民戴年生父子俩，承包巴城红旗砖瓦厂鱼塘水面 100 亩，养殖四大家鱼，取得一定的经济效益。1992年3组村民陆菊明在南圩村旧江河口，利用网箱试养红鲴一举成功，使渔民尝到了精养水产品的甜头，激发了广大渔民参与内塘精养的积极性。1993年渔民陆菊明第一个在南圩村低洼田塘里的墩湾开挖鱼塘28亩，进行水产品养殖。1994年渔业2组村民唐明元在南圩村承包土地，开挖鱼塘28亩，进行水产养殖。1995年渔业4组村民王根荣在河庄村承包土地，开挖鱼塘13.80亩进行养殖。

1995年以后，村上渔民参与内塘养殖进入高峰期，广大青年渔民到全镇各村承包低产田，开挖鱼塘，进行养殖。有的甚至到花桥、石浦、千灯、张浦、城南、南港、兵希、周市、巴城等外乡镇去承包、开发、养殖，还有个别青年到太仓双凤镇开发、承包鱼塘养殖。至此，全村80%的青年渔民参与各类水产品养殖，至今不衰。

1993～2012年陆家（渔业）村水产养殖承包户统计表

表 5-1-2

编号	组别	姓名	面积（亩）	养殖地点	养殖品种	承包时间	退养时间	备注
1	10	潘雪明	13	陆家邵村	鲫鱼、草鱼	1996	1998	
			62	陆家长浜	四大家鱼、虾	1999	2005	
2	10	唐国芳	16	陆家长浜	四大家鱼	1999	2005	
3	10	盛卫元	40	昆山兵希	虾、鱼	1998	2005	
			35	太仓双凤	虾、蟹	2006至今		
4	10	朱小牛	45	陆家长浜	草鱼、鲫鱼、虾	1999	2005	
5	10	潘小弟	200	张浦南港白米	鱼、虾	2006	2012	
6	10	王根荣	13.80	陆家河庄	虾、黄鳝	1995	2005	高铁拆迁
7	10	戴育武	25	陆家王家库	水蛭	2001	2003	
8	11	潘阿六	21	陆家新春	鱼、虾	1995	1999	
			30	陆家孔巷	鱼、虾、蟹	2000	2002	
			31	花桥陆巷	鱼、虾、蟹	2003	2005	
			42	花桥金城	鱼、虾、蟹	2006	2007	
			65	太仓南郊	虾、蟹、甲鱼	2008至今		
9	11	潘菊林	34	花桥陆巷	鱼、虾	1999	2003	
			42	花桥金城	鱼、虾、蟹	2004	2006	
			33	张浦张巷	虾、鱼	2007	2007.12	
			40	千灯石浦陆家桥	鱼、虾、蟹	2008至今		
10	11	潘阿五	21	太仓双凤	鱼、蟹、蟹苗	1995	2009	

（续表）

编号	组别	姓名	面积（亩）	养殖地点	养殖品种	承包时间	退养时间	备注
11	11	凌红根	21	陆家孔巷	四大家鱼	1999	2000	
			32	周市水产	四大家鱼	2001	2001.12	
			50	昆山新镇	鱼、虾、蟹	2002	2004	
			27	周市朱家湾	虾、蟹	2005	2007	
12	11	徐卫弟	31	花桥陆巷	虾、鱼	1999	2001	
13	11	潘雪花	51	千灯肖墅	鲫鱼、草鱼、虾	1996	2008	
14	11	潘雪良	51	千灯肖墅	鲫鱼、草鱼、虾	1996	2008	
15	11	潘菊明	16	陆家邹家角	四大家鱼	1997	2002	
			47	千灯肖墅	鱼、虾	2003	2008	
16	11	陆阿四	50	花桥东泾	四大家鱼、虾	2003	2006	
17	11	潘菊春	32	花桥陆巷	鱼、虾	1999	2003	
18	11	潘仁林	33	陆家孔巷	鱼、虾	1999	2007	
			65	太仓南郊	鱼、虾、蟹、甲鱼	2008 至今		
19	11	潘金水	25	陆家孔巷	四大家鱼	1999	2002	
20	11	陆菊生	35	陆家孔巷	鱼、虾	1998	2003	
			25	新镇东方	蟹苗	2004	2007	
21	11	潘小弟	12	陆家孔巷	鱼	1996	2007	
22	11	陆林弟	18	陆家长浜	四大家鱼	1999	2005	
23	11	潘玲弟	25	陆家裕利	四大家鱼	1998	2004	
24	11	戴年生	50	巴城红旗	四大家鱼	1987	1997	
25	11	戴阿星	50	巴城红旗	四大家鱼	1987	1997	
26	11	戴阿奎	35	巴城红旗	四大家鱼	1990	1997	
27	11	戴卫林	60	昆山陆杨	鱼、虾	1998	2004	
28	11	潘永明	49.50	陆家新光	鱼、虾	1999	2004	
29	12	潘建伟	15	夏桥三队	四大家鱼	1998	1999	
			33	陆家孔巷	鱼、虾	1999	2000	
			40	花桥薛家	鱼、虾、蟹	2000	2003	
			26	花桥金城	鱼、虾、蟹	2004	2006	
			23	千灯石浦	虾、蟹	2009	2010	
30	12	唐敏元	28	陆家南圩	鱼、虾、蟹	1994	2008	
31	12	刘永兴	25	陆家南圩	鱼、虾、蟹	1996	2008	

（续表）

编号	组别	姓名	面积（亩）	养殖地点	养殖品种	承包时间	退养时间	备注
32	12	唐小林	45	花桥薛家	鱼、虾、蟹	1997	2007	
			37.50	陆家南圩	鱼、虾、蟹	2008	2012	
33	12	陆雪根	26	陆家北张	鱼、虾	1998	2002	
34	12	潘阿六	49	陆家长浜	鱼、虾	1999	2004	
35	12	潘阿三	33	陆家裕利	四大家鱼	1999	2004	
36	12	潘志良	30	陆家裕利	四大家鱼	1999	2004	
37	12	徐小弟	34	花桥陆巷	四大家鱼	1996	2006	
38	12	刘永明	21	陆家陆巷	鱼、虾	1996	2006	
39	12	潘建平	25	陆家村	鱼、虾	1999	2008	
40	12	陆福生	29	昆山兵希	鱼、虾	2000	2009	
41	13	潘惠元	75	陆家车塘	鱼、虾、蟹	1996	2010	
42	13	潘道元		陆家车塘	鱼、虾、蟹	1996	2010	
43	13	陆菊明	28	陆家南圩	鱼、虾、蟹	1993	2010	
44	13	陆凤弟	24.50	陆家南圩	鱼、虾、蟹、蟹苗	1996	2010	
45	13	陆阿六	62.50	陆家长浜	鱼、虾	1999	2004	
			45	千灯石浦陆家桥	鱼、虾、蟹	2007	2012	
46	13	唐国荣	45	陆家新光	鱼、虾、甲鱼	1996	1997	
47	13	唐育才	35	陆家河庄	鱼、虾	1998	2006	
48	13	潘金元	29	陆家村	鱼、虾、蟹	2003	2008	
49	13	潘卫忠	12	陆家北张	四大家鱼	1996	1997	
			24	陆家北张	四大家鱼	1998	2002	
50	13	潘三男	45	昆山城南	四大家鱼	1998	2010	
51	13	陆梅生	25	兵希、平巷	四大家鱼	1998	2004	
			19	陆家村	四大家鱼	2005	2008	
52	13	潘福元	15	夏桥3队	四大家鱼	1998	2008	
53	13	潘卫林	28	花桥祁巷	鱼、虾	2003	2006	
54	13	徐彩弟	45	陆家裕利	鱼、虾	1999	2004	
55	13	朱小弟	36	陆家神童泾	鱼、虾	1998	2006	
56	13	朱正绍	26	千灯石浦陆家桥	鱼、虾	1998	2010	

（四）网箱养殖

1992年渔业村3组村民陆菊明引进网箱养殖技术，在吴淞江南圩村旧江河口养殖红鲴片鱼获得成功后，3组老队长潘彩生同儿子潘金元，就利用网箱在吴淞江塘里墩湾、新成村蔡巷外江滩养殖黑鱼。捕到的小黑鱼作为苗种进网箱，并把捕到的小杂鱼作为喂养小黑鱼的食饵，精心管理，获得成功。由于养殖河段是航道，过往船多等原因，于1994年底停止此处网箱养殖。

（五）特种水产品养殖

养蟹　1991年，2组村民徐根荣，跟随孔巷村村民颜金林，在唯亭阳澄村北边阳澄湖围网养殖，放入少量小蟹，不投放食饵，小蟹靠吃各种自然生长的水草、螺蛳和蚌等生长。起捕时，在市场上见不到的半斤重的大闸蟹，这里到处都有。1992年2人决心在养蟹上下功夫，专门到崇明采购蟹苗投放，定时投放玉米喂养。因此，起捕时大闸蟹个个体大，只只肥壮，在全村渔民中反响较大。

1993年，1组戴卫林，2组徐根华、潘建平、陆雪根在阳澄湖张箔围殖水面，养大闸蟹。

1994年，2组村民潘菊林、潘菊春，3组村民潘阿根奔赴阳澄湖承包水面养殖大闸蟹。

1995～1996年，1组村民戴阿六、戴阿星、戴阿奎、潘永明、陆菊生、陈小红、潘冬林、戴卫忠、潘金良，2组村民潘建伟，4组村民朱正弟同样承包水面，养殖大闸蟹。

1997年以后，1组村民潘兆生、陈永明、戴道明、潘菊春，2组村民唐秀林、潘菊明、潘菊年、潘金雄、戴卫明、潘惠林、陆小弟、曹根龙、刘银龙，3组村民陆文武、潘卫林、朱正绍、潘金荣，4组村民戴佩林等都到阳澄湖承包水面养殖大闸蟹。甚至还有4组村民戴根生、戴佩华、戴佩林、盛卫忠，2组村民潘阿彩、潘菊春、潘菊生、潘菊明到太湖承包水面养大闸蟹；2组村民潘巧泉、潘建明、潘金龙、潘金雄到澄湖承包水面养殖大闸蟹；刘银龙到苏北洪泽湖承包水面养殖大闸蟹；1组村民潘夏林到吴江汾湖承包水面养大闸蟹。

随着养蟹产业的蓬勃发展，蟹苗短缺启发了内塘养殖户蟹苗养殖的念头。先后有陆菊生、陆凤弟、陆菊明、唐敏元、刘永兴、潘阿三、潘菊林等培育、养殖小蟹苗。

1998年在内塘试养大闸蟹取得成功经验后，内塘养蟹逐步推行。因此鱼塘养蟹，面大量大，常年不衰。

为了保护环境，保护阳澄湖的水质，确保居民用水的安全，渔政部门多次对阳澄湖水面进行调整和缩减。至此，陆家渔业村尚有1组村民戴卫林、戴道明、戴阿六、戴阿星、戴阿奎、潘菊春，2组村民戴卫明、潘惠林、潘菊明、唐秀林、曹根龙、刘银龙、潘金雄、陆小弟，3组村民潘菊年、潘金荣、潘卫林、陆文武、朱正绍、潘阿根、陆德强，4组村民戴佩林等户在阳澄湖内养殖大闸蟹。

养虾 1993 年在镇水产技术推广站的指导下，2 组村民唐敏元、3 组村民陆菊明在内塘试养青虾，摸索出初步经验，为全村广泛开展内塘养虾打下了基础。

1995 年 7 月，4 组村民王根荣在河庄村承包 13.80 亩土地养殖青虾，后试着养黄鳝，砌水泥池，添置保温设施养黄鳝，至 2005 年因高铁建设拆除。

1996 年以后陆家渔业村村民不管在什么地方承包鱼塘，基本上每家每户有养虾史。

养罗沼虾、基围虾 1994 年 1 组村民潘菊林在花桥陆巷承包 34 亩土地开挖鱼塘，试养罗沼虾、基围虾。

养蚂蟥 2001 年原 4 组村民戴育武，租用王家库村 25 亩鱼塘养殖蚂蟥，被列入省水产养殖科技项目。

1991 ~ 2012 年陆家（渔业）村外塘养殖承包户统计表

表 5-1-3

编号	组别	姓名	面积（亩）	养殖地点	养殖品种	承包时间	退养时间	备注
1	10	戴育武	100	阳澄湖	蟹	1996	1997	
2	10	朱正弟	100	阳澄湖	蟹	1996	1997	
3	10	戴佩林	40	阳澄湖	蟹	2000	2012	
			120	太湖	蟹	1997	1998	
4	10	戴根生	120	太湖	蟹	1997	1998	
5	10	戴佩华	120	太湖	蟹	1997	1998	
6	10	盛卫忠	120	太湖	蟹	1997	1998	
7	11	陆菊生	80	阳澄湖	蟹	1996	1997	
8	11	潘永明	80	阳澄湖	蟹	1996	1997	
9	11	陈小红	80	阳澄湖	蟹	1996	1997	
10	11	戴卫忠	80	阳澄湖	蟹	1996	1997	
11	11	潘金良	70	阳澄湖	蟹	1996	1997	
12	11	戴卫林	100	阳澄湖	蟹	1993	1997	
			40	阳澄湖	蟹	2001	2012	
13	11	戴道明	250	阳澄湖	蟹	1993	1997	
			40	阳澄湖	蟹	2001	2012	
14	11	潘兆生	70	阳澄湖	蟹	1997	1999	
15	11	陈永明	70	阳澄湖	蟹	1997	1999	
16	11	潘菊春	70	阳澄湖	蟹	1994	1997	
17	11	戴阿星	80	阳澄湖	蟹	1998	1999	

（续表）

编号	组别	姓名	面积（亩）	养殖地点	养殖品种	承包时间	退养时间	备注
18	11	戴阿奎	80	阳澄湖	蟹	1998	1999	
19	11	戴阿六	100	阳澄湖	蟹	1998 至今		
20	11	潘夏林	30	吴江芦垆汾湖	蟹	2010	2012	
21	12	潘建平	80	阳澄湖	蟹	1993	1998	
22	12	陆雪根	120	阳澄湖	蟹	1994	1997	
			200	阳澄湖威尼斯	蟹	1998	1998	
23	12	陆小弟	40	阳澄湖	蟹	2008	2012	
24	12	曹根龙	40	阳澄湖	蟹	2008	2012	
25	12	唐秀林	50	阳澄湖	蟹	1997 至今		
26	12	潘惠林	40	阳澄湖	蟹	2001	2012	
27	12	戴卫明	40	阳澄湖	蟹	2000	2012	
28	12	徐根荣	100	阳澄湖	蟹	1991	1997	
29	12	潘菊林	120	阳澄湖	蟹	1994	1995	
30	12	潘菊明	120	阳澄湖	蟹	1994	1995	
			40	阳澄湖	蟹	1998	2012	
			120	太湖	蟹	1995	1997	
31	12	潘阿彩	120	太湖	蟹	1995	1997	
32	12	潘菊林	120	太湖	蟹	1995	1997	
33	12	戴小弟	80	阳澄湖	蟹	1998	2003	
34	12	潘巧泉	90	澄湖	蟹	1998	2001	
35	12	潘建明	90	澄湖	蟹	1998	2001	
36	12	潘金龙	90	澄湖	蟹	1998	2001	
37	12	潘金雄	90	澄湖	蟹	1998	2001	
			40	阳澄湖	蟹	2007	2012	
38	12	刘银龙	80	阳澄湖	蟹	2004	2008	
			800	洪泽湖	蟹	2009	2011	
39	13	潘阿根	100	阳澄湖	蟹	1994 至今		
40	13	潘金荣	80	阳澄湖	蟹	2003	2012	
41	13	潘菊年	120	太湖	蟹	1995	1997	
			40	阳澄湖	蟹	1998	2012	
42	13	陆文武	40	阳澄湖	蟹	1998	2012	
43	13	潘卫林	120	太湖	蟹	1995	1997	
			40	阳澄湖	蟹	1998	2012	

（续表）

编号	组别	姓名	面积（亩）	养殖地点	养殖品种	承包时间	退养时间	备注
44	13	陆正华	80	阳澄湖	蟹	2003	2010	
45	13	陆　强	40	阳澄湖	蟹	2003	2012	
46	13	朱正绍	45	阳澄湖	蟹	2011	2012	

六、其他生产

（一）运输队

1974 年陆家渔业 1 队购买 4 吨水泥船，安装挂桨机用于牵塘网生产。利用空闲时间替供销社采购站送鲜蘑菇至昆山食品厂和太仓罐头食品厂，开创了渔业水上运输的先河。1975 年以后，先后由 1 队、2 队、3 队购买 11 吨水泥船 4 条，安装 12 型配套挂桨机，用于短途运输，为国二米厂、陆家供销社、陆家水泥制品厂、陆家蜂蜜厂等单位运送建筑材料、生猪、农副产品、蜜饯及各类包装用品。运输收入集体所有。运输人员得工分，参加年终分配，并支付上下力资费作为运输人员的补贴。1989 年改革开放后解体。

1975 年 8 月，刘永生带领 10 户人家 30 个劳动力，组建昆山化肥厂危险品运输船队，刘永生担任船队长。1978 年 8 月刘永生被陆家公社调回，再次担任陆家渔业村支部书记，后由潘阿元接任船队长，运输业务由昆山化肥厂供销科调度。渔业大队每年向化肥厂结算人员工资，运输收入归集体所有，运输人员得工分，参加年终分配，大队补贴每人每月生活费六元。1980 年改革开放后解体。

1978 年根据昆山粮食局的需求，由 10 户人家组建粮食 2 号运输队，轮船老大徐仁喜，船队负责人陆凤弟。业务由陆家粮管所调度，专事调运粮食。陆家粮管所解体后，船队移至城北，由城北粮管所调度业务。同样，大队向粮管所结算费用，社员得工分，拿补贴。1984 年实现承包责任制后解体。

（二）农业生产

1968 年 9 月开始亦渔亦农，耕种土地 280 亩，第一生产队在新建大队，第二生产队在河浦大队，第三生产队在友谊大队，第四生产队在孔巷大队。另外公社还划拨龙王庙旱地 22.50 亩作为副业用地。大队农业技术员陆凤弟，各生产队队长具体负责率领渔民种植水稻、小麦和油菜籽，渔民出工记工分，参加年终分配。1978 年农田全部退还给原来各生产队，耕作渔民重返捕捞生产作业老本行。

（三）村办企业

陆家渔业村于 1974～1994 年间曾办有兴业砂粉厂、抛光厂、发黑厂、锻造厂等。

（四）水产品经销

新中国成立前后，渔民家家户户捕捞的水产品都是自产自销，渔民沿村、沿街叫卖，也有上集市寄存渔行代销，个别甚至贱卖、赊卖、以物易物进行交换，渔民收入少得可怜。

1955 年在北圣堂建立菉溪渔业运销组，大部分销售困难的渔民，由运销组收购产品并进行推销。

1958 年成立人民公社时，渔民捕捞的水产品都上交大队，由大队安排处理。

1959 年 6 月组建渔业大队后，大队根据每户渔民劳动力多少下达水产品交售任务。产品由陆家供销社收购，按质论价，开具发票，非现金结算，社员凭发票月底向大队结算报酬。没有纳入大队管理的渔民，所捕捞的水产品随行就市销售。

1962 ~ 1968 年政府开放自由市场，广大渔民捕捞的水产品都是自由销售，也有交售给水产行的。

1968 年渔改后，以队为核算单位组织集体生产，大队下派各生产队水产品交售任务。渔民捕捞的水产品全额上交水产收购站，完成交售任务后，所有产品由集体上市销售。社员自吃也要称斤论两记账，发预支时开票收回。一切收入归集体，社员得工分，领生活预支费用，年终分配。

1982 年，1 队社员陈文龙将自己捕捉的鱼悄悄地拿到上海市安亭镇上去出卖，逐渐带动王根发、陈小弟、戴阿六等人一起参与。自己捕捞的鱼数量少，就向其他渔民收购，骑自行车一早去安亭镇销售。此种行为一度受到陆家工商行政管理部门的限制，陈文龙等人多次被查，并被扣留水产品。

1984 年落实经营承包责任制后，集体生产解体，社员捕捞的水产品都是自由销售。年终向大队上交两金一费，水产品市场彻底放开。陈文龙再次直接从捕捞户手中收购水产品，骑自行车去安亭出售。后渐渐从安亭乘头班公共汽车到上海曹杨新村兰溪路市场和三官塘桥市场销售，生意红火，带动了一批人参与运销水产品，向市区曹家渡、静安寺市场挺进。

1985 年渔民购置常熟产的飞燕牌两用车装水产品，直开沪上市场销售。为了确保水产品的鲜活度，还添置氧气瓶、橡胶袋等装运工具。用橡胶袋装水产品，灌氧气保鲜，销量上升。

1988 年戴卫忠、戴佩林、陈小弟、戴道明等购置幸福牌 250 摩托车装运水产品去沪上销售，直至挺进静安宾馆。由于销量上升，陆家渔民捕捞的水产品已满足不了去沪销售的需求，渔民就到千灯市场收购，或去养殖场订购，水上运销水产品生意逐步发展起来。他们购置 15 吨大木船，配装挂桨机及水泵到阳澄湖、淀山湖、太湖及浙江嘉兴的湖区去收购水产品，特别是收购野生和网箱养殖的高档水产品如鳜鱼、白丝、河鳗、甲鱼等运回陆家，再转运到上海市场去销售，生意较为红火。

1994 年陈文龙购买陆家袜厂的双排座汽车装运水产品去上海销售。

1995 年 1 月和 1996 年 1 月 20 日用双排座汽车运销水产品去沪的路上，在 312 国道发生两次特大交通事故，严重危及运销人员的人身安全，致使绝大部分去沪运销人员歇业、转业。戴佩林、戴道明等去阳澄湖养蟹，戴卫忠、潘兆生等就地营销水产品。至 2012 年底，陆家渔民在阳澄湖区域营销蟹业和餐饮的有刘银龙、戴佩林、潘菊年等 17 户。在陆家市场、南粮路市场、友谊路市场营销水产品的有王根发、戴卫忠、潘兆生等 14 户。

水产品销售 改革开放初期，水产品从农村市场运往上海市场销售。2005 年以后，水产品从上海铜川路和苏州南环桥大批发市场运往陆家市场进行销售。

第二节 渔民生活

一、居住条件

（一）船上居住

旧时，渔民上无片瓦，下无寸土，以船为家。在船上，居住条件很艰苦，尤其是贫困的渔民户，一家老小七八口人挤在一条船上，包括生产劳作、吃喝拉撒、起居生活。渔民子女多，一般人家至少 5～6 人，多则 8～9 人，一年四季都挤在一条船上，真是白天劳作动手多，晚上睡觉都是铺。船头到船艄躺满人还嫌地方小，只好在底船安高低铺。碰到刮大风、下雨，船头船艄芦席漏雨不能睡觉，只有往中舱挤，全家变成大通铺。一些生活条件较好的渔民户，儿子长大了，打造一条新船供其娶亲结婚，独立门户；女儿长大了，出嫁成家，老船由老两口同住，居住条件、生产环境相对宽敞舒适多了。当然，村上有生活富裕的人家，打造座船，经常停靠在天主堂门前，造型、遮盖、装饰、布局别具一格。同时，又打造捕捞分船及小船，外出捕捞生产可居住在分船上。打捞回来或教会节日活动，可居住在座船上全家人聚会，开开心心过节日。

新中国成立后，渔民翻身做了主人，生活也一天比一天好。因此，捕捞积蓄绝大部分花在三个方面：一是添置捕捞工具，改善生产条件，多打鱼，增加收入；二是每年筹划好船上岸，注重上岸前精心洗刷、上岸晒干、刨除油垢，请老木匠换板凿灰嵌缝，抹上上乘桐油，光亮照人、挺括一新，讲究维修保养，改善居住条件；三是舍得投入，为后代打造新船，让子女成家立业。据老渔民回忆，新中国成立后，167 户渔民打造新船近三百艘，规格、质量保持传统本色，户均达 1.8 艘，有力地改善了船上居住条件，彻底改变了过去住宿条件的艰苦。

（二）陆上定居

1968 年 4 月启动渔民陆上定居工程。首期建造 30 间平房，建筑面积 840 平方米，1、2、3 生产队各安排 10 户人家居住。之后，利用副业地作为陆上定居建房宅基地，由各生产队自建楼房 2 幢 28 上 28 下，平房翻建楼房 1 幢 10 上 10 下，平房 4 幢 37 间。总建筑面积 2492 平方米，人均 4.88 平方米，可让全大队渔民上岸居住。1975 年底全部完成了陆上定居任务。至 2012 年，99.5% 渔民翻建了住房，有别墅式洋房 42 幢，人均居住面积 50.52 平方米。

二、日常生活

（一）伙食

新中国成立以前，陆家渔民伙食很简单，一日二餐，主食以大米、面粉为主，早上八九点钟吃饭，一般以米饭为主，做一两个菜，以蔬菜为主，很少吃上荤菜。有不少渔民用萝卜干冲酱油汤或吃泡茶饭当正餐。打捞作业结束收工歇息，晚上六七点钟吃晚饭，以饭、粥、面条为主，菜肴与中饭大同小异。使用行灶烧煮，餐具有菜刀、铲刀、勺子、碗、筷、瓷盆、碟子等，照明绝大部分用煤油灯或白蜡烛。

新中国成立后，渔民生活逐渐得到改善。捕捞出行前吃中饭，菜肴一素一荤搭配，荤菜为红烧肉或大白菜炒肉丝，素菜为青菜、金花菜、蓬花菜、萝卜丝、炒干丝、香干等。晚餐以一干一稀为主，菜肴为咸菜蛋汤和中饭留下的荤菜、素菜。遇上结婚办喜事，酒席排场是男方办 3 ～ 4 桌酒席，几家亲戚的船停在一起，一只船就是一桌。大家盘腿坐在船堂四边，中间放菜。男的喝一点酒，女人小孩吃一碗饭，总共 4 ～ 5 个菜、1 碗汤，大白菜炒肉丝是主菜，其他就凑合着，就这样一场婚事就算办过了。

陆上定居后，渔民真正走上了集体化共同富裕之路，日常生活发生了根本性的变化。渔民生产是流动作业，早出晚归或夜出晨归。生活上，船上用行灶，屋里用灶头；船上用桅灯，屋里用电灯；吃水，船上河里舀水，家里用水缸；种田后餐饮二餐变三餐，中午增加一餐点心，缺粮用副食品山芋、南瓜等替代；个别人家晚上小酒酌一酌，菜肴三菜一汤，与市镇居民相似。

进入 21 世纪，渔民餐饮水平大幅提高，一日三餐基本上干稀结合，食谱多样。尤其是菜肴讲究荤素搭配，早上吃好，中午吃饱，晚上吃少，注重营养健康，科学饮食。

（二）衣着

旧时，陆家渔民年轻男子上身穿粗布开衫，下身土布腰裤，外套罱网裤，头戴布帽或草帽。年轻女人上身穿粗布大襟衫，下身穿折腰裤，头围头兜方巾。老年人男的头戴老毡帽，下围瞩裙，女的头围兜头布，下围瞩裙。衣着尽属传统型，粗气简束，脚穿土布鞋、蒲鞋，很少穿袜子，作业时大都穿防水的雨鞋。

新中国成立后，渔民翻了身，穿着也跟随时代变化，穿上中山装、西装、夹克衫和针织内衣内裤等时髦衣裤和鞋帽，穿着基本上与市镇居民相同，流行、时尚。

（三）家具

旧时，渔民以船为家，只有一些家用生活用具，没有任何木器家具和电器设备。1975 年底，完成了陆上定居，渔民住进了楼房和别墅式洋房，装潢别致，木器家具和电器设备进入每家每户。现在全渔业村家家户户通电话，开通数字电视，喝自来水，用抽水马桶，电脑不计其数，手机使用人数占总人口 60% 以上，有代步汽车 70 辆、运输车 15 辆 75 吨。

（四）收入

旧时，渔民一家一船单干生产。捕捞作业传统，小敲小打，捕捉的都是不值钱的小鱼，收入低下，大多数渔民努力解决温饱问题。

新中国成立后，渔业走上集体化道路，渔民收入逐年提高。

（五）文化

新中国成立前，陆家渔民相当贫穷，无力供养子女读书，所以渔民普遍是文盲。只有少数渔家子弟在天主堂学念经，在教会创办的达义小学读书。潘忠耀、潘忠修、潘忠业、陆志相、潘寿生、潘巧生、朱根林、朱金涛、许良生、潘阿奎、陆宝生、戴根生、潘岳云等人就读 3 ~ 4 年时间，被渔民称为“大学生子”。普通渔民能识写几个字就去从事渔业生产。因此，没有一个真正的小学生。

新中国成立后，渔民成立渔业生产合作社，感觉到缺少文化，需要学习科学文化知识。但由于渔民常年流动生产，渔民子弟上学读书的难度很大，只有固定生意和簖上生产的少数渔民子弟能有机会上学。

1958 年公社化后，渔民分配入各大队，渔民子弟在所在大队的学校读书。

陆家于 1965 年 3 月创办陆家渔民子弟流动学校，有二十多位渔民子弟就读，教学点设在天主堂西边第一间约二十平方米的空房内。教室与教师宿舍各半，一块黑板，八张旧课桌。首任教师是潘浩，1967 年起由虞富英任教，1968 年后学生转入陆家中心校就读。

1968 年部分陆上定居的渔民子女有条件上学读书。当年渔业大队总人口 491人，在校的小学生 52 名，占总人口的 10.59%，初中生 3 名，占总人口的 0.61%，无高中生和大学生。

1969 ~ 1975 年渔民 100% 移居陆上生活，渔民子弟有了就学机会，在“文革”期间部分渔民子弟辍学。

1978～1992年渔业村的学龄儿童全部上学读书，文化水平不断提高。1992年全村185户748人，小学文化程度的有287人，占总人口的38.37%，是1968年的5.52倍；初中文化程度的有198人，占总人口的26.47%，是1968年的66倍；高中文化程度的有22名，占总人口的2.94%。

至2012年底原渔业村246户859人，小学文化程度的有265人，占30.8%；中学文化程度的有277人占32.25%；高中文化程度的有98人，占总人口11.4%，较1992年增加345%；新增大学生106人；幼儿入学率100%。

1968 年陆家渔业大队综合情况表

表 5-2-4

单位名称	户数（户）	人口（人）	性别		年龄结构				文化程度			
			男（人）	女（人）	0～5岁（人）	6～14岁（人）	15～64岁（人）	65岁以上（人）	学龄前（人）	文盲（人）	小学（人）	初中（人）
第1生产队	27	139	83	56	21	35	79	4	29	82	27	1
第2生产队	23	134	71	63	26	35	68	5	28	94	10	2
第3生产队	25	136	67	69	22	35	78	1	27	96	13	
第4生产队	15	82	41	41	17	25	37	3	22	58	2	
合计	90	491	262	229	86	130	262	13	106	330	52	3

1992 年陆家渔业村综合情况表

表 5-2-5

单位名称	户数（户）	人口（人）	性别		年龄结构				文化程度				
			男（人）	女（人）	0～5岁（人）	6～14岁（人）	15～64岁（人）	65岁以上（人）	学龄前（人）	文盲（人）	小学（人）	初中（人）	高中（人）
第1组	76	228	96	132	16	23	176	13	27	46	92	61	2
第2组	69	209	92	117	11	14	176	8	28	43	82	49	7
第3组	66	212	102	110	18	28	150	16	26	52	75	52	7
第4组	44	130	61	69	14	15	96	5	22	28	38	36	6
合计	255	779	351	428	59	80	598	42	103	169	287	198	22

2012 年陆家村渔民综合情况表

表 5-2-6

原单位名称	户数（户）	人口（人）	性别		年龄结构				文化程度					
			男（人）	女（人）	0～5岁（人）	6～14岁（人）	15～64岁（人）	65岁以上（人）	学龄前（人）	初识字（人）	小学（人）	初中（人）	高中（人）	大学（人）
11 组	74	261	122	139	14	19	201	27	15	14	92	86	37	17
12 组	64	241	120	121	21	12	180	28	22	15	65	84	23	32
13 组	62	214	102	112	11	16	159	28	12	14	68	69	20	31
10 组	46	143	67	76	6	2	111	24	6	15	40	38	18	26
合计	246	859	411	448	52	49	651	107	55	58	265	277	98	106

三、生活习惯

（一）婚俗

定亲　由媒人介绍，男女双方认识后，男方中意女方，请媒人去说亲，女方同意确认后，请媒人走通公开恋爱关系。定亲由出嫁方在红贴纸上写上生辰八字，由媒人送到对方家里，就算正式确认定亲。

结婚　渔民叫讨娘子、讨媳妇、讨女婿。时间绝大部分定在"冬至节"和"年夜头"。新郎新娘需公开庄严宣誓，戴上婚配戒指才算正式结婚，仪式庄重，令人终生难忘。

扯衣裳　渔民定亲后，在结婚前由男女双方确定一个日期，替男女双方购买结婚用的布料，叫扯衣裳，也叫买上亲衣裳，一般都到昆山、上海、苏州等大百货公司去选购。在媒人带领下，由双方父母或兄弟姐妹参与选择。讨媳妇由男方出资，如果是做女婿，由女方出资，商定时间请裁缝师傅做结婚衣裳。

迎娶　娶亲正日下午，由媒人将做好的上亲衣裳用包裹包好，带上红帖子，到女方船上，送上红帖子，将包裹交给女方。女方小姐妹帮新娘子穿好上亲衣裳，梳好头发。父母要叮嘱女儿到男家如何做人，如何孝敬公婆。临走时女方要放2只高升（爆竹）告诉男方新娘子已经出发请迎接。新娘子哭别父母，跟随媒人，由小姐妹拎着包裹护送到男方船上。男方看到新娘子到来，要放高升迎接新娘子。当新娘上了男方船后，女方送客即可回到女方船上。船的分布是：船头为台，船舱为中堂，船梢为厨房。男方把新娘子迎接到船中堂，同时点亮花烛。新郎、新娘要在女方长辈如婶娘等陪同下坐着守花烛。守到吃晚饭时，新郎、新娘吃晚饭。晚饭后继续守花烛，直守到花烛完全熄灭为止。此举是初婚夫妻必行之礼，俗称为"花烛夫妻"。新郎和新娘守完花烛才能在船堂同床休息。如果女方不及时送出新娘子，男方就要放高升催女方送新娘，个别人家可能要催上 3 ~ 4 次。渔民陆上定居后，迎娶都是用挂桨机，而且还要扯上国旗，敲锣打鼓。改革开放后，发展到用汽车，拍录像，请婚庆公司操办，最后是小青年闹新房。

婚宴　结婚的人家，选择行走上下方便的地方，将亲戚的船靠在自己船的两旁，船头对岸穿好跳板，船头船艄再用毛竹用绳扎牢固定住，使几只船连为一体不易摆动。各只船的船艄作为伙房供烧饭烧菜，船中堂为婚宴设酒席，大家盘着腿坐着吃喜酒。条件好一点的人家，借空房子办婚宴，也有搭木庵堂，请茶炉子办理婚宴。个别困难家庭，由媒人将新娘子从女家接送到男家船上，男家兄弟姐妹聚在一起，吃一顿晚饭，作为完婚了。

如今，渔民婚宴借会所，三天排场，有的甚至进高档酒家操办。

（二）丧事

渔民家里人病危期间，子女陪伴守夜，病人绝气时家属嚎哭，通知亲友吊唁，准备后事，棺木存放墓地。

1966 年以后推行火葬，用船摇至火葬场，后逐步发展为用挂桨机、灵车或大客车送葬。火化后送葬者回家吃回丧夜晚饭，即开丧吃豆腐，一般备豆腐蔬菜。改革开放后，富裕的人家办丧事也是三天排场。火化后骨灰盒不管放在家中还是公墓，都由念经人念经。做"七"，60 日、100 日、周年都请念经先生念 13 份经，念经前后各放 2 只高升。做"七"中，"五七"较为隆重，除了念经外，还要邀请亲朋好友吃"五七"饭，菜肴也相当丰盛。

（三）习惯

过节　渔民过传统节日，生活条件好的家庭就过节，生活条件差的家庭就混过。其中农历十二月二十四日、十二月三十日除夕大年夜、春节大年初一、正月半元宵节、清明节、七月半、八月半、重阳节、十月朝等传统节日，亲朋好友相聚，小酒酌酌。

吃早茶　渔民习惯了吃早茶，这与作业生产有关，每到一个小镇码头，赶早把夜间捉到的鱼上街卖，放在鱼行代销，闲着没事到茶馆店里买上一副大饼油条边吃边喝茶与同行聊天，交流交流生产经验和遇到的矛盾，听听各路新闻。有时亲戚朋友相约见面，甚至找人都到茶馆店里。因此，茶馆店是渔民集中休息、联络、信息交流、协调关系的地点。陆上定居后，渔民生活和生产方式有所改变，吃早茶的习惯慢慢淡化。但是饮茶习惯仍然在人员往来、经济活动、家庭生活中传承。

攀娘姨亲　渔民十分好客，有着攀过房亲戚结拜老姨夫、老娘姨的习惯。新中国成立前后，不少渔民与经常进行捕捞作业的自然村庄农民轧得很熟，把自己的儿子或女儿过房给农民兄弟。确定攀亲后，选定日子摇船上岸举行结拜仪式。

一般傍晚时分进行，攀亲渔民带上新鲜水产品上门，攀亲农民兄弟备上酒席欢迎。两家人亲热相逢，席间过房者见过好爹好娘、兄长姐妹，并送上一份见面礼盒。结拜结束后，结亲者送一些粮油蔬菜，留过房儿子或女儿住上几天。从此，逢年过节或婚丧喜事都相互送礼吃酒，友好往来。这种习惯至改革开放时期基本淡化。

讨年糕 昔日渔民生活贫苦，正月里天冷做不到生意，从年初一开始，习惯地到各村农户家讨要年糕。一般都是老人带小孩，穿着破旧衣服，说一套吉利话"伯伯婶婶新年好，船上人家不蒸糕，谢谢送块糖年糕，祝你今年收成好"等。见到年轻人就说"少爷小姐各位好，船上人穷想吃糕，请送小小一方糕，祝愿来年节节高"。青年人听了非常高兴，出手大方，一天可以讨到几斤糕，能应付一家人一天的粮食。新中国成立后，渔民生活水平逐步提高，讨年糕习惯灭迹了。

搭桌 新中国成立前后，渔民在婚宴酒席上有搭桌的习惯。正餐开席时，亲戚朋友相聚气氛热烈，尤其是男士喝酒热情奔放，待同桌妇女小孩酒足饭饱走了，一桌桌留下几个喝酒人，便开始搭桌，即这桌喝酒人并到那桌上，重新开始吃吃讲讲，你敬酒，我敬酒，热闹非凡，一直到下顿发桌为止。这种习惯显示对东家婚宴排场的认可，是真心诚意和友情的表白，几乎家家户户婚宴都流行搭桌的习惯。

附录

渔民组织

新中国成立前，陆家渔业有一百六十多户，划为一保四甲，保长潘宗德，副保长陆永法。保甲长主要是维护渔民利益，应付上层赋税，摊派上缴任务。当时，地方政府轻视渔业生产，渔民仍然只有一叶孤舟，无人关心和重视。

一、协会组织

（一）渔民协会

1951年在废除保甲制度的同时，于11月成立了陆家渔业协会，规定凡是无渔业资产的渔民均可入会。协会由广大贫苦渔民民主协商推荐陈金生为主任，副主任盛培根、陆锦平、许良生，青年委员戴士明。协会积极组织渔民开展除恶反霸斗争，引导渔民组织互助组，帮助无资产渔民度过生产难关。从此，广大渔民有了自己的组织，有了为渔民办事、说话和议事的平台，真正翻身做了主人。1956年建立新风渔业生产合作社，建立社委会，渔民协会自行解散。

（二）贫协会

1965年社会主义教育运动中，农村筹建贫下中农协会，协助工作队开展"四清"工作。菱葭渔业大队成立贫下中农协会，陆考生任贫协会主席，戴林生为副主席，委员若干人。生产队也建立贫协小组，协助工作队、大队管委会、生产队做好经营管理上的监督工作，并在各项工作上发挥贫下中农的积极作用。协会组织于 1978 年停止活动。

二、行政组织

（一）社委会

由于互助组合作生产形式不能根治贫困渔民家庭的种种困难和忧愁，1956年 3 月组建菉葭新风渔业生产合作社，入社渔民 55 户，总人口 228 人，劳动力110 人，船只 57 艘。选举产生第一届社委会，社委会主任陆锦平，副主任许良生，委员戴正祥、陆守芳、潘寿生、唐巧生。渔民从而走上生产合作社道路，这种形式至 1958 年建立人民公社后被撤销。

（二）大队管委会

1958 年 9 月菉葭成立人民公社，菉葭新风渔业生产合作社的社员分插到 9个大队的副业队。1959 年 6 月菉葭人民公社调整体制，设立渔业大队，被分散的渔民再次集中起来。渔业大队划分 4 个生产队，选举产生生产队队长和副队长，带领社员参加集体捕捞和养殖生产。渔业大队管委会设大队长戴宝福，副大队长陆守芳，委员戴正祥、陆保生，会计谭桂英（后由周怀珍担任）。为了加强对渔业生产的领导，保证水产品的市场供应，是年 7 月 1 日上级派党代表张建民进驻大队，全面负责大队工作。

1962 年后，朱林生出任大队党代表，会计由黄月娟接任，办公地址设在天主堂东面洋房内。

（三）大队革委会

1966 年，"文化大革命"开始夺权斗争，1969 年 2 月 11 日接公社革委会批复成立的渔业大队革命委员会（简称"革委会"）由朱林生、戴保福、刘永生、刘永高、陆凤弟、陆凤宝、戴林生七位组成，朱林生为主任委员，戴保福、刘永生任副主任委员。当时革委会替代原大队管委会，主持领导全大队革命生产和经营管理等行政工作。

1975 年革委会班子人员又作了调整，由潘阿元、朱东良、陆守芳、陆凤宝、陆魏、戴东民等组成。戴小龙、陈文龙、刘永兴、戴卫忠、陆梅生、潘水观、陆文弟、潘惠忠分别担任 1～4 队正副队长。1978 年恢复大队管委会，负责人员有戴保福、陆守芳、陆凤弟、朱东良、陆凤宝，生产队分别由潘小巧、戴林生、潘彩生、戴水根担任小队长。此行政机构沿至 1983 年 6 月。

（四）村民委员会

1983 年 6 月，政社分设，撤销公社管委会，恢复陆家乡人民政府，实行乡管村制。渔业大队管委会改为渔业村村民委员会，办公地址设在原造船厂东面陆家服务队建造的办公室内。

2000 年 8 月，在镇政府区划调整中，撤销渔业村村民委员会，与陆家村合并，建立陆家村村民委员会。从此，渔业村居民纳入陆家村行政管理。渔业村 4 个生产队并村后，第一村民小组改为陆家村 11 组，第二组改为陆家村 12 组，第三组为陆家村 13 组，第四组为陆家村 10 组。

三、基层组织

1965 年 9 月，农村社会主义教育工作队进驻渔业大队，在"四清"运动中培养了 4 名积极分子加入了中国共产党的组织，党员组织生活参加供销社党支部。1968 年成立渔业大队党支部，首任党支部书记朱林生，其间又培养了 2 名积极分子加入了党组织。

1972 年 4 月调整大队党支部领导班子，刘永生任支部书记，其间培养 2 名骨干加入党组织，党员有 8 人。

1975 年 8 月，调整支部班子，程木金任大队党支部书记。

1978 年 8 月，刘永生再次出任大队党支部书记，其间培养 2 名骨干加入党组织，党员有 10 名。

1985 年 2 月，刘永生任陆家渔业村党支部书记。

1995 年 5 月，潘浩任陆家渔业村党支部书记，其间培养新党员 2 名。2000年 8 月，撤销陆家渔业村党支部，并入陆家村党支部。其间，渔业大队、村党支部积极发挥党员干部的先锋模范作用，一心一意为渔民谋利益，成为壮大集体经济、改善渔民生活的战斗堡垒。

1957 ~ 2000 年渔业大队（村）党支部书记任职表

表 5-3-7

姓名	任职单位	任职年限
张建民	渔业党代表	1957.1 ~ 1962
朱林生	渔业大队党支部	1963 ~ 1972.4
刘永生	渔业大队党支部	1972.4 ~ 1975.8
程木金	渔业大队党支部	1975.8 ~ 1978.8
刘永生	渔业大队（村）党支部	1978.8 ~ 1995.5
潘　浩	渔业村党支部	1995.5 ~ 2000.7

1951 ~ 2000 年渔业大队（村）行政职干表

表 5-3-8

姓名	职务	任职年限
陈金生	渔民协会主任	1951.11 ~ 1956.3
陆锦平	新风渔业合作社社长	1956.3 ~ 1959.7

（续表）

姓名	职务	任职年限
戴宝福	渔业大队大队长	1959.7 ~ 1975.8
朱东良	渔业大队大队长	1975.8 ~ 1978.8
戴宝福	渔业大队大队长	1978.8 ~ 1984.5
朱东良	渔业村村主任	1984.5 ~ 1989.2
朱阿毛	渔业村村主任	1989.3 ~ 1995.5
潘金林	渔业村副业社长	1989.3 ~ 1995.5
潘玉林	渔业村村主任	1996.2 ~ 2000.7

渔业大队（村）会计任职表

表 5-3-9

姓名	任职单位	任职年限
文介六	新风渔业社	1956.3 ~ 1959.6
谭桂英	渔业大队	1959.7.1 ~ 1963.5
周怀珍	渔业大队	1963.5 ~ 1964.9
黄月娟	渔业大队	1964.9 ~ 1971.6
朱东良	渔业大队	1971.6 ~ 1975.8
陆　魏	渔业大队	1975.8 ~ 1978.8
朱东良	渔业大队	1978.8 ~ 1985.3
曹根妹	渔业村	1985.3 ~ 2000.7

四、群团组织

共青团　1968年成立大队团支部，刘永生任团支部书记；1975年8月陆凤弟任团支部书记；1985年2月，曹根妹担任团支部书记。其间，共青团组织积极肯干，奋发向上，当好党组织的得力助手。

民兵营　1968年成立渔业大队民兵营，营长由刘永生兼任；1972年营长由刘永高担任；1975年戴佩华任民兵营长；1989年3月，朱阿毛兼任民兵营长；1995年戴道生任民兵营长。民兵组织认真开展爱国主义教育，积极做好民兵训练、整组、预备役登记及征兵工作。平时，民兵又是捕捞作业、水面养殖多种经营生产的突击手和骨干力量。至2012年有9人光荣入伍，保卫祖国。

妇代会　1958年建立妇代会，唐小雪任妇女主任，后由潘阿菊担任；1971年7月陆凤宝任妇女主任；1978年获评县计划生育先进单位；1985年2月杨雪妹任妇女主任；1992年1月，许玉秀任妇女主任兼管计划生育工作。其间，妇代会认真做好维权、敬老、婚姻、卫生、妇女病防治、计划生育、爱心助学等工作。1994 ~ 2000 年组织 1627 人次育龄妇女进行检查。

治保组 1968 年副大队长陆守芳兼任治保调解主任；1972 年戴林生担任治保主任；1975 年戴东民任治保主任；1995 年 5 月，戴道生兼任治保主任。治保组织积极配合公安派出所、司法所，渔政、工商、城管等执法部门做好治理、打击行动。同时，主动做好大队、村里的治安管理和民事纠纷调解工作，保证广大渔民安居乐业。

渔业大队（村）团支部历任书记简表

表 5-3-10

姓 名	单位	任职时间
刘永生	渔业大队	1963 ~ 1975.8
陆凤弟	渔业大队	1975.8 ~ 1985.2
曹根妹	渔业村	1985.2 ~ 2000.7

渔业大队（村）妇代会历任妇女主任简表

表 5-3-11

姓名	单位	任职时间
唐小雪	渔业大队	1965 ~ 1968
潘阿菊	渔业大队	1969 ~ 1971.6
陆凤宝	渔业大队	1971.7 ~ 1984.12
杨雪妹	渔业村	1985.1 ~ 1992.3
许玉秀	渔业村	1992.4 ~ 1995.5
曹根妹	渔业村	1995.6 ~ 2000.7

渔业大队（村）历任民兵营长简表

表 5-3-12

姓名	单位	任职时间
刘永生	渔业大队	1962 ~ 1968
刘永高	渔业大队	1968 ~ 1975
戴佩华	渔业大队（村）	1975 ~ 1989
朱阿毛	渔业村	1989 ~ 1995
戴道生	渔业村	1995 ~ 2000

第六章　农村建设

村域内交通，旧时多为泥泞小道。经多年努力，加宽拓阔，路面固化，周边绿化，桥梁加固，降坡更新，通畅无阻，承载着现代化的车流量。

村内公共事业中，仓库、机库、办公室、活动室一应齐全。电力设施不断更新扩容，适应着地方工农业生产和居民生活的发展。

改水、改厕、清淤、排污等环保措施卓有成效。新中国建立后，开展了大规模的群众性农田水利建设，兴建了排灌站、防洪闸，有力地增强了抗灾能力。这里蓝天白云，绿地碧水，居住环境优美，人人都赞家乡美。

第一节　基础设施

一、道路

（一）泥土路

菉葭水乡，常以船代步，很少用车。20世纪50年代末以前，农村道路都为泥土路，自然村和镇区之间以土路互通。村级道路共有10条，全长6550米，自然村道路14条，全长4000米。

道路多数与沿河河岸或自然村外围道路连接，少数是田间田岸。1959年冬，村域内新筑电力灌溉水渠，从此部分渠岸兼为道路。20世纪70年代初，新开丰产河，7组北岸、6组南岸、5组北岸即成为主要道路，兼做机耕路。

（二）道路初始硬化

20世纪70至80年代兴起农村道路硬化，铺设炭灰下脚，解决雨雪天泥泞的困扰，路宽二米左右。进入20世纪90年代，村级经济发展壮大，村级道路改造铺筑砂石路面，并适当拓宽，便于行人行走和自行车、摩托车、手扶拖拉机、中型拖拉机行驶和调头。

2012 年陆家村级道路简况表

表 6-1-1

组别	区间	走向	宽 × 长（米）	路面
1、2、8	北更楼—312 国道	南北	1.50 × 1500	泥石
9	北更楼—龙王庙	东西	1.50 × 800	泥石
5	大队加工厂—许家村	南北	1.50 × 700	泥石
5	叫化浜—唐板桥	东西	1 × 300	泥石
6	西弄堂—黄泥浜江滩	东西	1.50 × 1000	泥石
3、4	石皮弄—东弄	东西	1.50 × 200	砖头
7	西弄堂—古木江桥	南北	1 × 1500	泥石
2	兽医站—陈家浜路	南北	2 × 150	泥石
3	黄家弄—新华江家	东西	2 × 300	泥石
3	新宅弄—韩泾滩	东西	2 × 100	泥石

2012 年陆家村自然村小路简况表

表 6-1-2

组别	区间	走向	宽 × 长（米）	路面
1	小夏驾河—打水站	东西	3 × 300	煤屑
2	兽医站—煤屑弄	南北	1.50 × 400	煤屑
3	韩泾河西—菉溪路	南北	1.50 × 500	砖
4	沙家路—李玉明屋后	南北	2 × 50	砖
4	李玉明屋后—四队新宅	南北 – 东西	1 × 100	水泥
4	韩泾滩—宋郑还宅边	南北	2 × 200	砖
5	玉皇殿—许家村潘正浦桥	南北	2 × 1000	泥沙
6	丰产河桥—黄泥浜	东西	1.50 × 300	泥沙
7	黄泥浜—吴淞江岸	南北—东西	1.50 × 200	三和土
4	武敏珠宅前—吴淞江滩	东西	2 × 100	煤屑
8	唐家宅—陆家浜南路	东西	1 × 100	煤屑
4	施家宅—陆家浜南路	东西	1 × 150	煤屑
9	陈家浜河边—陆家中学	南北	3 × 300	三和土
9	陈家浜村后—陆家小学	南北	4 × 300	三和土

（三）三线入地道路

繁华地段将电力线、电话线、电缆线按管道布入地面以下，让街道显得更整洁、美观、安全。

2012 年陆家村区三线入地简况表

表 6-1-3

道路名称	走向	长度（千米）	三线入地路面	入地时间
菉溪路	东西	0.93	东起陆丰东路西至粮机厂	2001.10
童泾南路北段	南北	0.60	南起木瓜河北至童泾大桥	2001.10
陆家浜南路北段	南北	0.43	南起陈家浜路北达菉溪路	2002.10
童泾南路南段	南北	0.73	南起木瓜路北至老木瓜路	2005
南木瓜路	东西	0.84	东起联谊路西至童泾南路	2005.10
陆家浜南路南段	南北	0.21	南起新木瓜路北至唐板桥路	2006

（四）机耕路

20 世纪 70 年代初，各生产队购置手扶拖拉机。为便于手扶拖拉机在自然村间和田圩间行驶，每个生产队都在田圩间规划拖拉机行走的专用道路（简称"机耕路"）。此路用泥土堆筑，大部分沿灌溉渠岸拓宽，既便捷又安全。少数生产队用五吨以上的农船摆渡，到荐口上岸和下船，但存在不安全因素。全村共有机耕路 14 条，总长 4730 米。

2012 年陆家村域内机耕路简况表

表 6-1-4

组别	区间	走向	宽 × 长（米）	路面
1	小夏驾河—312 国道	南北	4×700	泥土
1	夏驾河—312 国道	东西	4×500	泥土
2	陈家浜路—供销社竹材部	南北	2.50×250	泥土
3	韩泾河—吼张浜	东西	2.50×200	泥土
4	新华江家—吼张浜桥	南北	3×500	泥土
4	田中—吼张浜	东南北	3×80	泥土
5	许家村—十三福桥	东西	4.50×250	泥土
6	打水站—吴淞江滩	东西	6×400	泥土
6	陆家中学—新开河	南北	4×300	泥土
6	新开河—杨家宅	南北	2.50×350	暗渠
7	吴淞江滩—公墓	南北	3×300	泥土
8	312 国道—王家宅	东西	2×300	泥土
8	312 国道—河庄	南北	4×100	泥土
9	陆家中学—月河	南北	3×500	泥土

2012 年陆家村境内（含市镇）道路一览表

表 6-1-5

路名	长 × 宽（米）	路面	走向	起讫地址	三线入地时间	成路年份
南木瓜路	840 × 8	砼沥	东西	联谊路—童泾南路	2005.10	2005
唐板桥路	480 × 12	砼沥	东西	联谊路—陆家浜南路		2006
香严街	300 × 2.50	方砖	东西	陆家浜南路—加工厂		老路
质夫路	200 × 3	方砖	东西	陆家浜南路—陆家中学		老路
木瓜东路	250 × 3	方砖	东西	陆家浜南路—白鹤溇弄		老路
木瓜西路	400 × 3	方砖	东西	陆家浜南路—竹材部		老路
兴学弄	200 × 2	方砖	东西	陆家中学—陆家浜路南路		老路
杨厅弄	150 × 1.50	方砖	东西	陆家浜南路—白鹤溇弄		老路
东弄	500 × 1.50	方砖	东西	陆家浜南路—联谊路		老路
黄家弄	250 × 1.50	方砖	东西	陆家浜南路—韩泾河		老路
陈家浜路	420 × 10	砼沥	东西	陆家浜南路—童泾南路		1992 ～ 1994
新宅弄	200 × 1.50	方砖	东西	陆家浜南路—韩泾河		老路
煤屑弄	60 × 2	方砖	东西	陆家浜南路—鹤塘路		老路
新开河路	850 × 8	砼沥	东西	陆家浜南路—陆丰东路		1993 ～ 2001
菱溪路	930 × 10	砼沥	东西	陆丰东路—童泾南路	2001.10	1984 ～ 2001
教堂路	150 × 8	砼沥	东西	陆家浜北路—天主堂		1985 ～ 2000
联谊路	1200 × 8	砼沥	南北	南木瓜路—菱溪路		1989 ～ 2005
白鹤溇弄	250 × 1.50	方砖	东西	劳动桥—黄家弄		老路
韩泾河弄	500 × 2	方砖	东西	白鹤溇弄—新开河		老路
陆家浜路	2010 × 6	砼沥	南北	南木瓜路—光夏路	中 2002.10 南 2006	1998 ～ 2006
鹤塘路	130 × 3	砼沥	南北	煤屑弄—兽医站		老路
育才路	260 × 4	砼沥	南北	育才新村—陈家浜路		1989 ～ 2005
菱溪新村路	340 × 5	砼沥	南北	陈家浜路—菱溪路		1991 ～ 1995
龙溪路	330 × 4	砼沥	南北	童泾南路—夏驾河		1995
童泾南路	1330 × 8	砼沥	南北	南木瓜路—童泾路桥	北 2001.10 南 2005	1989 ～ 2005

二、桥梁

村域地处江南水网地区，河浜纵横，有河逢路必架桥以贯通道路。桥有单跨或三跨型，材质分木桥、石桥、水泥桥，形状有平板、石拱等等。至 2012 年村域内共有桥梁 34 座，其中石桥 4 座、钢筋混凝土桥 30 座。陆家村域内的老桥因地方建设或已成危桥，在 1958 ~ 2012 年间已被拆除 20 座。

2012 年陆家村桥梁一览表

表 6-1-6

桥名	地点	长（米）	宽（米）	材质	建造年份
菉溪大桥	吴淞江上滩圩路口	80	9	水泥	1989
绿地大道桥	童泾南路口吴淞江上	100	124	水泥	2012
童泾路大桥	童泾路过夏驾河	86.55	27	水泥	2004
友谊路桥	友谊路过夏驾河	85	30	水泥	2012
老公路桥	老国道过夏驾河	84	17	水泥	老桥
312 国道桥	新国道过夏驾河	85.50	40.50	水泥	2005
兴学桥	陆家初中部木瓜河上	20	4	水泥	1992
卸甲桥	质夫路口木瓜河上	14	3	石板	老桥
谭家桥	陈家浜南路过木瓜河	14	10	水泥	老桥重建
劳动桥	白鹤溇口木瓜河上	14	3	石板	老桥
马路桥	陈家浜路过陈家浜河	18.25	11.40	水泥	2002 扩建
菉溪路 2 号桥	菉溪路过陈家浜河	18.05	27.50	水泥	2004
韩泾桥	东弄过韩泾河	14	3	石板	老桥
小韩泾桥	黄家弄口韩泾河上	14	2.50	石板	老桥
新开河 1 号桥	新开河路过韩泾河	16.20	25.10	水泥	2004
菉溪路 1 号桥	菉溪路过韩泾河	20.50	11.20	水泥	2002
永生桥	教堂路过韩泾河	14	3	水泥	1999
小夏驾桥	陆家北路过小夏驾河	14	12	水泥	老桥重建
联谊路 1 号桥	联谊路	6	12	水泥	1993~2013 修
联谊路 2 号桥	联谊路	6	21	水泥	1993~2013 修
名湖花苑桥	新开河上	6	10	水泥	2002
名湖花苑桥	新开河上	6	6	水泥	2002
联谊花园桥	新开河上	6	6	水泥	1998
佳宏房产开发桥	新开河上	6	6	水泥	1998
南木瓜 1 号桥	南木瓜路	10.60	16.60	水泥	2006
南木瓜 2 号桥	南木瓜路	10.60	15.60	水泥	2005
南木瓜 3 号桥	南木瓜路	12.20	20.60	水泥	2005
南木瓜 4 号桥	南木瓜路	12.20	15.60	水泥	2005
南木瓜 5 号桥	南木瓜路	5.8	16.30	水泥	2005

（续表）

桥名	地点	长（米）	宽（米）	材质	建造年份
唐板桥路桥	唐板桥路	20.90	23.40	水泥	2010
新古木河桥	陆家浜南路底	20	20	水泥	2010
新木瓜河桥	童泾南路底	20	25	水泥	2010
高中部黄泥浜桥	陆家中学高中部	4	3	水泥	2009
新木瓜小区桥	木瓜路中段	5	15	水泥	2006

1958～2012年陆家村域内灭迹桥梁一览表

表 6-1-7

桥名	坐落	结构	长×宽（米）	拆除年份	灭迹原因
北更楼桥	鹤塘浜市河	石拱	5×3	1958	填河筑路
北江瑞泰便桥	鹤塘浜市河	木板	4×0.80	1958	填河筑路
黄家弄桥	鹤塘浜市河	石板	5×2	1958	填河筑路
永安桥	鹤塘浜市河	石板	4×2	1958	填河筑路
沈家弄桥	鹤塘浜市河	石板	4×2	1958	填河筑路
姚汝林便桥	鹤塘浜市河	石板	4×1	1958	填河筑路
南更楼桥	鹤塘浜市河	石板	3×1.50	1958	填河筑路
黄泥浜小石桥	黄泥浜口	石板	3×1.50	1958	陆家中学扩展
木瓜桥	木瓜河出口	石拱	7×3.50	1980	排涝站建闸
太平桥	6组油车江河	石板	4×1.50	1997	填浜筑路
南圣堂北侧小浜口桥	浜斗口	石板	6×1.50	1997	筑陆家浜南路
沪渎通济桥	夏驾河吴淞江交汇	石拱	40×3	1997	危桥移地重建
新开河东桥	5组新开河	水泥	7×4	2002	建木瓜小区
新开河西桥	6组新开河	水泥	7×4	2002	建木瓜小区
谭家桥	南市梢木瓜河	石板	4×2	2002	移地重建
十三福桥	潘正浦	石板	40×2	2003	建东城大道
黄泥浜桥	黄泥浜	木板	10×2.50	2004	陆家中学扩建
古木桥	古木江河	石拱	8×2.50	2004	建绿化带
南圣堂桥	6组油车江河	石板	6×1.50	2006	筑陆家浜南路
唐板桥	潘正浦	石板	8×2	2008	建新农贸市场

第二节　公共事业

一、办公室

1949 年 5 月 13 日昆山全境解放，农村开始成立联村委会和村农会。其后依次成立农业初级生产合作社、农业高级生产合作社、人民公社，下设大队后改设村民委员会等农村基层行政机构。陆家村初始有三个联村办公室，分别设在南圣堂（许家）、火神庙（韩泾）、北圣堂（西厍），皆就地办公。1956 年成立高级社后，办公室设在谭家桥南古木弄 7 号室内，利用旧桌椅进行办公。随着集体经济的发展壮大，1983 年在无纺厂内建村办公室。1992 年迁入陈家浜路 2 号办公大楼，室内办公用品和布置都购置时尚的套件，新颖、整洁、规范化。2009 年 8 月移址原成人教育中心校舍办公，布局含会议室、阶梯会议室、大小办公室、活动室、食堂等。渔业大队（村）最早借用镇上杨厅办公，在新风渔业社时，在木瓜河北边谭家桥卸甲桥北塊的罗思福家的小楼里办公；1963 年后在天主堂办公；1971 年迁往龙王庙新村边上的办公室办公；1992 年又迁址清洁所边新造办公室，在此办公至 2000 年 8 月两村合并。

二、生产队（组）仓库

1956 年办农业高级社开始，下设生产队，每个生产队都辟一处地方筑一块生产场地，俗称社场或公场，用来堆放柴草及其他生产资料，进行三麦、水稻的脱粒。一般都在生产队公场处建造生产队（组）仓库，以便储放化肥、农药、种子、粮食、犁、耙、船橹、笆斗、栈条、筛等。仓库一间或多间不等，由生产队（组）田亩多少和经济状况决定，但是属生产队必建且不可缺少的固定资产。在计划供应时期，供销部门专拨计划供应的砖、瓦、椽木、梁、石灰、水泥等物资，给予生产队建造公房。1983 年家庭联产承包责任制实施后，生产队（组）联产到劳，农户收获的粮食全部存放在家中，生产资料采用抓阄形式作价分发给村民，猪棚、牛棚、仓库等公房拆除分给各家各户。

1983 年陆家村各组公房设施状况简表

表 6-2-8

组别	蘑菇棚（间）	猪棚（间）	仓库（间）	公场（块）	面积（平方米）	说明
1	7	15	5	2	300	

（续表）

组别	蘑菇棚 （间）	猪棚 （间）	仓库 （间）	公场 （块）	面积 （平方米）	说明
2	2	9	4	1	200	
3	4	8	5	3	400	
4			9	4	500	
5	4	20	7	2	400	公场1块砖面1块水泥面
6	6	20	4	1	250	
7	6	9	4	1	300	
8	—	8	3	1	200	
9	3	8	4	3	400	

三、医疗站

1958 年农业高级社始办保健站，利用空房设诊疗室。陆家大队的卫生室最早设在北圣堂庙里，后在古木弄 7 号大队办公室内，再后迁入原汪金魁牙科诊疗室。20 世纪 70 年代初搬入谭家桥北堍南市梢店面房内，后又迁入大队办公室。20 世纪 80 年代中期迁入陈家浜路口原供销社批发部。2000 年陆家大队卫生室与工业合作医疗卫生室合并于教堂路，其后曾迁入陈家浜路 2 号及陆家大队老年活动室。渔业大队合作医疗卫生室常驻于大队办公室边，2000 年与陆家村合作医疗卫生室合并，并村后的村卫生室于 2004 年迁去镇南社区卫生服务站，面积225 平方米。

四、食堂、活动室

（一）食堂

1958 年秋收秋种开始，人民公社社员生活实行供给制，吃饭不收钱，办起公共食堂，粮食浪费严重。至 1960 年冬季改搞定量供应使用饭票，分大人票和小孩票。至 1961 年 6 月底食堂停办，社员恢复传统家庭锅灶做饭菜。办食堂期间，陆家大队一队社员食堂办在陈阿荣厂房里，二队社员吃饭的食堂办在沈宝林的南货店里，三队、四队社员食堂办在城隍庙里，许家村五、六、七 3 个队所办食堂在胡季氏家里。渔业大队因其特殊生产方式，没有办食堂。

陆家村于 1986 年办小食堂，即陆家村无纺厂所办食堂。开始有 150 人左右搭伙，至后期约 300 余人参加。食堂有炊事员 6 人，凡工人搭伙自带白米换饭票，自掏钞票买菜票。开饭时，食堂提供各色菜肴，可供用膳者选择。食堂经营管理规范，遇到外来宾客，以贵宾相待，档次略有提高。食堂供应的饭菜卫生可口，有若正规饭店。凡夜班工作人员有夜宵供应，群众口碑较好。此食堂于1998年无纺厂转制后关闭。2000年以来村办小型食堂有派出所辅警、育才社区管理人员等搭伙，炊事员1人，小食堂一直办着。

（二）活动室

陆家村在马路桥堍设100平方米的老年活动室，为老年人提供活动场所并供应茶水。老年人休闲时间自由去活动室参加娱乐休闲活动，内容有观看电视、观看录像和玩棋牌等。

五、机库

20世纪70年代生产大队开始购置手扶拖拉机及配套机具。当初机械数量少，农忙期间停放在生产队公场上，农闲时寄放在空闲房中，无专用停机库。后来，生产队购置手扶拖拉机一般1至2台，于是筹建停机库，每队一间，每间40平方米。同时，购置的植保机械、播种机械等都存放在机库中或寄放在生产队仓库中。步入20世纪90年代，农业机械更新换代，大队购置了中型拖拉机及配套机具。1991年陆家村在油车江西岸倒虹吸旁边建300平方米的机库，存放这些中型拖拉机及配套农具。此后这批机械承包给农场使用，2010年由水利站拆卖，机库消亡。

六、电力

（一）农业用电

20世纪50年代后期，电力部门已开始向镇近郊的陆家大队各生产队供电。1960年夏种前昆山供电部门开始向农业供电。除电力灌溉用电外，在电灌站周边的生产队场地同时架通用电线路，主要供农作物脱粒机械用电。

1960年县、公社推广电犁作业，在陆家大队架设电线和变压器。变压器为50千伏安，架设在3队，也同时供电给变压器输电线周边的生产队场地和3、4队的轧花轧绳机械设备。至1965年从2队架起电杆通过市镇架到白鹤溇对岸的饲料加工厂，每个生产队场地都架通输电线路，使农作物脱粒机械实现100%电力操作。1968年10月开始电力灌溉调整，使各自然村都有一只50千伏安变压器。1983年家庭联产承包责任制实施后的1～2年间，各村民小组把动力线架设到每户农家宅前，安装用电终端装置，便利农户脱粒、扬谷等农作物收获作业。

1991年陆家村在5、6组建立倒虹吸。水站、加工厂、饲养场用电量增大，变压器数量和容量同步增多、增大。

（二）工业用电

早在20世纪70年代中期，陆家村在5队叫化浜建加工厂设变压器。随着村队办工业逐渐增多，大部分企业借用近旁电力灌溉站或电犁变压器。随着工业产品种类和产量的增多及厂址的变迁，借用变压器已无法满足工业生产的需要，原有变压器增容或厂企申请增设专用变压器势在必行。农场变压器增容 120 千伏安供厂企用电和周边生产队、农户用电。

20 世纪 80 年代，社队工业厂企不断增多，业务量不断增大，国家电网分配的计划用电有限，远不能满足企业生产需要。陆家村无纺厂派员赴江阴买回轮船发电机组办起柴油机自发电，确保自身工业生产需要，解决国家电网供电缺口。

1993 ~ 2001 年，村的部分土地被征用转让，厂企迁移，工业用电由供电部门规划供电，发电机组出售，变压器由供电局收回。

（三）村民生活用电

1960 年自启用电犁变压器以后，变压器周边生产队有部分农户开始以之兼用生活照明用电，电度电费由电灌站电工抄收。20 世纪 70 年代初农村照明用电逐渐普及，初始用电只是纯照明，每户每月用电 2 至 4 度不等。随着村民生活水平不断提高，电视机、电饭煲、电冰箱、空调、电脑、电瓶车等各类家用电器进入寻常百姓家，家庭生活用电数量猛增。至 2012 年底，每户每月平均生活用电 80 至 150 度不等，见证了村民生活水平的提高。

（四）电力线路运行管理

1959 年昆山明光电厂电网在夏驾桥镇北沪宁铁路南侧、夏驾河西岸，建 35 千伏安降压站 1 座，周边架电力输送线。1963 年昆山县供电所成立。1965 年昆山电网划入华东电网。菉葭大队第七生产队在吴淞江滩边增设变压器，增容量 50 千伏安。架设 35 平方低压线路，7 米柱 5 根，柱距 70 米，总长 500 米。1979 年 1 月昆山供电所改称昆山县供电局。至 2012 年底，陆家村域内村民含镇上居民生活用电变压器共 68 台，总容量 26480 千伏安，全年总用电量达 1300 万度左右。

1976 年 3 月陆家公社建立农电管理站，大队和生产队也指定专职或兼职农电工，形成三级管电组织。供电部门帮助公社培训以提高农电工技术水平，使之成为发展农电事业、承担农电线路的建设和维护、管好农村用电的骨干力量。1991 年针对农村电网老化的状况，开展整改农村低压电网和用电标准化建设活动。建设用电标准时，配电盘升级调用 BS 标准电盘；主线路架设 35 平方，支线路架设 25 平方裸铝线，接户线为 6 平方皮包线；原不规范电线杆统一调换标准 7 米杆。1998 ~ 1999 年进行农网改造，实现"送得出、用得上、布局合理、装备良好、科学管理、安全、优质、高效、低耗，适应农村社会经济发展和农民生活需要的农村电网"总目标。主线路改架 50 平方裸铝线，部分电杆改换 8 米杆。随着土地征用和自然村变迁，变压器部分废撤，部分迁移为企业、居民新村和道路照明等。

七、邮电、广播、电视

（一）邮政

陆家村靠近陆家镇，其邮政及业务借镇的邮政事业得到便利。史载清雍正二年（1724）在村域内即设菉浜驿铺，驿道经菉浜铺依次投递。民国元年（1912）陆家设邮政代办所，定有投递线路。新中国成立后，1955年设立菉葭邮电支局，当时收到的邮件拆分后经由茶馆、小店转达收件人，本地外寄邮件由班船经夏桥转菉葭浜火车站运到上海寄发全国各地。是年设农村邮递站并特建农村投递邮路，实行隔日送一次邮件，1968年10月改为逐日制。1987年3月起，设农村邮路，含市镇、陆家片等共5条邮路，各村均通邮。村民寄信件可直接去陆家邮局办理或就近在住宅边的邮筒里投进一封信。邮局发来的包裹、报纸杂志、信件、汇款、挂号信函等，邮递员按照门牌号码直接送到户头上。较大的邮件汇款等，邮局通知村民带有效身份证件前往邮局领取，极为方便稳妥。

邮政业务在民国27年（1938）为邮递信函，发行包裹、汇票等；1949年新中国成立后增办邮购商品；1952年开办快递小包和保价信；1959年增办国内特种挂号信、国际挂号信及包裹；1977年试行邮政编码，陆家邮政编码为215331。

（二）电话

1958年利用农村广播线路安装高级社办公室电话，是年菉葭公社第五大队安装了一台电话。20世纪60年代的电话都为磁石电话机，只能勉强通话，话音很小、串杂音严重，遇刮风下雨天气就断线、碰线，电话不通。三年困难时期后，根据党的"调整、巩固、充实、提高"八字方针，对不合格线路和电话机进行调整。1991年12月25日陆家邮电支局开通DS2000A型数字程控交换机1000门，是全市第一个开通程控电话的乡镇。通信线路传输光纤化、数字化，通讯能力大幅提高。是年开始，程控电话逐年装入农户。1994年陆家渔业村建成电话村，村户电话普及率达70%以上。至2012年陆家村农户电话普及率达90%以上（部分村户电话消户，以手机代之），人际通讯便捷，使人们多年来追求的"楼上楼下，电灯电话"的小康生活成为现实。

1992年12月开通中国移动通信，1999年中国联通先后开通电话网，成年人手机持有率年年增长。至2012年底，手机持有率超85%，每户家庭都持有多部手机。

（三）广播

1957年底建立菉葭乡有线广播放大站，其线路用树干、铁丝并与电话线共用，主要接通西库高级社办公地。当时全大队安装舌簧喇叭 20 只，1960 年线路基本瘫痪。1965 年重新整线改用专用线，广播喇叭开始装入农户。1966 年陆家大队开始设大队广播线路维护员，由电工兼任。20 世纪 70 年代初，随着镇（公社、乡）有线广播事业的发展，各村（大队）先后建成村（大队）广播室。陆家村的广播室先设于古木弄 7 号大队部，后迁至兽医站。有收音扩大机，用于召开村民（社员）广播会，转播上级台站的节目，贯彻党和政府的方针政策，报道国家大事，讲授农业技术知识，布置适时的农业事项及村负责人讲话等等。广播线路员由陈继明和戴洪生兼任，当时家家有广播喇叭。1983 年实行联产承包责任制后，在进行农业技术辅导宣讲中有线广播发挥了很大作用。1984 年开始推广和普及动圈喇叭。1997 年后，广播实现调频传输提升工程，有线广播完成了历史使命。2003 年自然村开始变迁，农村有线广播线路随之废除。

（四）电视

在 20 世纪 70 年代，昆山电视机厂批量生产银河牌黑白电视机。因其价格实惠，有部分生产队购买黑白电视机，晚间社员们聚集在电视机前集体收看。初期电视信号弱，也只能收看中央台和上海台节目。20 世纪 80 年代中后期开始，电视开始走进部分农户家庭并逐渐普及，过后黑白电视机也渐被彩色电视机代替。2006年全镇实现有线电视网络村村通，至 2012 年陆家村村民家家开通有线数字电视，而且普及彩色液晶大荧屏电视机，每户家庭都拥有 2 ~ 3 台。电视机摆放在客厅和房间内，收看极为方便。如今高清电视也已起步。

八、健身场所

2002 年，镇体育领导小组制定了《陆家镇年度体育工作意见》，确定了一批社会体育指导员。健身体育工作做到制度、人员、经费三落实，逐步发展和完善各村的体育设施，使群众体育活动蓬勃兴起。陆家村域内有众多居民住宅小区，村民居住集中，一个个健身场地先后建成，可供村民休闲时间锻炼健身。2005 年陆家村在玉皇殿首先建健身场；2008 年在鹤塘路等处建活动场所；2012 年建菉葭公园，村办公室边也有 1 处，面积都在 0.30 ~ 0.50 亩。健身器材有天梯、双杠、上肢牵引器、四连蹬力器、立式旋转器（三人扭腰器）、太空漫步器、健骑器、三位仰卧起坐器、双人秋千、腹肌训练器等，可使群众根据不同需求进行锻炼。

第三节　环境保护

陆家村民历来重视生活环境的保护工作。旧时，全村域 9 个自然村庄，237户村民坚持每天早晚打扫场地和宅前宅后道路各 1 次，保持家园清洁。宅上树木成荫，竹园茂盛，四季常青，鸟语花香，环境十分优美。同时，结合积肥罱泥、卷水草等方法清淤河道，并利用浜、溇、湾种植菱等水生植物，达到净化河流水质的目的。百姓自觉履行保持环境优美的义务，使乡村显示了"小桥流水""水清河秀"的特色。

1963 年 7 月至 1966 年 3 月，县组织社会主义教育工作队进驻村，结合清账目、清仓库、清财物、清工分的"四清"运动，大张旗鼓地组织开展爱国卫生运动和环境保护活动。先后在全村开挖"血防井"20 口，解决村民用水问题；全村实行粪坑集中加盖管理；建成 8 支共 16 人的倒马桶保洁队伍，进行集中清洗，杜绝马桶入河洗刷；结合积肥造肥，一年四季开展 20 余次大扫除，清除路边垃圾和杂草，并进行检查评比，常抓不懈；组织团员民兵开展义务植树活动，河岸、公场、饲养场种植楝树、谷树、刺槐、桑树等品种树木 2500 棵；村庄河道浜溇普遍种上水花生、水葫芦、水浮莲等水生植物，既提供了猪羊青饲料，也有效地改善河道水质问题。

1966 ～ 1976 年，在特殊的情况下，规定家禽按人口数养殖，竹园边为农作物挡荫的树木也被处理，环境保护工作受到一定影响。而且，生态平衡方面也受到不同程度的牵连和损害。

党的十一届三中全会后，全村上下万象更新，春意盎然。镇政府及村民委员会在环境保护上舍得投入，做了不少有益的事情。

一、改水

村用自来水　陆家村水资源丰富，新中国成立前和新中国成立初期，村民都饮用河水，极少村民饮用井水。1964 年大面积防治血吸虫病工作开始后，每个生产队开 1 ～ 2 口公用井供社员使用。20 世纪 70 年代初期已发展到每户一井，全大队共开井 600 口，使用井水清洁卫生又方便。1986 年陆家镇建自来水厂。此后在 20 世纪 80 年代后期，全村 90% 社员用上自来水。1988 年渔业村每户出资 500 元，其余费用由村出资，各户都通上了自来水。1990 年陆家镇成立改水小组。1991 年全面普及自来水。1992 年陆家村统一布局自来水管线进户，并为每户配上自来水龙头。村民自负水槽和线路开挖填土，其中 5、6、7 组每户的进户管由村民自负，100% 村民饮用上安全自来水。自来水厂服务到村，重点是做好供水、水质监察、维修和抄表收费，水费价格由物价部门制定。1997 年与昆山自来水公司联网。1999 年镇区与市区并网，全村饮用市自来水公司统一供应的标准化自来水，水费及维修管理费均由镇自来水厂负责。2007 年陆家村进一步完成自来水管网改造，造福村民，人人饮上安全水。

二、改厕

新中国成立前，地方政府对环境卫生不闻不问，农民都用马桶。粪缸只搭一个简单的开放式草棚，上不加盖，每到气温升高之时，蝇虫乱飞，携带着各种病菌，对人们的健康造成威胁。新中国成立后，人民政府号召和发动村民大搞爱国卫生运动，屋前屋后大搞清洁卫生，茅坑加盖，消灭暴露式粪缸。随着人们生活水平提高，特别在灭钉螺和消灭血吸虫运动中，人们的健康意识大幅度提高。1987年后有部分村民在老居住房内改建冲水式卫生间。村集体组织专业施工队伍，挨家挨户砌筑三级化粪池808只，避免了生活污水直接流入河道。后来新建居住区内每户均安装上冲水马桶，从此世代传承的木质马桶告别历史舞台。

至2012年底陆家村域内公厕分布：每个村民小组建有冲水式公共厕所，菉溪公园也建有一座，共12座。每座平均投入十万元左右，每天由保洁员负责卫生管理。

三、清淤

20世纪90年代中期，农业规模经营后，农村传统罱泥绝迹，河道河床淤泥增厚，造成水流不畅、航运受阻和水质污染等问题。1996年政府出资请专业清淤船队在辖区内的木瓜河、韩泾河、陈家浜河等要道清淤，使河道顺畅，水质改善。水政、河道管理所安排渔业村派2只船4个人清洁水面。2012年增派为4只船8个人驾小船清除河面漂浮物，清除两岸杂草和垃圾堆积物，监督河道内违章搭建等，保持全村辖区内河道常年清洁。

四、环境卫生

为加强环卫管理力度，创建优美的乡村环境，组建村环卫领导小组，由组长、副组长、组员共6人组成。组建一支环卫清洁队伍，至2012年共有10人，负责村域内道路和有关居住小区的保洁工作。保洁工作做到日常化管理，确保道路、居住小区和市场等区域地面无垃圾，绿化带无杂草，道路无障碍，垃圾做到日产日清。每年村组成一支3至4人的清除黑色广告队伍，人员分地段包干，每天巡逻，发现黑色广告立即铲除，发现正在贴广告的人员，立即对其劝诫和教育，防止"牛皮癣"污染。

五、绿化

陆家农村的绿化主要是农户宅前屋后的植树绿化，栽植竹园增绿。在村级道路两边种植刺槐、水杉和香樟等树木，形成绿色林带。农业集体化后，在灌溉渠岸、机耕路及养鱼塘四周，都重视植树造荫。河岸上及其边角地带和防风林绿化面积达 92.80 亩。1990 年建的菉溪公园，是人们休闲和村（社区）及政府部门等单位举办大型活动的好去处。1994 年，村域内条条道路两边植树造林，形成一条条绿化带，小公园占地 10 亩。至 2012 年，村域内绿化面积：河岸 22.40 亩，道路 27.80 亩，自然村及小区 31.10 亩，镇级道路 92.80 亩，村农林网 298 亩，达标率为 84.2%。各小区内除健身场、篮球场外，遍布草坪、林木、花卉，成为村民休闲胜地。

1996 ~ 2012 年，陆家村曾获昆山市"六有十无双文明村""精神文明建设先进村""生态村""修复渔业生产保护生态环境村"和"新农村建设示范村"等荣誉称号，并连续三年获得"昆山市两个文明建设先进村"的光荣称号。

六、排污

金城化工厂按环保部门有关规定，建立污水处理设施，达标排放，并建立长效机制，一抓到底，杜绝污水直接排放造成污染。饲料加工厂采用布笼及排坐管防尘。陆家村住宅小区污水截流中，已全部接入市政府污水管网，实现无害化处理。

陆家村住宅小区污水截流情况

表 6-3-9

小区名称	所在路段	户数	每月用水量（立方米）	雨污分流完成率（%）	是否接入市政府污水管网
木瓜东苑	南木瓜路	60	75	100	是
木瓜南苑	南木瓜路	91	90	100	是
木瓜北苑	南木瓜路	29	56	100	是
木瓜西苑	南木瓜路	84	56	100	是
唐板桥花苑	南木瓜路	39	70	100	是
碧湖苑	陆家浜北路	157	63	80	是
星旺商苑	陆家浜路	40	140	100	是
联谊新村	新开河路	288	240	100	是
菉溪新村	菉溪路	327	80	100	是
桃园春天	联谊路	265	72	100	是
名湖花苑	新开河路	207	80	80	是
医院住宅楼	陆家浜路	30	16	100	是
鹤塘新村	陆家浜南路	40	20	100	是

第四节 水利建设

一、抗洪

（一）防洪圩

昆山塘浦圩田制早在宋代以前就形成，经元、明、清数代逐步演变为以自然圩为单元的圩区。这些圩围堤岸单薄，抗灾能力极低，遇大水灾情即有相当部分圩堤漫水、溃决。

新中国成立后，就着手规划圩区治涝工程，投入大量的人力、物力、财力，进行圩区治理。1950 年春，县人民政府规划对主要干河进行规模较大的修复堤圩工程。村域内圩区堤长 2400 米，吴淞江岸及夏驾河岸被重点加固。在蓁葭区政府的领导下，本村域内西库、许家两个联村的农会和村民会组织群众突击抢修堤岸，控制灾情。其中突击低洼圩区抢修工程，在韩泾联村 3 组吼张浜及许家联村 5 ~ 6 组的部分低洼田受灾严重，村里曾发动男女劳动力 1200 余人次总计抢修圩堤 2380 米，圩区受益总面积 690 余亩。许家联村土地总面积近 750 亩，地形南北长，而中间南北走向的河流中只有一条以油车江为主的河流，黄泥浜只是一头通入木瓜河，因此一遇洪水泛滥，容易受灾。1970 年冬季，全大队发动男女社员 14875 人次，启动新开河。总土方为 37446 立方米，历时两个月，在 5、6、7 三个小组，开挖贯通一条丰产河，宽 15 米，长 850 米，当地受益，粮食产量年年稳步提高。

（二）排涝

打出水 新中国成立前一家一户单干种田，遇洪涝灾害没有治水抗灾的能力，民间流传的"小雨水汪汪，大雨白茫茫，稻田里可把船来航"确是灾情的写照。新中国成立后党和政府提出"万众一心，人定胜天"的号召，组织农民群众抗洪排涝。1954 年蓁葭遭遇历史上罕见的特大洪涝灾害，蓁葭区政府组织农民奋力抗灾，一边加高圩岸，一边用人力推水，脚踏排出水。凭借修复的联圩，调集戽水工具，投入抗御洪涝灾害斗争，降低圩内水位，取得较好的效果。村域内组织人力、物力，除部分用畜力水车打出水外，开展用人力踏水车打出水。人们夜以继日地踏出水，做到人停车不停，显著降低圩区内的水位。农民抗灾积极性很高，力保栽种不久的水稻不被淹没。三个联村共有 4 个茬口安装踏水车，共 18 部，投入人力 1850 余人次，受益面积 1842 亩，成效显著。

这次抗洪抗灾基本以自然村组织劳动力的形式进行。稻田受益的户主自觉地到相关茬口参加抗灾。村农会主任、村长和积极分子进行动员和召集，以鸣锣为集合号。报酬以互助组记账核算，并按受益田亩分摊结算。抗洪所用物资如树棍、毛竹、铅丝、水车维修工具等先由供销社赊送，灾后大部分由国家减免。

排涝站 排涝站为扬程低、流量大，遇到暴雨、洪灾侵袭能在短时间内使被淹地域脱险的机构。

陆家村紧靠镇区，村域四周河流贯通，水利条件尚具优势。20世纪80年代以来，始建排涝站。凡遇洪水，可大大减轻村民的抗灾负担，力保农产丰收。

（三）防洪闸

2000年，在村北8组小商品市场边建立防洪闸1座，位于陈家浜河北，通夏驾河出口。2000年后期又建小夏驾防洪闸，对韩泾河、小夏驾河进行排量流通及引水，以改善农田水利环境。两处防洪闸的建立使村域内1、2、3、4、8、9组的受益面积达1100亩左右。2002年，镇建立木瓜河排涝站。2006年春，增建新开河排涝站，均引水排至吴淞江，除确保农田水利以外，还改善了小区内的生活环境。

陆家村三闸工程现状情况表

表6-4-10

闸名	地址	河名	建造年份	闸门类/防	门宽（米）	闸门形式
小夏驾闸	小夏驾	小夏驾河	2000年初建 2006年更新	防	5	横移
陈家浜闸	陈家浜北	陈家浜河	2000年	防	4	横移
许家村闸	许家村	油车江河	2000年	防	4	横移
潘正浦闸	黄泥浜7组	潘正浦（新开）	2000年	防	3	横移
木瓜河闸	木瓜小区	新开木瓜河	2006年	防	4	升卧门
菉溪站闸	黄泥浜7组	木瓜河	2002年初建 2006年增泵	防	5	横移
新开河闸	玉皇殿	顺陈路新开河	2004年	防	4	横移

二、灌溉

（一）传统灌溉

牛打水 新中国成立前，村民各家各户种田靠牛打水，灌溉水田。贫困户无耕牛就包给人家打水，亦有两户合养耕牛使用。或用人力打水，有踏水、推水、牵水等灌溉方式。新中国成立后，在互助组基础上，解决了种田无耕牛的困难。20世纪60年代后，采用电动马达带动躺轴打水灌溉庄稼，大大减少畜力打水，从而也导致耕牛数量逐年减少，车棚水车等也随之灭迹。

20 世纪 70 年代，各生产队采用电动水泵，建立固定的抽水站。距离远的出脚田块生产队用流动水泵，使用机船移动灌溉。陆家村使用以上机械打水的村民小组有 1、2、3、4、8 五组。

20 世纪 90 年代初，在许家村油车江边建总站倒虹吸，受益村民小组有 5、6、7 三组。

2006 年陆家村固定机电排灌站情况表

表 6-4-11

站名	坐落	建造年份	排灌结合		纯排站		排涝流量（m³/s）	灌溉流量（m³/s）	灌溉面积（亩）
			电动机（台）	千瓦	电动机（台）	千瓦			
箓溪站	油车江	1990	1	30				0.50	640
箓溪排涝站	吴淞江木瓜河口	2006			1	65	1.60		
					1	132	3.50		

牛力水车，即为"龙骨水车"（以畜力、人力、风力为动力）的一种，系畜力驱动的戽水车，为东汉灵帝时代，能工巧匠毕岚所创，已有1800余年历史，这种农具是村域内农田灌溉的主要方式之一。其原理是以牛为动力，牵动一套戽水器件而成，由车盘（圆形，直径 3 米外装沿拧）、墩芯、躺轴、固定车轴的轴承座、水车桶（车桶、岳膝、斗板、水拨度〔拨度相当于现代机械中的齿轮〕）等组装而成。牛车一般有一个直径 5 米左右的车场基，并搭建圆形或长方形草棚，可为牛防暑降温兼村民乘凉之用。当牛拉车盘旋转，车盘带动躺轴上的水拨度旋转，再带动水车桶内连接起来的岳膝斗板戽水。牛车的功效比较大，一般情况下每部牛车可负担灌溉 30 亩田。

新中国成立初期，许家联村共52户，耕牛31头，打水车48座，其中上车23座、下车25座，灌溉面积593亩；西厍联村共有92户，耕牛20头，打水车36座，其中上车19座、下车17座，灌溉面积656亩；韩泾联村共93户，耕牛27头，打水车40座，其中上车18座、下车22座，另加流动车口3座，灌溉面积598亩。

脚踏水车 脚踏水车是新中国成立前和成立初期农田灌溉方式之一。其户主都是家庭经济困难者，没有饲养耕牛的条件，只能以人力代替畜力用脚踏戽水车灌溉。脚踏水车，岸上部分竖两根立柱，一根横架做人把架。圆木制成躺轴一根，长度分 2 人、3 人或 4 人踏几种。轴中间装有拨度，两边装置脚踏椰头，力点分匀，两端设有固定踏脚承受车轴座头。龙骨车身（水车桶）尾端放入河中视水位固定（可调节），车头固定岸渠口，岳膝斗板连在拨度上与车尾的小水拨度环接。人立在车轴椰头上不停地用力向下踏，使车轴朝着人背的方向转动，传动岳膝斗板在车桶内往复运行，戽水流往岸渠口。脚踏水车不需要大的车基，又便于移动和安装。

新中国成立初菉葭村域脚踏水车概况表

表 6-4-12

自然村名	脚踏水车(户)	轴 (支)	水车（部）	灌溉面积(亩)
许家联村	8	8	12	112
西厍联村	13	13	16	150
韩泾联村	17	17	20	223
合　计	38	38	48	485

风力水车　风力水车是利用风力推动风篷旋转，经车轴传动机构来带动水车戽水。由梯形四方架、上躺轴、立轴、下躺轴、4 个传动拨度、6 根篷杆竹、2 根"人"字撑架等部件组成，视风力大小而确定风篷张开扇幅，根据风向调整"人"字撑架。一般有三级风力就能运行，而风力超过六级，即有翻车的危险。故风车既要选择设址在开阔地区，四方来风都能利用到，又需要技术娴熟的专人来管理。村域内安装风力水车较少。20 世纪 50 年代中期，许家联村在南圣堂油车江河东的浜斗上设置安装一部风力水车，属第 5 生产队使用；在黄泥浜南端架设一部风力水车，属第 6 生产队；西厍村有 2 部，一部架设在陈家浜河西，一部安架在小夏驾河东。全菉葭大队共有 4 部风力水车。

（二）机电灌溉

打水机　20 世纪 60 年代开始，菉葭大队打水用流动抽水机船灌溉，除 5、6 队以外，其余 1 ~ 4 队及 7、8 这六个队都有柴油发动机，部分流动泵用电力灌溉。直到 1968 年后，各生产队建立固定水泵，有 6 英寸泵和 8 ~ 10 英寸水泵不等。

20 世纪 60 年代陆家大队流动灌溉概况表

表 6-4-13

队别	流动船（只）	动力（油、电）	水泵口径（英寸）	灌溉面积(亩)	机工
1	1	电力	6	110	陈纪明
2	1	12 匹（油机）	10	286	张大弟
3	1	电力	8	240	柯金元
4	1	潜水泵	6	66	诸惠秋
7	移动	潜水泵	6	154	张义康
8	移动	潜水泵	6	98	施阿毛

灌溉站　陆家大队电力灌溉站，始建于1968年，由大队统一规划，各生产队分散先后建站。凭借镇电力站较近的优势，初建打水棚，造固定水站，由专职人员管理，专人放水。

20世纪60年代陆家大队电灌分布状况表

表 6-4-14

队别	电力灌溉站位置	电动机功率（千瓦）	水泵口径（英寸）	灌溉面积（亩）	站　长
1	小夏驾河北岸中心地带	20	12	215	陈阿荣
2	陈家浜河西岸的南部	30	12	160	张进发
3	吼张浜西岸	15	10	185	柯金元
4	木瓜河与潘正浦交汇处	15	10	200	潘洪道
5	潘正浦西岸玉皇殿浜斗处	20	12	222	陈敖根
6	油车江畔后改在黄泥浜	20	12	230	包进堂
7	黄泥浜南端	15	8	156	张义康
8	韩泾河西岸施家宅处	10	8	100	施阿毛

三、服务管理

（一）管理人员

站主任　一座电灌站由大队（村）任命一名站主任，统筹灌区全面工作，接受公社（镇）机电排灌管理部门领导。每年秋冬制订下一年度工作计划，并按计划执行分段实施。平时安排电灌站日常工作，巡回灌区查看渠系灌溉是否畅通，有无渗漏等异常情况，如有发现及时组织人员排除灌患。同时查看放水员灌水的质量，听取生产队或农户的意见，反馈后提出改进措施。与机电工相互配合值班，收取灌溉费用，薪资由大队（村）参照副职干部全年结算报酬。

机电工　每座电灌站配备1名机电工。陆家大队的机电工先后由王道生、顾林生、包福元、李建文、戴洪生、肖建明、胡士生等人担任。由大队推荐机电工，经公社（镇）机电排灌管理部门核定，并由苏州专署、昆山县有关部门进行专业知识培训，考核合格才准予上岗。其职责专司灌溉设备运转操作，遇故障及时排除，不误农时和确保水稻生长。冬、春时，由公社（镇）机电排灌管理部门统一计划部署，组织机电工开展对每座电灌站机电设备保养维修，并根据业务需要组织学习充电。每月工资集体站机电工参加大队（村）分配，全年待遇由大队（村）与机电工在年初协商确定参照对象计酬。

放水员　以一座电灌站灌溉农田的范围为一个灌区。灌区内划分若干包干区,由生产队挑选人员派送至电灌站,成为专职放水员。电灌站站长与放水员协商明确每位放水员管辖的农田方位及总面积。放水员承接放水任务后,每天向电灌站申报所需灌水量,再由站长统一安排放水时间段。按灌溉高潮期间或用电峰谷要求,白昼夜间全天候运转。放水员除负责包干农田灌溉外,还需要在遇雨涝田间水涨时及时排水,更需要充分掌握水稻各生长期需水的技术要求,控水技术水平是影响秋收水稻产量的一个重要因素。平时放水员有计划地清理灌水渠沟和排水沟中的杂草污物,确保灌排畅通无阻。冬春放水员在站长的组织安排下有计划进行渠系修筑和配套小型建筑物的缺损增补等。陆家大队放水员从 20 世纪 60 年代起,前后有 17 人,分别为 1 队陈阿荣、方阿毛,2 队钱金南、张学明,3 队柯金元,4 队诸惠秋,5 队陈敖根、胡炳生,6 队包进堂、李阿昌,7 队张义康、潘进元,8 队施阿毛、王道生,9 队徐世明、张进发、张大弟。

（二）维修保养

电灌站维修保养 每年冬、春,每座电灌站机电设备由公社(镇)机电排灌管理部门统一组织机电技术人员进行保养维修或更新。灌溉季节,站负责人、机电工昼夜住站轮班。农闲季节整修保养。

渠系、小型建筑物保养维修 每年冬、春,每座电灌站同各队和放水员统一规划渠系、小型建筑物维修保养计划,进行预算,准备所需物资到位。大队干部分期组织放水员逐项检查、维修、保养,确保来年灌溉季节灌溉畅通和安全,保质保量完成全季灌溉任务。灌溉季开始前,电灌站进行试运转,验收机电设备、渠系、小型建筑物等灌区设备的运转、输水、配水状况,对渗漏则及时分析原因及时复修。

（三）农田整治

园田化建设 园田化建设以搞好小型农田水利为主导,建设高产、稳产基本农田,进行河、渠、沟、路、林、村全面配套的综合治理,达到田块方整化、圩区河网化、村庄园林化、排灌机电化、"四旁"全绿化的要求。20 世纪 60 年代中期,中共昆山县委提出,治"三害"(穷土、恶水、血吸虫),攻"四关"(肥料、种子、饲料、农药)的要求。在调整、发展机电排灌站和消灭血吸虫寄生体——钉螺的同时,园田化建设被提到重要位置上来。公社推行试点工作经验,以灌排两用沟渠的田间工程配套为基础,进行平整土地、重整田块、绿化造林、加强管理,逐步建成旱涝保收基本农田。陆家大队完成耕地平整、沟渠配套的达 850 余亩,占耕地总面积的 45.6%。20 世纪 70 年代中后期到 80 年代初,昆山县开展了又一轮大搞农田基本建设的群众运动,进行内外河分开、高低田分开、灌排分开、水旱作物分开、控制内河水位、控制地下水位的"四分开、两控制"建设,并和路、林、沟、渠相配套,同时与建设居民新村、机耕路、绿化带以及治理地下水结合,进行小型农田水利建设。按"河成网、树成行、田成方、社员家家住新房"的综合治理要求，使园田化建设步上了一个新的台阶。治理过程中，大队统一规划，提出要求，电灌站主任与各生产队长制订具体实施方案。每塝田长度为 80～85 米，宽幅为 16 米左右，灌水使二、三塝田均能做到每块田"自立门户"。每隔三、四块田有一条排水沟，能灌、能排。劳动力运作：组织放水员以整修渠系为主导，组织生产队大量的社员劳动力平整田块，田块平整达到"寸水棵棵到"。全大队农田整治综合治理面积 1860 余亩，达 100%。

农田除渍 除渍，是在农田解除内涝，预降圩内河道水位，进行开沟，降低地下水位，解除"渍害"，使农作物增产的主要措施。其主要工程是三沟配套。总沟，即丰产河和内河；排水沟，即排水入丰产河或内河的大沟；隔水沟，是纵向排列的小沟，一般每隔 3～4 块田一条。三种沟系使水旱作物、高低田和灌排分开，灵活操作以利除渍。

第七章　工　业

陆家村地处陆家镇区周围，小手工业发展较早。晚清光绪六年（1880），村南陈姓农户创办油坊，生意红火。

民国期间，随街市商贸发展，陆家村手工作坊业一度发展至拥有粮油、食品、裁缝、木工、漆工、竹器、铁匠、砻谷坊、磨坊、轧花、经布等多种行业。商贾云集，财源滚滚。

新中国成立后，陆家村率先组建小农具厂，之后办饲料加工厂、攀顶厂及无纺厂等，众多村民进厂务工改变了原来单一的农业生产模式，村民走上富裕之道。20世纪90年代初，工业生产推行集体承包，厂长责任制实行产、销、利挂钩上交制和超减奖赔结算办法，调动了干部职工的生产积极性，克服了产品滞销、资金紧缺与新品开发等困难，增强了企业的经济实力。1998年后实行企业转制，形成多种经济成分组织，民营企业规模跃上一个新档次，形成了争先创业、全面创新的新局面。至2012年，陆家村村域内有民营企业9家，村域外入驻企业22家，村域外企业7家。

第一节　传统手工业

油坊　早在清朝晚期，光绪六年（1880），本村南部有个古老的村庄——许家村，庄上有户人家，户主叫陈卜隆，又名毛卜隆，筹资开办油车坊，搭起工坊廊棚，建起作坊房屋，当时雇佣职工若干名，购买3头大牯牛开业。河江上面还建有两顶大船舫，方便顾客停泊过夜。油车坊开办后，由于经营诚信，出油率高，对客户收费合理，深受百姓欢迎。且此处水陆交通便捷，油车坊因此生意红火。一熟打油数万千克，收入颇丰，业务影响深远。顾客来自花桥、石浦、赵屯桥、千灯、张浦及夏驾桥等地。前来打油的船只拥挤，河道经常堵塞，后来熟悉情况的百姓干脆称此江为"江不通"，只能绕行，油车江名称由此而来。毛卜隆油坊兴盛了18年，是菉葭村域最早出现的工业萌芽，也是菉葭地区私营企业的鼻祖。

织布　旧时蓁葭农民多有种植棉花的传统。全村 8 个自然村中，300 多名妇女从事土布纺织工作。除自给自足外尚余部分上市，能挣些日常开销，纺织业自然兴起。村民中广大妇女自十二三岁起就开始学纺纱织布，她们勤俭持家，争分夺秒地利用空余时间，日夜不停地搞纺纱织布这一行。织出的土布有几十种款式，户均少则几十当，多则百余当。土布除了家庭自制衣服外，还要预备女儿出嫁的嫁妆用布，嫁妆以 20 ～ 30 当土布为体面。再有多余可卖给外来生意人及水产渔民或镇上裕成隆等几家经商布店。一当土布以不同质量及款式，可卖 10 ～ 15 个铜钱。这是农户家庭收入的来源之一。家庭纺织也要经过多道程序，才能织出布匹。从棉花采摘（捉花）开始，轧花、弹棉絮、搓条子、纺纱、染纱、浆纱、经布，直到织布。纺织工具有纺纱车、庈车、筒管、辖板、织布型、箩长、锭子、竹夹锭、梭子、花底、撑文、棕、扣、布底及织布机等。上机织布不是人人都会，要经过一段时间刻苦学习才能成为行家里手。许家村上知名织布能手数陈凤英、陈玉英两人，每人一天能织单色布一当多。

20 世纪 60 年代至 70 年代初，各家各户的妇女社员，还是坚持纺纱织布。随着社会经济的发展，土布花样也在明显增多，质量也有所提高。少数妇女还采用拆开后的棉纱布作为织布原料，织出布匹对外出售，也能增加家庭收益。20 世纪 70 年代后期，此业开始淡化、消失。

经布　村内此业不多，也属独门。妇女要通过经布后，将套色的纱均匀地卷入花底才能上机织布。土布的经布根据花式、宽度（纱头）、长度来收取经布钿。旧时每经一当布收 3 ～ 5 钿。新中国成立后，每当布收 2 ～ 4 角。有些妇女积累常年纺纱织布的经验，自己也能经布，无需请人。村里就有盛寒菊、裘月娣等人能自行经布。知名经布店只有韩泾滩诸杏林一户。诸杏林从新中国成立前就从事经布行业，专营几十年，生意兴隆，经济效益颇丰。

木匠　村内有家住南市西弄（中学旁边）的知名老张木匠。他所带徒弟较多，工艺精湛。只要出自老张木匠之手，一张八仙桌的拼缝连头发丝都嵌不进，他因此名声远扬。新中国成立后，老木匠进入镇木业社，直至退休。

村域南部许家村上有个木匠陈敖根。他从小聪慧伶俐，识字不多，却堪称木器、竹器活能手。他最大的特色是能制造土织布机。凡是由他制造的织布机都深受妇女们的称赞，因为确实使用轻巧、操作省力。纺织时使用的工具如纺纱车、摇纱搁床、辖板、花底等，都请他上门制造。新中国成立初，陈敖根参加初级社木业小组，为农户制造和修理水车、农具等。

俗话说"荒年饿不杀手艺人"，故木匠学艺者较多。这里有木匠陈根福、陈阿荣、李仁康、张义康、钱仰光、金阿四、诸志达、诸宝元、诸和刚等。20 世纪 90 年代后期，有顾新华、胡建强等一批知名的新秀木匠师傅。其木工手艺系祖辈、父兄等嫡传，或投师从业。木匠工艺出众，生意兴隆，手头活络，造屋、制作家具、室内装潢，样样在行。陈家浜圆作木工孙洪元在镇上开设圆作店几十年，传承其手艺的后代孙鸣义专门打制马桶、脚桶、饭桶、菱桶、浴桶、立桶、料桶（牛吃料桶）、粪桶、鞋桶、茶壶桶等。其中有一套圆作嫁妆价值300～400钿。圆作生意一般上门定做，收益可观。东弄有个船橹匠殷志明，专门为船户做橹、修橹，是独门手艺，客户可定做、包做等。橹材选用榆树、桑树、榉树等硬质树材。橹匠年收入也在7000～8000钿。

新中国成立后，木匠待遇"笃笃笃一块六，吃鱼又吃肉"，人人羡慕。全年出工计250～300天，年收入在四五百元左右。其收入比纯农同等劳动力高出好几倍，在农村是响当当的行当。这批木工服务在城乡各地，农村居民搬迁后成为一支举足轻重的装潢队伍。他们也赶制时髦的家用木器并安装设施，部分木工进建筑安装公司成为骨干力量。

泥瓦匠　俗称泥水匠。为城乡居民建筑房屋、砌灶头等。菉葭浜有位知名泥水匠吴永泉，人称"老娘舅"。随他学艺者较多，其中有吴惠平、高炳根、徐云良、唐勤学、黄志超等人，他们大多进入镇安装公司。小夏驾潘姓泥水工传人潘阿园父子也很有名。村民有造房、搭猪棚、铺砖场、开井、砌灶头等活时，必请他们，匠人的手艺总比自己动手来得强。

20世纪70年代，徐云良曾随安装公司赴科威特支援当地城市建设。

理发　旧时村域内此业不多，因街上剃头方便。村上只有徐阿毛、陈阿四、孔彩华、顾仁宝等剃头师傅，他们时常提着理发工具跑下乡，串村挨户服务做生意，有的村民因此成了老客户。新中国成立之初，徐阿毛带徒弟袁俊元，袁出师后，自开理发店，收入不薄，还教了学徒李志坚。李志坚出师后相继又带诸建生、肖明等徒弟，他们都手艺出众，各自开设理发店，安装理发凳，最早收费0.15～0.20元。1958年公社化时，还发理发券用于顾仁宝理发室。眼下，理发费用增至每次8～10元，理发款式也逐年时髦、出新。目前这些理发师均设店面营业。

磨坊　新中国成立前后，木瓜河南有李阿三磨坊一家，主要是用牛力拉动石制的磨子打干面（面粉）。把晒干扬净的小麦抖入磨盘上方的漏斗里，当磨盘转动开碾时，漏斗闸板一拉，小麦会自动进磨盘眼中，磨盘把麦子碾碎，吐出碎麦粉，再过筛，把面粉和麸皮分开。加工费以小麦担数计，约10钿。李氏磨坊还兼营轧花，每年夏秋季节生意兴隆，收入可观。

砻坊　民国时期，镇西陈家浜上就有徐氏开设砻谷坊。主要具备牛、磨盘（木制）、砻谷车、风车、筛、挽子（栲栳）、斛斗、袋等设备。加工程序是把稻谷倒入砻谷车漏斗里，通过牛拉磨盘轧出糙米、砻糠，再用风车扬出砻糠，出了糙米装袋打包，交租米或出售。食用米还要用石臼斗白，除去米糠，存放在草囤里待用。砻坊这行当，秋收后生意兴旺，年可加工八百到一千余石，需 3～4 人投入经营，收入可观。1937 年后，因经营受阻关闭，此业消失。

轧花 轧花行业，清代史料即有记载。镇东韩泾滩就有几家操此行业。较知名的有柯全生、谭阿三、沙炳文等户。此业使用轧花机和皮棉机两种工具。最早采用脚踏轧花机，手工操作。农户采摘棉花后，晒干，捡净黄花后去加工，分成白棉、黄棉两种。白棉用于织土布，黄棉弹棉絮胎或留作其他用途。轧出的棉花种子，可以轧碎做耕牛饲料，有的直接售予轧花老板。由于紧靠市镇，经营该行业收益可观。但经营者必须时刻看守机械运作，预防意外事故发生。新中国成立后，大面积种植水稻，棉花种植面积减少，20 世纪 70 年代末，轧花行业逐渐淡出人们视野，轧花老板最终歇业改行。

豆腐坊 早年镇上只有施金虎、张刘海、沈春方、阿邵等几家知名豆腐店。在 20 世纪 70 年代末，村上陈家浜张进发开创豆制品店。豆制品店有足够的加工场所，配备浸豆缸、磨子、灶头、大镬子一只、大锅两只、扯浆布架、豆腐架、板、框、笵篱、竹塌、划豆腐刀、勺子等设备。按照豆制品生产制作程序进行浸黄豆、磨浆、扯浆、点浆、烧煮、脱水、油余等，始出产品。

豆制品销售在 20 世纪 80 年代进入农贸市场并落实摊位，经营品种有豆腐、百页、干丝、油豆腐、油泡、油茧子、豆腐干、素鸡等。销售人员起早带晚够辛苦的。有言"吃得苦，航船、打铁、磨豆腐"。20 世纪 90 年代后停业。

铁匠 村域内木瓜河南市有李兰生开爿铁匠店。东弄也有阿祝一家，专门为村民打造铁器，生产农具及各种日用快口（刀类）。其生产设备有熔炉、铁磹、大椰头、风箱、机械锉刀、蘸钢具、大钳等。熔铁时使用煤炭燃烧，高温冶铁，待其变软发红才能制作各类铁器用具。打铁行当既辛苦，技术含量又高。制作好的铁器产品有一定难度。常见的产品有铁锗、锄头、铁拉、劈斧、斧头、镰刀、木工凿子、杀猪单刀、剪刀、料刀、斫刀、烧火钳、铁铲、铁锹、木犁边、牛链条、耙刀，船上铁器用品有篙子头、锚链、橹人头，渔业铁器工具有鱼叉、响叉、团叉、拖虾网铁、链条及各种规格的铁钉，这些用具多由阿祝师傅打造，质量上乘。1958 年，李、祝两户铁业传人进镇手联社，直至退休。

竹匠 民国期间，杨厅弄对面的镇中河西街有邱全福开创的竹业一户，世代传承。竹匠采用毛竹、篾竹制作篾席、撑席、竹塌、畚箕、栈条、大匾小匾、大小米筛、秧篰、笼格、蒸笼、台罩、各种竹篮、婴儿摇篮、马桶刷、粪桶夹、竹扁担、笤帚、箍盖，以及针线匾，这些工具全靠手工编制。使用的工具有斫刀、饱刀、刮刀、锯子、竹尺等。竹器在生产和生活中被广泛使用，家家户户不能缺少。经营此行业，服务性强，一年四季生意红火。许家村陈敖根使用篾片编制竹篮、竹塌、淘米箩、草篮、秧箪等，这些竹器样样精美。他用竹刀劈篾如神，手艺娴熟，能耐少有。

新中国成立后，竹匠传人邱豪、邱生林父子带领学徒阿明进入手联社。20世纪70年代末，市场开放繁荣，竹器产品在各商行都有供应，后逐渐被塑料产品所代替，竹匠行业逐渐无人问津。

裁缝 村内裁缝较少，多数属居民裁缝，有项文进、卞三荣、吴松林等人。新中国成立后他们先是单干，后均进入服装厂，成为技术骨干或领导人员。陈家浜手工老裁缝姚凤高，全靠手工缝制各种款式的衣服。他凭一根尺、一把剪刀、一只粉线袋、一个针线包和一个熨斗，常做出门工，俗话说"裁缝出场，像个先生"。请裁缝做的服装款式有男女布衫、夹衫、加衫、长短裤、作裙、各式长衫、马褂、旗袍、长短棉袄、棉裤等。上装基本用手工缝制，葡萄钮搭襻。旗袍上用盘香钮、琵琶钮，十分考究。出门干活一般一个裁缝师傅要带一个下手学徒，吃东家饭，一天两人收工钿，在50钿左右，也是民间较为羡慕的行业。

新中国成立后，拜师学裁缝者较多，并逐渐由手工作业发展成广泛使用脚踏缝纫机，再后来又使用电动机械操作。这些人员学成后多数进服装一厂、联谊、爱思美、莎美娜等时装公司及村办企业，共有186人。在村域内独创服装企业的有沈惠弟，创办了依佐时装有限公司。村域内知名个体裁缝柯玲，自创设备、摆设桌台等，带领徒弟定做各种款式的服装，顾客盈门，年收入颇丰。

修车行 修理车辆，在村域内发展较早，在镇中心及周边，修车生意比较好做。这也是一门技术性行当。20世纪60～70年代，在老镇区北更楼就有柯全生设摊修理自行车、三轮车等车辆，还兼带配钥匙，这也是一档热门生意。主要工具有研凿、榔头、扳手、老虎钳、套筒、打气筒等。修理范围：采用胶水补胎，换内外胎、换钢丝钢圈、坐凳、车篮、车架、挡板、踏脚板、前后中轴、添弹珠、调整刹车、供应车铃等。收取修理费依修理范围的大小而定。早期补内胎一处收费0.20元，后逐渐提升到3元补一处。其他收费依更换零件成本而定。一天收益少则30～40元不等，旺季一天收入在上百元光景。年收入有三四万元。柯家修车已由女婿继业。另一处是木瓜河南边的李小弟，独开门面，修车技术娴熟，样样精通，很有名气，且诚信经营，凡老客户非让他修理车辆不可，生意不断。

2010年后，镇建立公共自行车设点服务，附近民众上下班多数骑着公共自行车，自己的自行车和脚踏三轮车数量逐渐减少，修车生意惨淡，有淡出趋势。

漆匠 20世纪60年代以前，漆匠主要漆嫁妆中的木质器具，如马桶、脚桶、衣柜、套桶、鞋桶、担桶、饭桶、衣橱、被箱、木床、镜台等。新房搬迁，门、窗，新家具中的台、凳、装饰橱、梳妆台等均需漆匠施工。漆匠小夏驾有陈阿毛、陈鸣龙等人，陈家浜有陆全元、陆建生、陆建平等人，黄泥浜有胡佳平、王建华等人。有些漆匠带领多名学徒包工程，每平方米收入 1000 ～ 2000 元或更多。漆匠使用油漆替家具穿上美丽可人的外衣，更起保护作用，尤其在当今人们住房条件改善，迁入新居的当口，油漆装潢生意火爆，其收益当然可观。

第二节　集体企业

一、企业概况

木业小组　1952 年春，许家、韩泾、西库 3 个联村，组织陈敖根、陈根福、张义康、李仁康、陈阿荣、钱仰光 6 位木匠，成立木业修理组。修理组设在村中心地段北圣堂内，专门为农户修理水车、木船、轧稻机、犁耙等农具，同时，制造风谷车、水车、木犁、木耙及轧稻机木壳架子等用具。此举解决了农事燃眉之急。木工凭借工票，年终由互助组结算报酬。1954 年成立初级农业合作社，木工小组解散。钱仰光、诸宝元、金阿四等，后进镇木业社。以上是新中国成立之初集体组织的木业小工场，它为民办实事，虽规模较小，但也算是村办工业企业雏形。

土法上马项目　1958 年，人民公社化时，掀起大办工厂热潮。当时，厂房和技术条件简陋，最终产品达不到使用标准。所谓土水泥，是将砖块、瓦砾打烂后制造而成，这种瞎生产的产品可想而知。用河蚌、螺蛳等制造所谓螺蛳高效肥，到哪里去能搞到这些原料，完全脱离实际。将矿渣与烂铁扔进高温炉叫大炼钢铁，耗费大量人力、财力，结果拿不出合格产品，工厂不久停办。

饲料加工厂　1966 年初，大队开办饲料加工厂。地址在玉皇殿（5 组）集体公房内，由张阿东负责，配高小弟开票，主要是打柴草糠，方便社员及外来顾客，解决养猪户饲料加工困难。起初，加工厂不上交，只能养活几名职工。1967 年下半年，饲料加工厂移址扩建在木瓜河东湾，占地面积 0.80 亩，扩大了经营范围，先由张阿东负责，后调徐建明负责，会计先是诸仁元，再后调潘树生负责，人员 7 人，增加打米、打粉、打面粉、轧花等项目。第二年秋季后员工增至 9 人，调离诸仁元，换陈耀林，年上交大队 10000 元，职工转队工资每人每月 60 元。此厂于 1989 年关闭。

水泥预制场　1973 年 3 月，建立大队水泥预制品场，地址在八队（现为小商品市场）内。生产建房窗口、过梁、民用水池、洗衣平板及下水道阴沟水泥管子等，从业人员 7 人，调张阿东去负责，不上交，养活职工 7 人。1978 年并入公社预制场。

攀顶厂　1979 年，陆家大队四队 40 多户社员联合创办队办企业——攀顶厂。攀顶厂办在东弄仓库里。生产海绵肩垫，兼有文胸。从业人员 45 人，拥有固定资产原值 7000 元，自由资金 5 万元。产品主要销往上海，也有销去昆山、苏州及各乡镇企业服装厂里，效益颇丰。1980 年总收入为 11 万元。1987 年完全并入陆家无纺针织厂。

皮鞋厂 1980 年 5 月，大队建陆家皮鞋厂，厂址在木瓜河南岸谭家老房（古木弄 7 号原陆家大队办公室驻地内），总投资 8 万元人民币。招聘上海退休工人 5 名为技术指导，从业人员 32 人，开展流水线作业。厂长姚道良，会计陆建英，出纳胡勇新。当年产值 38.86 万元，皮鞋方面注册商标"金蜂"牌，男女皮鞋销往昆山市、苏州市，直至南京等地，派推销员王阿林、俞素英、陈国栋营销。冯坤为仓库保管员。该厂曾迁址兽医站边大队仓库内，利润并不高，1989 年停产，人员流入绣品厂。

五金业加工厂 1983 年后，扩展五金加工产品，地址在无纺针织厂内，现为长丰新村内。主要是铜铝等翻砂铸件。产品有电力部门的闸刀铜铝零件、高压线接口部件等，大部分由使用部门供给原料加工，或自进废铜、铝，根据客户模型翻砂铸造。请浙江师傅颜阿苟做技术指导，蔡金龙兼厂长。该厂 1985 年底停产。

纸品包装厂 1982 年底筹建包装厂。有纸板开片机、瓦楞机、装订机、压板机等主要设备。生产纸箱、纸板等，供应酒业、水果、食品等包装用纸箱。厂长张祥官，从业职工 15 人。后来经济效益欠佳以致亏本，有的年头工资也难发出。该厂坚持至 1990 年后停办。

无纺针织厂 1983 年 11 月，陆家村创建无纺针织厂，法人代表李玉明，同时与四组攀顶厂合并，占地面积 9.60 亩，建筑面积 2280 多平方米，厂址在陈家浜路 9 号（现为长丰新村居民住宅区内）。建有 7.50 千瓦设施配电房。主要设备有四台铺网机、三台梳棉机、三台针刺机、两台开花机等。产品有 A 型喷胶定型棉肩衬；B 型泡沫海绵肩衬，海绵色纱布；C 型海绵弧形肩衬；D 型针刺定型棉等。年产量 130 多吨。兼营产品有枕芯、枕头（海绵）、海绵床垫等，后又生产踏花被。1984 年拥有固定资产 38.50 万元，当年产值 4.95 万元，职工 75 人。1990 年 10 月，无纺厂与青浦重固联营，开始生产喷胶棉，取厂名"浦陆无纺布厂"。原无纺针织厂不改厂名，照常经营。喷胶棉车间独立分设。1991 年 12 月，两厂解除协议后，改名为"陆家无纺布厂"，后引进设备，创办鸿羽化纤制品有限公司。陆家无纺布厂于 1998 年转制成陆家绗缝厂，法人代表李建文，企业于 2006 年关闭。鸿羽化纤制品有限公司于 1998 年转制成鸿兴化纤制品有限公司，法人代表陈国栋。

磷肥厂 1983 年 12 月，陆家村开办磷肥厂，厂址在吴淞江东滩 2 队土地上，位于金城化工厂内。企业负责人陆金元，初定职工 20 人，实际操作时只有陆金元、孙惠林等 6 人，开厂只投产一次，产品运往安徽作为商品进市场。结果产品不合格，连货款都未收到。

此磷肥，原料为矿石粉，由盐酸、硫酸等化学液体均匀拌和组成化肥，叫磷肥。库存剩余产品分发给职工及各组社员，不收任何费用。1984年10月关闭停产，企业随之消失。

漆包线厂 1984年3月，陆家村为了扩大企业经营范围，由花桥赵家村牵线，在上海师傅介绍引导下开始创办漆包线制造厂。该厂起初赵家村设想独办经营，由于花桥当时还没有高压电力设施，而要生产漆包线必须用一万伏以上电压才能进行流水线操作，因此只能与陆家村合作，技术指导及业务介绍由上海师傅负责。法人代表蒋惠民（花桥赵家村人）。

高强度漆包线制造程序复杂，技术、操作要求高，产品要求绝缘性能好，用于电器设备。因此，生产过程环环不能马虎，只要产品有一点毛病就是次品，不得进入市场销售。

漆包线厂的厂名为花桥联合漆包线厂。其投资为赵家村60%，陆家村40%，总投资14万元人民币（包括物资投入作价）。开户行在花桥信用社。工业生产产值报表资料申报花桥工业公司。厂房占地面积6亩，建筑面积2200平方米。同年9月底，土建基本结束，厂址在陆家镇南市梢陆家村5组，潘正浦南段十三福桥西块。厂房建在陆家村地面，主要是搭用陆家村高压电力，通过陆家村电力部门申请，经昆山供电局批准，竖起5根电线杆，将电输送到目的地用于投产。厂方职工30余人，大致两村参半，另有邹家角5名女职工，她们来与电力站牵线有关。生产分三班制操作，管理人员9人（含门卫），赵家村指定厂长蒋惠民，副厂长陈宝林（陆家村），会计胡勇新，出纳龚友佳。

漆包线厂产品原料主要有裸铜、铜质线（紫铜）、高强度聚酯漆等。聚酯漆经过电热作用包在铜丝外表，成为绝缘的漆包线。漆包线年产量18～20吨，价格昂贵，质量达到国家标准。

产品经国家有关部门核准价位，通过税务部门代开销售发票，销往上海、广州、浙江等地。月底申报花桥税务所，按各项规定及时纳税。在发出商品上，后期往往资金周转困难，甚至造成坏账，致使经营受阻，企业步入困境。最终在1987年10月初，两村协商处理好各项资金，解除协议，该厂归并于赵家村一家企业独立经营。但此后经营不到两年时间，最终还是停产。

林谷沙服饰辅料有限公司 1992年6月底，陆家村以陆家无纺针织厂名义招商引进外商投资，组建中日合资企业林谷沙公司，法人代表张白妹任董事长，公司地址为菉溪路9号，占地面积6.08亩，厂房建筑面积2400平方米，建造费258.90万元人民币。翌年初投入生产，生产肩衬、胸衬、袖条等产品，80%辅料产品销往日本，20%销往国内各地。职工50多人，年产值167万元，年利润2.85

万元。总投资一亿日元，注册资本 7100 万日元。中方出资 3200 万日元，占 45%（以场地使用权和人民币现金折合出资），日方出资 3900 万日元，占 55%，以日元现汇出资。1997 年审计后村派陈国栋负责管理，15 年合同期满后解散。

陆家兴业砂粉厂 1974 年创办，地点在陆家渔业大队原养鸡场房子内。厂房四间，116 平方米，另加水泥场地 100 平方米。主要设备有轧棍、躺筛、电动机、七石大缸。主要加工生产金刚砂。品种有棕刚玉、白刚玉、绿碳化硅。产品规格：16 目、24 目、36 目、40 目、60 目、100 目、120 目、140 目，以上俱全。产品主要用来制造各类砂轮、砂布、砂纸、油石、研磨各种精密器皿、镜片。

加工流程：原料用轧棍粉碎，用躺筛分目，清洗，用大缸装砂粉灌注硫酸浸 24 小时，再沥干，堆放在水泥场地上晒干，再经过躺筛分目，装袋称重，每袋 25 千克，产品进仓，等待销售。

生产主要原料：棕刚玉块、白刚玉块、绿碳化硅、废旧砂轮。

产品销往昆山新昆树脂砂轮厂、宜兴湖父仪器厂、宜兴和桥镜片厂、无锡西庄光学仪器厂、陆家泗桥眼镜厂等单位。

企业负责人：朱东良（兼）、唐国荣，职工 10 人。

抛光厂 由于原料紧缺，效益不佳，兴业砂粉厂于 1978 年转产，改办陆家兴业抛光厂，替上海汽车零件四厂加工抛光消声器、减震器等部件。主要设备：抛光机、附件、布轮、骨胶、金刚砂。职工增到 15 人。厂房利用产权交换后的原陆家服务队仓库及办公室 4 间，144 平方米。用渔业大队手扶拖拉机去上海汽车零件四厂运送加工零件。

镀锌厂 1981 年在兴业抛光厂的业务基础上兴办金属表层处理厂、发黑厂，且单独申领营业执照，取得成功。后改厂名为陆家兴业镀锌厂。厂址设在兴业抛光厂的东南面，新建 2 间厂房，56 平方米。1982 年由陆家工业办公室牵头协调，利用陆家渔业大队兴业镀锌厂的营业执照，由陆家渔业大队、陆家新华大队、花桥石头大队三方联合经营镀锌加工业务，将部分发黑业务移至新华大队同时生产。后因业务量大，原厂房无法适应生产要求，由陆家乡政府安排移至 312 国道原陆家新华汽车站东面的石油勘探试钻弃地，在三方投资新建的符合环保要求的厂房内进行生产。新厂房占地面积 13 亩，厂房面积 1960 平方米。具体业务由范小金、陆国荣、唐福元负责。1983 年下半年被陆家乡接收为乡办企业。

陆家锻造厂 1982 年 8 月创办陆家锻造厂，职工 44 人，产值 86.04 万元。初期厂址设在原兴业镀锌厂内。1991 年开发模锻业务后，移址新建厂房，征用陆家村 1 组位于 312 国道东面的小夏驾河北面旱地 10 亩，建村办镇管企业，每年上交渔业村利润 15 万元。厂长朱东良。

陆家村主要企业简况表

表 7-2-1

厂 名	办厂时间	职工人数	产值（万元）	主要产品
陆家皮鞋厂	1980 年 5 月	50	38.86	"金蜂"商标各式男女皮鞋
陆家无纺针织厂	1983 年 11 月	109	112.55	男女肩衬、腈纶棉、海绵肩衬
陆家包箱纸箱厂	1982 年 12 月	15	2.70	包箱、纸箱
陆家无纺布厂	1991 年 12 月	75	212.48	针刺棉、无纺布、喷胶棉
陆家绣品厂	1988 年 3 月	12	1.23	踏花被、枕头等
鸿羽化纤制品有限公司	1992 年 2 月	100	1170.03	喷胶棉、定型棉等
中日合资林谷沙服饰辅料有限公司	1992 年 10 月	50	167.28	肩衬、胸衬、袖条

二、收益分配

陆家村所有企业，年初由总厂先订立合同，由于各厂产品有所不同，生产经营各异，分别定人员、定全年产值、定工资、定利润、定按规定上交的各项应交款。除营业税由国家征收外，必须争创达标。以上各项指标，作为年终考核依据。由于各厂情况不一，经营效益状况存在差异，导致增减奖赔，在分配水平上，各厂之间就存在高低差异。当然在总厂的合理安排下，每年均圆满完成分配工作，使职工个个满意。

每年实现利润，按规定上交，进行利润分配，安排妥当后，再进行分配。根据年末企业净收入，按照年初各厂确定的分成比例，结算职工报酬，对企业原有的季度奖、超产奖及加班工资，可在分成比例中列支。

对后勤人员、条线干部、医疗卫生杂务工等，都要在分配上有落实，尤其对亏损企业的考虑要顾全大局，由村统筹兼顾，稍有一定倾斜。

企业分配，视经营生产、管理的成效而定，经济效益好，相应分配高；凡历年亏本经营的企业，职工收入不会好。个别企业一连几年亏损，就对分配带来一定影响，经过村统筹弥补不足，还能坚持发展再生产下去。

1989 年陆家村各厂经营情况一览表

表 7-2-2

项目	合计	无纺厂	联营厂	经营部
一、销售收入（元）	3599355.74	2789242.41	29095.85	221852.74
产品销售收入	2993350.29	241989.80	29195.85	

（续表）

项目	合计	无纺厂	联营厂	经营部
其他销售收入	605985.45	369349.61		221852.74
减：销售成本	3290489.83	2527751.21	22333.88	203356.41
销售税金	109701.13	72815.24	1527.42	6773.05
管理费	35445.99	27892.91	290.96	1671.78
二、销售利润（元）	163718.79	160783.05	4943.59	10051.50
加：营业外收入	161	161		
减：营业外支出	35298.72	27892.91	290.96	1671.78
三、利润总额（元）	128581.61	133051.14	4652.63	8379.72
企业期末平均人数（人）	242.59	170	5	2
工资总额（元）	249610	172080	5400	2400
建农工资（元）	27580	19120	1800	

项目	包装厂	绣品厂	加工厂	皮鞋厂
一、销售收入（元）	356072.39	111637.90	14783.10	76661.35
产品销售收入	356072.39	111637.90		76661.35
其他销售收入			14783.10	
减：销售成本	346209.76	105159.31	15541.33	70137.85
销售税金	18693.81	5856.89		4024.72
管理费	3560.68	1115.25	147.81	766.60
二、销售利润（元）	−12391.86	−493.63	−906.04	1732.18
加：营业外收入				
减：营业外支出	3560.68	1115.25		766.60
三、利润总额（元）	−15952.54	−1608.88	−906.04	965.58
企业期末平均人数（人）	37.17	13	5.42	10
工资总额（元）	41690	12590	5850	9600
建农工资（元）	4110	1900	650	

注：资料来自村档案室。

村企业在 20 世纪 80 年代中期，国家颁布企业职工基本养老保险制度后，就根据劳动保障法的有关规定，每年为企业人员集体缴纳基金，让他们享受个人农保养老金。

另外，根据有关规定，出于修桥补路等公益性用工的需要，村内劳动力每人每年都有义务工负担，尚有部分职工所在的个别生产队有集体占用的土地，可以免交义务工费。该费用由厂方缴纳，充实用人代做的费用。

1992 年，陆家村企业经济效益较好，当时鸿羽公司喷胶棉产品产值达 1170

万元，实现利税 107 万元，创历史最高，因此职工工资福利待遇高于往年。

按照合同原则，该公司根据年终总厂调整，利润净额为 103.05 万元，比指标超 57.54 万元。按照 55% 税率，实交所得税 55.19 万元，提取各项应交款及赞助费等，结算总厂分配为 56.09 万元。合同报酬 42.72 万元，超 13.37 万元（奖励）。人均工资水平 2243.55 元，比上年的 1750 元增 493.55 元。

1992 年陆家村企业职工分配情况（汇总）

表 7-2-3

企业名称		鸿羽公司	绣品厂	无纺针织厂	针刺棉厂	后勤	村正职干部	合计
人数		50	16	58	28	108	5	265
收入部分（元）	基本工资	36448.80	10128.10	41564.90	19249.10	74877.90		182268.80
	浮动工资	91994.04	5185.90	5829.70	3076.60	7899.60		113985.84
	加班工资	223.89	104.20	1787.60	61.50	1477		3654.19
	各种补贴	9792.50	2483.70	10043.90	4725.20	14038		41083.30
	基本奖金	8196.95	2240.70	8586.30	4115.20	12426.20		35565.35
收入部分（元）	超利奖金	4478.10	2814.30	21234.90	9095.80	147444.20		185067.30
	岗位津贴	9803.60	684	2010.10	330.40	2137.80		14965.90
		1140				1803.09		2943.09
	平均	3241.56	1477.56	1569.96	1451.92	2426.89	13184	

注：资料来自村档案室。

1988 年陆家村企业分配方案汇总

表 7-2-4

企业名称	平均人数	总分配（元）			人均水平（元）	厂长报酬（元）	净分金额（元）	股份（股）
		金额	其中					
			基本奖	超利奖				
无纺厂	123	165898.55	14169.60	3028.19	1347.90	7010.47	42050.40	33000
包装厂	10.17	11146.47	957.60		1096.01	2169.56	3988.07	1000
加工厂	4.5	3698.68	388.80		821.93	1130	2072.38	900
皮鞋厂（绣品厂）	32.5	26530			816.31	2000	9272.87	7200
合计	170.17	207273.70	15516	3028.19	1020.54	3077.51	57383.72	42100

注：资料来自村档案室。

三、企业转制

党的十一届三中全会后，陆家村迎来了工业发展的新机遇。村级工业企业在当时计划经济条件下，得到了发展，企业运作属集体经济性质，实施贷款经营管理模式。20 世纪 90 年代，在社会主义市场经济形成后，市场公平竞争激烈。村级企业毕竟是一定历史时期的产物，受到历史的、自然的、社会的制约。基础薄弱、设备简陋、技术缺失、管理不善、资金不足等因素，必然导致其受到市场经济公平竞争的冲击。在产权制度、管理体制、企业文化、技术设备、发展规模、产品质量等一系列项目上跟不上市场发展的需要。单一的公有制生产关系，导致企业缺乏市场需要的自主权和创新权，劳动管理上缺乏优势的激励机制，不能充分发挥生产力中人的潜在的积极性和创造性因素，使传统的发展模式遇上各种挫折、困难和问题，经营发展陷入困境，酿成"厂长负盈，企业负亏，银行负贷，政府负债"这种职、权、利不对称的局面。企业生存和发展的唯一选择是转制。

1996 年，市政府提出内资企业"三改一加强"（即改制、改组、改造和加强企业管理）的体制改革措施。陆家村于 1997 年着手村级企业的转制工作。其形式有关停、拍卖、租赁、承包、风险抵押、股份合作等，使集体经营变为民营、私营。为实现集体资产不流失，对集体资产进行严格认真的评估，使其保值增值，因地制宜、因厂制宜，正确调整产业结构。

1997 年至 1998 年初，根据市委 92 号通知《关于下发搞好四个突破若干优惠》和《发展民营经济若干优惠政策》文件精神，村积极调整所有制结构，大力发展民营企业、个体私营企业，坚持"三个有利于"（即有利于发展社会主义社会的生产力，有利于增强社会主义国家的综合国力，有利于提高人民的生活水平）标准，发展一批能人兴办私营工厂。通过转制、改制企业，把集体企业合理地改换成私营企业，养活一批职工。转制后，企业所有制结构明朗，更能发挥个人积极性、改革创新性。产权明晰，有利于社会经济发展。

1998 年底，皮鞋厂、纸箱厂关闭。除林谷沙有限公司正常运转外，其余厂全部转制。职工多数被转制后的原厂车间录用，继续正常上班。对职工来说，体制变动换了管理人员，自己还照常上班。

体制转换中，进行产权制度的变革。对原有固定资产，包括机械设备、物资材料，必须盘实盘正作价，拍卖入账，分期摊交。变更营业执照，才能转为个人经营。一切经营属个人租赁，承包者明确。陆家建材厂法人代表为潘继光，陆家无纺厂（后改为绗缝厂）法人代表为李建文，陆家鸿羽化纤制品有限公司（喷胶棉）法人代表为陈国栋。在转制后，厂房均为租赁未拍卖。

1997 ~ 1998 年，全村集体企业中建材厂、无纺针织厂、鸿羽公司转为民营企业，总资产 209.80 万元。其中拍卖资产为 109.04 万元，租赁资产为 100.77 万元。

渔业村的锻造厂1993年改为村办镇管，1997年后转制为民营。砂粉厂、抛光厂最终由镇政府接管转制。

1997～1998年陆家村企业租赁拍卖情况表

表 7-2-5

企业名称			陆家建材厂	陆家无纺厂	陆家鸿羽公司	合计
转制时间			1997.10	1998.1	1998.1	
职工人数（人）			3	20	27	50
资产总数（万元）			11.94	85.41	112.45	209.80
拍卖资产情况	金额（万元）		0.73	22.56	85.75	109.04
	其中	固定	0.73	18.50	44.68	63.91
		移动		4.06	41.07	45.13
拍卖转移债务（万元）					75.75	75.75
实际拍卖金额（万元）			0.73	22.56	10.00	33.29
租赁部分资产	资产额（万元）		11.21	62.86	26.70	100.77
	其中	房屋	11.21	62.86		74.07
		机械			26.70	26.70
年租金总额（万元）			1.20	2.04	11.50	14.74
房屋	面积（平方米）		136	379	1014	1529
	年租金额		0.63	1.74	5.02	7.39
土地	面积（平方米）		934	523	1200	2657
	年租金额		0.25	0.20	0.48	0.93
其他			0.32	0.10	6.00	6.42

注：其他指电力、设备及其他设施。

1985年固定资产原值17.85万元。其中皮鞋厂9.20万元，五金厂1.36万元，无纺厂4.75万元，包装厂2.55万元。

1996年固定资产净值492.79万元。其中鸿羽公司102.66万元，无纺布总厂12.71万元，林谷沙377.42万元。

转制合理拍卖后，保持了资产利用率，但大多以原来设备生产经营产品，基本方式不变，仅在人员上有增减变化。

陆家无纺针织厂，转制后改为陆家绗缝厂，利用原址厂房设备经营生产缝棉，不生产踏花被，也不进化纤原料，全部利用客户来料，依照客户要求，加工各种花样缝棉。采用韩国进口绗缝机设备，全自动电脑控制，进行操作生产。其式样、布料、喷胶棉由客户提供，厂方只供给各种规格缝线，根据客户要求保质保量制造产品。厂方运输保送，税务部门代开 17% 增值税发票做销售凭证。从业职工 24 人，忙时三班生产，闲时为正常日班。因属来料加工产品，故年终产值不高，职工月工资人均 600 ~ 800 元。2000 年后，由于设备老化，淘汰原缝机，增添由青岛绗缝机厂生产出品的国产绗缝机新机一台，价格为 28 万元人民币，适用于专业绗缝作业。2003 年 3 月，原厂址扩建商品住宅房，绗缝厂拆迁移址小夏驾河北，租房继续开业生产绗缝产品。但由于业务量年年减少，企业经济效益不佳，在 2006 年 6 月，处理好对外债务债权后关厂。

陆家鸿羽化纤制品公司，转制后改名为陆家鸿兴化纤制品厂。利用老厂设备，主要生产喷胶棉、无胶棉。基本上利用原班人马操作，分三班制生产，条线分工，质量把关。锅炉房用持证上岗专业人员，原料搭配均由专人负责。厂方采用个人承包，自负盈亏进料。产品销售均由国家税务部门代开 17% 增值税发票，遵章纳税。但几年下来经济效益一般。至 2004 年后，因厂房拆迁，该厂随后停产关闭。

四、管理服务

1966 ~ 1973 年期间，陆家大队办饲粮加工厂、水泥制品厂，由大队专职分管人员负责。当时队办工厂职工的工资由村转生产队，个人只收补贴费，按出勤数，略高于同等劳动力，叫作"亦工亦农"，根据各队所记工分参加分配。1979 年，陆家大队四队攀顶厂也是工分制结算，后在大队领导下成为独立队办企业，年终分配上略高于全大队其他队。

1983 年后，陆家无纺针织厂为村办企业，实行厂长生产责任制。分设备车间，实行车间主任、班长、组长分工责任制。

陆家村设立的工业社长先后由李玉明、陈国栋担任，渔业村工业组长由朱冬良担任，统管全村企业。成立财务经济管理站，设站长一名，主抓财务一线。设供销科长一名，分管原材料按计划采购及产品推销，遵章办事。设立厂方设备科、动力科，组建管理人员，确保安全生产正常进行。据上级要求，各厂定人员，核定报酬，定任务、产品数量，制定奖励范围，定费用、耗材、奖赔办法，定责任及质量标准，定安全生产要求——人人遵规守纪，谨慎细心操作。财务科所有人员于总厂办公室集中办公，规定资金审批，执行一支笔审批制度。做到财会人员严格遵守财务制度，认真做好本职工作。

1984 年 3 月，为确保生产安全，总厂设门卫 3 人，三班制轮流上班，具体由诸瑞民负责轮休安排。由于业务量增大，扩大总厂配电间、发电房，添置发电机，增设发电房装置设备，配备专业发电人员，并带学徒工 2 名，招聘 1 名国二厂退休工人张豪，为电房发电操作工，带领职工上班，认真操作，确保生产正常进行。建总厂材料仓库，健全对所有物资原料、辅料零件设立的入库和出库制度，凡是进货材料等均有入库手续，货物提出则需开出库凭证，并由经手人签字，认真记录，采用日清月结制度。根据月底各厂所提原材料的数据，造表上报总厂财务科。

建立汽车运输队，以适应各厂产品扩展。根据业务量逐渐增加，且多数产品是抛货，为了提高客户的满意度，总厂多数用汽车送货上门。厂方拥有汽车八辆，其中2吨卡车三辆，3吨卡车、5吨卡车各一辆，双排座货车一辆，吉普车一辆，轿车一辆。各驾驶员根据汽车耗油、运输距离远近，核定、结算工资，有专职财务人员负责审核。

组建汽修队。有朱金大等7人专职为厂方维修汽车，兼修外来车辆，大大减少企业开支，增加了收入，年底为总厂上交7000元。账户独立核算，会计由胡勇新兼职。

在20世纪80年代初，陆家村所有企业会计均通过正规的财务及纳税方面的学习、培训，通过考核取得了上岗证，进入村财务一条线工作。经村领导提名，报镇政府有关部门批复后，组建一支财务工作队伍。具体分工为：陆建英为经济管理站站长，全面负责审计和财务辅导工作；诸雅玲为工业总会计；胡勇新为联营厂企业会计；施金林为农副业会计；冯爱珍为包装厂、绣品厂会计；武敏珠为副业会计；诸仁元为总厂企业出纳；孙惠林为村总厂仓库材料保管员。

1987年4月，由于厂的规模逐渐扩大，人员增加，村领导决定对原来的厂食堂进行翻建。翻建中老食堂可以正常用餐，待新食堂完工后再拆老食堂。新食堂在原来食堂大厅的基础上扩建280平方米，增加了4间小餐厅，以供招待外来客商之用。食堂人员由3人增至5人，分两班制烧饭（提供夜宵）。并健全食堂用餐及卫生制度，室内清洁卫生工作有食堂人员具体负责，保持清洁常态化。

按上级有关部门规定，达到一定规模后，凡具备企业法人代表资格的企业必须配备合格的主办会计与出纳员。并要求持证上岗，善于管理企业，发挥全方位职能，参与经济决策，预测经济前景，确立一整套财务制度。配备仓库成本会计，正确核算每项产品的单位材料成本。

1987年，陆家村工业总产值173.31万元，利润3.77万元。无纺厂被陆家镇政府评为"两个文明工业先进集体"。

配电房电工先后由陈桂林、宗士柏、胡建平、肖建明、戴洪生、胡佳明、陈华强等担任，这些人员均通过专业学习、培训，经过实地操作、实习，经电力部门考核合格，持证上岗。平时配电房操作要求严格，一般闲人免入电房间。电工日夜值班，随时随地下车间检查监督，向职工传授用电安全措施及用电操作方法，让他们做到不懂不能乱动电钮开关。下班停机后关闭电源开关，并有值班电工全面检查一遍方离开。

　　1989 年底，陆家村与青浦重固厂联营，拓展产品项目，增设车间，生产喷胶棉。使用油锅炉，用煤作燃料。通过专职培训的司炉工有 3 名，他们持证上岗，确保每天正常生产。

　　陆家村企业领导班子人员先后为：皮鞋厂厂长姚道良，后为陈国栋；无纺针织厂厂长李玉明、李建国，副厂长唐进元等；无纺布厂（联营厂）厂长陈定宏，副厂长万林生；五金厂厂长蔡金龙；包装厂厂长张祥官；鸿羽公司厂长王裕生；林谷沙公司厂长周建平等。这些领导人员同职工一道，为村企业做出了贡献，使总厂增效显著。

　　陆家村例会定为每月六日进行。出席会议对象是村全体正副职干部，各厂、车间主任以上管理人员，包括财务人员，属每月一次总结会。会议多数由村支部书记主持，在特殊情况下，由村主任负责召开。每月例会主要内容：上级文件传达，先学习文件，并进行讨论、消化、弄懂。各厂由厂长汇报当月生产情况，提出存在的问题，在会议上妥善解决。月内各厂财务报账一次，轮流进行，对应收、应付款单位明细，均列表交代清楚；对坏账的产生，弄清是谁方因素，摸清底细，事后派员调查清楚，上报总厂。对各厂资金、经济，当月出入进行通报，月底现有银行存款及现金数进行公布。有困难时，资金借贷提出申请。安全生产措施逢会必谈，引起与会人员高度警惕。安全问题在全体职工中深入人心，全厂多属机械化操作，不能掉以轻心，麻痹大意。无纺厂失火是个重大教训，出了事故伤痛的是个人，损失的是集体。安全问题始终是首位，所以逢会必讲。

　　厂方产品销售根据客户需要的数量、供货日期、价格，均先要签订合同，安排生产，厂方多数用汽车送货上门。

　　陆家无纺布总厂，有一支强有力的供销队伍。在村的统一部署管理下，人们各负其责，对产品的发货、销售严格遵照制度，做到有条不紊，均按年初对照外勤合同章程执行。对产品价格、计量、计算方式各有不同。外勤推销员，不能随意变动价格，须统一开具国税增值税发票，进行销项结算。每人对产品发出期限，按合同奖罚章程执行。供销人员有李建文、陈国栋、王阿林、潘雪英、金小妹、万林生、袁素英、许建国、潘永康、庄永林、张金良、周建平、唐勤学、陆金根等，供销人员发出销售，谁发谁负责催收货款，一包到底。对报酬、销售费、出差费，超与减均按合同执行，按周转率取报酬。例如 1995 年度鸿羽制品有限公司对外勤人员按完成任务实绩百分比计酬，费用支报、推销产品资金回笼具有奖惩细则，签订了协议书，并按协议书条款结算，超奖减罚。

　　建厂之后，厂方建立比较完善的采购制度。原、辅材料的采购程序及渠道来自多方进项。采购人员都根据厂方需要，按合同有选择性地批量进货。采购要求：严格掌握原、辅料质量及数量，取得对方增值税抵扣发票后入库，原辅料不合格、不好用的立即退回供货方。采购供销员责任心要强，万林生、陆金根等3人曾多次赴供货方进行原、辅料抽样监督，认真按合同办事，为厂方减少不必要的经济损失。其中仪征化纤厂及宜兴浆胶厂均及时送货上门，质量有保证，信誉良好，从未发生纠纷。

1987年，陆家无纺针织厂被中共陆家镇委员会、陆家镇人民政府评为"工业先进集体"。

1989年，陆家无纺针织厂被镇党委、镇人民政府评为"工业先进集体"。

1990年，陆家无纺布联营厂被镇党委、镇政府评为"工业先进集体"。

1991年，陆家无纺布厂荣获昆山市乡镇工业"供销先进集体"称号（由市、乡镇工业局授予）。

1992年，陆家无纺布总厂经检查验收，基础管理工作达标，被镇党委、镇政府授予"一级合格型企业""工业先进集体"称号。

1994年，中日合资林谷沙服饰有限公司被镇党委、镇政府评为"工业先进集体"。

1973 ~ 2004 年陆家村办工业产品产值经营情况

表 7-2-6

年份	企业名称	主要产品	产值（万元）	年末职工数	利润（万元）	说明
1973.3~1978	村预制场	水泥下水道管子		7		
1980.5	皮鞋厂	男女各式皮鞋	38.86	50		"金蜂"牌
1983	无纺针织厂	肩衬	17.54	54	2.46	
	皮鞋厂	各式男女皮鞋	17.56	50	1.56	"金蜂"牌
	包装厂	生产各种纸箱	2.70	15	−0.50	
	五金厂	铜铝翻砂制件	6.10	9	0.06	
	加工厂	粮饲加工	0.72	8	−0.01	
1984	加工厂、皮鞋厂	皮鞋	28.18	98	0.19	账户合并
	无纺针织厂	肩衬	4.95	546	−0.06	
	包装厂	纸箱及瓦楞纸	0.71	9	−0.06	
1985	皮鞋厂	男女各式皮鞋	3.25	20	1.79	
	五金厂	铝铸件	6.36	9	−1.30	
	无纺针织厂	肩衬	27.56	46	1.83	
	包装厂	纸箱	6.45	9	−0.91	

（续表）

年份	企业名称	主要产品	产值（万元）	年末职工数	利润（万元）	说明
1986	皮鞋厂	各式男女皮鞋	19.81	20	−1.94	
	加工厂	粮饲加工	1.71	9	0.33	
	无纺针织厂	肩衬	44.76	45	1.30	
1986	包装厂	纸箱	8.14	15	−0.59	
	联营厂	针刺棉、无纺布	7.81	15	0.02	
1987	皮鞋厂	各式男女皮鞋	29.66	20	1.11	
	无纺针织厂	肩衬	89.39	46	2.06	
	陆家粮饲加工厂	加工粮食、饲料	1.19	9	−0.01	
	包装厂	纸箱	5.69	15	−0.01	
	攀顶厂	肩衬、胸衬	7.09	20	1.01	
1988	无纺针织厂	肩衬、无纺布、针刺棉	194.77	48	9.68	
	皮鞋厂	各式男女皮鞋	27.5	20	−1.09	
	包装厂	纸箱、瓦楞纸	6.3	15	−0.05	
	绣品厂	被头、枕芯等	1.23	12	0.25	
	加工厂	粮饲加工	1.6	9	0.40	
	攀顶厂	肩衬、无纺布	3.79	20	−0.11	
1989	无纺针织厂	肩衬、针刺棉	278.92	170	13.30	
	包装厂	纸箱、瓦楞纸	3.56	37	−1.59	
	绣品厂	被头、枕头、枕芯	11.16	13	−0.16	
	联营厂	针刺棉、腈纶棉	2.90	5	0.46	
	加工厂	粮饲加工	1.47	5	0.69	
	经营部	石灰、房产	22.18	2	0.83	
	皮鞋厂	各式皮鞋	7.66	10	0.09	
1990	无纺针织厂	肩衬等	213.05	141	7.31	
	包装厂	纸箱、硬纸板	15.57	19	−0.70	
	皮鞋厂	各式男女皮鞋	15.33	15	0.26	
	绣品厂	被头、枕芯等	9.98	8	0.58	
	联营厂	针刺棉、腈纶棉	212.48	75	18.62	
1991	无纺布厂	针刺棉、喷胶棉	536.69	64	50.66	
	无纺针织厂	肩衬、枕头、被头	191.08	147	−4.40	
	联营厂	喷胶棉等	155.37	33	4.93	

（续表）

年份	企业名称	主要产品	产值（万元）	年末职工数	利润（万元）	说明
1992	无纺针织厂	肩衬、枕头、被头	112.79	100	−10.57	
	无纺布厂	针刺棉、喷胶棉	162.52	47	5.84	
	鸿羽公司	喷胶棉等	1170.03	100	107.71	
1993	无纺针织厂	肩衬、踏花被、针刺棉	128.35	50	−1.87	
	无纺布厂	被头、针刺棉等	75.23	47	1.30	
	鸿羽公司	喷胶棉等	1142.03	100	40.71	
	林谷沙公司	肩衬、胸衬、袖条	167.08	50	2.80	
1994	无纺针织厂	肩衬、被头、缝棉	116.27	31	−6.29	
	鸿羽公司	软、硬喷胶棉	645.34	90	−29.55	
	林谷沙公司	肩衬、胸衬、袖条	744.72	50	41.68	
1995	无纺布厂	肩衬、被头、棉	368.04	56	−35.26	
	鸿羽公司	喷胶棉	157.25	25	3.81	
	林谷沙公司	肩衬、胸衬、袖条	138.90	50	69.85	
1996	鸿羽公司	喷胶棉	305.30	50	8.70	
	无纺布厂	肩衬、踏花被、棉	327.64	20	66.68	
	林谷沙公司	肩衬、胸衬、袖条	989.47	53	3.33	
1997	鸿羽公司	喷胶棉	416.23	50	39.68	
	无纺布厂	肩衬、缝棉	31.38	20	5.13	
	无纺针织厂	针刺棉、被头、枕头	31.72	15	−4.85	
	林谷沙公司	肩衬、胸衬、袖条	1161.96	53	13.26	
1998	林谷沙公司	肩衬、胸衬、袖条	943.35	50	10.64	
	鸿兴公司	喷胶棉	227.14	25	13.01	
	缝厂	缝棉、床上用品	40.91	17	−1.37	
1999	林谷沙公司	肩衬、胸衬、袖条	1160.93	50	74.62	
	鸿兴厂	喷胶棉、无胶棉	377.35	25	23.85	
	缝厂	缝棉、床上用品	29.97	17	10.20	
2000	林谷沙公司	肩衬、胸衬、袖条	1192.74	50	70.00	
	鸿兴厂	喷胶棉等	494.91	25	−1.25	转制后改厂名
	缝厂	缝棉、床上用品	11.74	17	0.26	转制后改厂名

（续表）

年份	企业名称	主要产品	产值（万元）	年末职工数	利润（万元）	说明
2001	林谷沙公司	肩衬、胸衬、袖条	1120.29	50	35.95	
	鸿兴厂	喷胶棉	382.45	25	-0.85	
2002	林谷沙公司	肩衬、胸衬、袖条	748.10	50	29.15	
	鸿兴厂	喷胶棉	381.93	25	-1.16	
2003	鸿兴厂	喷胶棉	485.12	25	-2.86	
	林谷沙公司	肩衬、胸衬、袖条	638.68	50	35.37	
2004	林谷沙公司	肩衬、胸衬、袖条	786.68	50	0.58	

第三节　民营企业

一、村域内民企

1998年，陆家村内民营企业，除陆家建材厂、陆家无纺厂、陆家鸿羽公司3家由集体资产通过租赁拍卖形式转为私人经营外，又新增个体私营企业数家，且规模较大，门类繁多，体现了改革开放的一大成果，规模较完善的有9家。

昆山市南祥涂料有限公司　开业于1998年3月3日，法人代表李云龙。经营范围：粉末涂料、喷粉、塑料制品。注册资本800万元，建筑面积3276.24平方米，从业人员50人。2012年营业收入2589280元，利税171820元。地址：陆家镇312国道北侧神童泾村境内。

昆山市强生服饰辅料有限公司　开业于1998年8月，法人代表王裕生。经营范围：服饰辅料制造。注册资本200万元，固定资产1510万元，建筑面积4200平方米，从业人员62人。2012年营业收入3134万元，利税112.20万元。地址：陆家镇邹家角村域内。

昆山市依佐时装有限公司　创建于2009年7月15日，法人代表沈惠弟。经营范围：服装面料、辅料加工、销售。注册资本50万元，固定资本4538880元，建筑面积2400平方米。从业人员20人。2012年营业收入6190900元，税金19330元。地址：陆家镇菉溪东路21号。

昆山市驰景化工有限公司　开业时间2001年8月20日，法人代表陈永宽。经营范围：硫酸、盐酸、硝酸、氢氟酸生产销售，危险化学品批发。注册资本400万元，固定资产549万元，占地面积13.35亩，建筑面积2433平方米。从业人员52人。2012年实现销售6198.21万元，利润额116.84万元（税后），上缴税金 176.77 万元。地址：昆山市千灯镇佳泰路 111 号。

迪球电器有限公司 开业时间 1994 年 10 月，法人代表王根荣。经营范围：霓虹器材、霓虹变压器、线轴。注册资本 50 万，固定资产 150 万元，占地面积 1.40 亩，建筑面积 1000 平方米。从业人员 28 人。地址：陆家河庄村。

昆山市卡尔马宠物用品有限公司 法人代表恽晓庆。注册资金 5 万元，职工 5 人。地址：菉溪东路。

胜达机电包装有限公司 法人代表吴红。注册资金 15 万元，职工 15 人。地址：陆丰东路。

陆家征文印刷纸品经营部 法人代表陈静娟。注册资金 50 万元，职工 3 人。地址：富荣路。

好孩子集团公司 创办于 1987 年，地址：昆山市陆家镇菉溪东路 20 号。

好孩子集团的前身是陆家中学校办厂，隶属县文教局。占地面积 1722 亩，建筑面积 36.78 万平方米。经过十多年的拼搏，从一个濒临倒闭的小厂，发展为中国最大的儿童用品研发、制造和销售的企业集团。集团拥有 19 家企业，员工达二万余人。产品有婴儿推车、自行车、学步车、儿童三轮车、电动童车、婴幼儿汽车安全座、滑板车、童装、童鞋、餐椅、童床、洗浴用具、护理用品等十几个门类，数千个品种。产品 70% 以上销往七十多个国家和地区。好孩子童车连续 18 年国内市场销售第一，连续 15 年美国市场销量第一。

2004 年 7 月 12 日，《新华日报》做了题为《宋郑还：为下一代的健康成长而不懈追求》的专题报道：

宋郑还，好孩子集团公司总裁，好孩子集团有限公司总经理，中外合资好孩子儿童用品有限公司董事长、总经理。

1987 年，作为中学教师的宋郑还接任校办厂厂长，在没有经验、没有资金、没有材料的艰苦条件下，硬是靠自己夜以继日的钻研，发明了一种可以做推车、摇篮、学步车、座椅的多功能婴儿车专利产品，并且排除万难，推向了市场，成功挽救了已负债 80 多万元濒临倒闭的校办厂。

强烈的知识产权保护意识，从第一辆多功能童车诞生到现在，发明创造从未间断。至今，这位总裁个人发明的专利已有 100 多项，好孩子集团的国内外专利申请数已有 1600 多项，在全国企业中名列前茅，形成了有效的专利保护网，在国际、国内竞争中确立了竞争优势。被国家知识产权局评为"全国专利工作先进单位"。好孩子童车引领了中国童车的新潮流。2012 年，好孩子集团销售收入突破 26.70 亿元，实现利税 1.30 亿元，出口创汇 3 亿美元。

二、入驻企业

2012 年陆家村域内入驻企业简况表

表 7-3-7

厂名	办厂时间	年末职工（人）	固定资产（万元）	产值（万元）	法人代表	地址
陆家镇诚谊塑制厂	2004.12.27	4	113.40	107.50	李 华	联谊路 2 号
昆山东顺针织有限公司	2004.9.7	12	81.80	21.12	李 平	育才路 1 号
昆山市安洁环境发展有限公司	2007.6.1	10	55.47	46.20	张建安	菉溪路 89 号
聚杨模钢材料有限公司	2002.7.17	9	130.56	284.96	平美英	龙溪路 4 号
昆山爱良整烫有限公司	1994.12.16	110	40.83	92.10	胡 刚	童泾南路 3 号
昆山市万新塑胶五金制品厂	2000.6.30	7	15.12	49.07	顾月娟	育才路 1 号
昆山市聚星铸锻件有限公司	2002.9.24	50	1203.22	443.90	姚金龙	童泾路 32 号
昆山市锦峰服饰服装有限公司	2004.4.2	150	60.20	456.49	陆菊生	陆家浜南路
昆山市坤腾纺织品有限公司	2007.3.21	5	116.50	244.73	吕冬梅	童泾路 32 号
昆山市金人建筑装饰有限公司	2003.6.26	32	33.42	44.10	郑国荣	菉溪西路 10 号
陆家印刷厂	2006.12.1	5	35.6	29.10	潘华林	龙溪路 11 号
昆山市隆达汽车租赁服务有限公司	2010.7.8	5	35.10	30.40	倪海峰	育才新村 3 号
昆山爱思美服装有限公司	1991.10	260	1525.38	1627.37	胡 刚	童泾南路 3 号
昆山市金城精细化工厂	1978.1	10	2882.24	796.38	张道德	童泾南路 10 号
昆山凌丰金属制品有限公司	2005.5	15	1244.86	935.24	陆 丰	陆家村 6 组
昆山市宇峰拉丝模具有限公司	1998.4	11	214.81	93.71	陆卫元	陆家浜南路 52 号
昆山市英特模具厂	2004.4	10	65.74	46.63	赵兰英	陈家浜路 51 号
安达盈吊装工程有限公司	2007.1	1	3134.03	652.32	林观彬	鹤塘新村 4 号
陆家祥泰物贸有限公司	2003.5	10	677.02	528.91	诸胜昔	渔业新村 176 号

（续表）

厂名	办厂时间	年末职工（人）	固定资产（万元）	产值（万元）	法人代表	地址
陆家旌哲塑胶机械有限公司	2011.7	2	13.41	24.43	李大金	陈家浜路 28 号
陆家源宇德电子材料有限公司	2012.6	3	79.70	73.66	黄　卿	陆家浜北路 98 号
陆家恩浩五金制品有限公司	2012.2	3	34.43	32.33	余　浪	联谊路 265 号

三、村域外企业

陆家村域外企业有驻千灯昆山市驰景化工有限公司、驻河庄迪球电器有限公司、驻神童泾昆山市南祥涂料有限公司、驻神童泾陆家征文印刷纸品经营部、驻邹家角昆山市强生服饰辅料有限公司、驻邹家角昆山市卡尔马宠物用品有限公司、驻邹家角胜达机电包装有限公司，共七家。

四、信息服务

陆家村党总支、村委会积极鼓励村民创业、办企业、拓展富门之路。常依托镇富民强村办公室获取工商市场信息，以现代化的通信手段，利用手机、电脑等传递到民营企业老板及准备创业的有志人士手上，以利于其选择中意项目着手市场调查、核实、筹备、调整部署，也有利于创业。与工商、金融、科技等部门联系，提供方便，解决一些难题。办手续优惠提供小额贷款，在有资质人士担保之下，即可办一年期的小额贷款，到期归还本息后，可续办贷款事宜。这在不同程度上缓解了企业中及创业上的资金问题。加强与民营企业信息联系，能助推其转型升级，开拓创新，巩固与发展。

第八章 商 贸

陆家村地处太湖流域，素有"鱼米之乡"美称。村民以农业生产中的水稻生产为主，历来有大宗粮食上市。为保粮食安全，国家自 1953 年底起对粮食市场实行"统购统销"，后期并伴以议购和超议购。年复一年，村民将余粮在秋收后车载船装源源不断地运往龙王庙国家粮库。在 1957～1984 年间，全村向国家交售 9958 吨粮食，为社会主义建设做出巨大贡献。

村民散居于陆家镇区周边，借此得天独厚的条件，在街上开店设摊，农闲经商，搞运输，跑单帮，搞活市场经济。20 世纪 80 年代起，繁华的街市重心北移，为适应地方社会经济的发展，陆家越过夏驾河在邵村、神童泾区域形成一片商贸民居新区。人们摆脱困境步入小康社会，正满怀信心向现代化进军。陆家成为"贸工重镇"的繁荣景象已展现在世人面前。

第一节 粮 油

一、自由销售

新中国成立前后，陆家村民将生产的粮油作物除留部分自用外，自由去市场销售，也有商户下乡收购。20 世纪 50 年代初，村民将粮油作物出售给中粮公司蒹葭营业所或供销社。1953 年底，国家实行粮食统购统销政策。此后村民即取消自由销售而集中把粮食卖给国家。

二、统购统销

（一）统购

新中国成立初，粮食市场自由买卖。1949 年 9 月，建蒹葭区粮库于龙王庙。国家征购的公粮，由政府负责征收入库。1951 年，中国粮食公司昆山分公司在蒹葭建立营业所，经营粮食购销。蒹葭供销社设粮食收购代购点。1953 年，蒹葭镇有私营粮行 4 家。是年 12 月，为确保粮食安全，国家对粮油实行计划收购和计划供应政策（简称"统购统销"）。粮油的收购有统购、议购、超购三种形式，自此粮食市场关闭，其购销全由国家粮食部门经营，粮食市场上私人不得自由买卖。1954年夏天建菉葭粮管所。是年开始对余粮实行预购，国家预付无息订金。粮库负责粮食征收、贮藏和调运。

按照统购统销政策，农民所产粮食遵照国家规定，在缴纳公粮，留足种子，提留口粮、饲料粮外，余下粮食全部卖给国家，此即"统购"。在完成统购任务后，将超产部分粮食卖给国家，是谓"超购"。国家以高于国家牌价，低于集市贸易价格收购余粮称为"议购"。

1955年3月实行按人分等定量供应粮食。8月，农村粮食统购统销实行"三定"，即定产、定购、定销。其中"定产"即以粮田单位面积，按常年平均产量确定其产量，归户计算。"定销"，由上级下达销售控制数，缺粮户由群众评议，一年一评，按需供应。农业合作化后，以农业社为单位，根据分户定销数统一计算，核定到生产队。1956年，"三定"任务改为"以户归社，按队结算"。是年10月14日，中共中央、国务院指示，在丰收地区酌量增购部分粮食，增购数量不超过增产部分的40%，实行以丰补歉。农民的油菜籽除留足种子外，由国家全额统购。1957年，实行以农业社为单位，随同粮食一起下达种植计划和统购任务，此法执行5年。

在第一个五年计划期间，由于认真贯彻国家粮食统购统销政策，粮食产量逐年增加，粮食超额完成任务。每个农民平均口粮300千克。农村呈现藏粮于民，粮食形势稳定的大好局面。

1958年"大跃进"和人民公社化运动中，农村抽调了大批劳动力大炼钢铁，兴修水利，粮食收割时劳动力不足，致使丰产未能丰收。同时受高指标、瞎指挥和浮夸风的干扰，普遍虚报产量，导致粮食高指标、高征购，扰乱了粮食统购销政策的执行。加之自然灾害，农业生产连续三年大幅减产，征购任务未能相应减少，反而购了过头粮，导致农村粮食产、购、留的比例严重失调。农民人均占有粮食大幅下降，1961年仅有182.50千克，这挖了农民的一部分口粮，严重挫伤了其生产积极性。在"大办农业，大办粮食"指示及贯彻"12条""60条"等政策后，政府采取有力措施，扭转了困难局面。1965年，为调动农民种粮积极性，实行粮食征购基数"一定三年不变"的政策，开始实施"议购"。1975年，陆家村出售粮食363357.50千克，其中征购347621千克，超购10625千克，议购5111.50千克，超购率2.9%。

1979年，遵照国家规定，从夏粮收购起，促进粮食多渠道流通，将粮食统购价提高20%；超购加价幅度由原来的统购加价40%，改为按新统购价加价50%。麦类、稻谷类、大米的统购价分别由11.33元、11.50元、16.60元调高为

13.17 元、13.50 元和 18.53 元。这次提高统购价，平均使全县每个农民增收 24 元，普遍促进了其劳动积极性，农民得了大实惠。

1981 ~ 1984 年，粮食征购实行大包干，以生产队为单位，以前三年购销实绩为包干数，包产、包购、包销"三年不变"。少购统购粮，多购超购粮，增加了农民的收入。1982 年，陆家村出售粮食 330161.25 千克，其中征购 178538 千克，超购 151623.25 千克，超购率 45.90%。

1985 年起，农村粮食销售改为比例价供应。对小杂粮、小油料，全部改为议价供应。并扩大议价供应范围，缩小计划（平价）销售。

1993 年 4 月 1 日，粮食经营、价格、粮食市场全部放开。至此，实行了 40 年的粮食统购统销政策宣告结束。同时期发行的粮票也完成其历史任务。此后村民生产的粮食继续通过议价卖给国家或投向自由市场。2012 年，全镇粮店有 5 家，各大超市均有粮油出售。

1957 ~ 1984 年陆家村（大队）粮食产量及收购税收情况统计表

表 8-1-1

| 年份 | 粮食总产量（千克） | 收购情况 | | | | 农业税（元） |
		合计（千克）	征购（千克）	超购（千克）	议购（千克）	
1957	491014	200823	200823			19669
1958	739206	442124	442124			22662
1959	721540	421626	421626			23427
1960	609564	389764	389764			22799
1961	574073	331702	331702			16773
1962	696857	332008	316601	15407		18169
1963	704101	339827	309827	30000		19352
1964	819658	323147	323147			19924
1965	832505	399760	336467	36500	26793	20495
1966	896929	362364	300542	61822		22901
1967	765707	336420	332170	2500	1750	22791
1968	764534	368969	343550		25419	22885
1969	861312	368969	343550		25419	22992
1970	990736	344670	331050	6120	7500	22338
1971	1183156	367726	323563	21713	22450	22094
1972	1033219	371822	338863	32959		22413
1973	1108330	407110	345691		61419	22468

（续表）

年份	粮食总产量（千克）	收购情况				农业税（元）
		合计（千克）	征购（千克）	超购（千克）	议购（千克）	
1974	1962482	458029	345798		112231	22574
1975	1728449	363358	347621	10625	5112	22470
1976	1610170	378732	345644	13348	19740	21873
1977	1116854	333383	327417	2601	3365	22495
1978	1747156	398326	353567	9800	34959	22389
1979	1227487	386773	359319	17500	9954	25896
1980	998366	287724	297624	100		25081
1981	747912	183108	152751	30357		25116
1982	936536	330161	178538	151623		25073
1983	911366	274807	155017	119790		25071
1984		454807	176292	278515		38361
小计		9958039	8760648	841280	356111	640551

（二）定购

即根据其定产的全年总产量，扣除应缴公粮，应留种子、口粮、饲料后，剩余粮食由国家收购，亦即征购任务。其中，定产、定购三年不变，增产不增购，减产则减购。在夏秋两季收购，一次结算。

（三）超购

1962～1963年，针对当时农用物资紧缺的实际情况，采取用工业品换购政策。当生产队完成统购任务后，可按换购比例选购化肥、桐油、木材、棉布、香烟、胶鞋等生产生活用品。1964年实行超产则超购部分粮食。1971年，超产部分加价30%奖售。

1981年实行大包干，增加超产议价。1985年，合同订购总的三成按统购价，七成按超购价（稻谷八成、小麦六成按超购价）比例计价。超购是指完成统购任务后将超产部分卖给国家。

（四）议购

于1965年开始实行议购政策，当年全村超购36500千克，议购26792.50千克，是新中国成立以来粮食收购政策不断完善的体现，促进了粮食生产的发展。1974年，陆家村粮食总产量达1962481.50千克，创历史最高纪录。

（五）销售

粮食销售　新中国成立初，粮食市场自由开放，粮商乘机囤积大米，哄抬粮价，或待青黄不接时高价应市，制造紧张气氛。政府从民生计，国营公司适时投放大量米、面，平价供应，并加强市场管理，打击投机倒把的奸商，使粮食市场逐渐为国家所掌握。粮价平稳，民心安定。

1954 年，实行粮食计划供应（统销）。城镇居民、机关团体、学校、企事业单位人员的粮食，由集体供应。工商行业用粮，参照过去用量，定期供应，基本敞开，但严禁私自采购。1955 年 8 月 25 日，国务院颁布《市镇粮食定量供应暂行办法》，对城镇居民按年龄大小分等级定量供应，每月体力劳动者 14 ~ 24 千克，普通居民 12 千克，企事业人员 14 ~ 14.50 千克，大中学生 15 ~ 15.50 千克，6 ~ 10 周岁儿童 10 千克，3 ~ 6 周岁儿童 6.50 千克，3 周岁以下儿童 3.50 千克。农村由上级下达粮食销售控制数。缺粮户由群众民主评议，按需供应。农村缺粮户及渔民实行定销，按当地用粮标准核定供应。1956 年 5 月建立国营商业粮食供应点。农业合作化以后，以农业社为单位，根据分户定销数统一计算，核定到生产队。1958 ~ 1959 年，农村粮食紧张，村民以瓜菜相代，殃及城镇，经销量猛增。1960 年，城镇及其他定量供应人口，降低粮食供应标准 0.50 千克。1963 年开始粮食议销。1965 年恢复原有粮食定量供应标准。1991 年调整粮油统销价格。1993 年 4 月 1 日，国家放开粮食价格和粮食经营，同时全国停止使用粮票及粮油购买券。1996 年取消市镇居民粮食计划供应。从此结束了居民购粮证四十多年的使用历史，粮油市场全面开放。

油料销售 陆家村民向来以食用菜油为主，新中国成立初，村民种植的油菜籽除自用外，多余部分由经销商收购，榨成油销售或运往外地。部分缺油户及市镇居民会到市场上购油。至 1953 年，食油供应由昆山油脂公司经营，并委托供销社代销。1955 年起，油菜籽全部由国家统购，城镇居民、农民的食用油由国家定量供应。起初，农民每月可购买 0.25 千克食用油，后改为 0.15 千克。城镇居民由原先的 0.25 千克改为 0.20 千克。1962 年，油菜籽实行统购任务包干，对农民不再另行供应。凡完成包干产量和统购任务的，剩余的菜籽留下榨取食用油，故农民食用油拥有量逐年增加。20 世纪 60 年代，农民食用油的返回发放油票，可到供应点凭票提取食油。20 世纪 70 年代开始，食油的返回，由供应店按大队、生产队安排供应日期，一次性返回，这时每家每户自带容器到供应店提取食油，可供一年食用。1983 年实行家庭联产承包责任制后，各家各户收获的油菜籽有的卖给粮管所换钱；有的拿到供应店换食油，可分期领取。

1957～2000年陆家村（大队）出售油菜籽统计表

表 8-1-2

年份	上交数量（千克）	年份	上交数量（千克）	年份	上交数量（千克）	年份	上交数量（千克）
1957	15745	1968	47451	1979	50372	1990	56896
1958	8685	1969	67673	1980	28362	1991	25376
1959	8396	1970	50246	1981	53546	1992	36960
1960	13018	1971	58595	1982	51037	1993	21000
1961	11492	1972	53172	1983	41275	1994	18980
1962	9088	1973	22654	1984	43392	1995	21000
1963	30426	1974	45680	1985	32000	1996	27940
1964	41591	1975	45587	1986	35235	1997	10920
1965	44712	1976	28194	1987	46090	1998	2010
1966	47208	1977	48893	1988	45898	1999	6000
1967	52052	1978	43636	1989	51852	2000	3000

（六）公粮

新中国成立前，公粮上交实行保长负责制。由甲长具体按各农户土地面积确定标准，及时催交公粮。

新中国成立后，一开始各农户自己把公粮缴到龙王庙粮库。合作化后，国家对上交公粮有了新规定，即按各生产队的土地、水旱田、人口等比例确定不同的公粮数额。

1957～1984年，此28年全村上缴农业税64万余元。1991年，经核准，28户困难户减免农业税1580元。因自然灾害，401户减免农业税5020元，43户军属减免农业税3010元。

第二节　农副产品

一、自销

黄瓜、熟瓜、西瓜　陆家大队一度在吴淞江滩种上几种瓜类，岂知种瓜也有其技术与经验，因缺乏技术，导致产量受限，产品未能成批上市，改种蔬菜。

羊和兔子　村民自养羊、兔，自消费，很少上市。

鸡鸭　陆家村民每户均饲养家禽1～20羽，可谓鸡鸭成群。所产禽蛋除自用外，由食品公司收购，也有去市场销售的。现金可充日常开销，收益颇丰。

二、收购

生猪 陆家村民家家户户养猪，集体化时期，各生产队副业组养有大量生猪，体现猪多、肥多、粮多。村民户头养猪，从苗猪入栏到出栏在 4 ~ 6 个月，然后把生猪出售给食品公司。20 世纪 60 年代末，末等猪每担 46.20 元，返回饲料清糠 20 斤，凭发票回生产队奖励稻谷 70 斤。猪窠过磅评级作价记入生产队社员往来中参加分配。20 世纪 60 年代初，出售生猪奖励肉票 5 斤，1965 年增奖布票 2 尺，当时鲜肉紧张，均凭票供应，每人月供应 0.25 千克。1964 ~ 1983 年，陆家村共出售生猪 23000 余口。

蘑菇 1972 ~ 1982 年这 10 年间，陆家大队各生产队副业组均培植蘑菇（包括香菇、金针菇、平菇等多种）。菌种由公社菌种厂提供，按操作技术从事，成本不高。所产蘑菇全卖给供销社收购站，当年每斤价格：一级 1.30 元、二级 1.00 元、三级 0.70 元，收益甚丰。1972 ~ 1982 年，陆家大队出售蘑菇总收入为 15 万余元。

稻柴绳 1958 年起，陆家大队社员搞家庭副业，搓稻柴绳。据传，部队骑兵喂马用其做饲料。产品由收购站代收，本地一度发展脚踏板搓绳，产量倍增，后销路不畅，最后将产品送去上海江桥才销完。1965 年后此业无人问津。

蚕茧 20 世纪 70 年代初，陆家大队曾兴起养蚕热，本队无桑园，派员外出甚至远至上海嘉定采集桑叶，回来论斤记工分。所产蚕茧由采购站代收。因无桑园作后盾，且经营管理不善，终告歇业。

玉米萁 作为奶牛的饲料，可较长时间贮存的玉米萁，陆家村民曾批量种植，由收购站代收，收益可观。

水产品 水产品生产收购历经多样变化，在"渔业"章详述。

第三节 市 场

陆家村地处镇区近郊，与街市、商店距离很近，购销便捷，就集体商业公司和供销社而言，无需另设代销店、下伸店和化肥店。然村民驻市设店、摆摊，亦农亦商，遍及街市各类市场。

一、街市

据清乾隆《菉溪志》载，明宣德年间，为避骚扰，原设在吴淞江畔的菉葭浜街市迁至鹤塘浜，出于安全考虑，街市南北两端建有更楼以示警。街市布于鹤塘浜两岸，长约三百米，各店铺门前搭有凉棚，"自北至南略无间断"，人气兴旺，商贸繁荣，有词赞为"菉溪虽小赛苏州，南更楼接北更楼"，此两更楼在清乾隆年前已消失，北更楼桥于 1958 年拆除。20 世纪 40 年代，街市东岸有商铺 83 家，西岸有 84 家商店，涉及 54 种行业。有易天和、杨菁保、广生堂、德生堂、诵德堂等 5 家药材店，设有蒋止途、汪金魁、张广渊、黄河清、夏铭德、汤嘉祥等各种诊所。南有陆怀德茶楼，北有陈万兴糖果糕食店。村民在街上开店经营的有：李阿梅开鲜肉店，邱豪开竹器店，诸杏林开经布店，李来生开铁匠店，钱玉明开米行，诸福康开石灰行，柯泉生开轧花店，顾林生开羊肉店，陆士贞设牛肉摊，陈忠进开糕饼店，张孙氏开柴行，孙洪元开圆作店，陈阿荣开修造船店，诸志达开横料店（寿器），李阿三开磨坊，潘仁康开鱼行，顾阿桃经营脚班道士。人们参与经营，繁荣街市。

新中国成立后，陆家镇街市仍为昆东片重镇。1958 年，街市正中本来可以通船的鹤塘浜由人工填没，筑成街道。凉棚拆除，街市面貌也焕然一新。在工商业社会主义改造后，街市营业的主体为国营食品公司、供销社和商业公司。此后街市重心逐渐北移，在陆家浜路与菉溪路交汇处形成"十"字形新街。其中南北向的陆家浜路上驻有农商行、农行、建行、工商行、中行等银行，开设有华联、文峰、如海、联华、华中联、乐购等大型超市和零星灯具、家电、手机、服装、水果等商店。东侧有昆东片闻名的陆家农贸市场，东北侧是有现代医疗设备的昆山市第四人民医院和一座天主堂。商店共 120 家，街市全长 1000 米。东西向的菉溪路上有邮局、供销社、镇政府和龙泉楼、九龙坊两家大型酒楼，另有商业公司，青龙、正祥、春来、捷强、万隆、大众等旅社和小型饭店、点心店共 165 家，街市全长 930 米。此外尚有辐射区：

陈家浜路全长 420 米，有商店 74 家，涉及 21 种行业，其中小饭店、点心小吃店 11 家，2 家花卉喜庆店为特色。

新开河路全长 800 米，有商店 28 家，双叶药店及诚信诊所设于此街。

陆千路西侧，全长 300 米，共有商店 58 家，有车辆维修、美容美发店等。

联谊路东南部全长 200 米，多为杂货、小吃店，有商店 30 家。形成新街后的 300 米长的老街尚有小百货、理发、小吃等小店 69 家。新街、老街村民参与经营者众多。主要从业于旅社、理发、百货、运输等行业。

进入 20 世纪 90 年代，陆家商贸区域越过夏驾河向邵村、神童泾发展，建成新区。人气兴旺，商贸繁荣，一派贸工重镇的繁华景象。

二、集市贸易

新中国成立前，菉葭浜有常年集市，多为早市，有专门场地，俗称"露水集"，人称"菜市场"。新中国成立后，集市贸易有新发展，几经变革，在中共十一届三中全会后，经济政策放宽，恢复和发展了农村集市贸易。1979 年 5 月，省工商局颁发了《农村集市贸易管理办法（试行）》后，在"管而不死，活而不乱"的原则下，农村集市贸易已发展成为多种经济成分、多种经营方式、多种流动渠道并存的综合性市场。

1987年6月，由陆家多服公司、供销社、集体商业公司联合投资100余万元在原北圣堂东南角建成陆家镇农贸市场，占地15亩，建成后于1988年3月1日开业使用。是以经营蔬菜、鲜肉、禽蛋、水产品、豆制品、干鲜果、杂粮等农副产品为主，五金、百货、服装、饮食等行业相结合的综合性农贸专业市场。进场28家，363个摊位。市场内由陆家工商所聘用市场管理人员，每天巡回管理，并按规定向摊主收取管理费。实行自由买卖，购销两旺。

市场于1993年和1999年两次扩建，占地16亩，建成固定营业房55间，摊位拥有量650个。2001年转制后由徐志民承包经营。市场管理人员19人，分财会后勤、服务台、治安收费和卫生车辆管理4个组。市场形成了蔬菜、肉食、豆制品、熟切、海鲜、水产品六大经营区，具有南北风味、海鲜、风味熟食三大特色。曾建有18个放心菜摊和38个放心鲜肉摊，并强化管理制度。1991～2006年，市场连续四次被评为"苏州市文明市场""苏州市样板市场"和"江苏省文明市场"。2007年市场搬迁，摊主纷纷搬去陆家浜南路原南圣堂旧址的临时市场，占地6亩，35个摊位。也有迁去新镇区友谊市场和南粮市场者。原市场改作停车场。买菜群众由镇政府提供免费大巴，往返于友谊市场和老市场之间。

2011年，在唐板桥路建成陆家农贸市场，占地19亩，建筑面积11715平方米。市场于2012年12月5日开业，同样具备六大经营区。入驻各种摊位有：肉庄8家、羊肉2家、牛肉1家、糕食1家、南货4家、水果1家、鱼类4家、熟食2家、冷冻1家、海鲜1家、豆制品2家、光鸡1家、蔬菜30家、调料4家、自由市场4家，外店毛鸡1家、生面店1家、酒店2家、面点4家、油条1家、超市1家。大饼油条摊1家、西药店1家、粮油面供应店2家，均在店面房内。

三、苗猪市场

陆家苗猪市场最早形成在陆家中学老校区的东面。20世纪60年代迁去北更楼河东的马戏场。20世纪70年代曾在陈家浜桥（马路桥）东塅老年活动室所在地办苗猪市场。1978年移至兽医站。20世纪80年代，陆家镇在陆家浜的夏驾河滩木材部和夏驾桥办有苗猪市场。陆家在阴历逢六，夏桥在逢五开放交易，都为每月三次。猪源大多由农户饲养母猪繁殖交售，也有外地苗猪应市。村民进栏苗猪也多由市场供应。市场由兽医站派员到场检免疫、司磅、划码。开票结算兑现，同时向买卖双方收取3%的管理费（含工商管理费）。

20世纪90年代中期，规模养殖户增多，大多数专业户采取自繁自养方式，致使苗猪市场交易量逐渐减少。1999年，陆家苗猪集中在光夏路老汽车站交易。每逢阴历的三、六、九进行苗猪市场交易。管理方式同前。2005年初，随着农村经济结构的调整，生猪饲养户基本消失，苗猪市场关闭。

四、箓溪商苑

又称小商品市场，建于1998年5月8日，地址箓溪路44号，占地10亩。拥有摊店156家，经营小五金、小家电、塑料制品、衣帽鞋袜等生活日用品。还有成衣、修理电器等摊位。其中有村民参与理发、小百货等经营。

附物价表：

1950 ～ 1987 年陆家地区生活消费品价格

表 8-3-3　　　　　　　　　　　　　　　　　　　　　　　　　　　单位：元

品种	规格	数量	1950年	1952年	1957年	1962年	1965年	1970年	1975年	1980年	1985年	1987年
大米	标二粳	50千克	13.55	13.74	13.35	13.60	13.60	13.60	14.00	14.00	14.00	14.00
面粉	标准粉	50千克	15.85	16.50	16.17	16.10	16.10	16.10	16.10	16.10	16.10	16.10
食用油	纯菜油	500克	0.52	0.44	0.58	0.58	0.58	0.58	0.78	0.78	0.78	0.78
鲜猪肉	统肉	500克	0.62	0.59	0.69	0.78	0.80	0.76	0.76	0.91	1.24	1.73
鲜羊肉	统肉	500克	0.43	0.41	0.47	0.48	0.58	0.58	0.58	0.83	2.37	2.21
鲜牛肉	水牛统货	500克	0.46	0.44	0.47	0.63	0.59	0.44	0.50	0.73	2.50	2.90
母鸡	活	500克	0.74	0.70	0.73	0.90	0.83	0.83	0.83	1.00	1.89	2.47
鸭	活	500克	0.64	0.61	0.63	0.74	0.57	0.58	0.58	0.76	0.94	1.51
鹅	活	500克	0.52	0.50	0.44	0.64	0.50	0.47	0.47	0.65	0.87	1.29
鲜鸡蛋	净	500克	0.54	0.52	0.56	0.73	0.76	0.78	0.78	1.01	1.19	2.27
鲜鸭蛋	净	500克	0.53	0.51	0.52	0.70	0.71	0.77	0.75	0.97	1.17	1.60
冻鲜青鱼	3斤以上	500克	0.54	0.50	0.53	0.63	0.59	0.59	0.63	0.82	2.20	3.84
冰鲜鲢鱼	2斤以上	500克	0.38	0.38	0.36	0.54	0.38	0.38	0.40	0.53	1.05	1.38
活湖蟹	后期二级	500克	0.64	0.64	0.64	0.64	0.64	0.69	0.78	1.14	9.83	17.00
大青菜	统货	50千克	3.97	4.05	1.50	4.00	2.20	2.73	2.08	2.54	2.85	5.15
小白菜	统货	50千克	2.29	2.58	2.94	5.60	3.01	2.61	3.49	2.84	5.68	7.60
萝卜	长白统货	50千克	2.63	2.33	2.50	3.24	2.18	2.75	3.32	3.19	5.02	5.93
黄酒	地产普通散装	500克	0.29	0.29	0.38	0.47	0.38	0.38	0.38	0.38	0.40	0.44
飞马香烟	沪产20支装	1包	0.18	0.21	0.23	0.23	0.29	0.29	0.29	0.29	0.39	0.39
前门香烟	沪产20支简装	1包	0.26	0.27	0.31	0.32	0.35	0.36	0.36	0.36	0.50	0.50

（续表）

品种	规格	数量	1950年	1952年	1957年	1962年	1965年	1970年	1975年	1980年	1985年	1987年
光荣肥皂	苏州产353克	1条	0.27	0.30	0.30	0.33	0.49	0.47	0.47	0.47	0.47	0.56
固本肥皂	上海产	1条	0.40	0.40	0.39	0.39	0.54	0.51	0.51	0.51	0.51	0.61
火柴	苏州产十小盒	1包	0.17	0.20	0.18	0.16	0.20	0.20	0.20	0.20	0.30	0.30
民用电灯泡	15～40瓦普通	1只	0.39	0.39	0.39	0.56	0.39	0.39	0.39	0.39	0.39	0.46
热水瓶	竹壳	1只	0.86	1.30	1.75	2.49	2.00	1.96	1.96	1.96	2.23	2.23
搪瓷面盆	沪产36寸全白	1只	1.93	3.04	2.99	3.01	3.10	2.91	2.91	2.91	2.61	3.02
茭白	带壳二青	50千克	6.42	6.63	8.30	11.89	7.28	9.84	9.52	10.10	18.35	23.50
冬瓜	统货	50千克	2.46	2.54	4.30	3.27	3.05	3.13	3.14	3.20	6.73	9.85
百叶		500克	0.32	0.32	0.32	0.32	0.32	0.32	0.26	0.26	0.35	0.40
豆腐	每板16块	1块	0.02	0.02	0.02	0.02	0.02	0.02	0.02	0.02	0.025	0.03
酱油	红色特级	500克	0.22	0.24	0.20	0.22	0.18	0.18	0.18	0.18	0.18	0.21
食盐	粗粒原盐	500克	0.13	0.12	0.15	0.15	0.15	0.15	0.15	0.15	0.15	0.15
白砂糖	机制一级	500克	0.56	0.65	0.72	0.72	0.87	0.79	0.79	0.79	0.79	0.79
赤砂糖	统货	500克	0.56	0.42	0.53	0.53	0.64	0.64	0.64	0.64	0.64	0.64
土烧酒	46度	500克	0.47	0.49	0.71	0.71	0.77	0.68	0.71	0.69	0.68	0.68
工农雨鞋	沪产39码	1双	3.06	4.11	4.15	4.15	4.02	4.17	4.17	4.17	4.46	4.90
永久自行车	28寸12型	1辆	169.50	149.89	136.8	270.0	159.15	153.30	153.3	153.30	153.30	163.86
凤凰自行车	28寸12型	1辆	171.50	151.89	138.8	272.0	161.15	155.30	155.3	155.30	155.30	166.86
白细布		1/3米	0.25	0.21	0.28	0.28	0.28	0.28	0.28	0.28	0.36	0.44
毛巾	沪产P-414	1条	0.37	0.34	0.84	0.84	0.71	0.88	0.88	0.88	1.07	1.44
90厘米圆领男衬衫	精漂42支	1件	1.73	1.73	1.73	1.73	1.73	1.73	1.73	1.73	2.02	2.58
90厘米圆领男棉毛衫	32支一等品	1件	3.06	3.06	2.84	2.81	3.09	3.06	3.06	3.06	3.56	4.16
火油	灯用	500克	0.59	0.49	0.48	0.48	0.48	0.34	0.34	0.34	0.34	0.34
煤球	民用	50千克	1.90	1.90	1.90	2.25	2.25	2.20	2.30	2.30	2.30	2.30

（续表）

品种	规格	数量	1950年	1952年	1957年	1962年	1965年	1970年	1975年	1980年	1985年	1987年
85砖	机制	1万块	180.00	180.00	180.00	180.00	180.00	180.00	180.00	220.00	295.67	393.75
水泥	矿渣425	1吨	74.00	74.00	74.00	65.40	67.56	62.00	62.00	73.00	106.10	117.40
石灰	统灰	50千克	2.74	2.46	2.70	2.20	2.20	1.51	1.51	3.53	2.35	2.71
大饼	甜粮票1两	1只	0.025	0.025	0.025	0.025	0.025	0.025	0.025	0.025	0.06	0.06
油条	粮票0.5两	1条	0.02	0.02	0.02	0.02	0.02	0.02	0.03	0.03	0.04	0.04
鲜肉大包	粮票1两	1只	0.05	0.05	0.02	0.05	0.05	0.05	0.05	0.06	0.10	0.20

1990 ~ 2012年陆家地区生活消费品价格

表 8-3-4　　　　　　　　　　　　　　　　　　　　　　　单位：元

品种	规格	数量	1990年	1995年	2000年	2003年	2005年	2010年	2012年
大米	标二粳	500克	0.20	0.38	1.00	1.30	2.00	2.20	2.50
面粉	标准粉	500克	0.18	0.30	0.80	0.80	1.50	1.80	2.10
食用油	菜籽油	500克	1.00	1.00	1.80	2.20	3.00	4.50	6.80
鲜猪肉	统肉	500克	2.10	3.30	4.50	6.00	8.80	14.80	13.50
鲜羊肉	统肉	500克	2.90	4.00	7.80	10.00	15.50	25.00	38.50
鲜牛肉	统肉	500克	2.80	4.10	6.50	8.00	10.00	20.00	33.00
鸡	活	500克	3.00	4.20	4.80	5.20	6.00	6.80	9.00
鸭	活	500克	1.80	2.50	3.50	4.00	4.00	6.50	7.00
鹅	活	500克	1.60	3.00	4.50	6.00	8.50	10.00	15.60
鲜鸡蛋	净	500克	2.50	2.80	2.80	3.00	3.50	4.80	4.80
鲜鸭蛋	净	500克	2.00	2.50	3.00	3.80	4.80	6.00	7.50
鲜鲫鱼	统货	500克	3.20	3.80	4.80	5.20	6.20	8.80	10.00
鲜草鱼	统货	500克	2.00	2.20	2.80	3.00	3.50	4.80	8.50
鲜鲢鱼	统货	500克	1.50	1.80	2.00	2.80	3.50	4.50	6.00
大白菜	统货	500克	0.08	0.10	0.35	0.60	1.00	1.10	0.80
萝卜	白水卜	500克	0.07	0.10	0.40	0.80	0.80	1.00	1.20
冬瓜	统货	500克	0.10	0.10	0.15	0.20	0.60	1.00	1.00
茭白	统货	500克	0.30	0.50	0.60	0.60	0.60	0.80	1.00
豆腐	统货	1块	0.02	0.03	0.03	0.05	0.10	0.10	0.25
食盐	统货	500克	0.15	0.30	0.80	0.80	1.00	2.00	2.50
白砂糖	统货	500克	0.85	1.00	1.30	1.30	1.70	3.00	5.00

（续表）

品种	规格	数量	1990年	1995年	2000年	2003年	2005年	2010年	2012年
赤砂糖	统货	500克	0.70	0.85	1.10	1.30	2.00	3.50	5.00
土黄酒	统货	500克	0.45	0.45	0.70	1.20	2.50	4.00	5.00
前门香烟	沪产	1包	0.50	0.80	0.80	1.00	1.00	1.50	2.50
固体肥皂	沪产	1条	0.65	0.65	0.80	0.85	1.00	1.80	2.00
火柴	苏州产	1包	0.30	0.30	0.30	0.50	0.50	0.80	1.00
工农雨鞋	沪产39码	1双	5.20	5.20	6.00	6.60	7.00	7.00	8.00
永久自行车	28寸口型	1辆	165.00	165.00	170.00	170.00	170.00	168.00	168.00
凤凰自行车	28寸口型	1辆	170.00	170.00	180.00	180.00	195.00	210.00	220.00
毛巾	沪产（414）	1条	1.60	2.20	2.64	3.00	3.00	3.20	4.00
火油	点灯	500克	0.34	0.40	0.40	0.50	0.80	1.20	1.80
煤球	民用	1只	0.23	0.23	0.25	0.25	0.30	0.40	0.45
机制85砖		1块	0.04	0.04	0.045	0.06	0.08	0.15	0.20
水泥	矿渣425	1吨	120.00	120.00	150.00	180.00	200.00	300.00	380.00
石灰	统灰	50千克	2.80	2.80	3.20	3.20	4.00	4.60	5.00
大饼		1只	0.06	0.06	0.10	0.30	0.50	0.80	1.00
油条		1条	0.04	0.10	0.10	0.20	0.50	0.80	1.00
阳春面		1碗	1.00	1.00	1.50	2.00	2.00	3.00	4.00
开水	老虎灶	1瓶	0.05	0.05	0.10	0.10	0.15	0.15	0.15
鲜肉大包	1两	1只	0.20	0.25	0.25	0.40	0.50	0.80	1.00

第九章　组织机构

民国 28 年（1939），菉葭地区夏桥人陶一球组织了由中共领导的昆山县第一支地方武装进行抗日革命斗争。1948 年底，昆山建立中共党总支和农村、乡镇两个党小组。东片中共地下党员常以村域内鸿钧中学为基地开展革命工作，进行抗租、抗税、抗丁这"三抗"宣传。并在 1949 年建立学校地下团支部。

新中国成立后，组织机构在社会演绎中不断完善和加强，最初组建许家、韩泾、西厍三个联村，进行组织建设，培养新党员，成立农会，发动并进行土改运动。而后逐步组建互助组，先后建立三个初级社。于 1956 年建西厍高级社并设立党支部。

1958 年建立菉葭人民公社时，西厍高级社支部归属五大队党支部，翌年夏分成西厍等三个大队党支部，并由西厍大队改为菉葭大队。1966 年，菉葭大队改成陆家大队。

1983 年，大队改为村。

2000 年，陆家、渔业两村合并成新的陆家村。

2005 年，建陆家村党总支，设一、二、三党支部。并抓好群团组织建设，相互配合，共建文明新村。

第一节　基层党组织

一、初级社党小组

1954 年，许家联村第一个成立初级社，取名菉葭新生农业生产合作社，社长由党员陈阿生担任。而后建立西厍、韩泾两个初级农业生产合作社。初级社虽然没有党支部，但建党小组，且正、副社长都是中共党员。是年党员人数 8 名，参加乡党支部活动。

二、高级社党支部

1956 年成立菉葭西厍高级农业生产合作社,建成党支部 1 个,设书记 1 名,党员 12 名。

三、大队党支部

1958 年 9 月 18 日,成立菉葭人民公社,西厍、新丰、新生三个高级社合并为五大队,建党支部 1 个,设书记 1 名,副书记 2 名,书记为张阿东,副书记为高文俊、张惠。

1959 年 6 月,五大队拆开后新成立菉葭大队、新丰大队、新生大队,各建立大队党支部。几年中,菉葭大队党支部培养和发展了新党员 11 名。以后几年中,大队党支部遵照党章要求,做到培养一个、成熟一个、发展一个,逐步发展、扩大党员队伍。

四、村党（总）支部

1983 年,陆家大队党支部改成陆家村党支部,党支部设书记 1 名,支委 2~4 名。2000 年 8 月,在镇区划调整中渔业村与陆家村合并,成立新的陆家村党支部,设书记 1 名,副书记 1 名,支委 2 名,新支部有党员 57 名。

2005 年,成立陆家村党总支,设总支书记 1 名,副书记 1 名,支委 2 名。下设 3 个党支部,第一支部有党员 4 名,第二支部有党员 24 名,第三支部有党员 30 名。几年来发展新党员 13 名,转出党员 4 名,转进党员 4 名,接收部队转入党员 5 名,另外也有老党员随着年龄的增长逐年离世。

2012 年末,党总支共有党员 75 名。其中第一支部 7 名,第二支部 35 名,第三支部 33 名。

2012 年,陆家村党总支及分支部支委成员有党总支书记高峰,委员曾英。其中第一党支部书记高峰,成员曾英、汪冰、陈冬、陈彬、邹敏、陆亚华。第二党支部书记汪冰,成员陆建英、陈宝林、陈月芳、金建华、周汉青、周建明、潘玉林、潘金林、戴道生、陆凤弟、茆忠、杨雪根、潘惠清、张秋、潘海龙、陈梅香、吴月初、刘银龙、陈燕、陈飞、陈淳、巢富荣、陆雪明、包小华、吴曹静、陈维娜、包文英、陈刚、张扬、诸津轶、章欢、诸韵奇、许志良、黄钱寅、陆阳。第三党支部书记曾英,成员沈玲宝、方春元、陈鸣志、魏光红、孟坤林、冯爱珍、李玉明、诸秀林、陈培忠、张凤英、陈远志、孟庆吉、李建明、沈萍、陈建华、杨小毛、吴秀珍、吴小弟、张义康、刘永生、沈惠琴、潘浩、潘阿元、戴林生、刘永高、吴文荣、诸炳初、吴三囡、张祥官、钱毛林、唐忠华、朱惠华、李炳生。

1956 ~ 2012年陆家大队（村）党支部（总支）书记任职表

表9-1-1

姓名	任职单位	任职年限
张阿东	西庠高级社党支部	1956 ~ 1958.9
张阿东	菉葭公社五大队党支部	1958.9 ~ 1959.9
张阿东	菉葭大队党支部	1959.7 ~ 1966.1
杨小毛	陆家大队党支部	1966.1 ~ 1968.12
吴宝康	陆家大队党支部	1969 ~ 1978
陈鸣志	陆家大队党支部	1979 ~ 1983.12
方荣官	陆家村党支部	1983.12 ~ 1998.3
曹玉林	陆家村党支部	1998.10 ~ 2004.10
曹根妹	陆家村党总支（支部）	2004.10 ~ 2008.5
高维仁	陆家村党总支	2008.5 ~ 2012.5
高　峰	陆家村党总支	2012.5 ~ 2012.12

五、党的建设

（一）组织建设

新中国成立初期，党组织在农村仍未公开活动。1949年10月 ~ 1953年，在中共区委会领导下成立乡农会，发动并进行土改，组建互助组。其间培养积极分子入党，1952年2名，1953年2名。

1954年，党组织活动公开，各初级社建立党小组。1956年，建立中共西庠高级农业合作社党支部。1966年，在社教运动中涌现出大批积极分子，经组织培养、教育、考察，成熟一个，吸收一个入党。在结合党政换届选举时，坚持"四化"（年轻化、知识化、专业化、革命化）标准，挑选党性强、事业性强、责任心强、工作能力强的"四强"年轻干部，提拔人才，配强基层领导班子。村党支部56年来，发展新党员67名，平均每年约发展1名党员。其中半数以上年龄在35岁以下，达初中文化水平者45名，大专水平22名。

（二）思想作风建设

1956年，根据"惩前毖后，治病救人"的方针，结合农村整顿合作社，进行整党活动，严肃党纪、政纪。

1960 ~ 1961年，党员干部参加整风整社运动，纠正"五风"和"一平二调"，整顿领导班子，对个别犯有严重错误的干部进行处理（落选）。

1964年，开展"小四清"（清账目、清仓库、清财物、清工分）运动，后为清政治、清经济、清思想、清组织的"四清"社教运动。这些运动使广大党员干部得到了锻炼。1966年"文革"初期，党的机构濒于瘫痪。从1975年到十一届三中全会召开，连续4年开展党的基本路线教育运动。1978年，以揭批"江青反革命集团"为纲，进行整党、整风运动，恢复和发扬党的优良传统，密切党群、干群关系。

自1978年以来，组织党员干部参加镇党委每年冬季组织的"冬训"学习，针对党员干部的思想实际，增强坚持四项基本原则（坚持社会主义道路，坚持无产阶级专政，坚持共产党的领导，坚持马列主义、毛泽东思想）的教育、学习。进而完善农业生产责任制，振奋精神，转变思想观念。"冬训"学习中，党员干部听形势报告，党支部组织党员进行学习讨论。开展党员民主评议活动。对照文件，自我鉴定，统一思想，整顿作风，增强组织纪律性。

1984年，镇党委创办中共陆家乡委员会党校，党支部建办"党员之家"，定期举行党员活动，并以此为阵地对党员进行党的路线、方针、政策教育。在民主生活会上开展批评与自我批评，增强党员干部的组织观念，提高党员自身素质。

1993年，开展反腐倡廉学习教育，从源头上预防和抑制腐败的发生，发扬党的优良传统和作风。1998年，开展"讲学习、讲政治、讲正气"教育，使广大党员干部牢固树立全心全意为人民服务的宗旨，坚持党的农村政策及法治观念，多办事，办好事，密切党群关系。

2000年，开展"致富思源，富而思进"的"双思"教育。翌年开展"三个代表"重要思想的学教活动，进一步提升党员干部的素质、奉献、廉洁、自律意识，增强党组织的创造力、凝聚力和战斗力。2005年，在党员干部中开展党的先进性教育，增强党的效能效率建设和执政能力建设，让广大党员干部充分认识到在改革开放的新时期提高驾驭经济建设的能力的重要性，成为经济结构转型升级，保民生，稳定社会，实现"两个率先"的排头兵。

全村75名党员，每年通过学习自我对照，逐一过堂，通过评议，报上级审核，全部为合格党员。使全体党员干部做忠诚、干净、有担当的人。先后有32名党员荣获陆家、昆山、苏州及国家级各类先进个人或劳动模范奖项。

村党总支（支部）多次荣获市、镇优秀党支部称号。

2012年陆家村党员一览表

表9-1-2

序号	姓名	性别	学历	入党年月
1	高 峰	男	大专	2006.6
2	汪 冰	男	大专	2003.7
3	曾 英	女	大专	1999.6

（续表）

序号	姓名	性别	学历	入党年月
4	陆亚华	女	大专	2010.6
5	陈 彬	女	本科	2009.6
6	邹 敏	女	本科	2011.7
7	陈 冬	男	大专	2005.9
8	陆建英	女	高中	1992.7
9	陈宝林	男	初中	1971.3
10	陈月芳	男	初中	1992.7
11	金建华	男	初中	1989.1
12	周汉青	男	初中	1979.1
13	周建明	男	初中	1986.7
14	潘玉林	男	初中	1998.6
15	潘金林	男	初中	1980.11
16	戴道生	男	初中	1981.7
17	陆凤弟	男	初中	1973.1
18	茆 忠	男	初中	2000.12
19	杨雪根	男	初中	1987.5
20	潘惠清	男	初中	1988.1
21	张 秋	女	本科	2003.1
22	潘海龙	男	初中	2007.6
23	陈梅香	女	大专	2003.6
24	吴月初	男	初中	1987.3
25	刘银龙	男	初中	1987.6
26	陈 燕	女	本科	2009.7
27	陈 飞	男	大专	2007.11
28	陈 淳	男	大专	2008.5
29	巢富荣	男	大专	2008.7
30	陆雪明	男	初中	1986.3
31	包小华	男	高中	1988.12
32	吴曹静	女	本科	2011.6
33	陈维娜	女	本科	2004.11
34	包文英	女	初中	1978.6
35	陈 刚	男	本科	2004.11
36	张 杨	男	本科	2008.4

（续表）

序号	姓名	性别	学历	入党年月
37	诸津轶	男	大专	2010.5
38	章 欢	女	大专	2010.5
39	诸韵奇	女	本科	2010.7
40	许志良	男	高中	1999.7
41	黄钱寅	男	本科	2011.6
42	陆 阳	男	本科	2012.6
43	沈玲宝	女	小学	1978.3
44	方春元	男	小学	1966.6
45	陈鸣志	男	初中	1974.7
46	魏光红	男	初中	1976.7
47	孟坤林	男	初中	1961.2
48	冯爱珍	女	初中	1965.3
49	李玉明	男	初中	1966.3
50	诸秀林	男	初中	1966.5
51	陈培忠	男	中专	1965.1
52	张凤英	女	小学	1956.6
53	陈远志	男	初中	1987.1
54	孟庆吉	男	初中	1972.5
55	李建明	男	初中	1976.4
56	沈 萍	女	初中	1990.6
57	陈建华	男	初中	1975.5
58	杨小毛	男	初中	1955.4
59	吴秀珍	女	初中	1966.3
60	吴小弟	男	初中	1954.3
61	张义康	男	初中	1970.6
62	刘永生	男	初中	1966.3
63	潘 浩	男	初中	1987.9
64	潘阿元	男	初中	1972.12
65	戴林生	男	初中	1966.3
66	刘永高	男	初中	1966.3
67	吴文荣	男	初中	1971.6
68	诸炳初	男	初中	1956.8

（续表）

序号	姓名	性别	学历	入党年月
69	吴三囡	男	初中	1972.3
70	张祥官	男	初中	1993.1
71	钱毛林	男	初中	1971.8
72	唐忠华	男	初中	1974.3
73	朱惠华	女	高中	1975.2
74	李炳生	男	高中	1988.4
75	沈惠琴	女	小学	1956.4

陆家村谢世党员情况统计表

表 9-1-3

编号	姓名	性别	出生年月	入党时间	原职务	去世时间
1	戴保福	男	1931.11.15	1982.6	渔业大队大队长	1992.6.18
2	陆守芳	男	1922.12.3	1972.6	副大队长	1998.1.21
3	陆凤宝	女	1941.9.7	1973.6	妇女主任	2003.6
4	潘小巧	男	1932.8.12	1966.3	生产队长	1995.6.18
5	陈阿生	男	1919.9.6	1952.8	村长、社长	1989.7
6	陈雪林	男	1913	1954.5.24	生产队长	1983.10.9
7	吴秋德	男	1930.4.15	1954.4.9	民兵营长、副书记	1997.3.1
8	张阿东	男	1928.12.18	1954.10.17	副镇长、大队书记	1994.5.1
9	徐品仁	男	1932.6	1953.7.1	民兵营长、队长	1990.4
10	胡进才	男	1927.1	1954.9.3	生产队长	1995
11	方金生	男	1928	1955.10.30	大队副主任、队长	1980.12.27
12	陈金贵	男	1925.8	1956.9.10	治保主任	2011.10.2
13	施林生	男	1936.10.19	1956.6.13	会计	2008.2.10
14	蔡生财	男	1925	1953.2	贫协主席	1993
15	王秀英	女	1932	1952.10.1	生产队长	2003
16	施阿根	男	1930.7.10	1959	生产队长	1993.12.2
17	周雪珍	女	1943	1966	妇女队长	1983
18	陈静芳	女	1944	1966.3.10	赤脚医生	1995
19	胡士明	男	1922.9.18	1966.1.1	生产队长	2012.5.19
20	唐福民	男	1941	1966.3.10	生产队长	1980.2.8
21	陈祥生	男	1951.9.6	1982.6	厂长	1997.3.1

第二节 行政组织

一、行政联村

许家联村：52 户 248 人。耕地 572.90 亩、宅地 24.40 亩。草房 170 间，瓦房 13 间。村长陈阿生。地域在现第 5、6、7 村民小组，即许家村、玉皇殿村、黄泥浜村所在地。

西库联村：92 户 306 人。耕地 625.90 亩，宅地 24.20 亩。草房 161.50 间，瓦房 50.50 间。村长陆秋芳。地域在现 1、2、8 村民小组，即西库村、陈家浜村、小夏驾村所在地。

韩泾联村：93 户 428 人。耕地 577.50 亩，宅地 23.40 亩。草房 82 间，瓦房 177 间。村长朱秀珍。地域在现 3、4 村民小组，即韩泾村、东弄村等所在地。

三村合计：237 户 982 人。耕地 1776.30 亩，宅基地 72 亩，草房 413.50 间，瓦房 240.50 间。

二、初级社社委会

初级农业生产合作社，简称"初级社"。

1953 年冬，农村贯彻上级过渡时期的总路线，动员农民组织起来走社会主义道路。1954 年 2 月，菉葭区开始进行办社的宣传教育。是年 3 月 1 日，成立白阳第一个初级社，到 4 月就有 38 户农民报名入社。到 11 月初，全区已办起了 39 个初级社。

同年，菉葭区分期举办初级社训练班，通过思想发动，贯彻自愿互利的原则，妥善处理各种经济往来，建立初级社。

昆山县委组织干部群众学习具体政策，由组织互助组发展成初级农业生产合作社。乡干部在群众中大力宣传，开展诉小农经济的苦和办初级社的优越性活动。运用个体农民遇到天灾人祸家破人亡，搞集体能增产增收的例子，使农民认识到小农经济是"三月桃花一时红，风吹雨打一场空"的道理，只有组织起来，走集体化道路，才能共同富裕。要克服这一矛盾，需将土地私有制改变为集体所有制。建立初级社，设社务委员会，作为管理机构，设正副社长、会计各一人和社务委员若干人。初级社划分若干生产小队，加强民主管理。

凡入社农户把所有大型农具、耕牛、水车、船只折价入社。初级农业生产合作社实行土地入股，统一经营，按土地及劳动日分红，入股土地按比例参加分配。大型农具和耕畜折价入社，保本付息。耕牛也有自养租用，定付租金，公共使用。

饲养员及保管员作为务农人员，记工分参加分红。小队长派工指挥生产，实行小段定额包工。评工记分法中使用工分票，定期结报。通过宣传发动，先后建立新生、西库、韩泾 3 个初级社，走上了集体化生产劳动之路。

菉葭新生初级社 首先成立菉葭新生农业生产合作社，社长陈阿生，副社长杨小毛，会计吴宝林，共有 52 户人家入社，人口 248 人，其中男 120 人，女 128 人，入社土地 572.90 亩。该社管辖范围为整个许家联村。由于土地统一规划，农具统一使用，劳动统一安排，实行记工取酬，同时又推行品种改良，精耕细作，大积自然肥料，所以一开始就显示了较互助组而言更多的优越性，使产量提高了二成。年终分配时，52 户社员绝大部分增加了收入，增收了稻谷，减少收入的户数极少，这向广大农民显示了组织起来的优越性。第二年相继组织成立西库、韩泾 2 个初级合作社。

菉葭西库初级社 社长陆秋芳，副社长张炳文，会计冯坤。92 户人家入社，人口 306 人，其中男 166 人，女 140 人，入社土地面积 626 亩，该社管辖整个西库联村。

菉葭韩泾初级社 社长朱秀珍，副社长张凤英，会计顾龙生。93 户人家入社，人口 428 人，其中男 201 人，女 227 人，入社土地面积 577.50 亩，该社管辖整个韩泾联村。

三、高级社社委会

1955 年 7 月 31 日，毛泽东在中央召开的省、区、市党委书记会议上做《关于农业合作化问题》的报告。同年 10 月，中国共产党第七届中央委员会第六次全体会议通过了《关于农业合作化问题的决议》，该决议在农村宣传贯彻后，掀起初级社向高级社过渡的热潮。

随着形势的发展，菉葭将新生初级社、韩泾初级社、西库初级社合并成立菉葭西库高级农业生产合作社，社长陆秋芳，副社长张凤英，会计吴宝林。

菉葭西库高级农业生产合作社由小夏驾、西库、韩泾、玉皇殿、许家村、黄泥浜、陈家浜 7 个自然村组成。有 237 户 982 人，其中男 489 人，女 493 人，雇农 7 户，贫农 76 户，中农 81 户，富农 4 户，地主 9 户，有土地 1776.40 亩。

高级农业生产合作社，有管委会和监察委员会，各设主任 1 名，副主任及委员若干名，并建有党团、民兵、妇女等基层组织。土地归集体所有，耕畜、大型农具折价入社，统一经营，取消土地分红，实行按劳分配。管理上划分耕作区，或称生产小队，高级社对生产小队实行劳力、土地、耕畜和大型农具的"四固定"。推行"三包"责任制：定产包产、定工包工、定本包本。劳动管理主要实行定额记工的方法。

菉葭新风渔业合作社，以每个劳动力定产量、订上交任务，以人计算预支生活费，年终结算。

四、大队管委会

1958 年 9 月成立菉葭人民公社时，西庳、新丰、星生三个高级社合并为菉葭人民公社第五大队。1959 年 6 月再拆分为西庳（不久改为菉葭）、新丰和新生三个大队。大队设管委会，由大队长、主任、会计、妇女主任、团支委、民兵营长、副业队长、治保主任、农技员、农业社长、工业社长等组成，履行行政工作。

菉葭大队管委会辖小夏驾、西庳、许家村、玉皇殿、黄泥浜、韩泾、陈家浜等 7 个自然村，相应成立 8 个生产小队。1969 ～ 1978 年由大队革委会履行行政工作职责。

五、大队革命委员会

1966 年底，大队成立革命委员会，因此大队管委会行政班子停止了行政管理职责。

1969 年 2 月 11 日，接公社革委会批复，成立陆家大队革命委员会（简称"革委会"），其成员有吴宝康、杨小毛、诸炳生、徐品成、胡炳生、王素珍、卢娟娟等七人，由吴宝康任主任委员，杨小毛、诸炳生为副主任委员，从而代替大队管委会履行行政工作职责。其间各生产小队建立革命生产领导小组（简称"革生组"），设政治队长、生产队长、妇女队长、会计、贫协代表等。生产队长主抓生产。政治队长主抓政治、开会等工作，1 ～ 8 队的政治队长依次为陈鸣志、蒋琴、蔡金良、李玉明、王秀英、吴小弟、胡进才、唐福民等。1981 年 9 月 23 日后恢复大队管委会行政工作。

六、村民委员会

1983 年实行镇管村制，大队改为村。成立陆家村村民委员会（简称"村委会"），属群众性自治组织。村委会通过村民投票选举主任、副主任及委员若干人，履行行政管理职责，并且按《组织法》进行换届选举产生新一届村委会班子。2010 年，按《组织法》由全体村民通过无记名投票差额选举产生了第十届陆家村村民委员会领导成员。依法每 3 年换届选举一次，组建新的领导班子。

1950 ~ 2012 年陆家大队（村）行政职干表

表 9-2-4

姓名	职务	任职年限
陈阿生	许家联村村长	1950 ~ 1952
吴和生	许家联村农会主任	1950 ~ 1952
陆秋芳	西库联村村长	1950 ~ 1952
张维仁	西库联村农会主任	1950 ~ 1952
朱秀珍	韩泾联村村长	1950 ~ 1952
诸汝勤	韩泾联村农会主任	1950 ~ 1952
陈阿生	新生初级社社长	1954.4 ~ 1956.5
陆秋芳	西库初级社社长	1955.4 ~ 1956.5
朱秀珍	韩泾初级社社长	1955.4 ~ 1956.5
陆秋芳	西库高级社社长	1956.6 ~ 1958.8
陆秋芳	五大队大队长	1958.9 ~ 1959
顾友龙	菉葭大队大队长	1959.8 ~ 1965.3
吴宝康	陆家大队革委会主任	1966 ~ 1968
杨小毛	陆家大队革委会副主任	1968 ~ 1976
李玉明	大队长	1976.10 ~ 1980.10
陈建华	大队长	1980.10 ~ 1983.9
李玉明	工业社长	1983 ~ 1986
李玉明	村主任	1986.4 ~ 1992.4
陆金元	农业社长	1987 ~ 1993
陈国栋	工业社长	1986.3 ~ 1988.9
曹玉林	农业社长	1993 ~ 1998.3
陈宝林	村主任	1996.2 ~ 1998.1
方建忠	村主任	1998.1 ~ 2007.11
高　峰	村主任	2007.11 ~ 2012.5

1951 ~ 2012 年陆家大队（村）会计任职表

表 9-2-5

姓名	任职单位	任职年限
吴宝林	初、高级社	1951 ~ 1957.9
吕渭元	菉葭大队	1957.9 ~ 1962.5
卢娟娟	陆家大队	1962.6 ~ 1974.10
方荣官	陆家大队	1974.11 ~ 1983.8

（续表）

姓名	任职单位	任职年限
朱惠华	陆家村	1983.8 ~ 1988.9
陆建英	陆家村	1988.9 ~ 2005.3
曾 英	陆家村	2005.3 至今

第三节　群团组织

一、中国共产主义青年团

新民主主义青年团组织在土改、抗美援朝、镇反运动中广泛团结青年，配合政府宣传各项政策，并带头参加互助合作社组织。特别是在扫盲、参军、发展农业生产等各项活动中积极带头，发挥了党的助手作用。1957年5月，"中国新民主主义青年团"改称为"中国共产主义青年团"，简称"共青团"。1958年3月，开始对农村支部进行整顿。1963年3月5日，毛主席发出"向雷锋同志学习"的号召，全村青年积极响应。为人办事现象层出不穷，做了好事不计酬、不留名。在团支书带领下，组织了文化宣传队，自编自排节目，到各自然村演出。文艺活动连续不断，大忙季节到各生产队参加劳动，休息时就在田头演出。宣传党的政策，表扬好人好事，深受群众欢迎。

"文革"期间，共青团组织活动，重点组成毛泽东思想宣传队，广泛开展宣教活动。

1973年开始整团、建团。首先整顿思想，健全团课制度，开展团支部活动。继续发扬做好人好事的精神。抓好思想教育，丰富业余生活。在组织整顿方面，积极慎重吸收新团员。做好28周岁以上超龄团员退团工作。进行班子整顿，选拔优秀团员进支委，调整团干部，使团的组织重新恢复，并积极开展活动。

1976年发动团员青年揭批"江青反革命集团"罪行。1986 ~ 1987年两年中，开展了农村青年实用技术培训。对村办企业青年职工开展了岗位培训，对务农青年开展副业生产技术培训。

1984年以来，团支部带领全体共青团员和青年广泛开展了"前方战士保边疆、后方青年建家乡"和帮困助耕活动，争做青年突击手。

1997年后，在团员青年中开展"青年志愿者"活动，有的团员青年无偿献血400毫升。同时利用青年之家开展读书活动和"三讲"活动，让团员青年参加文化体育、书画摄影、征文演讲、竞技才艺等比赛活动，在实践中增长才干。2000年7月，陆家、渔业二村合并，成立了新的陆家村团支部。

陆家村团支部历任书记简表

表 9-3-6

姓 名	任职时间	姓 名	任职时间
陆全元	1961 ~ 1963.7	陈培忠	1963.7 ~ 1967.7
包文彩	1967.7 ~ 1970	曹玉林	1983.12 ~ 1989.11
张白妹	1970 ~ 1975	曾 英	1989.11 ~ 1992.11
吴振华	1975 ~ 1976	王建华	1992.11 ~ 2002.2
范建琴	1976 ~ 1978	曾 英	2002.2 ~ 2005.4
顾建英	1979 ~ 1982	高 峰	2005.4 ~ 2009.10
王建华	1983.1 ~ 1983.12	陈 彬	2010 ~ 2012.12

二、妇代会

新中国成立后，区建立妇女工作委员会，小乡建立妇代会，行政村有妇女会。在初级社和后来的高级社的管理委员会中均设妇女委员。1958 年人民公社化后，大队建立妇代会组织。

1964 年 10 月，改称农村基层妇女代表大会。任务是培养和提高妇女的政治觉悟，发动妇女参加集体生产劳动和科学实验，教育妇女勤俭持家，培养好下一代，关心妇女、儿童的身体健康等。生产大队设妇代会，生产队设妇代小组。

1975 年，根据《全国妇联工作条例》，农村生产大队仍保留妇代会组织。

1978 年，农村健全妇女委员会组织，设妇女主任、副主任、委员等。

1981 年，中共中央书记处把培养下一代的责任交给妇联，加上物质文明、精神文明建设和维护妇女儿童合法权益，成为妇女组织工作的三大任务。

妇女组织是农村群众团体中，工作最具体、最繁重的一个组织。1988 年以来，妇女工作紧紧围绕经济建设为中心，动员广大妇女投身于三个文明建设。在改革和建设的实践中，不断加强自身建设，以代表会形式，凝聚广大妇女。

妇联工作的发展思路和改革方略的制定与实施，充分发挥了广大妇女的社会作用。

历年来，广大妇女在各条战线和各个工作岗位上做出了重大贡献，在家庭里料理家务、服侍老人、抚养小辈。无论是工作还是家庭，都离不开妇女们的辛勤付出。

2000 年 7 月，陆家村、渔业村合并，成立了新的陆家村妇女代表会（妇代会）。

2012 年陆家村妇代会成员

表 9-3-7

姓名	出生年月	妇联职务	分管工作	文化程度	政治面貌	职务
陆亚华	1976.7.19	主任委员	主持全面科技工作	高中	党员	主任
王根妹	1950.4.11	委员	宣传	初中		计生宣传员
武敏珠	1941.4.17	委员	组织	初中		组长、计生宣传员
冯爱珍	1942.1.15	委员	整治	初中	党员	组长、计生宣传员

2012 年陆家村妇代会小组长一览表

表 9-3-8

姓名	出生时间	文化程度	政治面貌	其他职务
沈玲宝	1941.2	小学	党员	计生宣传员
许琴萍	1952.2.5	初中		计生宣传员
冯爱珍	1942.1	初中	党员	4 组组长、计生宣传员
吴文英	1942.10	初中		6 组组长、计生宣传员
胡小英	1963.6.26	小学		计生宣传员
武敏珠	1941.4	初中		7 组组长、计生宣传员
李雪凤	1950.6	小学		8 组组长、计生宣传员
吴惠英	1945.11.10	初中		计生宣传员
陈国珍	1949	初中		计生宣传员
王根妹	1950.4	初中		计生宣传员
戴大妹	1948.1	小学		计生宣传员
陆彩英	1953.12	小学		计生宣传员

陆家村妇代会历任妇女主任简表

表 9-3-9

姓名	职务	任职时间
张凤英	妇女主任	1956 ~ 1966
王素珍	妇女主任	1966 ~ 1978
孔维珍	妇女主任	1978 ~ 1982
顾建英	妇女主任	1982 ~ 2000.1
曾 英	妇女主任	2000.2 ~ 2000.8
曹根妹	妇女主任	2000.8 ~ 2002.3
曾 英	妇女主任	2002.4 ~ 2005.5
陆亚华	妇女主任	2005.6 ~

附录：   **妇代会参与妇女病防治工作**

　　人民政府很关心妇女同志的健康，1956 年，陆家全村推行使用月经带，建立月经卡，并进行一次妇女病普查。1959 年，昆山县妇保所对全大队成年妇女进行了子宫下垂症的普查。1963 年，在村里，凡身患妇女病的妇女，均获得政府免费诊治。1976 年，对育龄妇女进行以防癌为重点的妇女病普查。全村普查覆盖率 90% 以上。是年起，每年进行一次妇女病普查，并对所查出的患者及时进行治疗。2000 ~ 2012 年间，每逢"三八"节，由村里发通知，要求育龄妇女到昆山市陆家人民医院或镇计生办例行妇女病检查。主要项目有 B 超、血常规等。一旦发现问题，立即诊治。

1995 ~ 2012 年陆家村育龄妇女检查统计表

表 9-3-10   单位：人

年份	人数	年份	人数	年份	人数	年份	人数	年份	人数	年份	人数
1995	619	1998	437	2001	676	2004	603	2007	533	2010	455
1996	477	1999	434	2002	682	2005	583	2008	504	2011	396
1997	446	2000	444	2003	631	2006	545	2009	492	2012	312

三、老协会

　　在镇老龄工作委员会的指示下，原陆家村和渔业村于 1990 年分别成立老协会。

　　陆家村老协会会长：杨小毛；副会长：曹玉林；委员：陆建英、陈宝林。

　　原渔业村老协会会长：许玉秀；委员：朱阿毛、潘金林、曹根妹。

　　各村民小组成立老年协会小组，设小组长 1 名。各老年协会小组做到活动有场所、管理有制度、领导有班子、工作有计划，老龄工作有序开展。在全村形成敬老爱老的风气，使老年人老有所养、老有所乐、老有所为、老有所依。

　　每逢元旦、春节、国庆等节日，老协会举办茶话会、座谈会，共庆佳节。年终，老协会会同村党支部、村民委员会，组织慰问老人，了解老年人的生活情况，帮助老年人排忧解难。对生活困难的老人发放困难救助金。同时组织老年人学习有关老年人权益保障法。了解和关心老年人的身体健康状况。协助村民小组做好治安工作，搞好护村哨等活动。老年协会活动室有专人负责，备有电视机、书报杂志、棋牌、麻将等文娱用具。村里成立了一支由 16 人参加的老年人舞蹈队和 9 人参加的老年人门球队，真正做到老有所乐。2010 年以来，村根据上级精神，成立了陆家村老年学校，为老年人搭建了交流学习的平台。村老年学校根据老年人的特点，进行不定期上课，丰富老年人的业余生活。村级领导对老年人倍加关心，每逢中秋、重阳、春节等传统节日，发放节日费。对困难老人和高龄老人进行慰问，并送去慰问金。凡村里有老人去世，村委会和村老协会第一时间前往吊唁，送去花圈和丧葬费，以示哀悼。

组织老年人体检　随着社会经济的发展，陆家村村民生活质量提高，尤其是老年人，更关注身体的健康状况，为此，村里从 2009 年开始，每年定期组织 60 周岁及以上老年人进行集中体检。2009 年初次组织，体检地点在菉溪公园，参加体检人数有 392 人，体检项目有测量血压、心电图、胸片、血常规、尿常规等。2010 年地点改为昆山市第四人民医院，共有 399 人参加了体检，检查项目同上年。2011 年根据就近原则，在东方幼儿园内进行体检，428 人参加体检，项目同前。第四次是在 2012 年，地点在第四人民医院，共有 437 人参加体检，项目增加了眼科和妇科。

体检报告出来后，由村民小组长发至村民家中，通过报告结果，村民可早知道、早预防、早治疗。

2012 年，陆家村老协会会长：陆亚华；委员：刘永生、诸培芬、陈培忠。

2012 年陆家村 60 周岁以上老年人情况汇总表

表 9-3-11

组别	总人口	60 周岁以上老人	其中		60～69 周岁	70～79 周岁	80～89 周岁	90～99 周岁	100 周岁及以上
			男	女					
1	216	33	12	21	26		6	1	
2	169	22	5	17	17	3	1	1	
3	295	42	16	26	25	6	10		1
4	253	28	6	22	16	1	10	1	
5	252	44	20	24	24	11	9		
6	244	37	14	23	24	4	9		
7	155	29	10	19	15	8	5	1	
8	153	23	10	13	13	3	7		
9	240	26	9	17	15	6	4	1	
10	143	28	12	16	9	11	7	1	
11	261	50	24	26	33	3	13	1	
12	241	36	21	15	19	10	7		
13	214	39	16	23	26	7	5	1	
总计	2836	437	175	262	262	73	93	8	1

四、残疾人联合会

陆家村残疾人联合会（简称"残联会"）成立于 1991 年 9 月。

据 2012 年统计，全村共有残疾人 42 人，占总人口的 1.82%。残疾人家庭户数 42 户，占总户数的 6.13%。其中，肢体残疾 27 人，男 18 人，女 9 人；视力残疾 9 人，男 8 人，女 1 人；听力残疾 1 人（男）；智力残疾 4 人，男 1 人，女 3 人；精神残疾 1 人（女）。村将 9 户残疾人员家庭纳入低保户，1 户残疾人员家庭纳入低保边缘户，5 户残疾人员家庭列入重残户，1 户残疾人员家庭纳入五保户。另外对 14 名肢残人员配送轮椅，3 名肢残人员配送机动三轮车。对其余 26 名残疾人员给予经济补助和医保救助。

村残联会在镇残联会的指导下，对照本村实际，深入落实、扎实开展残联工作，尽量使残疾人的日常生活得到改善和保障，相应提高残疾人的社会地位。除此之外，残联会还订立了协会工作制度和助残志愿者服务等规章制度，极大地发挥了残联的作用。

2012 年，陆家村残联会主席高峰，副主席陈文龙，委员胡光明、陆亚华、曾英。

五、关心下一代工作委员会

陆家村关心下一代工作委员会（简称"关工委"）于 1992 年 9 月成立。由一名党员村干部兼任主任，配备一名副主任、四名委员。

关工委是关心下一代的组织机构。负责动员、组织、协调村里的老党员、老干部、老同志为青少年提供寒暑假教育培训和各种主题活动。在家庭教育、学校教育、社会教育三者之间发挥组织、推动和协调的纽带和桥梁作用。全面贯彻落实《未成年人保护法》，引导广大青少年热爱党、热爱社会主义、热爱祖国，从小养成好好学习、奋发向上的好习惯，培养他们努力成长为"四有"新人。

20 世纪 90 年代，村关工委积极开展好爱心助学活动。村支部发动党员干部举行募捐活动，筹集资金帮助困难家庭的子女顺利就学。同时加强对青少年的"三热爱教育"。

进入 21 世纪后，关工委抓好帮困助学工作，村干部通过结对子，解决困难学生的就学问题，帮助其完成学业。

2006 年以后，村里建立未成年人校外教育辅导站。利用暑期，会同镇关工委，对未成年人开展道德讲座，进行爱国主义教育和法制教育。增强未成年人的自我保护意识，维护未成年人的合法权益。

2012 年，全村共有 11 ~ 18 周岁未成年人 149 人。

村关工委主任高峰，副主任陆亚华，委员曾英、刘永生、陆雪明、冯爱珍。

六、农民协会

农民协会，简称"农会"，1949年7月底，菉葭区在县农民协会筹备委员会的指导下建立农民协会，设主任1名，委员若干名。其围绕政府中心工作，率领农民与地主进行说理斗争，参加土改运动，协助丈量田亩，组织生产救灾，兴办冬学，联防护村。

《农民协会组织通则》："凡雇农、贫农、中农、农村手工业工人及农村中贫苦的知识分子，自愿入会者，经乡农民协会批准后，即可成为农民协会会员。"先吸收贫农、雇农和积极分子参加，然后逐步扩大。在土改中，根据《土地改革法》，"农民协会是农村中改革土地制度的合法执行机关"，上级政府依靠农会组织开展土改运动，确保其顺利进行。农会在协助政府组织农民生产救灾、剿匪肃特、民主反霸、征粮、土改等运动中，发挥着积极作用。直至建立高级农业生产合作社后，农会组织逐渐解体。

时韩泾联村农会主任诸汝勤，许家联村农会主任吴和生，西库联村农会主任张维仁。

七、贫下中农协会

贫下中农协会，简称"贫协会"，1966年4月，成立陆家公社贫下中农协会，陆家大队及渔业大队成立相应的组织。大队设贫协会主席1人，各生产队设贫协会组长1人。贫协组织在社教运动中支持工作队开展"四清"工作，参与生产队的经营监督管理工作。1968～1977年代表贫下中农进驻并管理学校，1979年后此组织即淡化。

陆家大队贫协会主席先后为蔡生才、胡炳生。1～8生产队的贫协会组长依次为方金生、张维仁、蔡生财、张风英、胡炳生、吴仁昌、胡进才、施建忠。

渔业大队贫协会主席为陆考生、戴林生（副），1～4队的贫协会组长依次为朱阿金、潘长平、戴林生、陆惠林。

第四节　民兵组织

一、组织状况

新中国成立后，党和政府为了维护新的政权，狠抓阶级斗争，重视地方武装组织，随即以村为单位组建民兵排，设正副排长。区建民兵中队。

根据上级有关规定，民兵干部要挑选家庭出身历史清白，本人政治觉悟高，听党的话，阶级立场坚定，身体健壮，工作积极，具有一定组织能力的骨干分子来担当。菉葭村先后担任民兵排长的有沙炳文、戴根生、张光华等人。

1952 年后，民兵分为基干民兵和普通民兵两种。把 17 ~ 25 周岁的民兵和 18 ~ 30 周岁的复员退伍军人编入基干民兵，26 ~ 45 周岁的民兵为普通民兵。

1958 年，"大跃进"年代实行全民皆兵，县为民兵师，公社建立民兵团，菉葭大队建立民兵营，生产队建民兵连。大队民兵营长为吴秋德，是抗美援朝复员军人。

1964 年，公社建立武装基干民兵营，大队编武装连，生产队建武装基干排，设排长一名。"文革"期间，武装基干连撤并为大队民兵营，分基干民兵和普通民兵。

1981 年 9 月，中央总参谋部和总政治部下达《关于调整民兵组织若干具体问题的说明》后，公社人武部将武装、基干、普通三种民兵组织，重新调整为基干民兵和普通民兵两种。要求民兵的年龄在 18 ~ 35 周岁，其中基干民兵为 18 ~ 28 周岁。

陆家村历任民兵营长为吴秋德、徐品仁、吴小弟、陈宝林、李玉明、蔡金龙、曹玉林、孟胜、胡光明、汪冰。

1964 年菉葭大队武装基干民兵花名册

表 9-4-12

姓　名	性　别	出生时间	民　族	文化程度	民兵职务
戴洪生	男	1943.10.12	汉	初中	排长
方荣官	男	1942.11.20	汉	高小	
陈鸣志	男	1945.12.16	汉	初中	
徐小妹	女	1945	汉	初中	
潘妹英	女	1946.8.8	汉	高小	
方阿毛	男	1936.1.22	汉	初小	
张进荣	男	1948.7.7	汉	初中	排长
张大弟	男	1944.2.6	汉	高小	
林祥发	男	1937.10.24	汉	高小	
王炳炎	男	1945.3.2	汉	初中	
王芳香	女	1945.12.28	汉	初小	
王瑞珍	女	1946.11.4	汉	初中	
吴惠英	女	1945.11.10	汉	初中	
蔡金良	男	1940.5.18	汉	初中	排长
柯金元	男	1944.2.11	汉	初小	
顾涤华	男	1945	汉	初中	

（续表）

姓　名	性　别	出生时间	民　族	文化程度	民兵职务
万林生	男	1942.11.15	汉	初小	排长
李玉明	男	1940.12.5	汉	高中	
李炳生	男	1947.2.27	汉	初中	
曾发康	男	1941.6.12	汉	初中	
李桃妹	女	1948.2.5	汉	初中	
陈建华	男	1945.3.17	汉	高小	
张云生	男	1941.7.23	汉	初小	排长
胡菊林	男	1943.9.17	汉	初小	
胡炳生	男	1937.8.28	汉	初小	
李宝仁	男	1939.8.28	汉	高小	
蔡素英	女	1945.5	汉	初中	
诸秋宝	女	1943	汉	初中	
陈秋芬	女	1945	汉	初中	
吴秀珍	女	1946.1.6	汉	初中	
陆秀英	女	1948.5.18	汉	初中	
吴三囡	男	1949.7.7	汉	初中	
曹三毛	男	1947.9.4	汉	高小	排长
张阿俭	男	1948.10.20	汉	高小	
陆金元	男	1949.2.8	汉	高中	
张进文	男	1942.1.5	汉	高小	
张维菊	男	1945.6.8	汉	初中	排长
李毛观	男	1944.6.20	汉	初中	
施荣生	男	1947	汉	初中	排长
唐进元	男	1947.2.18	汉	初中	
施根林	男	1947.2.26	汉	初中	

2012 年度陆家村基干民兵名录

表 9-4-13

姓　名	性　别	出生时间	民　族	文化程度	政治面貌	是否退伍军人
陈昆	男	1983.7.30	汉	本科	党员	是
潘超	男	1985.11.13	汉	高中	团员	是
巢富荣	男	1986.12.28	汉	职高	党员	是
陆菊	男	1983.7.19	汉	本科	团员	否

（续表）

姓 名	性 别	出生时间	民 族	文化程度	政治面貌	是否退伍军人
朱春君	男	1987.2.9	汉	大专	团员	否
贡燕青	男	1987.11.29	汉	高中	党员	是
陆 阳	男	1986.6.30	汉	大专	团员	否
杨志靖	男	1983.11.8	汉	本科	团员	否
朱建华	男	1982.7.31	汉	大专	团员	否
潘建明	男	1982.5.11	汉	职高	团员	是
吴 飞	男	1981.8.12	汉	中专	党员	是
潘海龙	男	1983.11.8	汉	中技	党员	是
朱 超	男	1985.7.10	汉	职高	团员	否
陈 飞	男	1986.11.11	汉	职高	党员	是
陈永清	男	1986.4.5	汉	初中	团员	否
黄 磊	男	1985.12.10	汉	初中	团员	否

陆家村（大队）历任民兵营长

表 9-4-14

姓 名	任职时间	姓 名	任职时间
吴秋德	1957 ~ 1966	陈宝林	1976 ~ 1984
徐品仁	1967 ~ 1970	蔡金龙	1984 ~ 1989
吴小弟	1970 ~ 1971	曹玉林	1989 ~ 1990
陈宝林	1972 ~ 1974	孟 胜	1990 ~ 2002
李玉明	1974 ~ 1976	胡光明	2002 ~ 2012

2012 年度陆家村预备役登记表

表 9-4-15

姓 名	性 别	出生时间	民 族	文 化	政治面貌	是否退役
陈 冬	男	1982.12.31	汉	大专	党员	是
巢富荣	男	1986.12.28	汉	职高	党员	是
陈 昆	男	1983.7.30	汉	本科	党员	是
贡燕青	男	1987.11.29	汉	高中	党员	是
潘建明	男	1982.5.11	汉	职高	团员	是
吴 飞	男	1981.8.12	汉	中专	党员	是
潘海龙	男	1983.11.8	汉	中技	党员	是
陈 飞	男	1986.11.11	汉	职高	党员	是

二、民兵工作

（一）阶段性工作

新中国成立初，为了保卫胜利果实，许家联村在南圣堂，韩泾联村在东城隍庙，西库联村在北圣堂集合民兵，夜夜组织民兵巡逻，警惕性很高。在地方治安及抗美援朝、互助合作化等各项运动中做出了重要贡献。并常年参与拥军优属工作。

1960年4月，蓁葭大队民兵营长吴秋德出席在北京召开的全国民兵群英会，受到毛泽东主席的接见，并获赠一支半自动步枪及一枚纪念章。工作中，吴秋德一面指挥生产，一面带领民兵进行军事训练，实行劳武结合，做到政治落实、组织落实、军事落实"三落实"。

1969年，响应毛主席"深挖洞，广积粮"号召，大队民兵投入大挖"防空洞"运动，进入战备状态，行动迅速，百倍警惕。

陆家村（大队）民兵工作中每年进行基干民兵和普通民兵的调整。多年来，在工农业生产及水利建设中肩负重担，在抗洪抢险救灾中总是冲在前头，并密切配合警民联防，开展扶贫帮困工作。多年来向祖国输送优质兵源，成为国家征兵工作的有力保证。

（二）军属代耕

助耕帮困，俗称军属代耕，在抗美援朝时代耕已开始。当时，为了使赴朝参战志愿军士兵在部队安心服役，无后顾之忧，领导动员社员群众结对军属代耕。因为，在互助组生产基础上，军属家庭缺少耕牛，缺少男劳力，大忙中就由干部带头，青年主动帮着挑稻、挑猪窝、挑麦等，解决了他们的困难。14户军属，分三个自然村，在干部领导下，根据土地远近、自然条件等情况的不同，做具体安排。许家联村有陈阿生，韩泾联村有诸汝勤，西库联村有张维仁。他们负责分配调集社员，做好军属的代耕工作，完成各季节的生产任务。使每户军属都满意并感谢党、政府和社员群众的帮助。

20世纪60年代后，陆家大队根据上级有关规定，用工分补助助耕帮困对象，每户军属补贴1000～3000分不等。

20世纪80年代，土地流转后，家庭劳动力确有困难的军属户，同样获得经济补助。特别困难户，由村干部组织号召民兵、共青团员到军人家帮助完成农作物收种。1984年11月，6队李忠友在部队服役，家中母亲有病，在大忙中无劳力。村干部发动民兵、共青团员6名，由孙惠林带领，去帮助挑稻、轧稻，完成脱粒3.80亩，然后又秋播、秋种、开沟，为期3天。这些都使前方战士安心服役，坚守边疆。

（三）预备役登记

1956年4月，昆山开始预备役登记，预备役分一类预备役和二类预备役两种，军士和士兵服现役期满后转为一类预备役，18～40岁的公民编为二类预备役。1957年9月，停止对二类预备役的登记。1981年改为对在部队服现役期满和服役一年以上、年龄在35岁以下的退伍军人进行预备役登记。18～28岁者编入一类预备役；29～35岁者编入二类预备役。1984年，新的《兵役法》公布，在军队的后备力量方面，确立了民兵与预备役相结合的制度。2012年，陆家村预备役登记8名。

三、民兵训练

民兵训练主要由县人武部负责。新中国成立初期只限于中队长以上的民兵干部每年冬季组织操练，并学习步枪性能与结构，进行射击和手榴弹投掷等军事训练。1955年冬开始进行战术训练。1960年后，每年对基干民兵的训练不少于15天。由各生产队的民兵排长早上带领持枪民兵出操，定期组织去车塘的后泥山进行打靶、投弹等实弹训练。训练合格率在90%以上。1966年参加公社组织的游泳比赛和武装泅渡活动。广大民兵保持和发扬着生产队和战斗队的光荣传统，做好"三落实"工作，练好本领，积极响应党和国家的号召，成为一支拉得出、用得上、打得响，召之即来、来之能战、战之能胜的地方武装力量。

党的十一届三中全会后，尤其从1981年起，贯彻党的实事求是的思想路线，使民兵工作沿着以经济建设为中心的轨道健康发展。在全面贯彻新的《民兵工作条例》中，狠抓组织整顿，提高民兵队伍的整体素质，进行集结点检，到点率达94%。为增强民兵的政治思想教育，基干民兵人手一册《中国民兵》和《东海民兵》。利用青年民兵之家，进行坚持四项基本原则，反对资产阶级自由化教育及党的路线、方针、政策和社会主义民主、法治、纪律与国防知识教育，提高民兵的思想觉悟和国防观念，居安思危，保持高度警惕，随时准备为保卫祖国履行自己的光荣义务。

1995～2012年，陆家村民兵组织，在贯彻新时期军事战略方针上坚持以经济建设为中心，组织广大民兵立足本职做贡献。积极参加两个文明建设，为建设富民强市做贡献。投身改革，带头完成生产任务。积极参与农村经济结构调整，开展科技兴农工作，带领村民共同富裕，发挥"兵"的作用。

四、征兵工作

（一）义务兵役

根据《中华人民共和国兵役法》规定，年满18周岁的男女公民，不分民族、种族、职业、宗教信仰及教育程度都有服兵役、尽义务职责。从 1951 年起，本村按照上级党委下达征兵的命令，做好征兵宣传，发动群众，鼓励适龄青年积极服兵役。对报名对象进行体检，挑选出符合征兵条件的青年，对其进行严格的政审。通过层层筛选，将条件优异的适龄青年输送到祖国需要的地方，去接受军事训练，培养出吃苦耐劳、能文能武的军人保家卫国。

1955 年后，义务兵役开始，输送优秀适龄青年入伍接受严格的军事训练。待服兵役期满后，部分自愿留队的义务兵被转为志愿兵，按国家规定享受志愿兵经济和政治待遇。

地方对新兵入伍实行镇村二级优待政策，按照全镇经济增长状况和人民平均生活水平发放优待金。随着社会生产能力的提高和经济的发展，新兵优待金也随之提高，享受现役军人优待金标准。

1993 年，优待金为 2500 元 / 人。

1997 年，初、高中毕业生优待金分别为 4000 元 / 人和 4400 元 / 人。

2000 年后，政府对新兵入伍服役待遇再次提升。

2001 年后，初、高中毕业生优待金分别为 5200 元 / 人和 5700 元 / 人。

2006 年，初、高中毕业生优待金分别为 6900 元 / 人和 7400 元 / 人。大专毕业生为 8880 元 / 人。

2007 年，在 7600 ~ 18240 元之间。

2008 年，在 7800 ~ 37440 元之间。

2009 年，为 37440 元 / 人。

2012 年，为 84500 元 / 人，服役两年期一次性结付。结算标准是镇职工平均工资的 2 倍。大专毕业再在这基础上上调 40%。新兵入伍后，即能享受政府为其办理一次性义务兵人身保险和养老保险，这也大大调动了适龄青年入伍的积极性。

1955 ~ 2012 年，全村共有 71 名义务兵，光荣入伍并参加了人民解放军和武警部队，现已复退 65 名。

陆家村复退军人登记表

表 9-4-16

姓 名	性 别	入伍时间	复退时间	在伍职务	政治面貌
施林生	男	1955.3	1958.3	副班长	党员
蔡金良	男	1959.3	1963.4	班长	党员
张志明	男	1959	1961	战士	
吴增元	男	1960	1963	气象	党员

（续表）

姓　名	性　别	入伍时间	复退时间	在伍职务	政治面貌
胡勇新	男	1961	1965	公安战士	
施根林	男	1965.9	1969.3	战士	
陈宝林	男	1969.2	1973.2	班长	党员
钱毛林	男	1970.1	1973.3	报务员	党员
唐忠华	男	1970.1	1977.3	报务员	党员
吴三囡	男	1970	1978	给养员、战士	党员
陈伟鹏	男	1970.12	1976	战士	党员
曹文龙	男	1971.1	1976.3	战士	
蔡金生	男	1968.3	1971	战士	党员
戴正荣	男	1972.11	1981.1	班长	
汪新介	男	1972.12	1976.3	战士	党员
朱卫国	男	1973.1	1978.4	班长	党员
季文辉	男	1973.1	1977.3	班长	党员
李祥华	男	1974.12	1977.12	战士	
顾建新	男	1974.12	1980.1	班长	
范建平	男	1975	1978	战士	
张建龙	男	1976.2	1981.1	战士	
陆惠元	男	1976.2	1981.1	战士	
蔡雪龙	男	1977.12	1981.2	战士	
吴建华	男	1976.12	1982.1	战士	党员
徐卫球	男	1978.3	1983	战士	
陈永清	男	1997.12	2000.12	战士	
胡凤生	男	1978.3	1981.3	战士	
程锦华	男	1978.12	1983.1	战士	党员
董文慧	男	1992.12	1995.12	战士	
胡光明	男	1992.12	1995.12	武警	党员
诸一兵	男	1993.12	1996.12	战士	
张志勇	男	1994.12	1997.12	战士	
顾景峰	男	1998.12	2000.12	战士	
徐　东	男	2001.12	2003.12	战士	
陈　华	男	2001.12	2003.12	副班长	
吴　飞	男	2002.12	2004.12	战士	
陈　冬	男	2003.12	2005.12	战士	党员

（续表）

姓　名	性　别	入伍时间	复退时间	在伍职务	政治面貌
潘建明	男	2003.12	2005.12	战士	党员
贡燕青	男	2006.12	2008.12	战士	党员
巢富荣	男	2005.12	2007.12	战士	党员
张　青	男	1986.11	1990.3	战士	
张建龙	男	1979.12	1982.1	战士	
蔡永强	男	1989.3	1992.12	战士	
陆雪明	男	1969.12	1979.12	战士	
周建明	男	1983.11	1987.1	战士	党员
潘惠清	男	1984.11	1989.2	战士	党员
张裕龙	男	1985.11	1989.3	战士	
李忠友	男	1984.10	1989.3	班长	党员
陈伯华	男	1969.12	1971.12	战士	
诸建德	男	1982.12	1987.12	战士	党员
诸　林	男	1987.11	1990.12	战士	
诸　健	男	1997.12	1999.12	战士	
潘新男	男	1973.12	1976.12	战士	
戴卫明	男	1975.12	1978.12	战士	
戴道生	男	1976.12	1980.01	班长	党员
潘金林	男	1976.12	1980.01	战士	党员
戴阿星	男	1977.12	1980.12	战士	
戴小龙	男	1978.12	1981.12	战士	
朱建忠	男	1981.12	1985.12	战士	党员
潘海龙	男	2004.12	2006.12	战士	党员
陈　飞	男	2005.12	2007.12	战士	党员
高振邦	男	1968.3	1971.3	战士	
李梅福	男	1965.9	1969.3	战士	党员
唐晓君	男	2007.12	2009.12	战士	
张佳东	男	1990.12	1994.12	战士	党员

陆家村现役军人一览表

表 9-4-17

姓　名	性　别	出生年月	入伍时间	政治面貌
朱敏杰	男	1991.10	2011.12	团员

（续表）

姓　名	性　别	出生年月	入伍时间	政治面貌
陈　晨	男	1991.7	2011.12	团员
潘志伟	男	1992.10	2011.12	团员
吕彦文	男	1990.7	2012.12	团员
李伟奇	男	1992.12	2012.12	团员
潘佳敏	男	1992.6	2012.12	团员

（二）参军参战

陆家村有 13 名参加抗美援朝战争的战士。

抗美援朝复退军人统计表

表 9-4-18

姓　名	入伍时间	退伍时间	退伍职务	队　别	备　注
胡进才	1953.3	1956.2	战士	7组	已过世
吴仁昌	1953.1	1955.1	战士	6组	已过世
诸炳初	1953.2	1957.4	通信员	4组	
钱仰光	1953.2	1955.3	炮兵	2组	
孟坤林	1951.4	1960.9	班长	3组	
吴小弟	1951.3	1957.5	副排长	6组	
吴洪元	1951.3	1956.12	战士	2组	已过世
高怀德	1951.3	1955.1	战士	9组	已过世
陆道逵	1947.7	1950.7	战士	1组	
陈金贵	1953.1	1957.1	炮兵班长	1组	已过世
李阿昌	1951.1	1957.6	班长	6组	已过世
吴秋德	1951.1	1955.10	战士	9组	已过世
徐品仁	1953.1	1956.10	副班长	2组	已过世

第十章　文化教育

　　地处江南鱼米之乡的陆家村，物产丰富，民风淳朴，商贸繁荣，食品文化花式繁多，兼具地方特色。陆家浜的走油蹄子、三元里白酒、糖枣等远近闻名，令人赞不绝口，饮食文化丰富多彩，为美食家所津津乐道。长期形成的文化娱乐，尤以陆家舞龙中的"段龙"饮誉省内外。

　　百年大计，教育为本。陆家的教育事业有着丰厚的底蕴。新中国成立后，陆家的教育事业更是突飞猛进。村域内九年制义务教育得到贯彻实施，学校软件、硬件不断更新增强，教师队伍逐渐壮大。中学已初、高中分设。幼儿园、小学、中学均争相成为省市级示范的重点学校。教育质量稳步提升，为国家和地方培养了众多合格人才。

第一节　文　化

一、文化娱乐

（一）饮食文化

　　三元里白酒　又名十月白酒，系采用地产细柴糯米精心酿制而成的低酒精度的老白酒，乳白色，口感微甜。据清乾隆甲午《菉溪志》载，此白酒"各县知名，煮肉、烧鸡，烹饪特妙"。由于酿制时的用料考究，连酿制后的白酒糟都可以与虾皮、蒜叶等烹制成美味的菜肴。

　　东坡肉　又称方肉，取料为肋条肉。一般料成13×13厘米的方块，要多块猪肉一起进行加工，块数少了很难成功。其加工程序为：将块肉洗净，置于大锅中先焯一遍，去掉焯肉的水，再另加水煮约1.5小时，这时已成白烧肉块。接着加黄酒、生姜、盐、花椒、酱油等佐料，用温火再煮2小时。到时将锅里的肉块上下层置换一下，再用温火煮。前后花4～5个小时，直到肉皮熟烂透，就算成功了。在加工过程中，为防肉与铁锅粘连，常用青竹劈成篾编成竹篮状物衬垫在块肉底下，目的是使肉与锅隔开。食用时，把加工好的方肉盛盆，浇上黏稠的肉汁即可上桌。此为民间盛事宴会的当家菜，色香味俱全，相当可口，人们争相品尝。据传，当年苏东坡喜好此菜，故名东坡肉。

顾家白切羊肉　这种羊肉相传已有上百年历史，至今操业者正宗传人已达十余人。顾家白切羊肉的特点是羊源多为本地农村饲养的山羊或绵羊。采用活杀、活烧，不加任何佐料，保持原汁原味。对成品羊肉，人们可据各人口味蘸自己喜爱的调料如酱油、麻油、食醋等食用。当地人们有着冬令进食羊肉暖身食补的习惯，甚至连续食用羊汤，也有进补的功效。尤其是中老年人体质虚弱，肾阳不足，畏寒怕冷，四肢发凉，生理功能减退等，羊肉成为他们冬令食补的首选。民间宴席，白切羊肉也是一道佳肴。顾氏白切羊肉经营者，积多年经验，吸取著名的马陆、藏书、双凤等地同行的技巧，独创此产品，适用于民间重大宴席和饮食市场，以其色白、无冻、鲜结、肥嫩、味淡、纯香的特征，为美食家所赞誉，产品久销不衰，名扬江南各地。

酱鸭　陆家浜酱鸭，色香味俱全，并保持野味特色。酱鸭味鲜肉嫩，香酥可口，是人们喜爱的美味佳肴，又是宴庆、餐饮业招待宾客的必备名菜。陆家浜酱鸭扬名江南，相传数百年。有着"人到陆家浜不尝酱鸭实属憾事"的说法。

这里还有个小故事：据传陆家浜东弄里人氏蒋野，以打猎为生。此人深明大义，一心想打些野味慰劳英勇抗金的韩世忠军队。一天，蒋野打到野鸭、野鸡、野兔十几只，可在回家途中被几个金兵掠抄，自己还被打伤。后遇韩军巡逻经过，歼灭金兵，猎人蒋野获救。回到家中，他把家养的5只蛋鸭宰杀，放进锅内，倒入原先煮野味的原汁，再投进自制配方作料，包括黄酒、姜、葱、萝卜块、八角茴香、花椒、桂皮和适量的食盐等加工。煮熟时，满屋飘香。人们疑问是何野味？蒋言："酱鸭。"于是，蒋野把煮好的5只酱鸭和前日剩下的二三十只野鸟，分装几包送进韩营，进行犒劳。抗金名将韩世忠为了感谢蒋野此举，特在传令纸上写下"陆家浜酱鸭"五个大字，递赠给蒋野。从此，陆家浜酱鸭风靡市场，盛传至今。

走油蹄子　柯家走油蹄子，是陆家浜独一无二、赫赫有名的特色菜肴，至今已有上百年历史。走油蹄子，色泽红润，蹄皮柔韧，似皱纹纸。打开皮层，脂肪洁白如棉，油亮润口。蹄上精肉，酥而不烂，香甜鲜辣四味俱全，特别好吃，深受男女老幼的喜爱。

柯家走油蹄子选择新鲜猪蹄，每只净重1~1.50千克。先用清水洗净，再放进沸水锅里焯过，捞出后再放进清水缸漂洗干净，沥干备用。

走油蹄子制作可分四步：一是把焯过的猪蹄放进水锅内烧煮，投入姜、香葱、黄酒、花椒、食盐、味精等作料，旺火烧至八成熟后，出锅凉放。二是油汆。把煮熟凉放的猪蹄分批投入油锅里汆，煎到蹄皮缩紧呈金黄色，蹄筋精肉红白分明，枯缩露骨为止，即出锅。三是水涨。把油汆蹄子放进温开水内涨到油汆蹄子恢复原形为止。四是烧煮。把水涨蹄子全部放入烧煮原汁里旺火烧煮，煮沸、煮熟时加入酱油、红糖、桂皮、八角茴香等作料，文火焖着，达到酥而不烂，色泽诱人，香味扑鼻程度即可出锅装盘上菜。

柯家走油蹄子的烧煮经过四关，使蹄内的维生素、蛋白质、蹄骨髓、脂肪等多种养分全部得到凝聚，很有品尝和营养价值。食后也容易消化，令人感觉食之不腻、不厌。

同时，走油蹄子生坯携带方便，存放时间长；熟蹄储存不易变质，用以招待贵宾，只要取出蒸熟即可食用。实属走亲访友的馈赠佳品，成为经济实惠、美观大方的风味礼品。

颜色鲜艳、造型独特的走油蹄子上了餐桌，常令文人墨客大发诗兴。有道是"八仙过海，各显神通"，"少林壮士，金鸡独立"，"东海一礁，谷峡崎岖"，真个狮舞腾腾，墨彩浓郁，笔下生辉。

盛大宴席，一般桌上八大菜中，有一只东坡肉，一只走油蹄子，人们总是把东坡肉吃掉，把走油蹄子充作"看蹄"，以作观赏，闻其香味。席后作为贵宾礼品赠送，让客人带回家中慢慢品尝。这时走油蹄子作为"贵重、高雅、盛情"的象征，是待人的一种礼仪。

走油蹄子因受人喜爱和欢迎，继而逐步进入市场，并进入寻常百姓家。几百年来，成品畅销，经久不衰。

糖枣　陆家浜糖枣是江、浙、沪一带享有盛名的地方土特产品。

糖枣像红枣那样大小，有的地方称为"油梗"，又名"金果"，类似枇杷梗。据清乾隆甲午《菉溪志》载，"油枣一名枇杷梗，为糖食之魁"，实属历史悠久的传统大众糕点。陆家浜糖枣在用料、工艺、配制等方面做了改进，使制作出的产品具有独特的风味，远近闻名，深受人们的喜爱。这种精制而成的糖枣具有甜而不腻、松而不黏、香脆回味的特点。且此品老少皆宜，轻轻咀嚼即满口酥香，诱人食欲，实属人们馈赠亲友的理想佳品。

据传制作糖枣的开山鼻祖是陆家浜一位名叫陈友文的人，其当年在镇上设摊制作四时糕点茶食。后从小摊逐步发展为店铺，名为陈万兴茶食店。在一次庙会前夕，因粗心大意，使制作糕点的大米浸泡时间过长而发热发酵。为挽回损失，陈友文伤透脑筋。最终想出将湿米磨成米粉，搓成条，捏成小段，放进油锅里煎炸，捞出后拌上白糖，味道还真是香甜松脆。次日庙会上出售此品，深受欢迎。问及品名，答"糖枣"，于是名声四扬。此后，按此法批量生产，销售量相当可观。后来又在此基础上对用料、工序进行改革，兼具其他糕点的优点，形成了糖枣的独特风味。

　　糖枣的制作选料比较讲究，把粳米换成本地产的玉质型的细柴香糯米。操作时用清水适当浸泡，等米水起泡，溢出一股醉人的香味时即可捞起，将原来用石磨磨粉改为用石臼斗粉，以增加米粉的柔软细腻度。在揉粉制坯过程中，放入麦芽糖，以增加米粉的黏性。然后搓成蚕茧状小段，用素油炸汆，至金黄色即捞起，浇上糖汁在文火上慢慢搅拌制成糊团，冷却后揉成小段入油锅汆，出锅拌上白糖即成糖枣。为了便于储存，用发旺的炭火烘烤食品瓮，放入的糖枣能久存不坏。陆家浜糖枣曾在 1929 年全国食品评选会上荣获奖状。1983 年曾被评为苏州市优质产品。同年 4 月，《中国社队企业报》"神州特产"专栏中对糖枣做了详细介绍，从此陆家浜糖枣更是声名远扬。

　　云片糕　用米粉、白糖、水揉匀，定型，蒸熟，切片，烘干，制成 7 厘米长、2 厘米宽、0.20 厘米高的片条，即成云片糕。用白纸红封包装，外观似天上云彩。特点：硬而脆，脆而不碎，甜而不腻，醇香爽口。是馈赠亲友的佳品。20 世纪 80 年代已停产。

　　三角饼　由面粉拌红糖揉成糊状，包以豆沙、百果等作馅，搓成团后压成 1 厘米厚、直径 30 厘米的圆饼，上盘烘熟，然后用刀切成大小均匀的扇形三角饼。三角饼是销量最大的饼类，20 世纪 80 年代后消失。

　　桂花糕　有正方形、长方形和条子糕三种。将糯米粉、白糖、葡萄干、桂花、红绿丝等材料依次调和、摆放好蒸制而成。桂花糕保持着色香味俱全的特点。20 世纪 80 年代很少面市。

　　芝麻饼　用面粉、芝麻、豆沙等制成。此饼香甜爽口，携带方便，深受顾客欢迎。

　　酒酿饼　用面粉、白糖、酒酿、豆沙、百果等烘制而成。是清明、立夏时节的祭祀供品。民间流传甚广。20 世纪 80 年代后无专业户生产。

　　海棠糕　陆家浜有杨姓和江姓两家祖传制作。面粉经过发酵，用圆形铁制烙饼盘，一盘可烙 7 个海棠糕，盘盖上撒白砂糖，舀一勺面糊加豆沙、猪油，烘制成海棠花朵朵，热吃别具风味，深受民众喜爱，近年很少面市。

　　应市糕点尚有印花糕、蜜糕、定胜糕、芙蓉糕、鸡蛋糕、圈圈饼、油斗等，深受民众青睐。汤包、汤圆、大饼、油条也为大家常用的点心。

　　菜邋遢、南瓜塌饼、烤果、糯米糕、粽子、糯米面衣、面饼、面老鼠、面川条、水饺、馄饨、粢饭团等，品种繁多，都是当地民众喜爱的传统美食，也是饮食文化之宝。

　　菜馆　新中国成立前，陆家浜有名菜馆曹家馆，位于中市跨街。老板姓曹，故名。新中国成立后，在街市东侧居中杨厅弄边设有长丰饭店，属商业公司旗下。九龙酒家，坐落于菉溪路 81 号，开张于 1994 年 2 月，是陆家粮管所投资的，

2003年发包经营，后更名为"九龙坊"。龙泉楼大酒店，地址在蓉溪路十字路口，1996年开张营业，名菜有韩式烤肉。2000年后已由多名业主承包，资产原属陆家食品站。

卖糖　旧时本地有一种卖糖、换糖行业。业者全家居于一只小船上漂泊各地。糖是大麦发芽后制成饴糖，做成一大块糖饼。于是，一对箩筐一头糖饼另一头空筐，挑着走街串巷，进庄穿户。边走边敲铁片，吆喝"换糖""阿要换糖"，或用竹笛吹一个调门……孩子们一见此景，就立即回到家中向家人讨点破布头、碎布角料、破旧鞋子等前去争相换糖。换糖人视破布量多寡用铁片敲击一下糖块，并敲成小块，换给孩子。有时一次敲下糖块太小，就再敲一点点，俗称"饶糖"。也有拮据家庭的孩子，家长没有东西给孩子换糖吃，就哄骗孩子说糖不卫生，吃了拉肚子等，让孩子断了换糖的念头。换糖行业留下"多少布头换多少糖"的谚语，意指物有所值、等价交换。陆家村域内有阿苟家传此业，待其故世，此业失传。

舶来食品　20世纪80年代后，大量来自全国各地的外来人员来到村里，也带来各地的饮食习俗和饮食文化。市面上出现了四川火锅、兰州拉面、北方饺子、云南米线，更有天津麻花、温州麻鸭、盱眙龙虾等融入本地食谱，也广受顾客欢迎。

（二）休闲娱乐

有捉迷藏、老鹰捉小鸡、打莲湘、扭秧歌、跳集体舞、击鼓传花、丢手帕、故事会、猜谜语、唱歌曲等等。尚有：

双簧　开场白为"观众朋友们，今天让我来讲个故事给大家听……"。双簧节目的演出，要求甲、乙两位演员技能娴熟且配合默契。甲是表演动作的演员，不吱声，只对嘴型；乙是负责说唱的演员，躲在甲身后，不能露面。配合得好时，犹如一个人在表演。还有一种有趣的表演是矮人双簧表演。由甲演员反穿一件宽大的半身道具服，双手塞进讲台上的一双鞋子内，此时观众看其就像一个小矮人立于讲台上；乙演员将双手伸进道具衣服的袖管里，舞动手势，说唱声洪亮。甲做面部表情，并随着乙的说唱内容摆动充当两条腿的手臂做相应姿势。两人配合默契，发噱的模样常引得全场观众喝彩。

春台戏　为满足人们对文娱生活的需求，在新中国成立前，蓉葭地区有一种俗称"春台戏"的演出活动。也就是地方上约请外地戏班子定期在杨厅弄或煤屑墩等处搭台演戏。其中有沪剧《罗汉钱》、越剧《梁山伯与祝英台》、锡剧《双推磨》《庵堂认母》及黄梅戏《天仙配》等传统剧目，均引来众多观众。新中国成立初期，晚上还在原中心校操场、杨厅等处放映电影，早期的无声电影如《白毛女》等影片也很受人们欢迎。大家每次都一饱眼福，满意而归。

卡拉OK　进入20世纪90年代，人们歌唱有了新花样，即卡拉OK。实际上是歌唱家在录制歌曲时，把歌声和伴奏分别用两个音频（左、右声道）连同视频一道录入载体（磁带、碟片或记忆卡）上，在使用时，机器将这几部分分别读取，并输出成图像、歌声和伴奏乐。机器可以自由调节原唱音量，让歌唱者的声音通过话筒再扩音，一展歌喉。虽然不及原唱水平，亦能孤芳自赏，自得其乐。有时在聚会上还可获得众多喝彩声和掌声。卡拉 OK 流行至今。

（三）节庆文艺

舞龙 中华民族的图腾是"龙"，并自喻为龙的传人，对龙情有独钟。陆家的舞龙据考始于明代洪武年间（1368～1398）。传说陆家地区方圆几十里，早年曾遇百年未见的特大旱灾，庄稼枯萎，民不聊生。分水龙王有一个青龙七太子，知情后大发善心，擅自作法，下了一场大雨、透雨缓解了地方旱情，百姓为之高呼万岁。但七太子此举已犯了天规。天帝知悉后大怒，派天兵天将把青龙斩为七段。正在此时，两只狮子路过，见青龙奄奄一息，于是，他们奋不顾身，用尽所有功夫，为青龙愈合伤口，救活了这条美丽的青龙。当地百姓为颂扬七太子的恩德，特制龙灯舞龙祭祀。段龙首先出现在陆家浜乡间。据记载，旧时陆家浜极盛时期的舞龙队几达每个自然村一支，共计 203 支舞龙队伍。龙灯的制作方法是：龙首、龙身、龙尾均用竹篾象形编制而成。每段长约 60 厘米，直径在 30 厘米左右。每两段之间用 100 厘米的竹梢固定连接。龙首、龙身、龙尾均用白纸裱糊。龙首装须、贴金、点睛，龙身和龙尾画上龙鳞，形象逼真。舞龙时，八位小伙中一人在前引珠，另一人举龙首戏珠，五人各依次举起龙身跟随龙首舞动，最后一人举龙尾，作尾随动作，于是一条彩龙随珠起舞。近年陆家全镇共发展有 8 支舞龙队伍。舞龙队伍演技不断发展提升，形成了"龙起水""龙腾云""龙翻滚""龙叩寿"和"盘龙"等套路。伴奏的打击乐队也成功总结出"走马锣鼓""龙灯调"和"急急风"等舞龙打击乐调。凡遇重大盛典、节庆活动，或开幕式等，各路舞龙队伍争相到场献艺，盛况空前，热闹非凡，为人们所喜闻乐见。陆家村舞龙队重整队伍后由孟胜领队，舞龙成员有杨建明、王建华、陆菊、吴文东、陆阳等人。舞龙队曾参加比赛，荣获三等奖和启发杯银质奖。

贴春联 每逢春节前夕，地方书法家或中学爱好书法的学生，组织起来，借菉溪广场一角，拉开阵势，泼墨挥毫，为群众免费写春联，送去美好的祝福。内容有歌颂党和毛主席的，如"听毛主席的话，跟共产党走"等；还有借用诗词歌颂建设成就的，如"春风杨柳万千条，六亿神州尽禹尧"，歌颂党的领导好，消灭了血吸虫病等。书法家们边写边赠送，连红色对联纸也不收一分钱，深受民众欢迎。

（四）民间文艺

1. 民歌节录

陆家浜民歌五则

耘稻歌

耘稻要唱耘稻歌，双手弯弯捧六颗。

眼观六尺棵里稗，两脚弯弯泥里拖。

闻着花香一路来

昨夜等哥哥不来，清早兰花顺墙栽。

倘若阿哥不识路，闻着花香一路来。

千斤重担啥人挑

清明时节雨潇潇，小寡妇上坟哭嚎啕。

三岁小囡吭爷叫，千斤担子啥人挑。

日落西山一点红

日落西山一点红，口唱山歌好收工。

东家莫怪我收工早，你要发财我命勿送。

东家娘娘算头凶

东家娘娘算头凶，盛碗饭来窟窿松。

蚊子苍蝇钻得过，还说我长工吃头凶。

2. 四季风情

耘稻山歌

正月里丈人陪女婿，

二月里搓稻柴绳结戗篱，

三月里看看春台戏，

四月里挑挑白河泥，

五月里莳秧轧在黄梅里，

六月里耘稻山歌喊得汪哩哩，

七月里知了叫勒忙当里，

八月里木樨花开飘香味，

九月里菊花开放西风起，

十月里稻谷登场真欢喜，

十一月里田间及时抓管理，

十二月里盼望来年好运气。

十二月花名和十二生肖民谣

正月梅花白飘飘，老鼠眼睛像乌焦，

窜上梁，下地望，偷吃米粮肚皮饱。

二月杏花像雪球，阎伯派我投只牛，

柴草活命苦楚粮，种田一年忙到头。

三月桃花满树红，西山老虎有名凶，

山前蹦到山后去，遇见武松不敢动。

四月蔷薇着地拖，兔子衔去要做窝，

闲人说我不做种，逢春逢月落一窝。

五月石榴一点红，眼望西天一条龙，

老龙提谋要取水，小龙常挂雨当中。

六月荷花透水红，青肖蛇常盘草当中，

田鸡野货吃勒无其数，舌头连连要扳弓。

七月凤仙花开叶头长，岳飞骑马上战场，

精忠报国战金兵，屡败兀术保国疆。

八月木樨（桂）花阵阵香，家家户户养山羊，

三尺羊绳系颈项，眼白伶叮上杀场。

九月菊花叶头散，猢狲攀上花果山，

天凉叶花也谢光，扬州婆牵去换铜板。

十月芙蓉黄心头，米谷登场鸡畜不愁忧，

夜夜报晓喔喔啼，春三上阎王请摆祭酒。

十一月水仙花开叶头亮，百姓人家养只金丝黄（狗），

一年四季常穿皮线衣，腊月里缩缩身子也过上。

十二月腊梅花开黄丝丝，家家户户养只过年猪，

豆饼麸皮吃了无其数，一把七寸快刀定心处。

十二月点心歌

（陆家四时八节都有色香味形俱佳的点心应市，因属歌谣，每月只提一样表述。）

正月里来闹元宵，

二月要吃撑腰糕，

三月团子绿色俏，

四月尝尝四喜糕，

五月粽子芦箬包，

六月凉面麻油浇，

七月烤果两头翘，

八月月饼小纸包，

九月敬老重阳糕，

十月塌饼南瓜造，

十一月瓜丝嵌蜜糕，

十二月腊八粥糯米烧。

（五）俱乐部和宣传队

1952 年，陆家村域内的联村办有宣传队，参加人员有陶载福、陈培忠、诸惠林等。主要开展扫盲运动，发动人人识字，办夜校上课，配合抗美援朝运动进行思想宣传工作，教唱《东方红》《志愿军战歌》。也进行扭秧歌、集体舞、打莲湘等文娱节目排练。韩泾联村四队组建文工团。志愿者白天劳动，休息时间教村民识字，也有写好了字贴在桥上或路口让行人识字的。陆家大队的俱乐部是在陆家公社文化站站长王广杰的指导下于 1964 年 3 月成立的，是在陆家大队韩泾联村四队文工团的基础上建立起来的。主要负责人是大队原团支部书记陈培忠。宣传演员由陈培忠、万林生、张定英、张秋英、张定兰、诸秋宝、诸炳兰（琴师）等七人组成。大家不计较工资待遇，凭一腔热情和对文艺工作的爱好，起早带晚参加节目排练和演出，工作极其认真。演出的节目有三句半、相声、快板、说唱等，多为自编自演自唱。也有的内容来源于宣传材料。在自编节目中，如为把陆家的建设成就展现在观众面前，借用了父女《逛新城》曲调：（女）阿爸唉。（男）唉。（女）快快走。（男）噢。（女）看看陆家新面貌……（合）陆家人们得解放，感谢伟大的共产党。反映了对陆家人民生活水平提高的喜悦之情。陆家大队俱乐部的节目曾参加昆山县的汇演，并到陆家公社的各大队及昆山化肥厂进行巡回演出。多次获得上级嘉奖。1965 年，曾获昆山县文艺汇演优秀奖。每逢元旦、春节及公社三干会，总是出节目进行宣传演出，广受好评。

1966 年，陆家大队俱乐部改建成陆家大队毛泽东思想宣传队，广泛宣传党的方针政策，宣传好人好事，宣传先进人物的先进事迹。由于队员们工作积极认真，其间上述七位主要队员中有四人光荣入党。1968 年初，宣传队虽然解散，但由包文彩、吴桃英、张白妹等人组织团员青年开展文娱活动。20 世纪 70 年代中期组建大队俱乐部，由团支书吴振华带领活动。后期调范建琴、顾建英等人负责。1990 ~ 2012 年，由陆亚华、陈彬、邹敏等人组织开展门球、象棋、唱歌等活动。其中舞蹈队有固定队员 12 人，广场舞蹈自愿参与者有 120 人之多。舞蹈队曾多次在比赛中获奖，深受广大观众好评。

二、文学艺术

（一）文学

《菉溪志》 清乾隆三十九年（1774），诸世器完成《菉溪志》四卷本手稿，现藏于南京图书馆。1939年，朱启甲、胡国良校核的民国版《菉溪志》现藏于苏州图书馆。2011年，横排版《菉溪志》由顾庆元、邹荫川核定，加注标点符号，并加注考证，出版中。

《纪湘行》 1939年，复旦大学教授徐承谟作五言古诗《纪湘行》，洋洋一千八百七十言。20世纪80年代后期曾重拾旧作三十余首，编为《烬余集》。

（二）艺术

陆家浜鼓手是享誉于江、浙、沪一带的地方性曲艺代表，传承历史较长，其十八代传人朱阿大、高小弟等组团演出。高小弟擅长吹笛、吹喇叭、唱沪剧、唱京剧及拍板指挥，曾献给镇文化站18本剧目曲谱。新一代传人顾建华擅长大提琴、胡琴。顾品泉能任各种角色，精通乐器演奏，擅于谱曲及艺术指导。班组成员周梅花打击、说唱、歌舞全能。班子共十余人，曾三次参加苏州市民间艺术汇演，均获创作表演大奖。《陆家浜鼓手》节目在2010年曾代表昆山地方文化艺术在上海举办的世博会上演出18场，赢得各国友人赞扬，响当当地名扬国内外。

第二节 教 育

村域内教育事业发展早，学校甚多。其中耕读小学和农业中学为村办学校，其他学校属公办或民办。

一、私塾

据清乾隆甲午（1774）《菉溪志》载，菉葭地区"延师之家修脯（薪金）无及百金者，大约二十两至六十两"，"乡塾蒙师每岁合大米可得二十金左右"。在清代，私塾盛行，除大户延师坐馆、乡塾外，尚有族人举办的义塾形式。清代末年光绪三十三年（1907），菉葭浜大户张汉良先生举办的私塾，转制为菉溪蒙学堂，即人们所称的洋学堂，与镇周边坐馆、乡塾并存。私塾入学儿童年龄一般在6～12岁之间，并视家境情况，有读半年、一年或更长时间的。可为5～20人规模的混合编班。其课程初为认方块字：上大人，孔乙己，化三千，七十士，尔小生，八九之，佳作仁，可知礼，吾乃命，四德俱，本已全，用乃立，共12句36字。用毛笔在临摹本上描写，先生手把手地教学生如何握笔、运笔。凡写得好的，先生用红笔圈出，特优者可获三圈。启蒙课本为《百家姓》《三字经》《千字文》。而后为《大学》《中庸》《论语》《孟子》，此为"少书"。在读"五经"，即《诗经》《尚书》《周易》《礼记》《春秋》时，塾师开讲意义。民国时，授以《古文观止》《幼学琼林》《论说文范》《千家诗》，代替"五经"。

因学生起点各异，采用因人施教的方法。起初只读不讲义，要求学生死记硬背。学生中智商较好者，进度较快，当天教的一般隔日就能背诵。若到第三天再背不出，就要吃手心（先生用戒尺敲打学生手心）。学生中智力稍差者，三年读一本《大学》，被敲手心是常事。用作惩罚工具的是一根硬质木尺，俗称"戒尺"。除吃手心外，还有体罚，如面壁思过。学生成天跟着先生摇头晃脑地死读书，有课文背不出，如"养不教，父之过；教不严，师之惰……"，学生不解其意，误以为是"羊不叫，无处过；叫八年，狮子大（方言）"，亦能蒙混过关，先生全然不知。私塾不设音乐、体育课。凡遇先生临时有事外出的，就关照学生留下来认真念书，违纪者面壁思过。受罚最严重的学生，免不了吃二十记手心，直被打至手心红肿，痛得钻心，回去也不敢告知父母亲。

私塾教学设备简陋，通常是一间屋里放几张方桌，学生围桌而坐，塾师独坐一桌。乡间坐馆塾师薪酬来源于学生所交学费，膳食由学生家庭轮流提供。

1948 年前，塾师陈锡琪在当地劳动桥北埭老娘娘陈建刚家办学。学生需自带小凳子，4 人围坐在一张方桌边，共有 16 名学生。其中姚荷生读完《百家姓》、黄保国读完《三字经》后，二人转去洋学堂继续读书。顾林生只读了方块字，之后没有读下去了。1949 年新中国成立后，塾师通过培训，分别转入公、民办学校任教或任职，私塾不复存在。陆家村 2 组杨光华先生当年曾去吴淞江西面陈巷一处私塾任教，新中国成立后重操旧业，悬壶行医。

二、夜校与扫盲

1949 年新中国成立，据统计，当时菉葭地区农民文盲率高达 97%，人民政府十分重视农民的业余教育问题。是年冬，菉葭区人民政府即成立冬学工作组，配有文教助理，开展以冬学为主要形式的农民业余教育工作。1950 年冬，在联村建立冬学运动委员会，同时设立农村俱乐部，开展扫盲工作。教学标准为每人认识 1500 个常用字。为解决师资不足问题，发动群众，包括中小学教师和部分中学生组建扫盲队，实行划区包干、包教包会。也有以民教民，识字多的教识字少的，识字少的教不识字的，互帮互教互学。陆家地区的许家自然村的夜校办在南圣堂庙里，共有学员约 30 人，办学负责人是联村村长、中共党员陈阿生。玉皇殿也办有农民夜校，学员 45 人，由黄保国、姚荷生执教，一般在晚上 7 点至 9 点上课，点上汽油灯照明，采用简单易学的课本和冬学课本。因饱尝旧社会不识字的苦楚，学员们学习劲头十足。初始办学条件有限，缺少设施，学员们就自带门板、长凳。陆家村诸仁元、堵雪月在夜校进行义务教学，白天照常工作。因教学经费紧缺，青年男女就去龙王庙粮库捎谷，赚钱补充办公经费。夜校除了教识字外，还增加了时事政策、国家法令、土地改革、新《婚姻法》等方面内容的学习。为适合青年特点，也学教革命歌曲，还扭秧歌、跳集体舞、做游戏等，教学内容丰富多彩。

1953年开始推行速成识字法。1959年后，受三年困难时期、"浮夸风"等影响，农民教育受挫。1964年后，再次掀起农民学文化高潮。1966～1976年，农民业余教育又处于停顿状态。1971年12月，苏州地区在千灯召开教育工作会议后，陆家农民教育工作随即开始恢复。1978年11月25日，陆家公社成立教育领导小组，下设教育办公室，配备2名专职辅导员，形成白天加晚上的半脱产突击学习形式。通过努力，至1980年3月验收时，非文盲率达87.80%，陆家大队达到无盲大队标准，符合国家的无盲要求。陆家公社也成为昆山县第一批无盲公社，并获得昆山县革委会颁发的"无盲公社"荣誉证书。另外的12.2%的文盲人群，是老大难扫盲人群。资料显示，两个村尚余198名文盲，集中在25～40岁年龄段里，都是些当家的主要劳动力，扫盲工作难度很大。此后，1992年才通过严格的考核验收，基本达到完全扫盲标准。发给每位扫盲对象脱盲证书，扫盲工作告一段落。

三、幼儿园

（一）陆家幼儿园

陆家幼儿园始办于1944年，附设于菉葭浜中心校内，园址为白鹤溇1号。1995年9月异地迁至南粮路，占地19.80亩，建筑面积4450平方米。截至2012年底，陆家幼儿园共设16个班，幼儿687名，教工69名，现任园长：金妹娟。

（二）东方幼儿园

2005年9月，经上级主管部门批准，由昆山市凯联置业有限公司投资1350万元在陆家镇联谊路南段，创办首家民办幼儿园——东方幼儿园。该园占地25.05亩，建筑面积7780平方米。2012年成为海峡两岸戏曲与国学传承交流基地。是年，东方幼儿园设16个班，在园幼儿613名，教工70名。办学人：陈森。2005～2012年东方幼儿园负责人：陈宪良。

（三）育才幼儿园

为了帮助新昆山人解决小孩学前教育的困难，2006年9月，经过申请，由上级主管部门批准，在陆家镇育才路14号原幼儿园旧址，改造开办了一所民办育才幼儿园。该园占地6亩，建筑面积1338平方米。

2012年，育才幼儿园共设立7个班，幼儿285名，教职工30名。

2006～2012年育才幼儿园园长：彭启明。

四、小学

（一）陆家中心校

陆家中心校创办于清光绪三十三年（1907），初名菉溪蒙学堂，校址在张家北宅。1912 年迁址白鹤溇 1 号（叶家坟），校名为菉葭国民小学。1926 年更名为菉葭中心小学。1952 年，菉葭浜天主堂内的达义小学并入中心校，设为中心校高级班，中心校本部设初级班。

2012 年，连同合丰沙葛小学共设 61 个班，学生共 3117 名，教职工 252 名。现任校长：陈亮（2003 年至今）。

（二）达义小学

达义小学系民国 15 年（1926）11 月由菉葭浜天主堂传教士陆起龙神父经手创建。校址在菉葭浜天主堂内，初时接收渔民、教徒子女 20 余人入学。其办学经费由教会负责供给。

1951 年 8 月，该校设有初级班 3 个，高级班 1 个，教职员工 6 名，学生 147 名。

1952 年 8 月 15 日，经苏南行政公署批准，为便于教育行政业务管理，达义小学由政府接管，并入菉葭中心校。即成为中心校的分部，校址用作设置菉葭中心校的高级部。

（三）四集体

1958 年 10 月，陆家小学实现"四集体"，即同吃、同住、同学习和同劳动，形成一种全新的集体生活体制。在当时公社化大办食堂的条件下，有条件让社员的孩子们一起吃饭。对于学习和劳动，当然可以在同一个环境下进行。住宿就安排在天主堂闲置的白洋房和黑洋房内，按年级、性别分开安排住宿，其中女生住在条件较好的白洋房二楼上。社员们为孩子准备好铺盖等生活用品和学习用品，并搬来门板当床板。学生们一起吃饭，一起上课，一起参加劳动锻炼，晚上又一起住宿，于是形成了"四集体"这种全新体制。起初学生们都对这种体制感到很新鲜，兴致也很高，晚上熄灯后还在继续轮流讲故事，也有唱歌的。过了一段时间后，新鲜感退去，有学生因初离家人照料，不习惯独自生活，有哭鼻子的、尿床的，也有晚上偷溜回家住宿的，甚至有因琐事而争吵的，五花八门。值班老师与这些学生进行沟通、交流和教育，要求学生遵守纪律，按时就寝。每晚巡视，老师会帮学生们重新盖好被踢开的被子，以防学生受凉。陆家初中也有类似的关于寄宿生的举措。也因此，教师在照顾学生生活和教学管理上工作愈加繁重。没过多久，在同年 11 月，"四集体"这项体制就自行解散了。宿舍中用于搁铺的门板及其他生活用品亦物归原主。陆家小学"四集体"这朵昙花在公社化教育史上只存在了一个月光景。

（四）耕读小学

三年困难时期以后，农村经济形势有所好转，但农村学龄儿童还是流失严重。为防止"新文盲"的出现，改变适龄儿童的失学现象，贯彻上级实行"两种教育制度"的指示，普及耕读小学，以实现小学普及教育。辖区内办有2所耕读小学，其师资由大队委任，工资是大队记工分。教育行政部门每季度补贴3～5元，采用农村耕读教学课本。第一课的内容为"日月山水、江河湖海"，以识字教学为主。根据学生家庭生产、生活的实际情况，实行半日制，或能集中就集中上课、不能集中的随到随教，白天不成就晚上教，长期在外则利用雨天上课。教学点由大队管委会负责管理，业务上由中心校进行定期培训，并组织教研活动。

陆家大队耕读小学创办于1964年10月，办学于菉葭大队第6生产队原南圣堂拆后改建的仓库内。首任教师包文彩（1964～1966年），后为沈传林（1966～1967年）、顾梅英（1967～1968年），学生十多人，课桌用板搁成，自带小凳。

渔业大队渔民子弟流动学校（渔民耕读小学）见"渔业"章。

五、中学

（一）陆家中学

陆家中学创建于1944年9月，初名"私立仁忠中小学"，后更名"私立鸿钧初级中学"，占地5.50亩。1956年8月转为公办，校名为"昆山县第三初级中学"。1958年9月，招高中班2个，校名改为"昆山县第三中学"。2011年5月16日，初、高中分设，初中校名"昆山市陆家中学"，高中校名"昆山市陆家高级中学"。2012年，初中部占地120亩，建筑面积41012平方米，设30个班，学生1364名，教职工101名。高中部占地120亩，建筑面积20000平方米，设29个班，学生1122名，教职工132名。

昆山市陆家中学现任校长：夏健（2011年至今）。

昆山市陆家高级中学2011～2012年校长依次为：蔡惠林（2011～2012年）、秦春勇（2012年至今）。

（二）农业中学

菉葭农业中学创办于1958年3月，是在全省大办农业中学的形势下，以培养有社会主义觉悟、有文化、又有一定生产技能的劳动者为目标而兴办的中等专业学校。1961年自行解体，只有主要负责人在镇上杨厅石库门处办公，处理遗留问题。

1964年，贯彻刘少奇提出的实行"两种教育制度"的指示，办耕读小学的同时继续兴办农业中学。菉葭大队办起农业中学，有40名学生。校长由杨小毛担任，潘树生任教务，教师为武震元和金梅秀。校址在木瓜河南岸谭家旧宅，原大队办公室东边的两间仓库内，从小学搬来课桌，分高低班复式上课。开设政治、语文、数学、农业知识等课，上午上课，下午回家劳动。教师待遇参照同等劳动力，由大队分配。1966年春，潘树生由公社推荐去苏州教师进修学院参加教师培训班，学习三个月。是年秋，"文革"开始。11月，潘树生、武震元各带领20名学生分赴杭州、南京串联。不久，陆家中学在农村办下伸班，陆家大队农中无形解体，其教师去中心校代课，或去工厂上班。

六、成人与社区教育

（一）成人教育

陆家成人教育，据载始于民国3年（1914）2月，由昆山劝学所在夏桥东庄创办县立第二高等小学，设有农业知识补习班。民国17年（1928）建有农民教育馆。后因时局动荡，此举几经兴废。

新中国成立之初，人民政府十分重视成人业余教育。建有群众性扫盲机构，至1958年，扫盲工作初显成效，扫盲率达83.50%。三年困难时期和"文革"期间，农民业余教育工作陷于停顿。20世纪70年代恢复扫盲工作，镇成立工农教育办公室，曾获县政府颁发无盲公社证书（非文盲率达90%以上），并兼顾职工专业技术培训。

1985年9月，陆家乡成人教育中心校成立于陈家浜路15号，占地15亩，有教学办公楼和综合教学楼，教学设施各室俱全。成校的建立加大了扫盲工作的力度。同时，成教分设岗位技术培训、职高、中专、成人中专和大专五个层次。在1990~1992年间，培训从业人员8697人，占全镇青年总数的76%；培训乡镇职工1836人次，占企业职工总数的74.1%；培训镇村农工副基层干部、技术人员1000人次，参训率100%。

1992年，顺利完成农村扫盲的扫尾考核工作和发放脱盲证任务。

1993年，对党员干部、职工、农民进行业务培训3万多人次，有力地提高了从业人员、基层干部、技术人员的素质。成校为外向型企业培养的时任联谊时装公司日语翻译的杨灵芳曾接受过中央电视台的专访。

成校还重视学历教育。在职高和中专，先后开设机械、电子、电工、汽修、财会、烹饪、牧医、服装、文秘、宾馆服务、经济管理、财会电算化、外贸英语、日语、计算机应用、机电一体化、电子技术等专业。办学上进行职教沟通，教科研结合，长班短训一体。先后累计培训近20万人次，毕业3221人，其中大专662人，中专1652人，职高907人。

1996年，成效被列入江苏省第二批中级重点乡镇成人教育中心校。

1998~2000年，有41名中专、职高毕业生分别被南京金陵职大、南京林业大学、南京理工大学、北京民族大学、北京教育学院等高校录取。成校生源质量有限，能为高校输送一批批新生，实为地方教育事业做出了重大贡献。

1999年，陆家成校设立昆山自学教育服务站，先后为新老考生696人办理自学高考手续，并采集上挂横联举办成人电视中专、财经函授中专共计10个班，学员315人，毕业134人。步入21世纪，成校分别与中国地质大学、中国石油大学、中央电大联合办大专班。开设乡镇管理、现代企业管理、会计学、行政管理等专业，学员151人，毕业99人。学员们毕业后回到岗位上敢于实践，大胆革新，促进了地方三个文明建设。2000年后，成人教育基本淡化，转入社区教育。

2004年，陆家镇社区教育中心成立，址设陆家成校内。校长兼中心主任，成人教育与社区教育融为一体开展工作。

2009年8月，成校易地新建于南木瓜路，建筑面积3465平方米，教学设施基本现代化。并从实际出发，编写了陆家镇社区教育系列读本九部，开发了两门乡土特色课程。建成"市民学习在线"平台，注册11563人，达户籍人数的34%，获得学分12393分。为适应陆家镇经济转型的需要，成校广泛开展有关人员培训，形成了多元化培训格局。

陆家成校建校以来，连年被评为"苏州市农村成人教育先进单位"，曾获评"江苏省农村成人教育先进单位""全国农村成人教育先进单位"。

原国家教委副主任王明达，曾专程来校视察，欣然题词："农村乡镇成人教育典范"。几年中曾获"教育现代化星级学校""五五工程示范学校""苏州市职业技术教育先进单位""苏州市教育科研先进单位""昆山市文明单位"等称号。

陆家镇成人教育中心校现任校长：张卫国（2011年至今）。

（二）社区教育

2000年，陆家镇被确认为苏州市社区教育实验镇，同年成立陆家镇社区教育委员会，制订了五年社区教育工作规划。2004年，成立陆家镇社区教育中心，地点设在陆家镇成人教育中心校内。成立由镇长和分管领导任正、副组长，宣传、文教、工青妇等部门领导为成员的社区教育工作领导班子，设立社区教育办公室。在镇政府的统筹下，社区教育办公室具体负责实施全镇的社区教育工作，作为全镇各类教育机构开展社区教育的枢纽和指导中心。陆家村及区域范围内的育才、陆家两社区居委会也各自组建了相应的社区教育工作领导小组，一把手任社区教育工作领导小组组长，相关人员任组员，明确各自工作职责。全镇8个行政村和4个社区居委会都建立了社区市民学校，完善各项规章制度，形成三级网络体系。学校任命一名校长，配备专、兼职教师3～5名，充分利用本地区的教育资源，建立稳定的教师队伍和志愿者队伍。发挥多功能培训教室、图书阅览室、宣传画廊的作用，使市民学校成为社区教育工作的主阵地。全面贯彻"全民学习、终身学习"理念，加快构建终身教育体系，促进学习型社会的形成。为确保社区教育工作的顺利进行，全镇社区（村）配备了由48人组成的社区教育志愿者队伍。社区教育中心有12名专职管理人员和教师。社区教育经费采用政府投入、社会赞助来解决。近年，镇政府财政部门每年拨付社区教育专项经费6万元。

近年工作中，陆家社区教育中心从实际出发，编写出版了陆家镇社区教育系列读本《爱国主义教育篇》《健康顾问篇》《实用知识篇》《服饰、美容、家具、情趣篇》《交通、益知、修养、家电篇》等共九部，作为社区教育的乡土教材，并已申报江苏省第二批社区教育优秀乡土课程（读本）。根据陆家的特点，开发了"舞龙""老年人学电脑"等课程，均获得"全国特色课程"称号。

昆山市"市民学习在线"平台建成后，陆家开始创建数字化实验社区，陆家镇已有5个社区（村）创建了数字化学习标准教室。已有7个社区（村）被评为"昆山市数字化实验社区"，其中陆家社区已获此荣。在"社区教育优秀学习品牌"的评比活动中，陆家村的"党员读书会"荣获"优秀学习品牌"的称号。

在岗位培训上，以陆家镇经济转型的需要为出发点，广泛开展农村劳动力转移培训、农村实用技术培训、从业人员培训、妇女干部培训、外来务工人员培训等，形成多元化培训格局。狠抓队伍建设，建设好一支热心公益事业、乐意奉献的志愿者队伍，把他们分成文体队、调解巡逻队、业余讲师团，使之各司其职，充分发挥志愿者的作用。

围绕"建设学习型城市"这一总目标，陆家社区在创建过程中成绩显著，被评为"昆山市示范区"；育才社区荣获"昆山市学习型社区"和"昆山市建设示范区"称号。2000～2012年，全镇共创建昆山市级学习型单位45家，学习型社区12个，学习型家庭480户。

陆家镇社区教育因地制宜，组织开展健康家庭、六星家庭、和谐家庭、文明之家、文明新风户、学习型家庭、特色家庭等评比活动。定期开展包括安全知识展、法制知识展、健康预防展、禁毒宣传展等活动，市民从中获益匪浅。全镇文化市场繁荣、健康、稳定，管理规范，秩序良好。

2012年，组织开展以"全民学习、共享幸福人生"为主题的陆家镇第二届"全民终身学习活动"，社区居民综合素质进一步得到提升。"一生受教育，教育益终身"的学习理念深入人心。

社区一景：群众文体活动常年规范开展，人们在育才社区文化活动中心常可见到一支歌唱队，有道是，每逢周一来一场，男女歌声二重唱，胡琴笛子齐伴奏，美妙歌声传四方。更有一支阿姨舞蹈队，她们是：退休兼职买汰烧，心情舒畅带宝宝。扇子舞蹈太极剑，跳得夕阳无限好。陆家人就是幸福，生活就是美。

2012年，陆家镇社区教育中心已成功创建为江苏省标准化社区教育中心。

第十一章　体育卫生

陆家人酷爱体育活动，且花样繁多。人们也会趁田间劳作休息之时展开体育竞技活动，决一高低。改革开放后，生活水平不断提升，中老年人更是活跃，利用空地进行晨练、晚舞，形成一道亮丽的风景线。老年人门球赛累获嘉奖。

新中国成立前，陆家村的医疗卫生水平相当落后，缺医少药，卫生状况无人问津。蚊蝇肆虐，天花、伤寒、霍乱时有流行，加之血吸虫病危害，百姓苦不堪言。1939年，大瘟疫流行，仅东弄（3组）几天就病亡14人。病家"病急乱投医"，被迫求神送鬼，导致人财两空。

新中国成立后，党和人民政府十分关心人们的身体健康，全面贯彻"面向工农兵""预防为主""团结中西医""卫生工作与群众运动相结合"的卫生工作四大方针。引导组建联合诊所，发动一场声势浩大的血防人民战争，建立合作医疗制度，建村保健站和卫生室。卫生所、卫生院又发展成地区医院，改善了群众的医疗卫生条件。卫生工作狠抓长效管理机制，组建各类保洁队伍，成功创建省级卫生村。陆家村已成为环境优美、整洁舒适、宜居的人间天堂。

第一节　体　育

一、农村体育

（一）体育活动

掼菱角　菱角这东西是木车床上加工制成的高约7厘米，中径约5厘米的木料菱形旋转体。自制菱角是用较硬的木料刻成上下尖小、中间粗壮的菱形运动器材，在菱角对称轴上方留有一点小的木疙瘩，用于嵌线；下方用圆钉钉入一段，留露约半厘米，有利于落地旋转。使用时，先用约60厘米长的粗线两头打结，一端紧绕在菱角上部，另一端控制在操作者手里，一般是绕定在无名指和小指上，使大拇指、食指和中指捏牢菱角，用力高速掼出，同时三指松开，凭粗线抽拉菱角自转，落地时可旋转良久。一般以落地旋转时间长短定胜负。此项运动男孩玩的较多，玩时要注意安全，防止伤人和物件受损。

其他尚有打弹珠、踢毽子、跳绳、滚铁环、跳橡皮筋、爬树、游泳、荡秋千等多种体育活动，不一一列出。

（二）田间体育

举石担　石担为两片，是有中孔的圆饼形花岗岩石块，由一根粗竹竿串成，形同举重运动的杠铃。比赛时与举重运动一样，有抓举和挺举两种形式。只要能举起，无论举起时间长短，都算通过，举起次数最多者胜。

玩石锁　石锁系石质旧式锁状物，中间有一个抓手，玩弄时将石锁抓起，趁势抛向空中，让石锁在空中自转翻滚，当石锁开始下落时，顺势再抓住石锁的抓手，重新准备下一轮的上抛动作。抛接石锁次数最多者获胜。

提水桶　两只小水桶注满水，两手抓住提手，两臂作水平状展开，以能坚持时间最长者获胜。这项活动完全取决于运动员的臂力，臂力差者坚持不了多久就败下阵来。

抛草泥　在田间，人们挑草泥，两横头土垯里都装好标准量的草泥，排成队伍，行进在田岸上，到目的地时由一人领队发口令，大家使劲把挑的草泥抛向田间，谁抛得远谁就获胜。

抓菜花柱　菜花柱是一种农具。由大理石刻成，是底面直径13厘米、高约15厘米的牛心状胖圆锥实心体。石质沉重，表面光滑，生有一孔可装柄。生产上用来在地里砸洞，以便移植菜秧，故名菜花柱。竞赛时使牛心圆锥体尖顶朝上，置于平地，让参赛人员用一只手的五个手指头紧捏光滑沉重的菜花柱，以抓牢提起次数多者为胜。另外，抓绍兴酒瓿也是类似的体育活动。

（三）健身活动

陆家的群众性健身活动是在菉溪广场建成后涌现出来的。广场为中老年人晨练、晚舞创造了场地条件。早上打太极拳，进行各项健身锻炼，傍晚自有领头人播放音乐，前来跳舞的人自觉列队，在领舞人的带领下随着音乐节拍跳起健身舞。时间长了，大家动作也一致了，围观的人也越来越多。有时候晚上会有街舞运动。每逢重大节日，广场上会举办各种文艺晚会，群众参与晚会的热情高涨，广场上灯火通明，乐曲悠扬，人山人海。

2011年5月16日，陆家镇全民健身月首届太极柔力球比赛中，陆家村参赛队荣获一座金杯。

2012年，"陆家杯"全国老年门球赛中，来自全国20个省、市、自治区的37支门球队，300余名运动员参赛，陆家村门球队荣获一等奖。

二、学校体育

民国年间的中小学均设运动场、体育课，开展田径、球类等体育活动。民国36年（1947），达义小学举行第二届春季运动会，竞赛项目20余项，并举办体育成绩展览会。至新中国成立前夕，私立鸿钧中学有运动场667平方米，体育器材120多件。新中国成立后，学校体育活动受到重视，发展较快。从1952年起，推行少年儿童广播体操，前期为六套，后期为舞蹈式《希望风帆》三套。1956年实施《中小学体育教学大纲》，学校开展体育教研活动。中小学由新中国成立初每周上两节体育课逐步发展为每天坚持早操，每周增加两节课外活动。1958年"大跃进"期间，先受"浮夸风"影响，后又以参加生产劳动代替体育。1960年起，体育课改为卫生保健课，停止大运动量活动。1962年，国民经济好转，学校体育复苏。"文革"期间，体育课被取消，大搞"学工、学农、学军"活动。1972年，中学体育课改为军事体育课，原有运动项目由军事基本操练、投弹和野营拉练所取代。1976年后，学校体育趋向正常。

1978年，陆家中学在苏州市运动会体育传统项目比赛上获第二名的好成绩。1979年开始，以贯彻《中、小学卫生工作暂行规定》为重点，以"达标"（贯彻《国家体育锻炼标准》的达标率）、"防近"（防止近视眼发病率）为中心，开展"两课、两操、两活动"（每周两节体育课，每天一次早操、一次眼保健操，每周两次课外活动）。中小学平均达标率逐年增长。1982年8月，在省助重点班的长跑集训比赛中，陆家中学学生孙乐平在中学男子组3000米长跑中以9分37秒3的成绩创苏州地区记录。1987年6月，在苏州市小学生运动会田径比赛上，陆小学生陆芸芸在跳高项目中以1.43米的成绩获苏州市第一名。同年，根据普及与提高相结合的方针，学校建立田径体育代表队和排球、篮球、足球队。1988年开始，每周体育课是，小学一、二年级四节，三至六年级和初中各三节，高中二节。课外活动每周安排小学40分钟，中学45分钟，活动项目有球类、绳健、呼啦圈、拔河、体操、棋类、武术、鼓号、舞龙和跑步等。1995年开始，陆中执行体育成绩计入考试总分（满分为45分，2004年调为30分，2007年调为40分）方案。1997年开始，陆中高一新生入学进行一个月的军事训练。2003年8月，陆中建2900平方米的体育馆。陆小在2004年修建塑胶跑道，2005年创建苏州市体育传统项目学校，2006年被评为"苏州市青少年业余训练先进集体"，2007年修建新校区塑胶跑道，建成体育馆。

2012年，中小学达标面100%，达标率分别为98.50%和97.36%。每年一次的学生运动会统计：陆中38届，陆小34届，陆家幼儿园24届，东方幼儿园7届。陆小女排荣获昆山市17连冠、苏州市8连冠，陆小男排荣获昆山市5连冠。陆小女排中，陆家村籍胡晓慧同学曾任主攻手，女排队员们训练刻苦，相互配合，曾前往常州、太仓等地参加邀请赛，均获佳绩。陆家高级中学高一年级连续十年荣获"新生军训优秀单位"称号。小学、初中、高中操场面积分别为7500+7500、12000和16000平方米。专职体育教师为，小学12名、初中6名、高中5名。小学、中学均建有塑胶跑道操场和体育馆。体育运动发展较快，设施完备。

第二节 医 疗

一、血吸虫病防治

（一）血防

太湖流域中的陆家村所在地区，人们易患鼓胀病。历史上曾有此病诊治记录。中外学者对寄生虫尤以血吸虫的生存规律及分布情况做过较为详细的研究，并标明，在昆山，以陈墓为中心呈重灾区，陆家当在范围之内。当人们最初接触到疫区水源时，血吸虫的尾蚴会在不知不觉中侵入人体。开始的症状是皮肤奇痒，并出现疹块。久之，会感觉四肢乏力，日渐消瘦，生活逐渐不能自理。到了晚期，就骨瘦如柴，腹大如鼓，最终危及生命。在疫区中，病的病、死的死、逃的逃，田园荒芜，村庄消失。新中国成立前，被血吸虫病吞噬的生命难以计数，反动政府只顾搜刮民脂民膏，对于民众所受的疾苦，却不闻不问，冷眼旁观。

据寄生虫研究学者查明，当血吸虫的尾蚴侵入人体后，大多寄生在肠黏膜上，毒及肝脾等脏器，导致肚子肿胀，肚中腹水逐渐增多。患者体内的尾蚴靠吸取人身体的营养物质，长成成虫后，所排虫卵随着人的代谢物排出。卵块经孵化成血吸虫的毛蚴进入水中，遇上中间宿主钉螺，就寄生在钉螺体内。在发育成血吸虫的尾蚴后复入水中伺机侵入人体。此为血吸虫生活史的一个周期。故钉螺在血吸虫的生活史中举足轻重，钉螺一灭，血吸虫也活不了了。因此人们在血防工作中狠抓随意倾倒排泄物和大力灭钉螺。

新中国成立后，国民经济刚开始恢复，1951年，全昆山县建立专业血防机构。根据华东军政委员会提出的"结合生产，发动群众，全民预防，重点治疗，控制发展"的方针，开展宣传教育，培训血防队伍。经过典型调查和全民普查，掌握了疫情和流行状况。陆家村域内有钉螺的区域面积为54.40万平方米左右，其他环境有钉螺的面积占4.20%。钉螺的平均密度为每平方米90只，最高密度为每平方米600只。钉螺中血吸虫感染率最高的地方达25.40%。经化验证实，陆家村民的血吸虫感染率高，疫情严峻。在1957～1963年中，因血吸虫病情扩散严重，陆家村和昆山县其他农村一样，曾连续7年免征新兵。当时能验上一名新兵真是欢天喜地的大事，是敲锣打鼓放鞭炮的特大喜事。1965年，陆家大队派血防员蔡全林和血防大队长吴宝康前往淀东参加血防灭螺培训 4 个月。是年 7 月学成归来后返回大队担任培训员，给各生产队赤脚化验员进行培训。一场声势浩大的血防人民战争拉开了序幕。此后每年冬春季节，将青壮年劳动力集中起来，重点进行血吸虫病治疗工作，大面积、多手段消灭钉螺。对儿童的血吸虫病治疗，进行巧安排。

防治血吸虫病、灭钉螺常年不懈。国家和地方财政拨专款，确保血防工作的正常开展。1976 年起，村域内再未发现钉螺，没有发现新的血吸虫病案例。整个陆家公社被县认可为"基本消灭血吸虫病公社"。1983 年，开始在征兵工作中对新兵免检血吸虫病一项。血防灭螺工作每年严格对口互查，持之以恒，三十年的奋斗终于奏响凯歌。有道是：日出江花红胜火，华佗传人办法多。试问瘟君欲何往，验明正身去砍头。

（二）管粪便

由于血吸虫病人的粪便中带有病虫卵，此为病源。当这种粪便下河后，虫卵孵化成毛蚴投向钉螺，再去完成其生活史。因此，监控这种粪便，不让其直接流入河中，是打破血吸虫生活史循环的重要环节。陆家村对此十分重视。1965 年起，每个生产队，把各户的粪坑就近集中，进行加盖消毒管理。全菉葭大队共 304 户，把粪坑分别集中在 25 处，几乎每个生产队有 3 个粪坑集中处。由各生产队的妇女队长安排两名负责任的中年妇女承担清洗工作。清洗的脏水进行集中消毒处理，使粪便不再直接流入河中。若发现轮值人员不负责任，则立即撤换。其工资按生产队同等劳动力的标准记工分。直到 20 世纪 80 年代，各家各户陆续新造楼房，设有三间隔的暗坑池后，此项工作消失。集中的粪便经过发酵和六六粉杀灭处理后，可作为田间有机肥料。

为解决社员的饮用水问题，起初，每个生产队开有 2 口公用井，后来增至每户 1 井。在 20 世纪 80 年代后期，又接通自来水，确保了饮用水的清洁卫生和安全。

（三）灭钉螺

这里所指的钉螺是其长度不满 1 厘米的小型有螺纹且有多处竖纹的钉螺。寄生虫学家研究证实，是这种钉螺充当了血吸虫生活史中的"中间宿主"这一角色，成为血吸虫害人的帮凶。因此，这种钉螺罪不可赦。昆山累计有钉螺分布的区域面积达 1.56 亿平方米，占总面积的 17%。陆家村域有钉螺分布的区域面积为 54.40 万平方米，其中河、沟、渠有钉螺分布的区域面积 5.70 万平方米，农田有钉螺分布的区域面积 43.60 万平方米，芦苇滩有钉螺分布的区域面积 2.80 万平方米，其他环境有钉螺分布的区域面积 2.30 万平方米。钉螺平均密度在每平方米近百只，整个村域有螺分布的区域面积在 50% 以上。

早在 1953 年，昆山县血防站在菉葭区、乡（镇）开展血吸虫病流行情况典型调查和化验，及灭螺和粪管等防治试点实验工作，为大规模开展血防工作做好了准备。1955 年起，掀起以查螺灭螺为重点的大规模群防群众运动高潮，采用以土埋为主，铲土填沟，挖地养鱼，辅以"六六六"药、火焰烧、热水浇等理化方法灭螺。菉葭地区一度达到基本无螺标准。

1957 年，人们开展学千灯的群众性灭螺活动。采用"三面光"开潭土埋和"开新沟、填旧沟"的方法，以土埋为主，辅之以理化方法进行反复灭螺。

1958 年，大搞干河，把灭螺与积肥、捕鱼、降低水位相结合，开展群众性的灭螺活动。

1959 ～ 1961 年，三年困难时期，灭螺工作受到影响，螺情回升。

1965 年，"四清"工作队进驻菉葭大队，为响应毛泽东主席提出的"一定要消灭血吸虫病"的伟大号召，灭螺工作被列为重要项目来进行。在淀东集训的卫生员和血防大队长，回大队后，迅速动员全民，打响一场声势浩大的血防持久战。全大队各生产队全面行动，实施河浜降水，双边开沟，削光河岸斜坡，学吴江县芦墟公社经验，在有螺河岸普遍修筑 50 厘米宽的灭螺带，并用五氯酚钠药浸土埋钉螺，也为日后查螺灭螺提供方便。在春季莳秧前三天，用五氯酚钠浸杀灭螺，进行全面复查，药物补杀三个回合，灭螺措施有力。

对复杂环境，实行铲光加石灰氮药浸土埋。在稻田灌水之前，结合整修渠道，实施土埋药浸，撒下天罗地网，让钉螺无处容身。

20 世纪 70 年代，在每年的冬春两季，开展大规模的查螺灭螺运动，在大队内各生产队展开互查。在公社内，各大队对口检查，若对口道远，查螺员自带中饭；近道则回家吃午饭后接着查。在全县各公社间，陆家和花桥两公社曾组织对口互查。其中陆家大队和花桥公社的薛家大队对口互查历时 20 天。互查遍布各重点区域，这样连续多年反复互查，使得有螺面积明显缩小。其间各级领导下定决心抓血防，主要依靠群众的力量，不可否认的是，血防卫生员发挥了骨干作用。

1972 年，开展了以清理"三石"（石驳岸、石码头、石桥墩）、"五荒"（荒滩、荒坟、荒宅、荒地、荒竹园）为重点的查灭钉螺活动。1974 年起，每年搞好"五查"工作：群众普查、大队专业队重点查、公社专业队复查、公社大队对口查、县抽查，灭螺工作环环扣紧。

自 1976 年 10 月起，再未在陆家村域内发现钉螺。陆家公社也被昆山县认可为"基本消灭血吸虫病公社"。此后的血防工作，为每年春秋两季继续进行查螺灭螺工作，以巩固战绩。

1977 年后，采用蓬朗公社试用死钉螺假设钉螺点的办法考核查螺质量。1979 年起，推行"五定一奖"，即定人员、定任务、定质量、定时间、定报酬，在灭螺后找不到钉螺者嘉奖的制度。1982 年起，未见新的血吸虫病人。1993 年，通过省和苏州市验收，确认昆山市已达到消灭血吸虫病的标准，陆家村也同时享有这一荣誉。

（四）化验

治疗血吸虫病的第一步是先化验，明确其结果是阳性（说明找到血吸虫卵，发现它的毛蚴，确诊是血吸虫病患者），再进行治疗。化验标本是人的大便。目的是看在标本中能否找到血吸虫卵。此项工作刚开始实施"三送三检"，采用沉淀、孵化相结合的方法，以提高粪检的准确率。1965年起，实行大兵团作战，实施"七送七检"。在七检中，只要有一检发现血吸虫的毛蚴，即可定为阳性。粪便样本的收集是各家各户按人将标本包妥，做好标记，置于规定放置处，每天早上妇女队长提着装标本的篮子挨家挨户收集，后送至大队集中化验。每个生产队的赤脚化验员先由卫生院集中培训，然后上岗。这时的赤脚化验员不辞辛劳，不畏工作环境的恶劣，踏实认真地将标本逐一进行登记、检查。取出适量样本置于大口径烧杯中，加水稀释，沉淀，在恒温箱中进行规定时间的孵化，然后置于荧光灯下仔细观察。因血吸虫毛蚴有直线移位的特征，以此区别于其他微生物。结论需经三人联合鉴定。样本化验结束后，登记造册，对呈阳性者提供治疗。无论何种化验结果，每个社员要连续三年为阴性才可不参加化验。对耕牛也做全面粪检，由兽医站安排对症治疗。

陆家大队各生产队的血防保健员（赤脚化验员、查螺员）名单如下：

一队：方雪珍；二队：吴惠英；三队：沙金妹；四队：潘雪英；五队：诸金华；六队：朱正娥；七队：顾雪华；八队：唐惠龚。

（五）治疗

新中国成立前，大部分血吸虫病患者得不到治疗，挣扎在死亡线上。待发展成晚期病重腹水增多俗称"大包病"时，去淀东杨湘泾专治医生处也只能放掉点腹水，不久肚皮就又肿大。几次一放，人也就不行了。

新中国成立后，1953年，菉葭各联合诊所建立血吸虫病委托治疗组，试用锑剂20天疗法，进行治疗。治疗费用采取"收、减、免"政策，锑剂收费7元，国家减免其中30%。1955年在菉葭浜天主堂也设过血吸虫病治疗点。1958年"大跃进"，治疗也盲目转入"跃进"漩涡。从20天大跃进到用1%锑剂2天完成，甚至更有4小时完成的不负责任的做法。在使用血防846（六氯对二甲苯）口服疗法中，实验证明疗效不佳。在20世纪50年代使用酒石酸锑钾注射剂时，病人反应强烈，风险大。进入20世纪60年代，治疗血吸虫病使用过846油剂加敌百虫，很难入口，后仍以锑剂治疗为主。

1965年秋，菉葭大队集中开展血吸虫病人的化验和治疗工作，参加治疗的社员自带被子及简单生活用品，集中在大队办公室旁的空房内，稻柴铺地，吃饭去临时食堂。医护人员是大队血防卫生员和生产队赤脚卫生员。采用锑剂静脉注射，20天为一疗程。接受治疗者反应强烈，也决不能漏针。上级医院时有医生下来巡视。参加治疗的社员工分回生产队以同等劳动力标准记。一个疗程结束，病员回家，让另一批病员开始疗程。把主要劳动力安排在秋冬农闲期间治疗，学生则安排在暑期进行，比较合理。

1966年8月，执行中央的"免费"规定，治疗血吸虫病一律不收费。

1972年，也用中西医药结合疗法，用F30066及协定中草药混合治疗，一度使用枫杨树叶熬汤口服，无效即弃。后改用锑273（中速片）。此后病人渐少，大队停办集中治疗。

1981年，国产吡喹酮药问世，疗效好，疗程短（一般为1～3天），副作用小，被广泛使用，使得血吸虫病的阳性率迅速下降。全大队半数以上村民参加过集中治疗，重病号中9人切掉脾脏，医疗费全免。

二、传染病防治

（一）传染病

新中国成立前，除血吸虫病外，结核病、麻疹、百日咳、白喉、霍乱、伤寒、疟疾等传染病时有传播。1939年，霍乱大流行，民众上吐下泻，缺医少药，死伤很多。1947年，疫病横行，群众染疾，土法治疗，求神许愿，任凭肆虐。

新中国成立后，政府贯彻"预防为主""防重于治"的医疗方针，尤其对儿童的各类常见传染病进行疫前接种、服药，使传染病得到有效控制。

1952年开始，每年大范围注射霍乱、鼠疫等各类疫苗，俗称"打防疫针"，或接种牛痘苗，很快控制了霍乱、天花等烈性传染病。

1959年后未发现天花。麻疹好发于儿童，曾于1959年流行。

1961年起，对有疟疾史者，采取查史发药，定期检测。1962年抗复发。1963年用乙胺嘧啶、环氧胍治疗和预防。经过三年抗复发，疟疾基本消灭。1965年，全公社各大队大面积注射霍乱疫苗，陆家大队有1103人接种疫苗。

1967年后未发现白喉。1971年后未发现灰脊髓炎。百日咳好发于儿童，1972年曾大流行一次，服用鱼苦胆治疗。至1975年底，消灭了霍乱。1976年，在实行麻疹预防注射后，疫情得以控制。1981年后未发现麻疹和流行性脑膜炎。1983年起施行儿童计划免疫工作。

在贯彻《防治法》中，坚持预防为主和依法管理，全面落实各项预防和控制措施，使发病率逐步下降。1989年9月1日起，疾病控制中心执行中华人民共和国传染病报告卡。2004年2月1日开通网络直报系统。2006年的报告中，结核病被列为防治重点，占46.28%。发现阳性病人免费提供抗结核药品，并进行督导治疗，患者可以领取路费及营养费。肠道传染病及艾滋病、性病的防治工作到位。

对 0 ~ 6 周岁儿童，每年进行疫苗接种，坚持计免建账，凭证入托、入园、入学制度，确保儿童茁壮成长。

（二）防非典

2002 年末，非典型肺炎在广东顺德首发。当时，病人被送往医院抢救，因不识此烈性传染病的厉害，连同救护的医护人员也被放倒多名，牺牲在这无烟的战场上。此疫情迅速蔓延至国内其他城市，波及东南亚地区。全国从中央到地方的神经高度紧张，人们众志成城，一场抗"非典"的战争随即拉开序幕。4 月 17 日，陆家镇成立防控"非典"领导小组和办公室，并制订紧急防非预案。全镇迅速形成快速反应防护网络，落实堵控专业人员。陆家村协助清查外来人口，加强出入境管理，协同开展宣传教育工作，落实消毒措施，发放消毒药品。镇设立监测站，强化疫情监测。医院设立发热门诊，建立专家会诊制度，将可疑发热病人收容在专设的临时隔离点"海渝公寓"进行医学观察。4 月 29 日，第一批入住的 13 名来自重点疫区的留观人员和 6 名医护人员、联防队员、志愿者进驻观察检测点。同时在 312 国道古南道口，派员 24 小时设岗查堵守候。开通热线电话，严格执行"零"汇报制度。陆家村切实做好区域性防治工作，认真落实"高度警惕、高度重视、及时应对、措施扎实、严防死守"的要求，有效预防和控制"非典"的传播，确保人民群众的身体健康和生命安全与经济社会的稳定。镇党委、镇政府同村领导立下军令状（责任状），内容共有 8 条防非工作细则。凡因工作不力、玩忽职守、隐瞒不报、推诿扯皮等造成输入性病例出现及严重后果的，坚决追究主要负责人的责任。按党纪、政纪从严从重处理，并依法追究法律责任。

抗非期间，陆家村落实控管措施，协助登记外来人员，对流动人员进行拉网式调查，摸清外来务工人员的基本情况，协助遣返"三无"人员，及时做好外籍车辆消毒等工作。至 6 月底，全村域内无一例非典病例或疑似病例发生，一场全民动员的抗非战争落下帷幕。

三、医疗机构

（一）保健站

高级社时已组建保健站。公社化后，由公社、大队推荐一名保健员，同时联合诊所也派来一名医生行医服务。社员免费配药，由公社、大队在公益金内报支。资金有限，不久即停。

（二）合作医疗

村合作医疗体制初建于 1958 年公社化后，上级曾拨款做医疗基金，当时社员享受免费医疗，因发展过于迅速，导致基金严重亏缺而终止。1960 年实行过半统筹医疗，社员每人每年交保健费 0.05 元，就诊时免收诊疗费，实施不久后因具体问题而终止。1965 年 11 月，上海第一人民医院小分队来箓葭公社培训农村保健员，箓葭大队抽调蔡全林参加培训，蔡全林由此成为"半医半农"卫生员。1969 年 5 月，建立箓葭大队合作医疗站（后称卫生室），同年筹集合作医疗基金，由社员每人每年交 1 ~ 2 元，生产队集体从公益金中提取每人 2 ~ 4 元构成，主要用于参加合作医疗人员的医药费支出。在大队卫生室就诊的社员，医药费全免；转公社卫生院就诊的人员，医药费报支 50%，但年报销额不超过 100 元。1976 年，合作医疗由"队办队管"改为"队办社管"，属公社合管会管理。1980 ~ 1981 年，因经费超支，又改为"队办队管"。1985 年，参加合作医疗人员每人每年交 2 元，集体在公益金中支每人 3 元。1986 年，改成社员自交 3 元，集体仍负担 3 元，在村卫生室就诊，除挂号、出诊、注射费自理外，医药费全报销。转中心卫生院报销 50%，转外地医院报销 40%，吃中药每帖中药报销 0.2 元。镇办企业也照此办法。从 1992 年起，实行人人参加合作医疗，覆盖面达 100%。后又恢复为"村办镇管"。

1994 年，建立"大病风险基金"，筹集办法为每人年均 35 元，其中自费 15 元，村贴 15 元，镇贴 3 元，市贴 2 元。病人医药费由合作医疗管理部支报。《陆家镇农村合作医疗章程》和《陆家镇合作医疗大病风险章程》于 1995 年成文，1996 年元旦起实施。1997 年，成立陆家镇合作医疗管理所（简称"合管所"），地址在陆家人民医院内，负责合作医疗的各项管理事宜。乡村医生报酬自此统筹发放。

2004 年，陆家镇召开农村医疗保险工作会议，陆家村参保人数几乎达 100%。其中基金筹集为每人每年交 50 元，村负担 20 元，镇和市共负担 65 元，如此，每年每人总集资为 135 元。入保村民年满 60 周岁者可享受个人门诊账户 150 元，持卡就诊。60 周岁以下者门诊费自理，住院报销 5 万元以内。

（三）社区卫生服务站

新中国成立前后，当地孕妇临产多请镇上阿二姐接生，后在 3 队培养接生员周颖珍。

新中国成立以来，村民看病就医一般去联合诊所。1965 年，上海第一人民医院小分队来箓葭公社培训"半医半农"卫生员，箓葭大队首任卫生员是蔡全林。大队卫生室建于原北圣堂内，后多次迁移。2000 年合并于教堂路的工业卫生室。2003 年，陆家村所在的工业卫生室并入镇南社区卫生服务站。2012 年，镇南社区卫生服务站建筑面积 225 平方米，房屋为三上三下的两层楼房一幢，配备医务人员 5 名，其中 4 名医生，1 名护士。药品 220 多种。

陆家村（大队）历年赤脚医生（卫生员）先后为：蔡全林、周颖珍、陈静芳、诸建平、郁小平、程建新、朱云珍，均取得农村医生合格证书。

20 世纪 40～50 年代，菉葭镇上共有 22 位医生开设私人诊所，为周边民众治病。其中西医 4 名，中医 18 名。其资质是祖传 8 名，儒医 1 名，师授 9 名，部队集训和医校毕业各 2 名。按科目分类为妇科 4 名，儿科 3 名，内科 8 名，外科 5 名，风科与齿科各 1 名。1951 年组建菉葭联合诊所，首任主任为沈洪祺。

（四）第四人民医院

1951 年，创办菉葭区卫生所，医务人员 3 名，面积 100 平方米。1958 年改为公社卫生院。1999 年更名为昆山市陆家人民医院（四院），并与多家著名医院合作。2012 年验收为二级乙等医院，开设心血内科等 18 个临床科室，设医学影像科等 5 个医技科室，分设呼吸内科等 9 个病区，另设 14 个职能科室。核定病床 130 张，万元以上专业设备 90 台。医院总面积 23238 平方米，专业医技人员 202 名。现任医院院长：罗晓明（2011 年至今）。

第三节 卫 生

一、保洁队伍

（一）道路清洁员队伍

陆家村和渔业村分别于 1998 年和 1999 年建立村域道路清洁员队伍，2005年后调整队伍名单如下：

2005～2012 年陆家村清洁员简表

表 11-3-1

负责区域名称	一组	二组	三组	五组		
清洁队员	蒋勤妹	许勤平	徐惠良	朱进生	胡小英	胡金元
负责区域名称	四组	六组	七组	八组	九组	
清洁队员	吴秀珍	吴文英	武敏珠	张大生	李保仁	
负责区域名称	十组		十一组		十二组	十三组
清洁队员	蔡正元	戴大妹	王伯元	陆彩英	孙冬妹	王根妹

2005 年陆家村域内的公厕、垃圾箱及相关保洁员统计如下：

公厕：渔业老区 1 座，由王伯元、蔡正元负责。

陈家浜 1 座，由李保仁负责。

镇南路 1 座，韩泾河 3 座，由镇清洁所负责。

垃圾箱：黄泥浜 2 只，渔业老区 5 只，由王伯元、蔡正元负责。

韩泾河 7 只，施家宅 1 只，小夏驾 3 只，陈家浜 7 只，由李保仁、徐惠良、蒋勤妹负责。

木瓜河南 6 只，玉皇殿 4 只，由胡金元、朱连生负责。

清洁员各自负责所属辖区内的道路面的清扫，路边除草，洒消毒药水，做好公共厕所、垃圾箱的清洁工作。达到路面整洁、无烟头、无纸屑、无瓜皮果壳、无杂草、无垃圾、无污水、无蝇无蛆、无臭味。村爱卫会领导小组每月完成检查，走访路面考核，做到奖罚分明。

（二）河道保洁员队伍

1996 年，陆家、渔业两村组建水上保洁员队伍，要求他们穿好救生衣，驾船负责村域内河面漂浮物的清除工作，用海兜打捞杂物，送去垃圾中转站处理，原则上每天上下午各清除一次。这支队伍在 1996 年由戴林生、潘明秀、潘阿大、陆彩英、朱雪英组成，2004 年由潘惠忠、沈秋英、潘惠忠（二）、潘林妹组成，2007 年由潘惠忠（一）、沈秋英、潘三弟、潘大妹组成，2010 年由潘三弟、潘大妹、唐秀英、唐桂珍、潘银芳、潘惠英、潘新根等人组成。

2005 年，对河道保洁员任务地段做如下分工：

黄泥浜、油车江、木瓜河东段，由胡全生、胡菊林负责。

陈家浜河、木瓜河、兽医站浜斗，由戴林生、朱雪英负责。

韩泾河、新开河、小夏驾河，由陆彩英、徐小妹负责。

河道保洁员发现不能处理的建筑垃圾或生活垃圾及工厂、单位的不当排污应及时上报。村和水利站对河道保洁员的工作进行管理、抽查和考核，并发放工资。

（三）公共场所保洁员队伍

陆家村的老年活动室，1994 年由杨小毛、柴美玉负责清扫、烧开水、关锁门户等工作，后由胡金元接班。

陆家镇街道由镇清洁所专门组织近百人的队伍分片负责清扫和卫生管理。2000 年，陆家村的办公室由潘仁云任保洁员兼炊事员。2009 年，陆家村办公室迁入原陆家镇成人教育中心校后，保洁员改由武敏珠担任，负责场地、会议室和厕所的清洁卫生工作，工资由陆家村支付。

（四）社区住宅保洁员队伍

陆家村域内，存在育才和陆家两社区。各社区内大型封闭式住宅小区均与物业公司签订合同，其清洁、保安等工作由相应物业公司承担；敞开型住宅小区，均由社区居委会聘请保洁员，签订合同，划片负责保洁工作。

育才社区：水厂住宿楼由邱道妹负责，陆粮新村由时秀英负责，鹤塘新村由季惠宝、杨菊妹负责，牧医新村由陈爱菊负责，龙溪新村由刘阿三负责，育才新村的教师楼由朱付新负责，育才路由孔阿苟负责，江津厂由陆连裕负责，镇南路

24 号由张小银负责。

陆家社区：邹锦秀负责名湖花苑 1 ~ 7 幢，陈秀英负责名湖花苑 8 幢、49 ~ 53 幢。

石阿桃负责联谊新村 1 ~ 18 幢，孙亚芳负责联谊新村 19 ~ 25 幢，陶杏珍负责联谊新村 26 ~ 32 幢，陈元龙负责新宅弄至东弄路，刘顺德负责新开河路至新宅弄路，金岳明负责东弄至木瓜东路，宋杏珍负责零星商品房住宅。

社区干部会同居民组长每周考核一次。

二、创建工作

（一）环境卫生检查

村域内环境卫生工作的检查督促可分为四大块：

一是大型封闭式小区的检查督促。

每个小区由社区居委会招标，与中标的物业公司每年签约一次，合同中有环境卫生这一重大部分。物业公司安排专人从事小区内路面清扫、楼梯打扫、绿化管理、垃圾及时清运等事项。整个物业管理工作经量化、细化，构成满分 100 分进行考评。

二是小型敞开型或松散型小区的检查督促。

由所在社区居委会组建片段保洁员队伍，分片段明确保洁任务，做到路面每日清扫一次，楼梯每周清洁三次，墙无涂鸦，清除黑广告，维护绿化。居委会会同居民小组长每周查一次，发现问题及时纠正。

三是水上保洁员工作的检查督促。

要求水上保洁员每天上下午各进行一次水面漂浮物、水草等的清除，由村委会会同水利站联合考核。

四是路面保洁员工作的检查督促。

保洁员应做到辖区内的路段路面整洁、无烟头、无纸屑、无瓜果壳、无杂草、无暴露垃圾及污水。管好垃圾箱及公厕，及时打药水，做到无污垢、无蝇无蛆无臭味。村爱卫会领导小组每月不定期检查与走访路段相结合进行考核。不达标者，在其工资中扣罚 10 元，批评指正，令其补做返工。有佳绩者奖励。

（二）创建省卫生村

陆家镇于 1997 年 4 月 17 日被省爱卫会验收并命名为江苏省卫生镇。此后，陆家镇全力创建国家卫生镇。陆家村自觉接受昆山市创建国家卫生城市及陆家镇创建省级卫生镇的辐射，切实加强村镇建设，改善村民生活环境，提高村民的生活质量，促进社会主义新农村两个文明建设。陆家村领导建立创建省级卫生村领导班子，发动群众对照考核条件，逐项改观，努力开展创建省级卫生村的工作。

加强基础设施建设和环境管理，村容村貌发生了明显改变，成效显著。根据昆山市爱卫办申请，于 1997 年 12 月 13 日，由苏州市爱卫办组织抽调有关方面专业技术人员，组成江苏省卫生村苏州市考核检查组，按照《江苏省卫生村标准》对昆山市陆家镇陆家村创建省级卫生村的工作情况分次、分组进行考核检查。通过听取汇报、查阅资料和现场实地查看，考核检查组一致认为陆家村十分重视创建工作，把此项工作提到了改善环境、为民办实事的高度来抓。专门成立一把手为正、副组长的创建领导小组，亲入现场，实地指导，宣传发动群众，着重于强化基础设施和村民住宅区周围环境的整治工作。

对照条件发现：村爱国卫生组织网络健全，制度规范，措施有力，活动正常，资料齐全，抓健康宣传教育工作有计划，有固定的卫生宣传阵地 2 块，内容完整，每季更换。村民基础健康知识知晓率和健康行为形成率达标。自来水普及率达100%，卫生户厕普及率达88%，公厕水冲式符合标准要求，垃圾箱50只有门有盖，周围清洁。村内主干道路硬化，无露天粪坑，家禽家畜圈养，饮食商店证照齐全，公共场所基本符合要求，除害防病有成效。1996 年 11 月，陆家村被陆家镇命名为"灭鼠达标村"。村卫生室工作成效显著，1989 年被昆山市卫生局命名为"合格卫生室"。儿童疫苗覆盖率达 100%。无脊髓灰质炎、流行性出血热、肠道传染病等病出现和流行。各种传染病总发病率均低于全市平均发病率。据此，考核检查组认为陆家村已达到了"江苏省卫生村"的基本要求，由苏州市爱卫会予以命名，呈报省爱卫会备案，文件于 1998 年 1 月 14 日下达。渔业村通过创建领导班子，充分发动群众，落实指标，奋战 2 年，于 1999 年 7 月成功创建省卫生村。

第十二章　综合管理

在自治管理中，陆家村村委会注重行政管理、经营管理和财务管理，做到三个坚持：坚持充分运用法律武器，全面指导综合管理；坚持深入群众，以人为本，不断提升管理水平；坚持科学管理方法，建立因地制宜的长效管理机制，提高办事效率。做到公平、公开、公正、合情、合理、合法。1992～2012年的20年中，共受理来信来访、举报电话、纠纷案件等923起，办结率达98.7%。个别疑难问题也在政府有关部门的协调下得到有效解决，受到省、市、县、镇的多次表彰。由于综合管理成效显著，村委会得到广大干部群众的拥护、信任、支持，由此形成一股强大的社会力量，有力地推动村域内经济建设的发展。

第一节　行政管理

一、民事调解

旧时民事纠纷，多由公亲族长调解。家庭纠纷千丝万缕，可谓"清官难断家务事"，只好请娘舅或可说了算数的长者公断。民间租田、宅基、邻里等纠纷均有保长断事，并立据为凭。

1954年，菉葭区、乡建立调解委员会组织，并配备特派员（调解干部）负责处理民事纠纷。"文革"期间，遇上纠纷均由大队革委会、贫协、"造反派"联合会协调处理。1973年12月19日，重又恢复规范的调解工作。1975年底，建立公社、大队、生产队三级调解组织。1980年后，人民调解工作坚持贯彻"调防结合，以防为主"的方针，对基层调解组织做了整顿、调整、充实，健全了三级调解网。1987年，陆家村民事调解委员会成立。由村主任担任调解主任，党支部副书记、会计、妇女主任担任调解委员。1990年，陆家村9个村民小组增设信访调解联络员30名，全面负责村内民事调解工作，并明确调解工作职责、工作对象及范围。民事调解工作着重做好10件事：

宣传《中华人民共和国调解法》，积极开展法制宣传教育工作，增强村民的法制观念与优良的道德观念。

及时了解村民在工作、生产、生活中的思想动向，有针对性地做好思想工作。

对邻里家庭之间及土地、房屋、财产、婚姻等方面的纠纷及时上门调解，做好过细的思想工作，找出纠纷根源，从根本上进行调解处理，直至双方满意为止。

协助有关部门做好突出矛盾的处理工作，防止矛盾激化。认真落实标准化调委会的各项要求。

受理群众来信、来访，做好上访群众的接待工作，及时向有关方面反映矛盾纠纷的有关问题，协助按章解决。

按规定开展矛盾纠纷的排查调处工作，预测、预报群众来信，关注民间重大疑难纠纷和矛盾的发展趋势，及时掌握辖区内不稳定因素，如实向上汇报。

向群众宣传党的路线、方针、政策和国家的法律法规，为群众提供法律咨询服务。

在调处中不徇私舞弊，不压制和打击报复，不侮辱、不处罚纠纷当事人，不吃请受礼，不泄露当事人的隐私。

按制度及程序上岗，廉洁自律，实事求是，坚持原则，秉公办事。为民服务，不敷衍，不推诿，不感情用事。执行《信访条例》《人民调解若干规定》《最高人民法院关于审理涉及人民调解协议的民事案件的若干规定》，重大事项及时请示上报。

在调处过程中，做到调处登记规范，填写受理日期，纠纷类型，当事人姓名、性别、年龄、单位地址，纠纷原因，调处方式及结果，注明调解日期和调解人，详细记录，及时归档。

在2010年至2012年间的17起调解案件中，以拆迁相牵连的财产分割及赡养纠纷共13起，另有邻里及索赔等纠纷。均按政策调解，达成协议，获妥善解决。

附录：

陆家村村规民约"八要八不要"

一要遵纪守法，履行义务；不要违法乱纪，滋事造事。

二要相信科学，反对迷信；不要听信巫教，崇拜邪教。

三要弘扬美德，尊老爱幼；不要虐待老人，歧视妇女。

四要彼此谦让，互相尊重；不要恶语伤人，以强凌弱。

五要艰苦创业，科学致富；不要奢侈浪费，愚昧落后。

六要礼貌待人，热情好客；不要污言秽语，懒散涣弱。

七要男女平等，优生优育；不要性别歧视，违反国策。

八要美化环境，爱护公物；不要蚊蝇乱飞，陋习滥行。

陆家村村规民约"七字歌"

开篇：爱国爱党爱人民，共同来把家园建。
　　　道德规范人人守，共同致富乐悠悠。

（一）社会治安篇

　　　　　学法知法要守法，建房审批要牢记。
　　　　　用电用水不违纪，交通法规大家守。
　　　　　公共财产要爱护，公益事情多出力。
　　　　　平安陆家靠你我，齐心协力守法纪。

（二）消防安全篇

　　　　　野外用火要注意，严防火灾会发生。
　　　　　家庭用火要负责，人走必须将火灭。
　　　　　定期检查消防栓，保证消防有水供。
　　　　　用火意识尤重要，村民必须人人懂。

（三）村风民俗篇

　　　　　移风易俗人人讲，树立社会好风尚。
　　　　　反对封建破迷信，红白事简不挑别。
　　　　　门前三包严落实，村容村貌共管理。
　　　　　公共设施齐呵护，美化庭院爱家园。

（四）邻里关系篇

　　　　　邻里关系情谊好，互帮互助赛兄弟。
　　　　　大事小事不计较，文明礼貌不忘记。
　　　　　饲养家禽管理好，自觉来把卫生搞。
　　　　　卫生习惯都养成，环境美化人人喜。

收篇：村规民约你我定，男女老少共遵守。
　　　相互勉励共受益，和谐陆家更美好。

二、治安管理

（一）治安联防

昔日巡夜雇人敲更，提醒人们火烛小心，水缸提满，灶前扫清。遇有险情，鸣锣报警，期盼地方太平无事。

新中国成立初期，进行了土地改革运动。为巩固人民新政权，保卫胜利果实，防止敌特破坏活动，地方治安工作显得尤为重要。上级公安部门派员指导，由村上组织青年男女组建基干民兵，联合农会治保干事，组织巡逻，具体负责地方治安工作。经初级社、高级社、人民公社、"革委会"，治安工作一直沿用这种管理机制。1981 年，公社组建治安联防队，在公安部门统一管理下，负责全公社的综合治理和社会秩序。1989 年 4 月 13 日，陆家镇联防委员会成立。1991 年，组建村级治安联防队，队员以复员军人居多。2003 年 7 月，建立陆家村联防分队和警务室。2004 年，向社会公开招收一批村级联防队员，采用合同制。并进一步建立和完善联防分队的规章制度，明确职责要求：做好治安巡逻、伏击守候工作；积极参与防火、防盗、防爆、防破坏活动，迅速占领事发现场加以保护并通报；协助盘查堵控嫌疑人员和可疑用品；以抢险救灾为己任，为群众排忧解难，一切行动听指挥。按章严格考核，优奖劣汰，提高在职人员的工作热情和积极性。2006 年，村级联防队员由派出所统一收编，村定编 5 名人员。至 2012 年，人员略有调整。联防队实行划片包干，队长杨建明主管 5、6、7 村民小组；队员刘建强主管 3、4 村民小组；队员陆菊主管 8 组，协管渔业新村；队员吴文东主管 1、2、9 村民小组；队员朱春华主管 10、11、12、13 村民小组。全村共有 11 名村级志愿者配合工作，总共安装报警器 497 台，达到户均一台。驻村民警先后为金军和马建华。重点协调加强户籍管理工作，建立有效信息网络，联防综治，确保一方平安。

（二）综合治理

陆家村党支部、村委会高度重视社会综合治理工作。2004 年，建有"五位一体"综合治理办公室（综治办、治保委、调解委、警务站、外来人口管理站），由党支部书记、村主任主抓综治工作。做到年初有计划，年中有检查，年终有考核。网络组织齐全，构建工作平台。建有会议制度、值班制度、工作平台制度、请示报告制度、考核制度等，纪律、守则、制度、职责上墙，24 小时值班。人员配备完善，经费落实有保障。各条线、部门密切配合，拧成一股综治力量，完成以下工作：

确保村域内稳定。落实措施，加强社会矛盾纠纷排查调处工作，有效预防影响社会稳定的群体性事件，敏感时期无重点人员越级上访。使综合治理办公室成为化解矛盾纠纷，防范违法犯罪，加强社会管理，维护社会稳定的前哨阵地。

建立特殊人群的常态化管理机制。形成政法、综治、社会、家庭四位一体的帮教机制。切实把刑释人员、吸毒人员、闲散青少年、邪教人员纳入管理视线，建成"无邪教社区"。落实矫正人员的帮教措施，加强校园周边的治安环境建设，在校学生的违法犯罪案例得到严格控制。

狠抓环境复杂地区的治安工作。组织集中治理专项行动，加大对"两抢一盗"、盗窃"三车"、电信诈骗等多发性侵财犯罪和涉黑涉恶犯罪的打击力度。以"打组织、铲窝点、破刑案"为目标，结合警方重拳打击"黄、赌、毒"犯罪。公众对社会治安的满意程度达 95% 以上。1983 年，在"严打"中，渔业村 3 名严重破坏社会治安的刑事犯罪分子被依法逮捕。

加强防控体系建设。开展"技防村"建设，实现防控目标全网追踪，防控区域全覆盖。实现户村接警系统，构建全方位治安防控网络。并充分利用社会资源，组织一支老党员、老干部、村民代表组成的群防队伍。群防群治，参与治安防范。组织村联防队进行治安巡逻，防止火灾等意外事故的发生，确保地方安全。

设立村信访工作领导小组。依据"属地管理，分级负责，谁主管、谁负责"的原则，负责接待来访群众，耐心地按政策法规细致地做好人民调解工作。民间纠纷调处率达98%，调处成功率达95%以上，无民事、刑事案件及因调解不到位而引起的非正常死亡案例。近年，因拆迁引起的财产纠纷及赡养老人的纠纷案件达76%左右，均按政策协调处理，解决矛盾。

加强流动人口的信息采集。完善"以证管人、以房管人、以业管人"的服务与管理模式，切实做好流动人口的教育、服务、计生、维权和管理工作。近年，辖区内外来人口一直在2600人左右。在管理上，其登记率达到95%以上，房屋出租治安责任协议书签订率达100%。目前正在研究解决其就业、居住、就医、子女就学等困难。外来人员的管理，做到底数清、状况明，其居住地全部安装技防设施。无涉外案件发生。

"五位一体"综治工作得力，全方位多管齐下，高效综治。在各方的共同努力下，陆家村获"江苏省卫生村""精神文明先进村""村民自治模范村""江苏省生态村"及"亿万农民健康促进行动先进村"等荣誉称号。通过全方位的社会事业的建设，大大提高了村民的整体生活质量，创建了平安、和谐、优美的人居环境。

（三）社区矫正

社区矫正是与监狱矫正相对的一种行刑方式，属非监狱禁刑，俗称"吃家庭官司"。2005年11月16日，陆家镇制定了《陆家镇社区矫正工作实施方案》。按国家现行法规，社区矫正在原则上坚持户籍登记，长期居住在所在村、社区的五类罪犯和其他地区要求托管的对象均由所在村、社区负责矫正工作。具体矫正对象为：

被处以管制的人员；被宣告缓刑的人员；被裁定保释的人员；被剥夺政治权利并在社会上服刑的人员；被暂予监外执行的人员，包括有严重疾病，需要保外就医的人员，孕期或正在哺乳婴儿的妇女，被判处有期徒刑、拘役、生活不能自理和适用暂予监外执行不致危害社会的人员。

上述尤以罪行较轻，主观恶性不大的未成年犯、老弱病残犯、女犯及罪行较轻的初犯、过失犯等为主，对其实施社区矫正。

2005年12月7日，按照镇建立社区、村矫正领导小组的具体要求，村成立由村党支部书记任小组长，副书记和村主任任副组长，会计和妇女主任等 5 人为成员的矫正工作站领导小组，具体负责陆家村矫正对象的矫正工作。除此之外，还建立由热心群众、志愿者组成的社区矫正工作队伍，以协助监督教育工作，形成"党政统一领导，政法牵头，司法为主，部门联动，社会参与，分工负责，互相配合"的运作机制。为确保此项工作的顺利开展，村上特制定了如下的七项工作制度：

领导小组定期召开工作例会制度；成员单位衔接管理的联合会议制度；发现问题及时上报请示制度；实施日常管理教育考核制度；建立矫正对象及工作状况的档案制度；定期对工作人员和志愿者进行教育培训制度；当矫正对象擅自离村或再度犯罪的，对其实行责任追究制度。

据此，工作小组及志愿者按章实行矫正工作，按制度召开工作会议，进行考核和人员培训，落实档案管理工作，制定严格的工作纪律，提高执法意识，做到严守法纪、廉洁自律、公正严明，并依法保障矫正对象的基本权利，给每位矫正对象配备 3 名志愿者，以协助监督教育工作。采取多种形式对矫正对象进行思想、道德、法制教育，按其体能安排一定时间的公益劳动，促使其成为守法公民。在工作中，村工作人员和志愿者尽量协调帮助解决被矫正人员的就业、生活和心理方面的困难，帮助其适应社会生活，提高其生活质量，从根本上抑制和减少其再度犯罪的概率。2005 ~ 2012 年，全村被矫正人员共 7 人，其中女性 2 人，外地户口 2 人，解矫 4 人。

2005 ~ 2012 年间，村矫正工作小组组长先后为曹根妹、高维仁、高峰。

（四）外籍人员管理

20 世纪 90 年代，2600 多名外来人口涌入村域内，与村上原居民人数相当。陆家村设立外管工作小组，以治保主任为外管工作网络人员，切实做好外来流动人员的管理、教育、服务和维权工作。

在管理工作中，采取外部与内部管理相结合的办法。房屋出租成为重点突破口，受公安机关委托，协助公安机关依法对暂住人口及出租房等暂住人口住所进行管理。首先对全村私房出租户进行摸底，登记造册，发准租证，申领"房屋出租治安管理许可证"。对暂住人员、房屋出租户主进行经常性的法制和安全教育。外来人员申领好居住证，把以证管人、以房管人的措施落到实处。各类数据信息更新准确及时。全村按200∶1的比例配备外管协管员16名，按户建档，按照"一等自居户每年，二等整租户每半年，三等合租户每月，四等散租户每10天"的检查周期频率进行上门检查。使人口信息采集、安全防范检查、法制宣传帮教工作落到实处，实现"人来登记、人走注销"。兼管厂区外来人员宿舍，达到管理面全覆盖。做到治理重于打击，把嫌疑人员和有前科劣迹者列为重点管理人口。

完善微机动态信息化管理，配合公安部门做好及时截获网上逃犯等工作。

2010 年陆家村外来人口居住一览表

表 12-1-1

组别	自然村名	协管员	出租户数	具体出租间数	居住人数
1	小夏驾	潘仁云	40	161	320
5	玉皇殿	张惠林	42	120	240
2	北更楼	张建德	12	68	140
8	唐家宅	李雪凤	15	72	146
8	施家宅	李雪凤	20	88	182
5	香严街	张惠林	10	36	72
7	黄泥浜	武敏珠	7	34	68
9	陈家浜	孙惠林	37	202	404
5	古木弄	张惠林	7	29	87
5	木瓜东路	张惠林	4	9	27
7	木瓜西路	武敏珠	7	30	100
7	兴学弄	武敏珠	9	29	84
	水产新村	潘浩	37	82	233
小 计			247	960	2103

注：其中，1、3 组托管，4、6 组已拆迁，未作统计。

（五）四防安全

防特工作 新中国成立初期，敌人贼心不死，企图搞破坏，时有空投潜入的敌特分子入境。村域内百姓高度警惕，在发现可疑情况时，立即报告公安机关，协助公安人员清剿，制止了颠覆破坏活动。公安部门也专门负责此项工作，防特任务持续到 20 世纪 70 年代。

防盗工作 社会上贪吃懒做、游手好闲、不务正业的二流子，日子过不下去，就顺手牵羊，严重时入室盗窃，老百姓如何防备？采取加固门窗以防作案。后来集体单位也在要害部门加包铁皮、铁杆，以防小偷光顾，使盗窃不成案。改革开放后，经济建设大发展，大量外来人口涌入本地，但也有不法分子混迹其间。村里采取加强管理，增加巡逻和技防设施等措施，一旦发生案情，保护现场，并立即拨打 110 报案，以提高破案率，使侵财案例有所减少。

防火工作 是涉及全村 685 户 2300 人生命财产安全的头等大事。集体化时逢会必讲，强调灶前清，水缸满，禁止小孩玩火。利用"三抢大忙"，发动小学生深入田头呼喊防火口号，发放四防安全宣传资料。同时，结合生产大检查，检查四防安全，消灭各种隐患，减少火警事故。据统计，1979～2012年共发生火警6起，其中1988年陆家村无纺厂火灾，造成严重的经济损失。

防卫工作 安全工作中，饮食卫生、工程安全隐患排查等项工作到位。

三、公共管理

1998年实行集体企业转制后，集体资产包括村民小组公房、电灌站等固定资产及村委会社会事业建设的办公楼、老年活动室、医疗卫生机构、健身器材等。社会公共管理成了村上至关重要的管理事项，目标是确保集体资产不流失、不损坏，更好地为社会、群众服务。

在管理上，村委会采取分解管理措施，指定专人负责，建立专人包干制，工资与工作职责挂钩，确保集体资产完好和增值。同时，在使用服务上保持卫生整洁到位，专业性服务到位，并且达到安全可靠。对于集体资产的出租，租借人与村委会签订集体资产租借合同，明确租借期限、资金及资产设施、面积等，规定到期归还不受损失，如有损坏照价赔偿。另外，村域内道路、绿化、公厕、垃圾桶等环境卫生及公共场所保洁等方面，均指定专人负责包干，做到养护与保洁相结合，使村公共管理达到了镇有关要求，集体资产完好无损，公共设施环境卫生达到上级规定标准。

2005年，陆家镇便民服务中心正式挂牌成立。2009年，陆家村便民服务站成立，方便了村民办事。

第二节　经营管理

一、生产管理

（一）农业生产

旧时村上一家一户种田，生产管理均由户主根据农事季节，指挥家人做好育秧、移栽和田间管理。集体化生产时，由队长和队委及技术员一班人制订阶段性生产管理计划，并在实施计划时，由队长统一指派，切实抓好生产关键性环节，包括播种、育秧、移栽、除草、施肥、用药（防病治虫）、水浆等管理，力争农作物高产量，增加农民收益。

（二）工业生产

村办企业由厂长负责，按照全年产销利润指标分解到车间班组，并由车间班组率职工完成各项指标。其间着重做好指标考核、工时考勤、质量检验、包装入库等一系列管理程序，确保生产管理井井有条，忙而不乱。同时，又充分调动技术人员和生产职工的积极性，让他们发挥出一技之长，超额完成生产任务。其中，林谷沙公司和无纺厂，1992年起8年中产品合格率达100%，成为村级经济的拳头企业。

二、安全生产

新中国成立前，本地系小农经济，亦兼营小手工业，属于原生态生产。家家都有"火烛小心"的理念，时刻警惕着安全生产问题。新中国成立后，随着社会经济的发展，高级社、公社化后进行了大面积的科学种田，农技员对施用化肥农药进行操作规程培训，强调戴上手套、口罩，防止中毒。农技员和仓库保管员也对农药的保管立有严格的保管制度，并定期进行安全检查，确保其安全性。

工农业生产十分重视安全用电、防火、防灾等具体工作，确保安全、无事故。安全生产已成企业管理中的重要课题。因此，除安全生产检查外，村内增添了防火器材，指定消防员参加镇消防训练，提高企业防火技能和安全生产防范能力。

2002年，按照国家"安全生产月"活动的要求，村域内制定了安全生产计划，认真贯彻安全生产法规，树立"以人为本"的安全工作理念，坚持"安全第一，预防为主，综合治理"的方针，落实安全生产责任制，建立门卫岗位责任制，强化企业主责任，防止重大生产事故的发生。

在安全生产管理上，首先，成立安全生产领导小组，实行"一把手"负责制，负责全村安全生产工作的组织领导，坚持做到安全生产工作与生产任务统一部署，统一组织。做到年初有计划，年中有小结，年末有总结。并增设专职安全员2名，负责村租赁企业安全生产的日常管理统一考评和督促检查工作。建立村安全生产和消防与租赁企业之间的监察机制。实现全方位的安全管理体系，实施动态管理。

在租赁企业及农场安全生产管理上，签订安全生产目标管理责任书。明确租赁企业主是安全第一责任人，并将安全责任层层分解，落实到各岗位和个人。形成人人有责、人人负责的安全生产的良好态势。

凡民营企业、个体工商户，由村委会积极引导，先进行工商登记，办妥营业执照，依法经营，落实安全生产。

三、物业管理

陆家村域内有15个居民住宅小区，其中有7个出入可设卡的小区与物业公司签有托管合同，另有8个小区由于敞门，不便设卡管理。2001年9月1日起，志远物业公司受聘管理菉溪新村。2003年10月起，民心物业公司受聘管理菉溪新村和碧湖苑。2012年1月，长丰新村、木瓜小区及联谊花园由惠民物业公司进驻管理。桃园春天托管于鹏飞叶龙公司，启发广场的物业管理由天合物业公司承担。各小区均设有门岗，要害处设有探头监控。物业公司派出经过专业培训、持证上岗的保安执勤，并派有保洁、保修、保管等人员参与管理和做好安全保卫工作。物业帮助业主解决困难，保修公共设施，负责区内路面、绿化区、楼道的保洁事项，全方位提供24小时服务。对散户及多门小区的物业管理另聘专职保洁员划片负责。

小区物业管理由所在社区居委会招标，物业公司中标受托后由镇社区管理办公室鉴证，签订年度小区物业管理委托合同。依据《苏州市住宅区物业管理条例》等有关法律法规，规范住宅的物业管理活动，保障区内房屋及公用设施的正常使用，维护业主的合法权益，营造环境优美、秩序井然、整洁安全的人居环境。本辖区的物业费收缴标准为：每户每年100元，100平方米以上及车库设店每户120元，别墅户型每座240元。另有政府下拨的物业补贴，一并用作物业管理经费。

物业管理服务事项涉及小区的物业基础、房屋及公用设施、安全、卫生管理等四大类25项内容，由此量化、细化，形成细则，作为按月、按季及年终考评的标准。以满分100分计，启动奖惩杠杆：获评80分及以上者嘉奖，获评市、镇级荣誉称号则大奖；凡发生重大责任事故则重罚，考评未获60分者连续三年取消投标签约的资格。

2012年陆家村域内住宅小区物业管理简况表

表 12-2-2

小区名称	位置	房屋幢数	房屋类型	入住户数	常住人数	流动人数	公司名称	法人代表	门卫人数	监控数	保安人数	其他人员数
菉溪新村	菉溪路	28	多层	331	532	395	民心物业	嵇　良	1	1	2	4
长丰新村	陈家浜路	13	多层	193	550	193	惠民物业	许卫东	1	0	3	4
木瓜小区	南木瓜路	264	别墅	297	1040	260	惠民物业	许卫东	5	5	15	4
联谊花园	唐板桥路	11	小高层	280	900	300	惠民物业	许卫东	1	1	6	10
碧湖苑	陆家浜北路	5	多层	105	408	24	民心物业	嵇　良	1	1	2	4
启发广场	陆家浜北路	25	小高层	145	200	250	天合物业	吕向东	1	1	18	18
桃园春天	联谊路	11	多层	200	998	32	鹏飞叶龙	张贤琴	1	1	3	5

1995 ~ 2000年渔业村企业注册登记表

表 12-2-3

年份	合计	个体户数	私营企业数	集体企业数	备注
1995	29	26	2	1	
1996	22	19	2	1	
1997	21	18	2	1	
1998	23	20	3		

（续表）

年份	合计	个体户数	私营企业数	集体企业数	备注
1999	19	16	3		
2000	27	24	3		下年度列入陆家村

1995 ～ 2012 年陆家村企业注册登记表

表 12-2-4

年份	合计	个体户	私营企业	集体企业	中外合资	备注
1995	35	27	1	6	1	
1996	34	27		6	1	
1997	38	27	10		1	
1998	39	27	11		1	
1999	41	27	13		1	
2000	40	26	13		1	
2001	58	43	14		1	
2002	67	49	17		1	
2003	70	52	17		1	
2004	68	51	16		1	
2005	68	52	15		1	
2006	66	51	14		1	
2007	60	49	10		1	
2008	60	49	10		1	
2009	60	51	8		1	
2010	62	53	8		1	
2011	61	53	7		1	
2012	61	53	7		1	

第三节　财务管理

一、财务审批

严格的财务审批制度始于西库高级农业生产合作社，尤其是实行公社、大队、生产队三级核算时期，大队履行现金开支审批制度及审批手续。建立村委会以后，财务审批制度更趋于完善。凡支出的凭证，都需写明用途并由经手人签名、审批人审批签名或盖章，做到手续齐全。村集体支出必须开具真实、合法、有效的发票凭证，方可审批报支。其中，实行主要负责人党支部书记一支笔审批制度。而村中重大项目的大额开支，须经村集体研究通过，并报上级主管部门审批同意，方能入账列支。凡财务手续不完备的开支，报账员可拒付。

村会计在记账前要对凭证进行审核后入账，做到日清月结。财务账目均由民主理财小组定期审理通过，收支情况进行公示。

各项收支单据均应当日结清，如期结账。对现金收入逾期两个月结账的按挪用公款论处，三个月内不结账的作贪污论处。支出发票逾期三个月以上的，不予报销，由当事人自己承担责任。特殊状况需经村民代表大会讨论通过，报销时附上会议记录。当已审批的发票在未报销前，原审批人已离任，应由新的主管财务领导重新审批。

村干部因公预支现金，须经村分管财务的领导批准，业务完毕后，预支款在五日内结清，不得借故拖欠占用。

村干部工资、奖金、各种补贴等报酬支出，均按照经济服务中心的审批方案确定。

村干部、村内职工预支工资，在不超过预算工资总额的前提下，可根据本村财力酌情审批预支。

当购买高档非生产性固定资产等重大项目时，应经村委会会议提出方案，由村民代表会议或村民小组会议讨论决定。

严格的财务审批制度使现金等财务支出更加合理，让群众放心。

二、财务会审

会审，是财务管理制度中的一个项目，以公社化时的三级所有队为基础，以生产队（小队）为核算单位。自 1962 年起，菉葭大队（于 1966 年改称陆家大队）及渔业大队，各生产队按规定建立健全小队会计队伍，各队会计、现金保管员、现金出纳员、记工员、仓库保管员等组成理财班子。财务现金收支账目做到"三不见面"。一切收支、工分（参加劳动的记分值）、库存物资（含种子、农药、化肥等）由贫协等社员代表鉴证后，定期在全小队每户至少出席一名社员的小队社员会上公布。在制定年终分配方案时，生产资金、公积金、公益金等的提留，社员分配的百分比等均接受大队会计的指导，报上级审批后定案，进行社员年终分红。

每年年终进行财务会审。通过自查、互查，达到账账相符、账表相符、账券相符、账钱相符、账物相符，核审通过。同时审查有无不合财务规定的项目，查出存在问题，及时纠正。财会人员在会审中，边学习政策、规定，边提高业务水平，使财务工作更趋规范化。

实施联产承包责任制后，于1982年起，财会事项集中到村，接受政府财政所、经管办的领导。每月去经管办审核一次账目，或几个村的财会人员约定集中会审一次，进行账目互阅。因为有严格的审批程序，账目会审显得简便多了。

三、财务公示

财务公示，初始时为地方账房先生将简单的钱粮收支两笔账进行公示。新中国成立后，在高级社、公社化后，实行三级管理，队为基础，一支笔审批，现金出纳、会计、保管员执行"三不见面"的财务管理制度，财务公示为具体内容之一。公示栏设在村委会办公园区内，方便村民了解村经济收支状况。定期公布账目，实行财务公开制。严格按照"五规范、一满意"（公示的时间、内容、程序、阵地、管理规范，让村民满意）的要求进行。

财务公开按季度进行。每季度公开上季度的收支明细账和有关会计账目，年终公布各项财产、债务、债权、收益分配、专项资金筹集和使用状况。

确立村财务公开审查制度，每期公开的资料，先经民主理财小组审核，并盖章确认后，予以公布。

财务公开的内容是，村级财务活动状况及有关账目，包括：财务计划，各项收入和支出；财产物资、债权债务、收益分配、代收代缴费用和各项补贴；集体资产管理和经营状况；土地等生产资料，各业生产经营承包方案及承包费的收缴状况；征占用土地及补偿费、安置补助费，村干部报酬，接待费和群众要求公开的其他财务事项。依据村经济发展状况，及时调整和拓展财务公开内容。对有关群众切身利益的重大事项，实行随时专项公开，重点解释。因故不能如期公开的，事前公示说明原因，并确定应予公布的时间。

每次财务公示后，及时召开党员、村民会议或村民代表会议，广泛听取村民的意见和建议。凡公开的资料，由民主理财小组收集整理，立卷归档，妥善保存。

四、其他财务管理

自初级社、高级社及公社化以来，菉葭大队逐步形成有效的现金管理制度，当时配备有专职的报账员、现金出纳员和会计，互不兼任，做到"三不见面"。

报账员及时登记现金日记账，做到日清月结，账款相符。限额保管，超过3000元的部分及时存入银行。

集体资金不借给单位和个人，凡因公出差借款，须办理借款手续，并在返回后三天内结清。

严格遵守财经纪律，不挪用公款，不公款私存，不白条抵库，不设账外账，不设小金库。

大宗经济往来，实行非现金结算。使用全省统一印制的收据。

当会计与出纳员按月定期核对库存现金和存款时，短款由出纳赔偿，长款作其他收入处理。

银行支票由报账员保管，每月与银行核对账目，做到账账相符，形成严格的财经纪律。

随着社会经济的发展，财务管理方面的内容更加具体，管理制度更趋完善。

（一）财会人员配备及分工负责制度

要求财会人员依法遵守财经纪律，进行会计核算，实行会计监督，拒绝办理违犯财经制度的开支。不越权，不谋私利，按章办事，定期核对现金，盘点物资，做到账物相符。

（二）编制村级财务收支预算制度

每年在年初按照统筹兼顾，量力为出，收支平衡，在留有余地的原则下编制年度财务收支和收益分配方案。含年度财务收支、生产经营、兴办企业、公益投资、基建、固定资产投资、收益分配等预决算。重要项目和工程实施，必须实行单项预决算，年终按时进行决算。

（三）债权债务管理制度

对各项应收应付款项管理，定期结清暂收、暂付、内部往来，及拖欠集体的各种财物。制定催收制度，凡暂时无法收回的财物，签订借据，约定归还期限，并按银行的利率计息；凡无法收回者，经合法程序报上级审核才能核销，严控集体资金出借。

（四）集体资产管理制度

集体资产依法进行产权登记，建立台账，专人负责保管。有入库、保管、维修折旧、盘点和使用制度，确保其安全和完整。所有固定资产纳入账内管理，合理分类，设卡登记，每年盘点2次，做到账物相符。凡出借，必有借据，定期回收；凡丢失、损坏、复制的，按价赔偿。建立折旧、报废和复点审核制度。

（五）会计档案管理

按国家《档案法》建档。接受上级主管部门的监督和指导，对财务会计凭证、账簿、报表、收据、分配方案、各项计划、合同、契约、产权证书等，按年度分门别类，编号，装订成册建档，不散失，不损毁。按章查阅档案，不外泄。会计档案资料保管年限一般为15年，重要资料则长期保存。到期资料按程序审核，监督销毁。陆家村档案室建于2010年，设在村办公室楼上，共20平方米。设有档案柜8个，有村财经、工商、民事、文件等档案长期261卷，永久1175卷。以其"归类准确，内容详实，卷宗齐全"，当年即获上级主管部门合格验收。

五、审计、统计

（一）审计

历任村领导换届时，均对经济、管理等状况做一段落说明，进行交接，均有公证人员参与其中，属审计工作的雏形。对企事业组织的重大项目和财务收支也可进行监督与检查。1997年5月16日，江苏昆山经济技术开发区审计事务所对中日合资林谷沙公司于1993～1997年间经营情况进行审计，其结果指出：公司财务记账方法不规范，账面反映的盈利实为亏损；总账与明细账不符，且账物也不符；产品成本的结转应采用一致的成本核算方法。这些对会计制度的健全提出了中肯的意见。在《中华人民共和国审计法》颁布后，审计工作更有法可依。为加强农村基层廉政建设，增强村干部的责任意识，加大对村干部的监督力度，强化村级资产的管理和财务监督，正确评价村领导干部任期内实绩，2000年，由镇纪委牵头，让陆家镇经济服务中心依据《审计法》和上级指导精神，组建审计组，由组长带领组员，先后对陆家村与渔业村的合并及村书记的交接和任期内经济责任进行审计。并按一般状况、审计结果、审计评价等项目，形成审计的书面报告存档。其中：

一般状况，指本村的土地面积、征用土地面积、人口、外来人口、农业劳动力人数、总户数、农民当年度收入、正副职干部数、党员数等。

审计结果指任期内村级财务收入状况，费用支出状况，资产状况，负债状况，所有者权益状况，均由数据反映，并与上届同类项进行增减对比（采用百分比）。其他审计事项含土地承包及资产租赁合同签订执行状况，定额包干费用的支用状况和票据的使用状况等。

审计评价，对诸如资金使用、民主理财、财经纪律、经费核算、包干费用、审批制度、发包收缴等分别做实事求是的评价，形成审计书面报告，让各方签字盖章存档。

渔业村2000年8月5日账面反映，总资产36.68万元，经审核，调整为33.47万元，减少3.21万元；负债24.99万元，调整为24.92万元，减少0.07万元；所有者权益11.69万元，调整为8.55万元，减少3.14万元，因老往来无法回收，实际减5.77万元，负债率74.45%。

陆家村2000年8月5日账面反映，总资产614.15万元，经审核，调整为581.22万元，减少32.93万元；负债16.06万元，调整为15.02万元，减少1.04万元；所有者权益598.09万元，调整为566.20万元，减少31.89万元，负债率2.60%。书记任期内实际所有者权益增加28.90万元。

2002年11月陆家村党支部书记曹玉林离任时，由镇经济服务中心按章进行审计：

三业经济收入：318.77 万元，比预算 277.87 万元增加 14.7%。

管理性费用累计支出 207.05 万元，实现盈余 111.72 万元。

历届村主要干部离任都进行相应的离任审计工作，已成惯例。

2008 年 5 月 20 日，陆家村党总支书记离任，进行经济责任审计，总资产 7252810.40 元，负债 733321.16 元，所有者权益 7252810.40 元，审计长陈晔。2012 年 12 月，村委会任期经济责任审计，审计员朱菊林、孔正良。

（二）统计

村级统计工作是按上级规定的项目、口径、格式，负责对全村的一、二、三产业及社会经济数据的收集、整理、汇总、分析和上报的一项工作，以便向领导提供决策，及时提供可靠、准确的经济运营状况和有效数据。

统计的范围是村所属的单位、团体、各种经济联合体组织、工商户及中外投资者企业的有效数据。

1990 年 10 月，陆家村统计工作由陆建英负责。从 1991 年开始，单独辟出 18 平方米的统计资料室和办公室，配有电脑 2 台、激光打印机 2 台、复印机 1 台、传真机 1 台。是年起做好统计工作的信息发布工作，其中有老龄委信息、村务公开信息、网上平台发布、陆家村（微博）发布等。归档工作有年报，农民、居民收入调查，人口普查，劳动力调查，便民统计等项。在统计资料的管理和使用上，由村档案室统一存档，凡借阅档案，均需记录。1990 ~ 2012 年，负责统计的人员参加上级业务培训达 25 次，含建立台账、调查研究、统计分析撰写等。

1990 ~ 2012 年，陆家村统计工作负责人先后为陆建英、曾英。

第十三章　民生保障

　　家庭是社会的细胞，社会稳定离不开千家万户的安居乐业。因此，社会保障确实是社会稳定的头等大事。旧时，菉葭村域内贫苦农民租种地主的田，养家糊口，收入低微，生活水平低下。遇上天灾人祸，生活就没有保障了，所以农民有着"靠天吃饭"的说法。民国时期，政府腐败，战乱四起，苛捐杂税，民不聊生，老百姓过着暗无天日的穷苦日子。

　　新中国成立后，共产党领导人民走上社会主义道路，实行"多劳多得，按劳取酬"分配原则，农民的基本生活有了保障，住房改善，生活水平逐年提升，特困户受到社会减免和民政补助，人们安居乐业。

　　党的十一届三中全会后，陆家村贯彻执行改革开放的农村各项经济政策，积极推行家庭联产承包责任制、土地确权、土地流转承包种植制，不少村民走出田埂，勤劳致富。同时，又积极加强社会保障事业建设，推行了农村养老保险、农村医疗保险、征土补偿金、动迁安置补偿金、最低生活保障等五项保障线，全村居民生活水平和生活质量明显提升。2012 年，陆家村人均纯收入达 26252 元，正在向全面达到小康水平奋进。

第一节　居民生活

一、住房

　　新中国成立前，农村土地为私有制，农民造房首先要选买宅基地。所辖保甲长见证，订立契约，明确四至，始有住宅立身之地。造房规模，因户各异。贫苦农户建造的房屋普遍是五路头三间（4 米 ×6 米／间），屋面盖草的扼舍，另加一间灶头间。柱和梁均用毛竹，土竹椽子。扼舍的东南西北都是斜坡面，房屋低矮，卧房间显得阴暗。少数农户的房顶只是南北斜坡面，四周单壁砌到檐梁，其每间都空气流畅，透光明亮。宅基周边大部分农户用土竹、草绳编结起竹篱笆，既是安全防卫的屏障，又是和相邻宅界的隔离带。富裕农户建造的房屋是七路四间（4

米 ×8 米/间），顶面内铺望砖，外覆盖泥瓦。柱、梁和椽子都为木材，东西山墙砌到屋顶，通常屋檐要高出普通草房型。有的还沿宅界筑砖砌围墙。富农、地主一类的房型更别具一格：七路或九路瓦房，前后为埭，东西两厢房，中间天井，俗称窠型房。宅基四周砌防卫围墙，南墙镶砌墙门头，房屋内铺上方砖。凡草房都用农户自己收割的稻草盖屋面，尤以晚稻草为佳。年复一年的日晒夜露、雨淋侵蚀，2～3 年后雨天逐渐开始屋漏，必须进行一次把旧柴草清除、换盖新（稻）草的工程。瓦房若干年进行一次清理整修，俗称扫漏。

1951 年土改时，全村的住房中草房占总数的 63.2%，韩泾村系农夹居区，瓦房略多一点。人均住房面积不足 13 平方米。

1951 年菉葭大队社员住房情况简表

表 13-1-1

联村名	户数	人数	人均宅基地面积（平方米）	其中						人均住房面积（平方米）
				瓦房			草房			
				间数	建筑面积（平方米）	占地（亩）	间数	建筑面积（平方米）	占地（亩）	
许家	52	248	24.39	13	325	5.74	170	2720	18.65	12.28
韩泾	93	428	23.43	177	4425	19.52	82	1312	3.91	13.40
西库	92	306	24.23	50.50	1262.50	11.54	161.50	2584	12.69	12.57
合计	237	982	72.05	240.50	6012.50	36.80	413.50	6616	35.25	12.86

土改后，西库、韩泾两联村无房贫农户、雇农户共 17 户，分得地主房产 42.50 间，改善了居住条件，其余农民家庭住房条件基本保持原来状况。20 世纪 60 年代，市场上的建筑材料如栎树棍、水泥预制构件、土瓦、平瓦、八五砖等属计划供应物资。多劳户、多子女家庭萌发翻建草改瓦房的念头，尤其是子女结婚户，念头更为强烈。一般小队出具证明，大队盖章同意申请，翻建七路头瓦屋。年均每个自然村在夏秋冬季节翻建 3～5 户。20 世纪 70 年代掀起草改瓦热潮，在生产队统一安排下进行。10 年里，80% 草房户翻建了小瓦或平瓦房，平均居住面积每人增加 5 平方米以上。20 世纪 80 年代后期又掀起瓦房翻建楼房热潮。1977 年，陆家大队村民自建楼房最早者为 6 队包友丰，自建二上四下二层楼房，建筑面积 150 平方米，当时造价 8000 元。此后各队纷纷建楼房。

为加强房屋基建管理，1983 年 6 月，成立陆家乡农村建设办公室（以下简称"村镇办"）。农户在自己老宅址造房，先向村民委员会提出书面申请，村委会讨论同意后报送村镇办审批并存档，宅基地面积最多不得超出 0.35 亩。在农户申请造房初期阶段，对于在老宅址翻建新房，只要生产队对宅基地不存在异议，其他手续执行方面比较宽松。1985年以后,造房户宅基地面积调整为不可突破0.30亩,具体由村委会主任到户勘查和测量决定。以后,还需镇土管所人员同往核准。

1977 ～ 1983 年陆家大队村民首先造楼房情况表

表 13-1-2

队别	姓名	建造时间	规格	造价（万元）
1	方志清	1981.9	3 上 3 下加楼梯	2.00
2	高炳根	1983.4	3 上 3 下加楼梯	1.50
3	徐康宝	1979	3 上 3 下加楼梯	1.00
4	王素珍	1980	3 上 3 下加楼梯	1.50
5	华渭泉	1981	2 上 3 下加楼梯	0.80
6	包友丰	1977	2 上 4 下加楼梯	0.80
7	张秋良	1983.3	3 上 3 下加楼梯	1.00
8	李雪凤	1980	3 上 3 下加楼梯	0.80
9	张进发	1979.1	2 上 2 下加楼梯	0.80
10	陈文龙	1983	2 上 2 下加楼梯	0.50

1982 ～ 2003 年陆家村农村建房情况表

表 13-1-3

年份	造房户数	其中扩建户数	建筑面积（平方米）	备注
1982	22		4400	
1983	43		8600	
1984	39		7800	
1985	23		4600	
1986	35		7000	
1987	42		8400	
1988	45	5	9000	
1989	30	6	7200	
1990	32	2	800	
1991	23	2	5500	
1992	20	1	5000	
1993	15	2	3700	
1994	19	1	5500	
1995	19	1	4500	

（续表）

年份	造房户数	其中扩建户数	建筑面积（平方米）	备注
1996	13	1	3800	
1997	15	3	3500	
1998	12	4	3400	
1999	9	3	2500	
2000	3	3	640	
2001				
2002				
2003	29		9280	别墅房
合计	488	34	105120	

1986年，村镇办按《关于加强村镇建设管理工作的暂行规定》，加强农房建设管理。配备技术人员；推荐培训工匠；统一考核，持证上岗；建房首、中、末三次验收；开展在建房保险业务；查处质量矛盾。

20世纪80年代中，全村有488户翻建楼房，其中34户扩建，总建筑面积105120平方米。

1998年3月，镇政府规划镇区珠海小区别墅新村，制定鼓励农民带资进镇自费建房办法。一是农户申请旧宅复耕，置换珠海新村新宅自费建房；二是农户申请购新村新宅自费建房。至2000年，原渔业4组王根荣，陆家5组张建龙、4组诸建德等自费建造房屋，落户珠海别墅新村。该新村每户宅地面积0.30亩，统一别墅型图纸施工，建筑面积220平方米。外墙水泥粉面，加刷墙面涂料，或贴装饰石墙面，室内装潢追求城市时尚潮流。按各户经济条件和爱好，农户选择各异。

在木瓜小区自建别墅洋房的有：4组潘树生、顾建华、陈一鹏、周建忠、张素珍、诸菊英、李桂芬、陈定宏、李明，9组顾庆丰，13组陆亚华，6组包友丰、吴秀珍、包进堂、包小华、邱梅英、吴三囡、李福元、李忠元、包梅英、李建林、李建平、鲁明、李忠伟、朱惠元、包文英、吴建华、吴建忠、孙寿林、杨介康、曹玉林、曹春林、曹三毛。另在杏花南苑建房的有：1组潘冬生、11组陈小红、11组陆菊生。此时，全村共建别墅洋房96套。

2003年10月起，对农户迁居政策进行调整：旧宅基地和旧房以经济补偿和赔偿形式付款给农户，由政府规划居住小区，建造迁居安置房（多层、高层商品房）；制定迁居新房分配政策，政府和农户之间以买卖安置房形式进行结算。拆迁户先后落实安置在邵村北苑、邵村家园、邵村南苑、联谊花苑、香花苑、神童花苑、木瓜小区、蒋巷北苑、蒋巷南苑等9个居住小区。

二、家具

（一）木质家具

新中国成立前，村民家中的家具一般都是木制品，有八仙桌、方桌、长凳、椿凳、四方凳、长椅、大小木床、棕垫、房里台、梳妆台、大小木橱、碗橱、竹椅、竹榻、踏板、大小马桶、大小脚桶、大小脸盆、大小衣橱等。每逢子女结婚，儿子结婚家具均以长辈传下来的几件洗涮干净、油漆翻新的木制家具为主，看女方嫁妆的多少来决定家具的添置数量。女儿出嫁的嫁妆要看男方担盘份额多少，多担多嫁，少担少嫁。嫁妆中的木制品主要有马桶、脚桶、饭桶、茶桶、提桶、梳妆台、装饰橱、衣柜、衣橱等。嫁妆重点是被头、布料、衣服、日常用品。

1949～1969年，村上农民家庭基本保持原来的木制家具传统。部分农户因为子女结婚，利用宅基地上的榆树、榉树、谷树、楝树等树木，请木匠到家里做大床、镜台、木橱、衣柜等新家具，还请漆匠上门油漆一遍。

1970～1989年20年里，随住房条件的改善和生活水平的提高，村域内村民的家具在20世纪60年代基础上有了很大改变。新楼房建成后结合装潢，房间里普遍配上组合式、捷克式、凹凸式家具，还配上铝合金书橱、办公台、沙发、茶几等。客堂间配置大理石台面八仙桌，硬质椅子、凳子，榉、柳树靠背沙发，配上五金装置的茶几。除长辈房间保留老式家具外，新房间基本上都换上了新式家具。连餐桌也换上了玻璃台面的台桌，厨房也换上挂式碗橱和烧煮餐具柜等，厨具基本都是铝合金制品。

（二）灶具和餐具

新中国成立前，村域内农户灶具用一眼灶、二眼灶和三眼灶，采用铁锅、发镬、汤罐等，烧饭、炒菜、烧水。灶上用具均用铜勺、铲刀，竹制蒸糕垯、饭箩、蒸菜架及木制饭桶、茶壶桶、水桶等。餐具为瓷器大小碗和竹筷等。

新中国成立后至20世纪80年代初，灶具不变，只是灶上用具逐步使用铁、铝制成的勺子、铲刀。餐用碗也逐渐使用各种花色的，竹筷改为木制筷了。联产到劳后，秸秆还田，机械化收割断了燃料之路。村上农户灶具引进了液化气灶、煤球炉、电饭煲、电吊，用来烧水、煮饭和做菜，灶头成了一种摆设。动迁结束后，灶头全部拆除，名称载入史册。

（三）电器

20世纪50年代，村上电器只有个别知识分子家庭引进的矿石机、电子管收音机，成为人们眼中的稀奇物。20世纪60年代后，农民家里装有一只广播喇叭。后半导体、红灯牌收音机相继进入农户家庭。20世纪70年代初，黑白电视机逐渐出现在农民家庭。立式电扇、吊扇、台扇、台灯等也渐渐进村入户。20世纪80年代后，村域内彩电、冰箱、空调、洗衣机、热水器等一系列高档电器设备、设施已普及。20世纪90年代至21世纪以来，村上普及楼房，不少户还购买了商品房，装潢别致，电器设备逐趋高档次，家庭电器化及其不断更新换代体现了村民生活质量的提升，陆家人民进入了现代化生活方式。

三、衣食

旧社会，陆家村农民家庭男女老少穿着方面，主要是靠妇女纺织的土布制作衣服。20世纪60年代中后期，男男女女普遍穿藏青、草绿色军装，尤以"文革"期间甚为流行。同时，中青年男女开始用的确良、尼龙丝等纺织品缝制衣衫裤子，该衣物当时需要凭工业券购买，所以还不是很普遍。此后，逐步选购针织羊毛内衣、内裤、衬衫、方巾、围巾等。在呢、毛类衣料进入农户家庭以后，时兴中山装、军装，代替了棉长衫、棉袄。20世纪80年代至90年代，村域内流行西装、夹克衫、唐装、羽绒服等时尚服装，爱美的姑娘们多着色彩鲜艳的花裙。进入21世纪以来，除了保持20世纪时尚服装外，服饰更加亮丽，款式更加多样，质地更加优化，有牛仔衫、羽绒服、针织衫和全棉内衣裤。服装、被褥的款式都紧跟新潮流、新时尚。

旧时，村域内农民的一日三餐：早饭均以米粥为主，也食用洋粉粥、菜粥、面条之类食品；中饭一般吃米饭，缺粮户以菜饭、麦片饭、萝卜饭、菜干头饭替代；晚饭一般吃饭、面、麦川条等，缺粮户都以稀饭代食；两忙时加点心，有栖圆团粥、南瓜面老鼠、山芋赤豆汤等。这种食用模式沿袭至20世纪60年代。其中菜肴也很简单，吃粥多数配咸菜、瓜条、酱瓜、萝卜干、咸豆、黄豆等。饭菜中的素菜有豆制品、青菜、金花菜、韭菜、大蒜、蓬花菜、蚕豆、茭白、黄瓜、丝瓜、扁豆、豇豆、苋菜、荠菜、萝卜、冬瓜、菜瓜、菠菜等，荤菜有鸡蛋、鸭蛋、鲜肉、鲜鱼及腌制食品等。平时，荤菜食用较少，绝大多数以咸菜蛋汤、油泡、百叶、猪头肉、猪肠、小鱼为主，逢年过节菜肴较为丰盛。在三年困难时期，粮食紧缺，人们以瓜菜相代，熬过困难时期，又恢复传统的饮食习俗。

改革开放之后，村民饮食水平大有提高。一般家庭一日三餐，早餐除米粥外，大多数食用浇头面、馒头、饺子、馄饨，也有南瓜、山芋和绿豆粗粮粥。中饭以米饭为主，菜肴保持二荤二素一汤。晚饭主张吃少吃好，有着炒炒爆爆的习惯，加饮些饮料、葡萄酒，添几道冷盆，菜肴经常在5～8只之间。招待亲戚朋友都要烧煮十几个菜，过节、办事家宴上"四圆圈十大菜八荤盆"待客。小孩生日、老人寿庆、友人交往、新老节日，许多家庭都进饭店、酒家订桌会餐，餐饮水平不断提升。并且，讲究食用营养型的副食品和新鲜蔬菜，连调味品也考究，选择没有添加剂的作料。对各种饮料把关更严，不让危害人体健康的东西端上桌面。注重卫生、保健。

四、收入

旧时，陆家村农民70%过着"糠菜半年粮"的穷苦日子，绝大多数村民靠租田种植养家糊口。好年成辛苦一年略有积余；遇上天灾人祸更是雪上加霜，谈不上温饱，还得被迫借债、当长工、卖儿卖女或逃荒度日。当时，地方官员不顾老百姓死活，苛捐杂税，财主逼债，负重的农民过着饥寒交迫的苦难生活。

新中国成立后，开展土地改革运动，农民当上了土地的主人。农民种田除了完成国家规定的公粮任务外，还可将多余粮食卖给国家，收入有了保障。但是，由于生产农具简陋，缺乏资金、技术、肥料、种子及劳力，粮食产量不高，农民收入低微，人均收入20～30元，不能解决温饱问题。20世纪50年代，开始实行互助合作化，相继成立13个互助组，3个初级社和后来的高级社。当时人均收入65元左右。1958年人民公社化运动时，农民人均收入有所提高。1962年，农民人均收入91.21元。1965年，人均净收入增加到110.10元。至1978年，农民人均净收入达149.32元。这16年中农民人均净收入净增58.11元，年均每人净增3.63元。

1979年后，国家提高农副产品收购价格，并且提倡农副工三业齐头并进发展，是年人均净收入达到190.68元。至1987年，人均净收入921.23元，8年中年人均净收入增91.32元。1988年，农民人均净收入1091元。1992年，人均净收入达1568元，比1988年增加43.7%。2000年，农民人均净收入5728元，比1992年增长265.3%。至2012年，全村居民人均纯收入26253元，比2006年增长121.1%。2012年，村民的平均收入是1962年的287.83倍，平均每年以12%增幅递增。

1962～2012年陆家村人均收入情况表

表 13-1-4　　　　　　　　　　　　　　　　　　　　　　　　　　　　单位：元

年份	人均收入	年份	人均收入	年份	人均收入
1962	91.21	1971	125.05	1980	177.40
1963	88.50	1972	132.93	1981	185.08
1964	104.31	1973	126.21	1982	268.90
1965	110.10	1974	142.61	1983	394.22
1966	118.02	1975	124.04	1984	619.96
1967	113.29	1976	125.95	1985	606.48
1968	114.18	1977	116.34	1986	770.73
1969	118.92	1978	149.32	1987	921.23
1970	111.20	1979	190.68	1988	1091

（续表）

年份	人均收入	年份	人均收入	年份	人均收入
1989	1155	1997	5056	2005	10428
1990	1220	1998	5231	2006	11818
1991	1250	1999	5430	2007	11963
1992	1568	2000	5728	2008	15028
1993	2016	2001	6073	2009	15028
1994	3655	2002	6486	2010	20868
1995	3881	2003	7362	2011	23409
1996	4339	2004	8221	2012	26253

五、消费

陆家村农民家庭消费，旧时围绕"房子、儿子、讨娘子、养孙子"这"四子"的传统消费理念。所以吃辛吃苦一年挣来的纯收入开支掌握比例为 2 ：8，俗称"二八"开消费模式，即 20% 的收入花在吃用开销上，80% 的收入用在"四子"上，为了成家立业、传宗接代。因此，这里的农民一辈子有着克勤克俭、省吃俭用的传统习惯。特别是把 90% 以上的积蓄投入到建造房子，为小辈攀亲结婚。不少家庭宁愿借债投入，负债操办，以不失面子，这就是"死要面子活受罪"。直至 21 世纪初，农村实现城乡一体化建设，农民动迁有了房子，才解决了这一大问题。

改革开放政策实施后，村民消费观念有了明显转变，据 2006 年统计，全年人均纯收入为 11818 元，日常消费中生活费用占 54.2%，其中食品消费占 20.8%，衣着消费占 4.2%，居住消费占 5.1%，设施用品消费占 2.1%，交通和电信消费占 10.1%，文化娱乐消费占 9.6%，医疗保健消费占 1.7%，其他消费占 0.6%。

2012 年统计，全村居民购买商品房 177 套，建造别墅式洋房 96 幢，每户占 11.1%；购买汽车 301 辆，每户占 34.8%。另外，消费离不开礼尚往来，人情出账包括婚丧喜庆、看望病人、寿庆生日、高考升学、当兵入伍、小孩满月或搭期宴席消费，每年户均在 3000 ~ 5000 元。

2012 年陆家村村民重大项目消费统计表

表 13-1-5

组别	总户数	现住别墅		拥有商品房		拥有汽车	
		套数	占比（%）	套数	占比（%）	辆数	占比（%）
1	63	4	6.35	11	17.46	26	41.27
2	59	3	5.08	12	20.34	8	13.56

（续表）

组别	总户数	现住别墅		拥有商品房		拥有汽车	
		套数	占比（%）	套数	占比（%）	辆数	占比（%）
3	95	3	3.16	16	16.84	12	12.63
4	81	9	11.11	22	27.16	50	61.73
5	81	7	8.64	20	24.69	44	54.32
6	79	20	25.32	5	6.33	10	12.66
7	45	4	8.89	12	26.67	20	44.44
8	47	1	2.13	23	48.94	18	38.30
9	69	3	4.35	15	21.74	20	28.99
10	46	9	19.57	14	30.43	23	50
11	74	14	18.92	11	14.86	26	35.14
12	64	9	14.06	10	15.63	21	32.81
13	62	10	16.13	6	9.68	23	37.10
合计	865	96	11.11	177	20.46	301	34.79

六、储蓄

陆家村居民在现代生活中有着"勤俭持家，省吃俭用"，"鳊鲏鱼留好三分肚肠"，"积蓄防老"，"年轻养小，年老养医"的传统美德。他们习惯"九十九元并满一百，九百九十元凑满一千"存入银行。"并块积蓄赚点利息"的理财方式，既安全可靠，又能大钱赚小钱，十分保险。1988年以来，全村逐步实行了"五道保障"体系，村民生活水平不断提升，经济收入年年稳步递增，加上住房、看病、子女成家等消费下降，家庭储蓄也相应增多。储蓄数据银行皆保密，无从统计。客观存在的是，村上居民家家户户有存款，其中享受农保的老龄人也省吃俭用，把子女逢年过节的敬老钱、农保、拆迁安置费都积聚起来存入银行，存款也在2～5万元。全村也有不少学生把压岁钱、过生日亲戚朋友给的钱一并存入银行，累计也有1～3万元。一般普通家庭存款10～20万元。其中存款100万左右的有20户以上，也有7～8家千万元户，有上亿元富翁已见报。村级集体经济壮大了，农村居民家庭也都富裕了起来。村上居民常说，改革开放政策为民送来"摇钱树"，架起"幸福桥"，改善民生，让老百姓梦想成真，达到了地方经济繁荣昌盛的目标，实现了村强民富的理想，有力地彰显了改革开放三十年的伟大成果。

第二节　养老保险

一、农保

农保，全称为农村基本养老保险。农保始于 1988 年，起初仅为机关、企事业单位农民职工办理，农民参保为数不多。2001 年 7 月 1 日，全面建立农村基本养老保险制度，进行宣传贯彻，认真落实，促使每个家庭按照有关规定全面参加基本养老保险。2003 年 4 月，参加农保达 707 人，参保个人交费总计 21.94 万元，政府补贴 33.39 万元，到龄 418 人，领取农保养老金 43.40 万元。其中男满 60 周岁、女满 55 周岁，每月可领取 100 元，年满 70 周岁每月领取 130 元，并逐年增加。至 2012 年，人均每月可领取 340 元。2001 年起实行农保与社保并轨，年龄接近 50 岁或 60 岁，包括领取农保养老金人员，均补交社保保险金，交款后可以领取社保养老金。因此农保参保人员逐年减少，至 2012 年农保参保只有 97 人，领取农保养老金的只有 159 人，共领取 77.83 万元。

凡农保老人中，将一次性的土地补偿费 2 万元及用剩的五年伙食补贴连同自交的 2 万元左右缴齐，即可办理农转社保。

二、社保

社保，全称为社会养老保险。起始为城镇居民职工办理的一种保险业务。2001 年 7 月 1 日起，农保与社保业务接轨，按照政策规定对农村居民办理社保业务。按照投保 15 年标准，累计交纳社会养老保险金，其中已有 633 人到了退休年龄，每月分别可领取社保养老金 665 元、1065 元和 1700 元。让参保人员有了生活保障，实现了老有所依的愿望，深受全村居民的信赖。一些老人自我做好家人的宣传教育工作，积极投保，使社会保险事业稳步发展，更好地回报社会，也让家人得到实惠。

2006 ~ 2012 年陆家村参加社保和退休人员情况表

表 13-2-6　　　　　　　　　　　　　　　　　　　　　　　　单位：人

年份	参加社保人员	退休人员	年份	参加社保人员	退休人员
2006	202	103	2010	404	378
2007	257	165	2011	427	401
2008	343	271	2012	478	455
2009	387	336			

2003 ～ 2012 年陆家村农村养老保险情况表

表 13-2-7

年份	参加农保人数	个人交费（万元）	政府补贴（万元）	领取养老金人数	发放金额（万元）
2003	707	21.94	33.39	418	43.40
2004	700	30.45	46.25	413	60.61
2005	311	14.40	22.32	426	62.29
2006	306	15.79	23.68	436	76.82
2007	417	22.94	35.65	487	74.73
2008	296	17.30	27.08	439	109.25
2009	233	14.11	22.59	427	136.49
2010	160	9.92	16.48	184	74.68
2011	112	7.20	12.96	175	71.86
2012	97	6.44	11.02	159	77.83

2012 年陆家村农保养老人员进入社保人数及抵交土地补偿费情况汇总表

表 13-2-8

组别	农保养老人员总数	农保养老人员进入社保人数	其中抵交补偿费的养老人员转入社保人数	4、8、12 土地补偿费（元）
1	30	19	17	88536
2	21	10	10	49980
3	46	28	28	145488
4	47	20	20	9720
5	42	32	32	83904
6	42	24	24	52128
7	30	15	15	8550
8	13	8	8	38448
9	25	15	15	67140
10	135	68	68	427176
合计	431	239	237	971070

注："4、8、12"指征地费中每亩责任田 400 元、自留地 800 元和口粮田 1200 元的简称。

第三节　医疗保险

一、农村医疗保险

2004 年 2 月 10 日，陆家村执行居民医疗保险制度，医保基本采取市、镇二级财政补贴和个人交纳相结合的方式。其中镇政府补贴每年每人 65 元，村贴每年每人 20 元，村民个人每年每人缴 50 元，此三项总计每年每人交 135 元，市政府补贴另计。医疗保险交至 60 岁。2004 年参保 1356 人。2005 年之后，每年每人缴 60 元。是年 3 月 1 日，村民持 IC 医保卡刷卡看病。村上最低保障户也都持卡医治，当场报支结算。至 2012 年底，参加农村医疗保险者，60 周岁以上参保人员个人账户每年注入 150 元，60 周岁以下参保人员个人账户每年注入 50 元。当门诊用完账户内金额时，从实际起付线 300 元内个人负担；300 元之外，由统筹基金报销 55%，个人自负 45%。

2004 ～ 2012 年陆家村农村医疗保险情况表

表 13-3-9

年份	农医人数	金额（元）	其中			社会医疗保险人数	金额（元）	享受人数	大病风险基金（元）
			个人交费（元）	镇补贴（元）	村补贴（元）				
2004	1356	183060	67800	88140	27120				40680
2005	1249	168615	62450	81185	24980				37470
2006	1245	168075	62250	80925	24900	156	20716.80	86	42030
2007	1305	176175	65250	84825	26100	221	29348.80	142	45780
2008	739	107155	44340	48035	14780	301	39972.80	234	62400
2009	623	130830	49840	68530	12460	354	47011.20	301	58620
2010	579	121590	46320	63690	11580	398	52854.40	350	58620
2011	476	119000	47600	61880	9520	416	68307.20	376	53520
2012	429	150150	64350	77220	8580	453	74382.60	426	52920

注：个人负担标准：2004 ～ 2007 年 50 元，2008 年 60 元，2009 ～ 2010 年 80 元，2011 年 100 元，2012 年 150 元。

二、社会医疗保险

20 世纪 90 年代初，始行社会医疗保险，当时局限于乡镇机关国家干部，事业单位编制干部、聘用干部，地方国营企业干部、职工等参加，暂且没有农村居民参与。

1997 年 3 月，陆家村全面执行社会医疗保险制，符合条件参加社会医疗保险的，均可以参加社会医疗保险，享受社会医疗保险待遇。社会医疗保险收费标准按平均工资的 9% 提取，其中 8% 由单位支付，个人负担 1%。随着社会保障制度的完善，在政策允许下，农村居民可以参保社会保险和社会医疗保险，与城镇居民享受同等待遇。实现了农保与社保并轨，加强了农村社会保障的力度。全村有 453 人参保，其中 426 人享受了社会医疗保险治病待遇。

三、大病风险基金

1990 年，政府为了解决合作医疗"报小不报大"，补偿能力小的实际问题，建立大病风险基金。基金按照参加合作医疗人数，在交纳基金中按规定提取部分基金作为风险基金。1996 年 11 月，实行全市统筹，实现了大病的物质保障和医疗服务保障。

《陆家镇合作医疗大病（住院）统筹章程》规定，农村居民大病（住院）统筹医疗，坚持"自愿、适度、发展"和"量入为出，定额补助"的原则，实行基金分级统筹，风险分级负担，管理分级负责。基金：凡本镇户口的居民、职工，每年每人交 10 元。陆家村居民积极响应，按时交纳。之后，根据实际情况，资金筹集适当增加，基金使用情况自行规定。补偿办法：一次性住院用 2000 元为起报点，3000 元以下补偿总费用的 20%，一次性住院总费用 3000 ~ 5000 元部分补 30%，全年限报 5000 元。

农村实行农保和社会医疗保险后，大病风险基金进一步得到完善，农村居民每年每人交纳 30 元至 60 元，交到 60 周岁为止。全村有 426 人交纳大病风险基金后享受大病报支。2012 年，全村大病支报金额 52920 元，减轻了个人医疗经济负担。

四、疾病特种卡

根据《昆山市居民基本医疗保险暂行办法》，为积极缓解部分患重症疾病参保居民的医疗特殊病重照顾问题，符合重症尿毒症、器官移植、恶性肿瘤、白血病、再生障碍性贫血、恶性淋巴瘤等重症疾病病人可以申请特种卡。参保居民持医疗保险证和 IC 卡到市社保中心门诊特殊病种申请窗口，提出照顾申请。办理特种卡治病，减轻了患病者的经济负担。至 2012 年，全村有 6 人患病，享受到特种卡医治待遇，解决重症病人的燃眉之急，减轻了他们的医疗费用的负担。

五、爱心救助卡

20 世纪 70 年代之后，陆家村根据上级关于残疾人员的统计，全村共有残疾人员 42 人，由民政部门负责办理残疾卡，经济困难家庭每年给予一定的经济补助。20 世纪 80 年代后创办福利厂，能参加劳动的年轻残疾人员安排进福利厂就业赚固定工资；不能就业的残疾人，按照家庭经济收入状况给予经济补助，给困难家庭解决经济问题。20 世纪 90 年代后，在上述优惠政策基础上，民政部门根据残疾人申报情况，经相关部门鉴定，分别为其办理爱心救助卡。残疾人看病凭爱心救助卡直接进定点医院看病。救助卡按残级决定救助金额，一般每年每人 1000 ~ 3000 元不等，用于治病。同时，按照残级决定经济补助份额，每年每人给予 3000 ~ 5000 元不等，直接作为残疾人中困难家庭的经济补偿。至 2012 年，全村四残人员领取爱心救助卡的有 4 人，享受经济补偿的 26 人，16 人办理爱心乘车卡。村千方百计关爱四残人员，让他们感到社会温暖，共享改革开放之成果。

第四节　生活保障

一、最低生活保障

1998 年，陆家村贯彻执行《昆山市农村最低生活保障暂行办法》精神，根据镇民政办调查摸底，确定年最低生活保障线为年人均 1200 元。不足标准的实行补差，其资金按市、镇、村 4 : 4 : 2 的比例负担。之后，城乡居民最低生活保障线根据市场物价指数进行逐年调整。其中，2001 年为年人均 1500 元（月 125 元）。2002 年，陆家村经详实调查，确定符合情况的为 4 户 11 人，由镇民政办核准为最低生活保障户，共补差人民币 4800 元。2004 年为年人均 2000 元（月 166.66 元）。2006 年调整为年人均 2200 元（月 183.33 元）。2007 年为年人均 2880 元（月 240 元）。2008 年起，城乡统一标准为年人均 4200 元（月 350 元），且补差资金按市、镇 5 : 5 的比例负担，减轻了村级的开支。2009 年为年人均 4920 元（月 410 元）。2010 年为年人均 5400 元（月 450 元）。2012 年为年人均 6180 元（月 515 元），是年，陆家村有 17 户 36 人享受此待遇，补差金额为人民币 152940 元。

2007 ~ 2012 年陆家村最低生活保障户情况

表 13-4-10

年份	标准（月）	户数	人数	补差金额（万元）
2007	240	18	28	4.13
2008	350	16	25	5.10
2009	410	19	37	8.26
2010	450	18	39	9.22

（续表）

年份	标准（月）	户数	人数	补差金额（万元）
2011	450	17	38	10.86
2012	515	17	36	15.29

二、最低生活保障边缘

接近低保水平的人群，生活困难，经济拮据，基本生活同样得不到保障。因此，村委会根据镇政府相关指示，组织专人进村入户调查摸底，并认真撰写低保边缘申报材料。经民政办核准，于 2005 年起对全村低保边缘困难人群进行合理救助，帮助这些困难人群达到最低生活保障水平。

在确定低保边缘救助对象时，家庭收入低于低保标准两倍以下的无劳动能力的重症病人、重症精残病人及其他重症病人按低保标准全额享受，核实者按低保边缘享受救助补偿，达到基本生活有保障。这一举措体现了社会主义大家庭的温暖。2012 年，全村有 11 户得到年标准 1180 元的补偿，共计补差额达 19.90 万元。

2010 ~ 2012 年陆家村低保边缘补贴情况表

表 13-4-11

年份	标准（元）	户数	人数	补差额（万元）
2010	900	6	17	11.04
2011	900	12	33	24.37
2012	1180	11	27	19.90

三、社会减免

社会减免，在农村称为"公粮"减免。就是说农业生产以田亩交纳农业税，以交售稻谷计价结算完成应缴的农业税，由财政部门按国家政策规定的比例返回到生产户或生产核算单位，作为公粮减免补助给农民中的困难人群。当时被农民称为"救星"，拿到了减免款，等于接到了"救星"，解了燃眉之急，对于困难人群来说是在经济上助了一臂之力。1962 年后，以"队为基础"，由生产队在完成征购任务之前先完成"公粮"任务，年终社会减免由财政部门结算返回到大队（村），并由大队（村）统一安排兑现给困难人群。1991 年，为 28 户贫困户减免农业税 1580 元，为 401 户受灾户减免农业税 5020 元，为 43 户军属、困难户减免农业税 3010 元。2005 年起，免征农业税，仍征收土地占用税和契税。社会减免成了照顾农村低保户、低保边缘户及特殊救助户外的老弱病残、无子女照顾或突发事故等酿成的困难人群的年末款项，由队长年底分发到这些人手中，让他们开开心心欢度中华民族传统节日——春节。2012 年，照顾困难人群 105 人，资金 45000 元。

四、农保与增支直补

（一）农保

为响应国家"三农问题"及"建设社会主义新农村"的号召，提高农业生产抗灾救灾和恢复生产的能力，保障农民利益，2006 年 5 月，苏州市出台了《关于推进苏州市农业保险的实施意见》，确定水稻和生猪等为市级重点险种。保险责任为天灾理赔，人祸免谈。水稻保险金额以当地三年平均亩产，按政府指导收购价的 70% 计。保险费依保险金额而定，40% 由个人负担，40% 由镇财政补贴，20% 由市财政补贴。是年 8 月 15 日，成立陆家镇农业保险领导小组，陆家村负责人为小组成员之一。陆家村 2006 年水稻保险共投保 15 户。其中四组 2 户，五组 6 户，六组 1 户，七组 6 户，总保险金额为 103977.90 元，保险费农户自付623.86 元，政府补贴 935.80 元。实施以来，未遇重大自然灾害，不存在理赔的问题。

（二）增支直补

党中央、国务院决定，为支持"三农"，对种粮农民实施财政补贴。于2006 年继续执行粮食直补制度的基础上，中央和省安排专项资金，对种粮农民农资增支实施综合补贴，每亩水稻补贴 15 元，小麦补贴 10 元（2007 年全升为20 元）。直补资金实行专户管理，封闭运作，即资金下达一执通。2006 年，惠及水稻农户 15 户，其中三组 1 户，四组 2 户，五组 6 户，七组 6 户，共 151.30亩，增支综补 2269.50 元，水稻直补 3026 元，小麦 148.80 亩，增支综补 1488 元。2007 年，陆家村四组 2 户，五组 6 户，六组 1 户，七组 6 户，共 15 户 140.80 亩获得补贴。获水稻农资增支综合补贴 2112 元，水稻直补 2816 元，共计人民币4928 元，直接用于发展农业的粮食生产。

第五节　失地农民生活保障

一、土地补偿

20 世纪 90 年代初，陆家村为配合镇工业经济的发展规划建设及城乡一体化建设的需要，动迁使用土地不断扩大，农村居民责任田、口粮田、自留田、宅基地等大量被建设用地所征用。根据市政府《关于实施征（使）用地补偿办法的补充意见》精神，镇政府认真贯彻，对照执行，并全权委托镇经管办落实。2003年 12 月 31 日前征（使）用土地按照责任田每亩 400 元，自留地每亩 800 元，口粮田每亩 1200 元标准（简称"4、8、12"）结算兑现，以组为单位，延发至

2015 年。在开发建设中停种停养的耕地，全部纳入征土补偿安置范围，以同等标准补偿。2004 年 1 月 1 日以后征（使）用土地的补偿和安置，一次性结算支付给被征土地居民。补偿人员界定为 1998 年承包确权发证在册户籍并有确权土地以及 7 月 31 日前征土未安置人员。新出生人员、婚入人员、购买非农和农迁居民户口挂空而未确权的人员，享受土地补偿费者不享受征土保养金。征土保养金按人员界定数每人 2 万元，时限内男性 60 周岁，女性 55 周岁，每月可享受 120 元保养金（按土地征［使］用面积计算），每月发放保养金数额不等，年轻人可以充入保险金。土地补偿费中还包括动迁补助结算。土地补偿办法合情、合理、合法，结算兑现公平、公正、公开，保障了农村居民的合法权益，使失地居民有了生活保障，深受农村居民的拥护和赞同。

2001 ～ 2012 年陆家村 1 ～ 4 组征土补偿费汇总表

表 13-5-12

年份			1组	2组	3组	4组
2001	补偿	户数（户）				
		人口（人）	186	151	256	219
	征使用总面积（亩）		192	151	228	
	补偿费总额（元）		120505	99720	142681	7737
2002	补偿	户数（户）				
		人口（人）	186	151	256	219
	征使用总面积（亩）		192	151	256	
	补偿费总额（元）		120505	97720	166356	8400
2003	补偿	户数（户）				
		人口（人）	187	152	262	232
	征使用总面积（亩）		206	151	271.43	50.60
	补偿费总额（元）		126843.60	100006.74	172824.40	15180
2004	补偿	户数（户）				
		人口（人）	200	159	271	252
	征使用总面积（亩）		208	152.10	303.2	188.49
	补偿费总额（元）		176377.20	143046.08	316698.96	1753583.50
2005	补偿	户数（户）	60	59	98	88
		人口（人）	197	158	279	251
	征使用总面积（亩）		208.10	152.10	303.20	217.33
	补偿费总额（元）		169920	130973	256281.18	731715.50

（续表）

年份			1组	2组	3组	4组
2006	补偿	户数（户）	61	60	98	88
		人口（人）	197	158.50	277	253
	征使用总面积（亩）		208.10	152.10	303.20	217.33
	补偿费总额（元）		169700	131242	251860.40	366874.80
2007	补偿	户数（户）	61	60	98	89
		人口（人）	195.50	155	277	253
	征使用总面积（亩）		208.10	152.10	303.20	222.02
	补偿费总额（元）		169300	129430.04	251660.40	425968.80
2008	补偿	户数（户）	62	60	99	89
		人口（人）	194.50	155	277	253
	征使用总面积（亩）		208.10	152.10	303.20	241.18
	补偿费总额（元）		168900	129430.04	251460.40	608390.80
2009	补偿	户数（户）	62	59	97	87
		人口（人）	192	154	273	251
	征使用总面积（亩）		208.10	152.10	303.20	246.79
	补偿费总额（元）		167900	128919.49	237024	91086
2010	补偿	户数（户）	62	59	97	87
		人口（人）	191	154	272	250
	征使用总面积（亩）		208.10	152.10	303.20	246.79
	补偿费总额（元）		152591.68	120523.26	212265.68	23178
2011	补偿	户数（户）	62	59	97	87
		人口（人）	190	154	272	250
	征使用总面积（亩）		208.10	152.10	303.20	246.79
	补偿费总额（元）		152149.01	120523.26	212265.68	29058
2012	补偿	户数（户）	62	59	97	87
		人口（人）	189	154	270	246
	征使用总面积（亩）		208.10	152.10	303.20	246.79
	补偿费总额（元）		151705.83	120523.26	211368.24	18741.40

2001 ~ 2012 年陆家村 5 ~ 9 组征土补偿费汇总表

表 13-5-13

年份			5组	6组	7组	8组	9组
2001	补偿	户数（户）					
		人口（人）		199	128	137	202
	征使用总面积（亩）			35	43	119	161
	补偿费总额（元）			10500	12900	85456	123645

（续表）

年份			5组	6组	7组	8组	9组
2002	补偿	户数（户）					
		人口（人）		199	128	137	202
	征使用总面积（亩）					119	161
	补偿费总额（元）			1200	10500	85906	122445
2003	补偿	户数（户）					
		人口（人）	236	220	140	137	206
	征使用总面积（亩）		184.53	181	35	119	161
	补偿费总额（元）		103359.61	69606.82	10500	85808.34	124953.79
2004	补偿	户数（户）					
		人口（人）	244	232	143	140	223
	征使用总面积（亩）		221.73	181	35	125	165.80
	补偿费总额（元）		580348.60	89707.52	14587.40	117540.06	173024.10
2005	补偿	户数（户）	82	80	45	47	71
		人口（人）	249	233.50	145.50	142	221.50
	征使用总面积（亩）		236.73	181	50.05	125	165.80
	补偿费总额（元）		391934	84521.98	203630	114060.61	167804
2006	补偿	户数（户）	83	78	44	47	71
		人口（人）	249	234	144	141	221
	征使用总面积（亩）		236.73	191.42	50.05	125	165.80
	补偿费总额（元）		205036	216172	1400	113220	167520
2007	补偿	户数（户）	83	78	45	47	74
		人口（人）	249	234	146	141	220
	征使用总面积（亩）		236.73	191.42	66.77	125	
	补偿费总额（元）		199980	84880	237272	113220.14	167192.76
2008	补偿	户数（户）	83	78	46	46	75
		人口（人）	249	232	147	138.50	217
	征使用总面积（亩）		236.73	244.28	95.87	125	165.80
	补偿费总额（元）		201740	750116	368060	111920.21	165611.96
2009	补偿	户数（户）	81	78	46	46	75
		人口（人）	248.50	232.50	147	138	216
	征使用总面积（亩）		250.30	260.04	106.24	125	165.80
	补偿费总额（元）		279578	282856	144662	111686.63	165149.56

（续表）

年份			5组	6组	7组	8组	9组
2010	补偿	户数（户）	81	78	46	46	75
		人口（人）	249	233	148	130	216
	征使用总面积（亩）		250.30	260.04	119.76	125	165.80
	补偿费总额（元）		97214.24	75344.25	175802	104966.63	152457.52
2011	补偿	户数（户）	81	78	46	46	75
		人口（人）	250	234	147.50	138	215
	征使用总面积（亩）		250.30	260.04	119.76	125	165.80
	补偿费总额（元）		95219.02	75811.50	12576.21	104929.82	152835.96
2012	补偿	户数（户）	81	78	44	46	75
		人口（人）	253	235	148	137	215
	征使用总面积（亩）		250.30	260.04	119.76	125	165.80
	补偿费总额（元）		96635.09	76207.75	14000	104465.14	152835.96

2001 ～ 2012 年陆家村 10 ～ 13 组征土补偿费汇总表

表 13-5-14

年份			小计	10组	11组	12组	13组
2001	补偿	户数（户）	255				
		人口（人）	785	233	210	202	140
	征使用总面积（亩）		1254				
	补偿费总额（元）		332429	97960	87610	84405	62454
2002	补偿	户数（户）	255				
		人口（人）	785	233	210	202	140
	征使用总面积（亩）		1254				
	补偿费总额（元）		332429	97960	87610	84405	62454
2003	补偿	户数（户）	255				
		人口（人）	784	234	212	204	144
	征使用总面积（亩）		1254	409	219	301	248
	补偿费总额（元）		560100.78	166789.06	148832.80	144036.36	100435.56
2004	补偿	户数（户）	255				
		人口（人）	810	246	217	205	142
	征使用总面积（亩）		1254	436	269	301	248
	补偿费总额（元）		876482.40	262839.20	234899.60	226621.20	152122.40
2005	补偿	户数（户）	255				
		人口（人）	803.50				
	征使用总面积（亩）		1254				
	补偿费总额（元）		835339.63				

（续表）

年份			小计	10组	11组	12组	13组
2006	补偿	户数（户）	255				
		人口（人）	801.50				
	征使用总面积（亩）		1254				
	补偿费总额（元）		833860				
2007	补偿	户数（户）	254				
		人口（人）	797.50				
	征使用总面积（亩）		1254				
	补偿费总额（元）		832260				
2008	补偿	户数（户）	254				
		人口（人）	793				
	征使用总面积（亩）		1254				
	补偿费总额（元）		830460				
2009	补偿	户数（户）	225				
		人口（人）	787				
	征使用总面积（亩）		1254				
	补偿费总额（元）		828060				
2010	补偿	户数（户）	255				
		人口（人）	777.50				
	征使用总面积（亩）		1254				
	补偿费总额（元）		752170.48				
2011	补偿	户数（户）	255				
		人口（人）	772				
	征使用总面积（亩）		1254				
	补偿费总额（元）		750109.36				
2012	补偿	户数（户）	249				
		人口（人）	768				
	征使用总面积（亩）		1356				
	补偿费总额（元）		1527144.68				

二、安置补偿

陆家村 13 个村民小组，界定安置补偿有 2300 人，按照市政府《补偿办法》及《补充意见》精神，2300 人每人享受安置补偿金 2 万元。年轻人可直接充入社保养老金，60 周岁及以上男性每月支付 120 元（按征［使］用土地计算，数额不等），女性在 55 周岁后每月享有同等金额补偿，发到满总额为止。其中，百年后统一结算余额，如数退还。安置补偿是失地居民生活保障又一项举措，是深得民心的一件大好事。

三、动迁补偿

2012 年底，陆家村动迁涉及 5 个村民小组，316 户。

动迁户拆迁安置费结算科学合理，村民住房变迁也很实惠。在动迁过程中，镇拆迁办派员深入动迁区域进行宣传发动，详细介绍有关政策及操作过程。首先，对动迁户房产进行丈量评估。按政策规定确定主屋、主次屋及次屋面积，按三等房屋价目计算出动迁房总价值。其中旧房总面积不到 200 平方米的补满平方计算，四世同堂户老龄人可补 40 个平方米，最后计算出动迁房总价值。其次，对动迁户装潢、家具、灶具、电器、井、水泥场、石驳岸、围墙、河滩、树木、竹园等一一作价，包括有线电视、自来水，详实计算出总价值。加上房产总值，确定动迁户应得总额，并进行反复校对补充和反复调整，直至动迁户认定正确无误签名为止。

另外，在安置房分配结算上，一般动迁户分配动迁安置房一大一中一小三套。旧房为大面积户，即三层楼或别墅洋房户，建筑面积在 300 平方米以上，安置房分配二大一中一小四套。也有个别户有异议，进行协商后都得到了妥善解决。原则上多余部分以现金结算。

安置动迁房分配，原则上动迁户签名后，由动迁办将分配房统一搭配好，装入信封，由动迁户各派一名代表同时进行抽取。个别户因老人、小孩的关系，对抽到的楼层不满意时，可以与邻里协商调换解决。自安置房分配动迁房签名之日起结算变迁补偿金。对过渡房的补贴，按照分配安置房面积前 18 个月，每平方米补 10 元；第二年每平方米补 20 元；第三年每平方米补 30 元。动迁贴款户拿到新房子后统一结算，多退少补。大面积户结算后，多余金额打入个人账户，补偿金也分期打入个人账户。

动迁户四代同堂的，根据实际情况（房屋面积大小），有的太爷爷和太奶奶可以拿到 1 万元补贴。经过自报互评，核准后由村打入现金存单直接兑现给各个老人。动迁政策深得人心。

四、土地股红分配

1998 年 9 月，陆家村进行了土地确权和发证工作。2002 年推行耕地流转种植新机制，全村 629 户，耕地 759.30 亩，确权人 743 人，同意将耕地流转给村上 5 户大农户承包种植，根据流转承包规定签订合同，交纳流转费 24112 元，由村委会结算兑现到户。至 2012 年，全村 323 户，580 人，151.91 亩耕地，98741.50 万元结算兑现到户。

2002 ~ 2012 年陆家村土地股红分配情况表

表 13-5-15

年份	人口数	亩数	亩均（元）	人均（元）	金额（元）
2002	743	759.30	31.76	32.45	24112
2003	747	721	60.78	58.66	43824
2004	747	301.40	128.53	51.86	38740
2005	853	305.68	139.87	50.12	42757
2006	852	299.65	248	87.20	74296
2007	852	297.48	249.34	83.89	71475
2008	852	219.85	343.47	88.63	75514
2009	580	159.96	550	151.68	87978
2010	580	146.44	550	138.86	80542
2011	580	151.91	600	157.15	91146
2012	580	151.91	650	170.24	98741.50

注：2002 ~ 2008 年结算中另扣除流转费。

五、其他补助

进入 21 世纪，陆家村党总支、村委会，千方百计、一心一意解决民生保障这件大事，按照村级经济实力，积极主动地做好各项具体工作。

爱心助学　根据调查摸底，2008 年，村上有 5 名学生就学困难，村上支出 4100 元，帮助困难学生就学。2009 年，村上发现 10 名学生就学碰上困难，准备辍学，村上拿出 6000 元，资助他们继续就学，完成学业。2012 年，村上有 8 名困难学生，家庭没有经济能力供读，村上拿出 2.30 万元爱心助学金，帮助困难学生继续完成学业。

2008 ~ 2012 年陆家村爱心助学情况简表

表 13-5-16

年份	人数	金额（元）
2008	5	4100
2009	10	6000
2010	7	21500
2011	9	28000
2012	8	23000

第十四章　民俗方言

陆家旧时称为菉葭，民间习俗、礼仪习俗、生产习俗、生活习俗等，均与邻近乡村基本相似，沿袭数百年，富有历史文化的传统性的特点，体现了水乡农村的地方特征。

新中国成立后，随着社会、经济的发展及村民生活水平的逐年提高，民间风俗习惯也在变化。尤其是改革开放后，村民受到社会新风尚的教育，一些损害百姓利益的陈规陋习，被人们所抵制，不少劣俗随之消亡。文明健康的风俗习惯，得以保留和传承，并且发扬光大，不断提升，成为农村文化根脉和文化底蕴的精髓，并受到保护、提高、深化和弘扬。同时，民俗文化凝聚民心，促进着社会进步。

第一节　习　俗

一、岁时习俗

（一）传统节日

农历正月初一　春节岁朝，俗称"大年初一"。春节岁朝子时开始，全村各户陆续燃放"开门炮仗"，声声不断，此起彼伏，犹如美妙激昂的音乐。传统说法，哪家先放，哪家财气先到。当家人开门放好炮仗就烧煮"年早饭"，菜肴丰盛，一家老小一起共餐。开饭前第一铲刀米饭喂家禽家畜，寓示丰年，祈盼来年丰衣足食，五谷丰登。早晨，全家人穿着一新，晚辈依次向长辈叩拜贺岁，长辈一一给晚辈"压岁钱"。接着，家长率晚辈向左右邻里贺岁，彬彬有礼地拱手道"新年快乐""恭喜发财"等口彩。客厅后窗口悬挂财神、寿星等轴画，家堂案桌上供奉着香烛、年糕、糖果，称之"祭家堂"。长幼依次瞻拜，怀念祖先。也有些家庭供祖先遗像，晚辈依次叩拜敬祖。途遇亲朋好友，都互相拱手祝贺，并邀请其新年做客。书香门第、大户人家都请人将拜帖送至亲朋好友家，俗称"飞帖"贺年。邻里、亲友登门习惯用青橄榄泡茶敬客，称之"元宝茶"。是日，旧时有很多传统习俗，尤忌动刀剪和动扫帚，认为动剪刀、菜刀、杀猪刀，有血光之灾；动扫帚则扫掉新一年财气，于是习惯把垃圾堆积在屋角里，寓示"年年有余，堆积如山"。另外，除了清晨烧头香、烧高香外，晚上户户守财香，越晚越好。睡前将鞋靴朝外翻转放在踏板上，寓示避过阎王的生死庚页。早上起身前打喷嚏，预示正月半晚上"走三桥"，可以保平安。

新中国成立后，倡导"移风易俗"过节，彻底破除了"吃新年，饱新年"的浪费习俗和封建迷信、算命求神、腐化堕落、聚众赌博等不良习俗。形成辞旧迎新、娱乐休闲、走亲访友、拥军优属、欢度春节的新风尚。特别是在社教运动、"文革"期间，"破旧立新"和反对封、资、修，村域内放鞭炮、祭祀和求神拜佛现象销声匿迹。传统的民间习俗完全消失，人们每天聚在热弯里烘脚炉、吃蚕豆、做针线、嘎讪胡，平淡地度过三天春节假期。

改革开放之后，村上又活跃了起来，春节七天小长假里恢复了除夕夜吃"大年夜饭""炒发禄""守财香"等习俗，人们边吃瓜果，边看央视节目至凌晨，放"关门炮仗"。年初一接"开门炮仗"。不少年轻人，包括企业老板，干脆守财一夜，赶早赴车塘颂恒观（旧称崇恩观）烧头香，吃年朝饭、拜年贺岁、送"压岁钱"等民间习俗又部分恢复。全村上下节日气氛浓郁，贺岁活动接二连三，一浪高一浪，显得充实有趣，祥和文明。

农历正月十五　是元宵节，又称上元节或灯会。元宵日，各村里锣鼓喧天，热闹非凡，舞龙调狮、猜灯谜、踏高跷、打莲湘、摇荡湖船等民间活动频繁，称之"闹元宵"。晚上，全村有着家家放鞭炮接灶君，户户吃元宵的风俗习惯。青少年把家里扎好的各种灯具，点上蜡烛，成群结队开展"走马灯"活动。灯笼千姿百态，五彩缤纷，成了闹元宵活动的一个亮点。另外，庆元宵活动还有"走三桥"，每人手持三支香和三包用红纸包着的小石子，每过一座桥在桥栏上插一支香，桥墩上压一红纸包，意可解祸。"告三姑娘"，3～4户7～8人聚在一起玩。2个年长一点的选用竹篾畚箕，在畚箕底上口插一根银针，畚箕底面用头巾布封没。操作者用中指抬着，无论从田角落里告田角姑娘，或从坑缸棚里告坑缸姑娘，门角落里告门角姑娘，都有一位口碑好的姑娘跪拜邀请。待畚箕点头三次，意味着告到了。因此抬到家后蹲在铺平的米糠旁，等候人群依次向三姑娘提问。发问内容包括年龄、生日、婚姻、生育、爱好等，活动气氛热烈。游戏结束后，把三姑娘送回原地告谢。看春台戏，也是当地的风俗，一般都在庙场或社场上搭台做戏2～3天，村上男男女女都去看戏，戏绝大多数是传统剧，包括《摘石榴》《借黄糠》《庵堂相会》《卖红菱》等。

猜谜语是元宵节家庭娱乐一绝。一家人聚在一起，一人出谜面，众人猜谜底，猜中了奖一把"杂脚"或糖果，这种习俗沿袭至20世纪60年代。之后，这种活动均由文化部门、企业工会组织举办，村上群众、职工踊跃参加，成为一趣。

清明节　冬至后第 108 天为清明，在公历 4 月 4、5、6 日三天之间的某一天。清明，自古以来是年中三大悼念亡人节之一。村域内百姓习惯于落后 "过清明" 的说法。祭祀祖宗，一般在上午 10 点开祭。烧香点烛，供上 "四荤二素" 菜肴（忌用牛肉和咸肉、咸鱼）、青绿团子、水果、烟和酒。当家人先后敬酒三次，家人相继跪拜，待香焚尽后化锡箔收祭。过节后上坟挂忏，接着大小女儿相继来上坟挂忏，送来团子，现代均送八宝粥、大米、方便面等挂忏物品。

新亡人断七后为时节。此日灵台上点香点烛，烧煮 "四荤二素" 菜肴祭拜。亲人前来跪拜哭泣，焚烧银箱衣衫，以示悼念。

村上少年儿童习惯在村梢、田头、塘岸边用砖瓦搭灶或掘泥潭灶做饭，叫作烧 "野火米饭"，俗称 "烧泥羹饭"。

是日，地方上有名望的长者出资请来戏班唱戏，让全村百姓看上 3 ~ 5 天 "春台戏"。

立夏　一年中二十四节气之一，定在每年的 5 月 6 日前后，习惯上将其作为一年中夏季的开始。立夏之日，家家户户都要用金花菜塌饼、莴苣、青蚕豆烧三样时鲜食品供神祭祖，名为 "立夏见三新"。丈母娘要为是年新婚的女儿女婿送去夏衣和扇子，供避暑之用。人们宴饮有烧酒、酒酿、海狮、馒头、面筋、莴苣、金花菜塌饼、青蚕豆、臭坯及清明时腌好的咸鸭蛋等物。并吃清明时买来挂在家中风干的大饼。小孩要在脖子上挂一只红线编就的内盛咸鸭蛋的 "蛋络子"，把煮熟的白孵蛋沿大门槛滚一遍再吃，表示吃蛋后白白胖胖，可防疰夏。小孩不得坐门槛，否则要连坐七条门槛方休。各家各户用大秤称人体重，到立秋再称，定夏季壮瘦。立夏后农作物生长渐旺，田间管理渐忙，有 "立夏三朝遍地锄" 之说。

端午节　农历五月初五是端午节，亦称 "端阳节"。村上家家用芦叶或竹箬裹糯米粽，粽子包着鲜肉、赤豆、枣子、豆沙、咸肉或咸蛋黄等各种食品，煮熟后，邻里之间、亲朋好友相互馈赠。此日旧时习惯用雄黄研末，加菖蒲根梢，泡制成 "雄黄酒"。小孩在额上用雄黄酒写个 "王" 字，并涂抹耳朵、手足心，说是夏季能避虫叮咬；还用雄黄酒喷洒墙壁、门窗。午时焚烧苍术、大黄、白芷、芸香几类中草药液避疫祛毒。端午节各户门首、床头插菖蒲、艾叶，挂蒜薹，称可祛邪。妇女用艾叶插在笠帽上避邪。小孩穿黄色布料为底的 "老虎衣裳"，上印蟾蜍、壁虎、蜘蛛、蛇及蜈蚣等 "五毒"，在各图案正中印一只老虎，意在镇服 "五毒"。并用五彩丝线结成小网袋，盛以独囊蒜头，挂在小孩胸前，用来避邪。

夏至　夏至日为交时，意味着炎热的开始。此日是北半球各地一年中白昼最长的一天，民间有着 "一日两日长" 和 "夏至不勒荠里" 的俗语，家家炒了不少蚕豆，据说荠里不好炒蚕豆。村民习惯在此日食用糯米赤豆枣子粥。传说 "夏至不吃粥，死后无人哭"。同时，村上习惯于食 "五黄"，包括黄鱼、黄鳝、黄蟹、黄瓜、黄花菜。另外，头莳七天、二莳五天、三莳三天，有着"三莳三送低田白种"的俗语，表示黄梅天气雨水多，易遭洪灾，人们务必重视排水抗洪，战胜自然灾害。

六月初三　农历六月初三是祭灶日。户户在灶堂上焚香点烛，供上糯米饼或糯米南瓜饼，糯米烤果及水果，解钱粮，待香焚止收祭。同时，六月十三、六月二十三也用同样的方式祭灶。民间有"六月祭三次灶，等于打了一场醮"的俗语，意为免去罪过，祈求太平。此俗渐废。

七月七　农历七月初七日为"乞巧节"，又名"七夕节"。民间认为七夕是牵牛星和织女星相会之时。农村习俗是在七夕之夜，祭祀织女，向她乞求智慧和技艺，叫作"乞巧"。夜晚有妇女对月用线穿针眼以辨视力好差等习俗。姑娘们采集鲜丽的凤仙花瓣，加明矾捣烂成糊，涂于无名指甲及小指甲上，名为"染红指"，表露着女子爱美之心。"乞巧节"成了现代青年人的"情人节"。

七月半　农历七月十五是"中元节"，俗称"鬼节"。当地有超前"七月半"的说法，村上无论清贫富贵，都要过节祭祀祖先，深表怀念。断七新亡人的家庭会在这个时节举行祭祀悼念仪式。烧香点烛，菜肴供奉，亲朋好友送来银箱焚烧。旧社会，是日，官府也兴设天坛打醮，在庙宇举行庙会，夜间放河灯。各庙场举行隆重的文艺活动，如唱大戏、耍猴子、舞龙等。做小生意的纷至沓来，村上男女老少前往烧香拜佛，轧闹猛，看热闹。新中国成立后这种活动基本消失。

八月半　农历八月十五日是中秋节，村上人习惯吃馄饨，午后吃糖芋艿。中秋之夜，旧时家家户户供桌于月下，桌上放着各式月饼及河菱、塘藕、石榴、栗子、白果等时令果品，焚香点烛，对月膜拜，俗称"斋月宫"。民间还有着"烧斗香"之俗，俗称烧夜香。新中国成立后，月饼成了民间时尚的馈赠礼品。中秋之夜，一家老少品尝月饼，边吃边赏月，成了现代人的雅兴。书香门第仍举"斋月宫"，老板家庭保持"烧斗香"习俗，祈盼财源广进，实体兴盛。

九月九　农历九月初九是重阳节。旧时，村上普遍蒸重阳糕，也有上街买的，男女老少都吃糕。"糕"与"高"谐音，取个口彩，寓示万事攀高，生活水平步步升高。重阳节登高避灾，插戴茱萸、赏菊、饮菊花酒或菊花茶以求长寿。新中国成立后此俗有所淡化。20世纪80年代起又盛行此俗，并且正式定为"老年节"。此日，政府部门、村民委员会向离退休老同志、高龄老年人发放节日费或慰问金；村企业和个私老板给老年人送"重阳糕"，开展各种各样的敬老活动。

十月朝　农历十月初一俗称"十月朝"。民间有着"亡人不走旱路"的俗语，表示此日绝大部分地区的天气为阴雨天。此日也是全年第三个"鬼"节。新亡人家庭与清明、七月半一样祭祀亡人，焚香点烛，菜肴果品供奉，还烧上银箱衣物祈求亡人温暖过冬。旧时，地方官员和村上地保牵头举办盛大的"十月庙会"，村民都积极参加庙会，烧香拜佛，力求盛世太平，风调雨顺，各业兴旺。新中国成立后，庙宇被毁，此俗基本消失。

冬至　交节时间一般在每年的 12 月 21、22 或 23 日中的一日。此日，民间有着"冬至一夜两夜长，有嘛吃一夜，无嘛冻一夜"的俗语。冬至是数九寒天的开始。村上有句农谚"冬至大如年"，因此，每年逢此节气，村民户户都要沽酒做菜，合家围坐，吃一顿像样的冬至夜饭，出嫁女儿也必须回家吃夜饭。如果有外出未归者，家人则在桌上留着碗筷，表示团团圆圆，快乐共餐。对新亡人家庭来说，这个时节与清明节、七月半、十月朝一样，亲人来举行祭祀仪式，悼念新亡人，祈求安息。

旧时，冬至节人们习惯磨粉做甜、咸馅团子。除供祭祖先外，还作为馈品赠送亲友，为"冬至团"。自此开始有着农历十二月二十三、二十四"谢灶团"，年尾岁首"糖年糕"，年初一"百岁小团子"，正月十五吃"元宵"等习俗。可谓家家磨声不绝，户户灶前忙碌。同时，户户开始筹办年货，杀猪宰羊、罱鱼窠、干鱼塘捕捞、腌制腊肉咸鱼，做好节前的各项准备。进入 21 世纪，办年货都进农贸市场和超市选购，还会选购各种各样的团子作为馈赠品，送给亲戚朋友。

腊八　农历十二月为腊月，十二月初八简称"腊八"。旧时每到腊八，寺院煮粥，内杂枣、栗、果仁，施散结缘，称作"腊八粥"。后来人们逐步把"腊八粥"作为冬令滋补食膳，形成煮吃习惯。吃腊八粥，讲究的以花生、莲心、红枣、白果、栗子、冰糖等食品煮成，与一般户用青菜、豆制品、胡萝卜烧煮成的粥不一样，冬令季节经常食用腊八粥有着延年益寿、祛病保健的滋补功能。

十二月廿四日　农历十二月廿四日俗称"廿四夜"。旧时，廿三、廿四，民间称为"年关"或"岁尾"，意为辛苦忙碌的一年快结束了。到了此日，农家田里活计暂告段落，家家开始打扫卫生，整顿清理客堂、衣橱、仓库、柴房、伙房灶间、猪舍牛棚，结篱笆，修桥补路等。掸檐尘的习惯已流传千百年了。一般，在外工作者、学徒、长工都在此日吃了年夜饭、拿了工钿（钱）回家过年。廿四日傍晚，户户有着在米囤、猪栏、牛棚、房间、鸡舍棚栏上插上干枯柏枝的习俗。此夜，村民有着"谢灶送灶君"的习俗，户户以"米粉糊"祭灶，在灶堂上烧香点烛，解足钱粮，放炮仗，焚灶君公公像，俗称"送灶君"，意为灶君吃了米糊，拿了钱粮，向天帝汇报只说好话，保佑下界四季太平。旧俗，来年正月十五以同样的礼仪为灶君公公接风，烧香点烛，在鞭炮声中把灶君公公请进贴着"上天言好事，下界保平安"的灶君阁内，开始新一年平安幸福生活。

农历十二月三十日（月小为廿九日）　农历十二月三十日是除夕，俗称"大年夜"。村上户户人家吃团圆夜饭，叫"吃年夜饭"，是民间至关重要的一顿晚饭，吃了年夜饭又长了一岁。接着夜间有"守岁"和"炒杂脚"的习俗。"炒杂脚"即把家中盛放的花生、瓜子炒熟，又称"炒发禄"，然后放在桌上一家人边吃边守岁。至第二日凌晨一点钟，放鞭炮，关上墙门、大门，称之"关门炮仗"。现代生活中，人们均进超市选购西瓜子、花生、葵花籽、糖果代替"炒杂脚"，一家人边吃果品，边看央视春晚节目，守岁至初一零时，燃放关门炮仗辞旧迎新。除夕夜人们都留在自己家中，只有当年有丧事的人家欢迎亲友到访并留饭。除此以外，一般人家不欢迎且忌讳串门。

（二）新节日

新中国成立以来，国务院曾规定全年的节日，除春节、清明节、端午节、中秋节、重阳节外，依据公历规定的法定节假日有：元旦（1月1日）、国际劳动妇女节（3月8日）、植树节（3月12日）、国际劳动节（5月1日）、青年节（5月4日）、国际儿童节（6月1日）、中国共产党成立纪念日（7月1日）、建军节（8月1日）、教师节（9月10日）和国庆节（10月1日）等。其中元旦、劳动节、国庆节法定休假，其他节日由相关组织安排活动。

二、生产习俗

（一）放田财

旧时，农历正月十五傍晚，村上农家盛行"放田财"，即持稻草火把在自己的田头焚烧，边烧边喊："汰汰田角落，一亩能收三石六……"祈求来年丰收，并视火色测天气灾情，红则为旱，白则为涝。这种习俗至人民公社化集体生产劳动时基本淡化，至联产到户规模经营时消失。

（二）二月二

农历二月初二，简称二月二。此日，村域内村民户户有着蒸糕吃"撑腰糕"的风俗习惯，此俗沿用至今。据说吃了"撑腰糕"，腰直腿健，干活有劲。

（三）二月十二

农历二月十二有"有利无利，但看二月十二"的农谚，此日俗称"百花十二"，亦为"百花生日"。届时天气晴好，则预兆百花盛开，是个兆丰年，否则是个减产年。农家均为果树贴红纸，名曰"赏红"，祈盼硕果累累。

（四）斋田头

农历七月十五日为中元节，村上农民有祭祀田神的习惯。带了团子、菜肴、瓜果，放在田岸交叉口，跪拜祈祷，祈求丰收，谓之"斋田头"。此俗合作化后消失。

（五）猛将社

相传猛将姓刘，出身穷苦，是治蝗虫的能手，后来上了天称为"上天皇"。农民为祈求驱虫害、获丰收，每年举行四次"猛将社"，一般10户左右结成一社，轮流负责供祭。四次"猛将社"的时间：第一次是正月十三日，是猛将的生日，称"新年"；第二次在三、四月间，称"秧田青"；第三次在七、八月间，称"做青苗"；第四次在十月份，称"砻头"。此俗一直持续到新中国成立前夕。

（六）投师规矩

旧时，社会上各行业的能工巧匠带徒传承技艺有两种情况：一为将手艺技术传给匠人自己的子孙，有些行当的绝技一般传子不传女，无所谓学徒期，学成即予毕业，可另立门户从业。另一种非亲属学徒，由社会知名人士介绍（集体化生产后由组织安排）投师，要举行拜师仪式，先备拜师酒，邀请师傅及业内长辈出席，宴席上徒弟向师傅行大礼并获业内长者认可，确认为师徒关系。有些行业还具投师纸，也即投师合同，言明学三年帮三年，主要牵涉人工和学费，在前三年徒弟与师傅同工，东家所付工资全由师傅收取，徒弟只在年终由师娘给点洗理费，用作零花。其间徒弟食宿在师傅家，自带粮食和蔬菜，兼做点家务活。后三年，师傅酌情给徒弟一点工钿。在经过业内严格的技术考核后，即可出师，届时备谢师酒，自谋出路或继续留在师傅门下从业。出师时，有的师傅还赠给徒弟一套必备的专业工具。拜师学艺已形成一种"一日为师，终身为父"的自然规矩，师徒感情甚笃，连绵多年，逢年过节，师徒间互相拜访，互赠礼品，办大事时，也互相往来，尤若"新亲"。名师出高徒，当这些高徒在社会上立牢脚头，具有一定声誉时始可带徒。同行间协商约定工资价目，若一人承包较大工程需增添人手时，"师徒优先"，完工后公平结账。同行中凡有拆台脚者将受谴责，影响 2～3 年收益。

三、生活习俗

（一）特殊婚俗

新中国成立前，村域内曾存在童养媳、娃娃亲、兑换亲、抢亲、纳妾、鬼婚等特殊婚俗，新中国成立后即废。只有"填房"婚俗延续到新中国成立后，系男人丧妻即断弦，再娶谓之"续弦"，又称"填房"，含阿姨接姐夫。寡妇招赘后夫，称"接台脚"，俗称"钻火洞"。当然，也有叔接嫂、伯接弟媳，上述名称在村民中偶有错位。这些婚俗可帮助破残家庭或特殊家庭赡养老人、抚育子女、摆脱贫困，有所得益。还有"入赘"婚俗也常可见到，即男子就婚于女家，并成为女方家庭成员之一，叫"入赘"（俗称"招女婿"）。一般是女方无儿子，为了继承宗嗣，而男方又家贫多子，无力娶亲，经媒人介绍而成，结婚时女方办酒席。旧时入赘的女婿必须改女家姓，生的儿女也姓女家姓。赘婿要赡养岳父母，有遗产继承权。新中国成立后仍有入赘的，可不改姓。

（二）服饰

1. 一般服装

服饰　旧时，村民穿着均以自己纺织的土棉布料为主，冬天常穿棉袄、加衫、棉裤、加裤，内穿布衫短裤；春夏秋三季穿夹袄、布衫、加衫和单裤、夹裤。外出办事或赴宴吃喜酒等穿着讲究一点，男穿长衫马褂、短装夹袄或棉袄加衫，妇女穿旗袍或短打夹衫夹裤，姑娘穿着更花哨一些。新中国成立前后，服饰有些改变，中青年男士穿着以中山装为主，也有穿长衫马褂和夹棉夹衫的；女士除了穿旗袍外，短打盛行大褂捂襟夹衫夹棉衣裳，美观大方，后又盛行对胸捂扣衣衫。20 世纪 80 年代后，村民除化纤布料外，逐步用毛、呢、麻织衣料，服装款式逐步注重时尚。

鞋子　20 世纪 80 年代前，农村的蒲鞋、草鞋、木板拖鞋、钉鞋、布鞋、棉鞋基本消失，逐步流行跑鞋、塑料拖鞋、雨鞋和皮鞋。20 世纪 90 年代，城乡盛行穿皮鞋、旅游鞋、保暖鞋和各类款式的凉鞋。2000 年之后，村民外出穿皮鞋、凉鞋、保暖鞋，在室内穿各类拖鞋。鞋子款式、质量层次逐趋高档，皮鞋和健身鞋为大家所喜爱。棉拖鞋、棉鞋又在儿童、中老年人群中流行。

帽子　清末民初，村上农民下田干活戴草帽、凉帽、笠帽；冬季戴棉帽、布单帽、瓜皮小帽、老毡帽、露头顶蚌壳帽、礼帽等。新中国成立初期，盛行戴鸭舌头解放帽、一克帽、军帽、礼帽及一些传统型帽子。社教、"文革"期间盛行戴鸭舌帽、军帽和生产劳动草帽。20 世纪 80 年代后，村域内村民戴绒线帽、罗宋帽、风帽、凉帽、草帽、太阳帽、牛仔帽、夹克帽、冲天帽、礼帽和一克帽等。

雨具　旧时，村民遮雨绝大部分头戴箬笠，身穿蓑衣或土布雨衣，上街赶集或出门办事撑土布雨伞，脚穿钉鞋。新中国成立后，雨具变化很大，在原有基础上增加了雨衣、雨披、尼龙伞、布伞、胶鞋、长筒靴和水田袜等，款式、品种多样化，质量、功能大有提高。

2. 特色服装

作裙　旧时，村上男女都围作裙。作裙用青色土布或蓝色土林布拼成两幅，前面两幅叠合处缝有暗袋，可放钱物。男士的长至脚踝，妇女的稍短，约至膝盖。此裙两侧打裥，上窄下阔，上端装腰，腰两边缝带子，考究者作裙带有花纹图案，女裙带还装红绿丝。作裙在田间劳动、做家务、赶集、走亲访友时都束，有着保暖、防污作用。20 世纪 80 年代末，农村中老年人还沿用，青年男女基本不束。20 世纪 90 年代开始，城乡妇女基本上盛行穿不同款式的裙子，取代了作裙。

包头巾　旧时，村上妇女都用包头巾，包头巾有着防晒、防风、防尘和保暖的作用，是劳动妇女必备的用品。包头巾一般用黑色、蓝色棉布制成，长约 40 厘米，宽 20 厘米，布面有色染、印花、绣花，四周绲边，一边角有红绿丝等。

包在头上时，把有带子的两角兜在发髻下披在背上，像蝴蝶的下翅。20 世纪 80 年代后，劳动妇女习惯于用羊毛方巾、花布无系带兜头和草帽。

围兜 旧时村上妇女都用围兜。围兜俗称"系腰扇""二宫裙""移身"。采用 30 ～ 60 厘米见方的黑布或蓝布装腰和系带而成。农村妇女的围兜做工特别讲究，有双层和单层之分。双层的上面一块小于下面一块，两层之间缝制一口暗袋，存放钱物，四周绲边，面上一块边角绣花，蓝布白边，十分素雅，系带红红绿绿，有一色绲边布带或纱带，美观大方。围兜，原是家庭妇女做家务时围在胸前防污之用，后来成了妇女赶集、看戏、走亲、访友的装饰，习惯系带。20 世纪 90 年代后，城乡居民均被"饭单"所取代，外出办事均不围围兜。

（三）发型

清朝，村上男子蓄发留辫子，妇女盘发髻，未婚女子留双辫或独根长辫。辛亥革命后，男子剪辫，开始头发齐耳，后逐步趋短，直至剃圆顶头、平顶头、光头。孩子剃桃子头，男青年一般理三七分头，后来妇女也剪掉发髻和长辫，一般齐肩或齐耳，也有烫发的。20 世纪 80 年代以来，发型变化很大，青年男子喜欢偏长的发型，女子有烫发、披肩长发、游泳式发型、童花式发型等，活泼美观。2000 ～ 2012 年，村上男女发型又发生了很大的变化，中老年人习惯于理短发，普通发型包括平顶头、游泳式或二分开。男青年逐步流行留长发，爱爆炸式，部分人染发和烫发，个别夏季剃光头。女子基本告别长辫子、系发髻，流行烫发、染色，发型一般以游泳式、童花式短发型为主，部分青年女子爱爆炸式、波浪式、后拖把式、左右拖把式发型。相当一部分中老年妇女爱长发型。少年、儿童也理三七开、童花式、游泳式等多种发型。

（四）佩戴

旧时女孩长到六七岁时，母亲要为她穿耳眼，以便长大了戴耳环。也有男孩父母怕他夭折，在一个耳朵上穿眼戴耳环，意思是拴住好养。成年男女都戴戒指，女子挂项链、戴手镯、耳环；孩子挂长命锁，戴脚镯。新中国成立后，佩戴首饰的习惯无形消失。20 世纪 80 年代中后期，男士爱戴方戒，女士流行戴耳环、韭菜戒和花戒，逐步盛行佩戴项链、颈链和手链，也有戴手镯等。儿童流行戴金木鱼、金锁片、手镯和颈链。进入 21 世纪，城乡居民佩饰逐趋高档次，戒指流行黄金、白金、翡翠、宝玉、钻石和珍珠的，佩戴玛瑙项链，部分男士爱戴粗手链，颈挂生肖玉物。

（五）饮食

主食 古往今来，村民主食都以米饭、米粥为主。面条、馄饨、饺子、团子、馒头、菜饼、大饼、油条、糕点、南瓜等为辅。逢年过节饮食较为丰富，年糕、烤果、粽子、月饼、元宵等亦作为早晚餐主食。

副食　旧时，水乡副食品以水产品为主，除渔民捕捞上市销售外，农村居民习惯于闲时捕鱼、捉蟹、捞虾、张鳝、拾田螺、扒蚌、耥螺蛳食用，也有上市场购买水产品食用者，基本上天天吃鱼腥。同时，猪、羊、牛、狗、鸡、鸭、鹅、蛋及瓜果、蔬菜、豆制品等均是常用食品。20世纪80年代后，开始食用草菇、平菇、香菇、金针菇、黑木耳、白木耳等菌菇类食品。此外尚有豆腐、豆腐干、油泡、面筋等，品种繁多。

餐次　村域内居民饮食习惯于一日三餐，早上俗称"吃粥"或"吃早饭"，一般以米粥或面条、点心、南瓜、山芋为主。中午称为"吃中饭""吃饭"，以干为主，一般家庭菜肴较为丰盛，也有吃米粥或面条的。晚上，称"吃夜饭"，是一日三餐中的重要之餐，有着吃少、吃好的习惯。因此晚餐菜肴荤素搭配，汤菜品类甚多，加饮酒类和饮料。当然，在特殊情况下，如企业职工加班、农村居民大忙时会加餐点心和半夜饭。

烹调　20世纪80年代村上烹调习惯于红烧、白烧、清蒸、生拌、炒、炸、烩、熘、爆。调料为盐、油、黄酒、酱油、味精、糖、醋、生粉等。20世纪90年代之后，烹调上与以往大同小异，但在日常生活中逐步讲究，烧煮菜肴以清淡为主，追求色香味和营养型，花式较多。用油上有菜油、花生油、玉米油、豆油、调和油、麻油、辣油和香油等，调味品也改用鸡精之类上品。21世纪初，城乡居民力求三搭配，荤菜少而精，以清蒸、烩炒为主，蔬菜爱食反季型无公害绿色蔬菜，海鲜进入普通家庭，汤料及烹饪也十分讲究。

炊具　长期以来，村民炊具以柴灶为主，多数为二眼灶，是烧饭炒菜的主要灶具。2000~2012年，村民柴灶成了备用灶具，烧煮均用电饭锅、微波炉、液化气灶。餐具仍以碗、碟、筷、勺为主，炊具档次有了质的飞跃。

饮茶　饮茶是城乡居民的传统习惯。旧时，街上茶馆成为品茶、会友、社交的活动场所。农民家庭饮茶均用炒大麦、金银花、菊花、枸杞子做茶叶，茶具为塔壶、铜茶壶、瓷茶壶等。20世纪80年代后，农村居民家庭仍保持饮大麦茶解渴的习惯。之后，村民普遍饮用龙井、碧螺春之类的绿茶。中老年人除了去茶馆喝茶外，回家招待客人都用名茶。而且，茶具多用一次性纸杯、玻璃杯、塑料杯和瓷杯，有相当一部分家庭用紫砂茶壶、紫砂杯招待客人。各村、社区老年人活动室、茶馆也用绿茶招待来客。

（六）交通

水网地区旧时外出以行走为主，或乘船、坐轿。出远门乘火车、轮船。20世纪80年代主要乘车，坐挂机船，骑自行车。20世纪90年代外出或上班用自行车、摩托车、汽车，很少乘船。进入21世纪，行走上街或上班的为数不多，绝大多数人骑自行车、电瓶车、三轮车等低碳绿色车辆。村里早年开通了102路公交车。2005 年开通 124、225、254 路公交车。2011 年开通 127 路，后又开通 322、100、101 及 103 路公交车。赶集、上班、走亲访友除乘公交车外，也骑车前往。其中有很多干部、职工驾驶摩托车或开私家汽车上班。公共自行车投放 400 余辆，分设于 14 个站点，极大地方便了群众的绿色出行。

（七）节场

节场俗称庙会。旧时，陆家村西有东岳庙，南有南圣堂，北有龙王庙，常有庙会，称之寺庙祭祀之日。因此，周边百姓，积极参与，庙会上香客云集，各地摊贩、竞技高手、舞龙调狮者、宣卷者、鼓手、耍猴人、变戏法者、杂技团、卖梨膏糖者、唱小热昏者等纷至沓来轧闹猛。

事前，地保率一帮人将菩萨全部新漆妆金，换上新袍，插上新旗牌。庙堂内打扫整洁，粉刷一新，以全新的面貌迎接一年一度的节场。庙场中央搭棚摆香案，供香客随到随时烧香跪拜。佛棚对面搭一个大戏台，请来戏班演唱"草台戏"。村上家家户户请来外村亲戚朋友做客、看戏，"留戏饭"。

是日，村上各甲组成舞龙队、龙舟竞技队，扎肉响、挑花篮、摇荡湖船等队伍一一到场。吉时到，庆典活动由地保宣布开始，霎时锣鼓喧天，鞭炮齐鸣。地保强调了比赛规则、安全防范及其目的——求菩萨保佑：驱瘟免疫、人口太平、风调雨顺、五谷丰登、六畜兴旺、国泰民安。接着，年轻力壮的男青年，抬菩萨至大广场上"朝老爷"（四人或八人抬了菩萨猛跑）。有的则把菩萨抬到船上，摇到各村兜一转，为"水上出巡"。同时，龙舟竞渡开始，热闹非凡。最精彩的一幕是临场抢亲，难得一见。由于当时男方定亲后，无力办婚事，或女家致富后嫌弃其穷，企图赖婚，也有公婆阻止寡媳再嫁，无奈之下，约好抢亲而采取此法。当时节场人山人海，预先安排好的抢亲队伍已潜入人群中，接近目标。只听准备好的爆竹一声巨响，准丈夫先一拉扯对象，其余帮手一拥而上，混乱中把新娘抢至家中。当晚成婚，生米煮成熟饭，菩萨当然都默许，遂得到社会认可。次日至女方家谢罪。一出好戏，闹剧变喜剧。

2006 ~ 2012 年，节场活动均由香头率香客求神拜佛，也有宣卷、唱戏、舞龙活动，但参加者属于中老年人，并且女性为主体。尤其是车塘建成颂恒观，全镇各地庙宇之佛像集中于此后，除七月十五日庙会大活动时人数近万，其余小活动仍按节场举行，参与人次也有近千人。村域内村民也有参加。

此外，村上居民还有参加三月廿八日崇恩观节场，四月十八日东岳庙庙会，六月廿三日泗桥庙会，七月十五日能仁寺庙会，七月三十日玉皇殿庙会，八月十四日痘司殿节场，八月十八日陆家浜汾水龙王庙庙会，除了求神拜佛，烧香点烛外，还增加技艺比赛、看大戏等活动。

第二节　宗教信仰

一、佛教

1946 年陆家村寺庙统计表

表 14-2-1

保别	庙宇位置	寺庙名称	供奉神像	瓦房间数	备注
四	韩泾河西	东行宫	城隍	3 间	已毁
四	韩泾河东	火神殿	雷火大帝	1 间	已毁
四	韩泾东	古园通庵	塑真武像	正殿 3 间	已毁
一	镇东南	玉皇殿	玉帝	12 间	已毁
一	南鹤塘浜西、油车江畔	南圣堂	观音	3 间	已毁
一	镇西弄之西	西行宫	城隍	3 间	已毁
九	镇西北	沪渎龙王庙	龙王	3 间	已毁
三	小夏驾河口	福严禅院	土地	3 间	已毁
六	天主堂东南	观音堂	观音	2 间	已毁
八	北更楼北	北圣堂	观音	6 间	已毁
八	北更楼永宁里	土地祠（木瓜司马二祠）	土地	1 间	已毁

　　历史上村域内村民中很多人信佛，人们祈求幸福生活、生活安康，祈盼盛世太平、风调雨顺、五谷丰登、六畜兴旺。小家庭无论发生什么事情，均去寺庙烧香拜佛，求佛为其排忧解难，指点迷津。除了庙会祭祀外，逢年过节、婚丧喜庆等都率先进寺庙祭祀。新中国成立时各寺庙已不见和尚、尼姑和道士等，只是由当地看庙人守着。地方上有丧事等一般请街上的脚班道士安排法事。

　　20 世纪 50 年代初，村域内庙里的"老爷"包括泥塑、木雕的菩萨，一个个被集中到村南端玉皇殿，卸下龙袍后浇上火油，一把火灭了。共计收集 26 套老爷服饰卖给了苏州古装戏院备用。留下的庙宇用作俱乐部、活动室、扫盲教室和办公室等。1951 年后，这些庙宇逐个被拆除。其中南圣堂拆后建成六队仓库（后在此办过菉葭大队耕读小学）；福严禅院原是个土地庙，先做解放军某部通信兵驻地，后安排给吴友生居住；北圣堂分给鲍阿四和冯坤翻建成民居。1957 年，最后拆除的玉皇殿用于扩建县三中，即菉葭中学。在社教、"文革"期间，人们的祭祀仪式有所淡化，但有些老年人还是悄悄地在老庙原基处烧支香烛，解点钱粮。进入 20 世纪 80 年代，在老庙基处搭建的简陋小庙宇规模变得越来越大。1989 年 8 月 15 日，陆家派出所组织联防队员对上述 13 个搭建物进行了清除。

改革开放之后，2004 年 8 月 18 日，重建东岳庙（颂恒观），大厅安放大佛三尊，东侧为全镇 8 村寺庙各佛的集中房。从此，村民来此祭祀和祈祷。

二、道教

清乾隆年间（1736 ~ 1795），道教庵观有香严观、玉皇殿、崇恩观等处，村上有陆、沈、陈三姓班子二十余人。民国时期，道士作为一种社会职业以为民打醮、谢土、送鬼、换心愿、斋皇、道场、接菁等祭祷仪式为生计，沿至新中国成立初期。

20 世纪 80 年代，村上仍有落葬做道场，为建（购）房户谢土，还有换心愿、打醮等法事。

三、天主教

据《江南传教史》记载，1865 年，蓁葭浜天主堂，已成为许多热心教友的中心会口。至民国 35 年（1946）传教鼎盛，占礼大节，到船千余。教友布面甚广，涉青浦、嘉定、太仓、常熟等地。教堂几经重建，2012 年村域内有信徒 228 户 652 人，绝大部分系渔民。

四、基督教

1946 年，美籍传教士沈约翰在陆家浜开设基督教浸会公堂，属于该教信会教派。

新中国建立后，1950 年由昆山、常熟、吴县三县组成"昆山浸会区联会"，属江苏省浸联会领导，蓁葭浜浸联会分堂有教徒 50 人，次年仅有教徒 14 人，之后逐年衰落。1996 年由昆山基督教会在陆家镇育才路租房，星期天做礼拜。1999 年在木瓜西路 15 号原锯板厂投资 50 万元建陆家基督堂，建筑面积 450 平方米，2000 年投入使用。至 2012 年教徒发展至 600 人，其中陆家村有 13 人入会并做礼拜。

第三节　方言谚语

一、称谓

太公（婆）、太太：曾祖父母　　侬子：儿子

大大、外公：祖父、外祖父　　图西：子女

阿婆、好婆：祖母

外婆、好婆：外祖母

爷：父亲（背称）

爸爸、爹爹、阿爸：父亲（面称）

娘：母亲（背称）

姆妈：母亲（面称）

伯伯、大伯、老伯：伯父

妈妈、老妈妈：伯母

爷叔：叔父

姆娘、婶娘：叔母

娘舅：舅父

舅妈：舅母

夫夫：姑父、姨夫

大姆娘：姑母

姆娘：姨母

慢爷、慢娘：继父、后母

伯母道里：妯娌

小官人、老公、老头子：丈夫

家主婆、老婆、老太婆：妻子

阿哥、哥哥：胞兄、堂兄、继兄

阿嫂：嫂嫂

兄弟、弟弟：胞弟、堂弟、继弟

小囝：小孩

小伙子：小青年、小男孩

小娘头：小姑娘、小女孩

拖油瓶：再婚带的子女

棺材角色：家伙

客边人：外地人

老娘：接生婆

师娘：巫婆

作头师傅：工头

脚班：搬运工

叫花子：乞丐

三只手、贼骨头：扒手、小偷

亲眷：亲戚

二婚头：二配

该个：这个

迪个：这个

能：你

伊：他

姆能：你们

伊特：他们

我侬：我们

弟妹：弟媳

二、方言

（一）生活

落起来：起床 　线粉：粉丝 　汏浴：洗澡

揩面：洗脸 　面老鼠：面疙瘩 　汏脚：洗脚

修面：刮脸 　做生活：干活 　白相：玩

吃粥、吃早饭：早餐 　吃烟：休息 　荡荡：散步

吃饭：午餐 　拆尿：小便 　合扑困：趴着睡

吃夜饭：晚餐 　拆污：大便 　困告：睡觉

饭粢：锅巴 　打瞌充：打瞌睡 　说困话：说梦话

（二）身体卫生

光榔头：光头 　肋棚骨：肋骨 　猪狗臭：狐臭

枯榔头：头　　　　　　昝兄窝：腋下　　　　　　羊头疯：癫痫

头皮屑：皮屑　　　　　手节头：手指　　　　　　小肠气：疝气

天门盖：头顶骨　　　　脚面头：膝盖　　　　　　风疹块：皮肤过敏症

额角头：前额　　　　　脚节头：脚趾　　　　　　死血：冻疮

眼见毛：睫毛　　　　　雀子斑：雀斑　　　　　　痒车：晕车

眼乌珠：眼睛　　　　　抓巴眼：斜眼　　　　　　肚皮拆：腹泻

鼻头管：鼻子　　　　　眯细眼：弱视　　　　　　着阴：受寒

邋遢胡子：络腮胡子　　对鸡眼：对视　　　　　　勿受用：生病

牙须：胡子　　　　　　聋鏨：聋子　　　　　　　发寒热：体温上升

嘴唇皮：嘴巴　　　　　哩馋：流口水　　　　　　发痧：中暑

酒窝：酒靥　　　　　　馋吐水：口水　　　　　　针疯：扎针

颈骨：脖子　　　　　　稀牙：儿童换牙　　　　　作脓：化脓

肩胛：肩　　　　　　　长蕾：粉刺　　　　　　　忌嘴：禁吃某东西

（三）房屋、用具

宅基：住宅　　　　　　灶头间：厨房　　　　　　抄：汤匙

客堂：客厅　　　　　　门杀：门闩　　　　　　　棉花胎：棉絮

开间：左右墙间距离　　走路头：过道　　　　　　被头：被褥

阶沿石：台阶　　　　　蝴蝶门：两扇小门　　　　被风洞：被窝

进深：前后墙的距离　　靠背椅子：椅子　　　　　捡验：镊子

木竹条：梁　　　　　　春凳：木制阔凳　　　　　白席：草席

门堂子：门框　　　　　钢宗锅子：铝锅　　　　　桩榔刀：菜刀

扶梯：楼梯　　　　　　汰衣裳板：洗衣板　　　　油盏头：油灯

屋面：屋顶　　　　　　弦线：缝针　　　　　　　台布：桌布

房里：卧室　　　　　　吊子：水壶　　　　　　　汤盏：小碗

（四）农事植物

田横头：田里　　　　　毛豆：青的大豆　　　　　山芋：番薯

罨壅：肥料　　　　　　地栗：荸荠　　　　　　　柿图：柿饼

柴罗／柴济：柴堆　　　谢菜：荠菜　　　　　　　老卜：萝卜

麦塞头：麦穗　　　　　大草／金花菜：苜蓿　　　红花草／花草：紫云英

番麦：玉米　　　　　　蓬花菜：茼蒿　　　　　　青黏苔：苔藓

番瓜：南瓜　　　　　　黄豆：大豆　　　　　　　花铃子：棉桃

长生果：花生　　　　　辣嘎：辣椒　　　　　　　奶奶头草：蒲公英

寒豆：蚕豆　　　　　　葵花：向日葵　　　　　　酱瓣头草：马苋齿

雷麦：元麦　　　　　　苣笋：莴苣　　　　　　　铃眼树：银杏树

（五）动物

众牲：牲畜	猪公：种猪	约是他：（小型）蝉
猪猡：生猪	白乌九：鹅	蛤：螃蟹
羊妈妈：羊	老虫：老鼠	蚰蟮：蚯蚓
牯牛：公牛	草鸡：本地鸡	洋牛：天牛
水牛：母牛	癞团：癞蛤蟆	蛘子：米中象鼻虫
活口：牲口	麻将：麻雀	蚕宝宝：蚕
湖羊：绵羊	田鸡：青蛙	打拳虫：孑孓
偷瓜畜：刺猬	菊蛛：蜘蛛	油火虫：萤火虫
老婆鸡：老母鸡	暂节：蟋蟀	赤蛋/孵偷蛋：不出鸡的蛋
鸭连连：鸭	知了：蝉	机扇夹：翅膀

（六）器具

缠条：篾折子	拖奋：拖把	斫刀：砍刀
挽子：掮粮用柳条箩	榔头：锤子	料刀：铡刀
孛乱：囤粮用的大匾	蒔头：锄头	决子：镰刀
山巴：小型柳条箩	铁镨：铁耙	船艄：船尾
团扁：小型扁	丫抢：叉子	平几：船舱板

（七）生活文化

讲张：说话	做女婿：入赘	放鹞子：放风筝
回头能：告诉你	枉东道：打赌	白相干：玩具
呒啥：没有	穿帮：败露	千跟斗：翻跟斗
骂山门：骂人	弄送：作弄	伴野猫：捉迷藏
做新妇：出嫁	洋盘：上当	师娘：巫婆
嫁囡：嫁女儿	轧桥：弄僵	唱社：跪拜
重身：怀孕	扛得住：忍受得了	花裙花衫：婚纱
讨娘子：娶妻	杨树头：两面倒的人	勃跤：摔跤
蜡烛：洋盘	吃豆腐：占人便宜	候通：订婚

（八）气象

日头：太阳	水泡头雨：雨云	开烊：地面冰融化
蒙蒙雨：毛毛雨	迷露：下雾	雷响：打雷
阵头雨：阵雨	秋拉洒：秋雨连绵	天打：雷击
星搬场：流星	野日头吃家日头：日食	野月亮吃家月亮：月食
鸡屎冰：冰层厚	鸡脚冰：冰层薄	水没：水灾

（九）地理

蓬尘：灰尘   田岸：田埂   火着：失火

村窟：村庄   啥场化：啥地方 阴忒：熄火

高墩墩：土丘 坝基：河埂   超石角：走近路

坟墩头：坟   坟窠罗：坟地   浜斗：河浜

（十）时令时间

今朝：今天   热天式：夏天 昨夜头：昨晚上

明朝：明天   秋场里：秋天 盖歇：现在

后日：后天   三春郎：春季 该枪是里：这时

格日子：前天 寒场里：冬季 有晨光：有时候

着格日子：大前天 打春：立春   老底子：过去

昨日：昨天   日中心里：中午 齐巧：正好

开年：明年   下昼：下午   啥晨光：何时

旧年：去年   上昼：上午   日脚：日子

前年：往年   垂夜快：傍晚 年夜快：年底

格年子：前年 黄昏头：上半夜 原先：过去

着格年子：大前年 夜里向：晚上 姜海：刚才

（十一）财贸

拍账：算账   赚头：盈利   一侧倒：货全卖光

进账：收入   拆账：利润分配 扯布：买布料

出账：支出   放强：减价   拷：油酒类零售

会钞：付账   轧账：审计   鲜：分量足

赊账：欠账   汪：分量不足 绕小脚：不肯歇

（十二）动（状）态

勒浪：在   拆空老寿星：一场空 嘎门相：无兴趣

滴背：捶背   赤客：漂亮   惬意：舒服

象心：满意   笃定：有把握 推板：差劲、劣势

傍真：当真   讨人厌：讨厌 捣糨糊：胡乱不负责

告：邀请   眼热：羡慕   独幅：执拗

吃排头：挨训斥 收捉：收拾   坍冲：难为情

掖开来：抖开 下作：下流   崭／呱呱叫：非常好

败形：难看   神气活现：骄傲狂妄 闹猛：热闹

结棍：厉害   倒胃口：恶心 照排头：够了

吼死：担心   牵丝攀藤：关系复杂 香鼻头：碰壁

夹嘴：挑拨　　　　柴气：讨厌　　　　来三：行

消地光：无理取闹　寻开心：玩弄别人　吊牢：挂念

触壁脚：说坏话　　来事：能干　　　　肉麻：舍不得

壳账：按计划　　　滑头：不诚实　　　石脚：跺脚

推头：推托　　　　洋盘：不精明　　　看人头：看人办事

懊牢：懊悔　　　　掮木梢：上当　　　犟头别脑：不肯认错

呒不：没有　　　　昏闷：不舒畅　　　丘：坏

依依：答应　　　　白白理：徒劳　　　蟒：密

回头：告诉　　　　勿壳张：没想到　　摆：放

拨：送给　　　　　听壁脚：窃听　　　闹：训斥

光火：发脾气　　　勿搭界：无关　　　枉东道：打赌

嘿思：忧虑　　　　半吊子：假内行

三、谚语

（一）保健谚语

春天喝碗河蚌汤，不生痱子不生疮。　　早吃好，中吃饱，晚吃少。

冬吃萝卜夏吃姜，不劳医生开处方。　　睡前洗脚，胜吃补药。

寒从脚起，病从口入。　　　　　　　　气气恼恼多生病，嘻嘻哈哈添寿命。

小病不医，大病难治。　　　　　　　　心宽体胖，勤劳体壮。

酒多伤人，色重伤神。　　　　　　　　会吃的吃千顿，不会吃的吃一顿。

能吃能睡，长命百岁。　　　　　　　　早跑晚散步，胜于良药补。

吃饭只能八成饱，睡觉要睡十足够。　　病来如山倒，病去如抽丝。

不染烟和酒，活到九十九。　　　　　　三天不吃回头食，两脚笔笃直。

（二）气象谚语

清明断雪，谷雨断霜。　　　　　　　　上昼薄薄云，下昼晒杀人。

东虹日头，西虹雨。　　　　　　　　　小满里的日头，晚娘的拳头。

处暑一声雷，瘪谷绕场堆。　　　　　　冰冻三尺，非一日之寒。

三朝迷露刮西风。　　　　　　　　　　三时三送，低田白种。

干净冬至邋遢年。　　　　　　　　　　春霜不隔夜。

落雨下雪年年有，不在三九在四九。　　小暑一声雷，倒转做黄梅。

四九中心腊，河里冻杀鸭。　　　　　　东北风，雨太公。

日枷风，夜（月）枷雨。　　　　　　　朝霞不出门，晚霞行千里。

早西夜东风，日朝好天公。　　　　　　乌云接日头，有天无日头。

西风杀雨脚，但等泥头白。　　　　　　上初四，下十六，阴阴湿湿过廿六。

两春夹一冬，被头里暖烘烘。　　　　霜后暖，雪后寒。

（三）农业谚语

腊肥一洮，春肥一勺。　　　　　　　白露白迷迷，秋分稻莠齐。

寸麦不怕尺水，尺麦怕寸水。　　　　伏里不搁稻，秋后喊懊牢。

娘好囡好，秧好稻好。　　　　　　　三月清明麦不莠，二月清明麦莠齐。

寒露无青稻，霜降一齐倒。　　　　　小暑发稞，大暑发粗。

人在岸上跳，稻在田里笑。　　　　　只有懒人，没有懒田。

稻熟要养，麦熟要抢。　　　　　　　种田怕耘稻，讨饭怕狗咬。

困得昏懵懵，六月初三浸稻种。　　　谷雨是旺汛，时刻值千金。

麦熟过条桥，适时动镰刀。　　　　　四五六月鱼长壳，八九十月鱼长肉。

（四）励志谚语

真金不怕火来烧。　　　　　　　　　为人不做亏心事，半夜敲门不吃惊。

好汉不吃眼前亏。　　　　　　　　　近朱者赤，近墨者黑。

一年之计在于春，一日之计在于晨。　不听老人言，吃苦在眼前。

少壮不努力，老大徒伤悲。　　　　　常在河边走，没有不湿脚。

三百六十行，行行出状元。　　　　　成事在天，谋事在人。

留得青山在，不怕没柴烧。　　　　　聪明一世，糊涂一时。

三百日不做，六十日赶忙。　　　　　苍天不负苦心人。

穿不穷，吃不穷，算计不到一世穷。　不图便宜不上当，贪小利失大财。

前人栽树，后人乘凉。　　　　　　　荒年饿不死手艺人。

拳不离手，曲不离口。　　　　　　　世上无难事，只要肯攀登。

（五）其他谚语

强龙斗不过地头蛇。　　　　　　　　船到桥头自然直。

有理无理，出在地理。　　　　　　　打蛇打在七寸上。

亲兄弟，明算账。　　　　　　　　　大难不死，必有后福。

嘴里说出糖来，腰里拔出刀来。　　　当局者迷，旁观者清。

一个好汉三个帮，一个篱笆三个桩。　耳听为虚，眼见为实。

野贼好捉，家贼难防。　　　　　　　肥水不流外人田。

大鱼吃小鱼，小鱼吃虾米。　　　　　臭猪头遇上龇鼻头。

上梁不正下梁歪。　　　　　　　　　牛皮不穿帮，只怕上真账。

外面金窝银窝，不及家里狗窝。　　　晒晒着着，烘烘赤脚。

福不双至，祸不单行。　　　　　　　不到长城非好汉。

要得好，老做小。　　　　　　　　　出头椽子先烂。

不怕凶，就怕穷。　　　　　　　　　挂羊头，卖狗肉。

蚊子不叮无缝的蛋。

老鼠过街，人人喊打。

长痛不如短痛。

喝水不忘掘井人。

四、俗语

半斤八两。

藕断丝连。

搬起石头打自己脚。

女大十八变。

不到黄河心不死。

小囡嘴里出真言。

不怕不识货，只怕货比货。

强扭的瓜不甜。

羊毛出在羊身上。

猪头肉三勿精。

打掉牙齿往肚皮里咽。

逆水行舟，不进则退。

公不离婆，秤不离砣。

杀鸡用牛刀。

狗眼不识泰山。

死要面子活受罪。

癞痢头儿子自家好。

兔子不吃窝边草。

好记性不及烂笔头。

先下手为强。

会哭的小囡有奶吃。

心有余力不足。

活要见人，死要见尸。

一钱逼死英雄汉。

家和万事兴。

远亲不及近邻。

有借有还，再借不难。

早知今日，何必当初。

江山易改，本性难移。

圆团来，塌饼去。

可怜天下父母心。

不管三七廿一。

瞒上不瞒下。

搞七廿三。

五、歇后语

脚炉盖当镜子 —— 看穿。

床底下放风筝 —— 大高而不妙。

关老爷卖豆腐 —— 人硬货不硬。

卫生口罩 —— 嘴上一套。

狗捉老鼠 —— 多管闲事。

木匠弹线 —— 眼开眼闭。

狗吃螺蛳壳 —— 两头掉不落。

杀鸡用牛刀 —— 大材小用。

石驳岸上罱泥 —— 硬铲。

鸡蛋里挑骨头 —— 故意寻事。

蜻蜓吃尾巴 —— 自吃自。

哑巴吃黄连 —— 有苦说不出。

乌九（龟）垫床脚 —— 硬撑。

乌龟碰石头 —— 硬碰硬。

驼子跌在田岸上 —— 两头不着实。

叉袋里掼钉 —— 自戳出。

小和尚撑阳伞 —— 无法无天。

三只手指捏田螺 —— 稳笃笃。

飞机上钓蟹 —— 悬空八只脚。

老鼠钻进风箱里 —— 两头受气。

钥匙挂在胸口上 —— 开心。

牯牛身上拔根毛 —— 小意思。

麻子脸上抹粉 —— 蚀煞老本。

两个哑巴睡在一横头 —— 无话可说。

瞎子吃馄饨 —— 心里有数。

脱裤子放屁 —— 多此一举。

泥菩萨过河 —— 自身难保。

顶石臼做戏 —— 吃力不讨好。

姜太公钓鱼 —— 愿者上钩。

千里送鹅毛 —— 礼轻仁义重。

小葱拌豆腐 —— 一清二白。

肉包子打狗 —— 有去无回。

叫花子搬场 —— 一无所有。

弄堂里拔木头 —— 直来直去。

叫花子欺难民 —— 穷人欺穷人。

临时上轿穿耳朵 —— 抱佛脚。

竹篮打水 —— 一场空。

瞎子磨刀 —— 快了。

棺材里伸手 —— 死要钱。

陆家浜鼓手 —— 来得勒来。

青竹头掏粪坑 —— 越掏越臭。

飞蛾扑火 —— 自取灭亡。

烧香望和尚 —— 一事两勾当。

黄鼠狼给鸡拜年 —— 没安好心。

猪八戒照镜子 —— 两面不是人。

六月里着棉鞋 —— 热脚难过。

半个铜钿 —— 不成方圆。

露水夫妻 —— 好景不长。

第十五章　人物荣誉

陆家村地处镇区周边，人杰地灵，英才辈出，古今不绝，自明、清以来多有志载。1949年新中国成立后，大队、村党政干部率领群众在党的领导下，在社会主义建设中，团结拼搏，勇于创新，涌现出一批批劳动模范和先进工作者，成为人们心目中的楷模和学习的榜样。

科学技术是第一生产力，百年大计教育为本，自党的十一届三中全会以来，义务教育得以普及，村民文化素养普遍提高，接受高等教育人数剧增。截至2012年统计，全村本地大学生283名，占全村总人口的12.3%，必将成为社会主义新农村建设的一支生力军。

第一节　先进集体

一、苏州市以上先进集体

表 15-1-1

授予年份	单位	荣誉称号	授予单位
1979	陆家大队	先进团支部	共青团江苏省委
1990	陆家村	苏州市人民调解先进集体	苏州市司法局
1992	陆家村	苏州市人民调解先进集体	苏州市司法局
1998	陆家村	江苏省卫生村	江苏省爱卫会
1999	陆家村	国家取水许可证	国家水利部
1999	渔业村	江苏省卫生村	苏州市爱卫会
2006	陆家村	生态村	江苏环境保护委员会
2006	陆家村	修复渔业生态，保护生态环境	苏州市"行动"领导小组
2006	陆家村	"促进行动"先进村	苏州市"行动"领导小组
2010	陆家村	档案工作示范村	江苏省档案局
2011	陆家村	档案工作二级单位	江苏省档案局

（续表）

授予年份	单位	荣誉称号	授予单位
2011	陆家村	新农村建设示范村	苏州市委、市政府
2011	陆家村	苏州市公共文化传播优秀村	苏州市文化广电新闻出版局

二、昆山市先进集体

表 15-1-2

授予年份	单位	荣誉称号	授予单位
1978	陆家大队	昆山县农业先进集体	昆山县革委会
1978	渔业大队	昆山县计生先进集体	昆山县革委会
1983	陆家村	昆山县民兵工作"三落实"通令嘉奖	昆山县政府、县人武部
1985	陆家村	昆山县农业优秀集体	昆山县政府
1991	陆家村	昆山市单项经济发展先进村	昆山市委、市政府
1992	陆家村	1991~1992综合治理先进单位	昆山市委、市政府
1992	陆家村	昆山市计生先进集体	昆山市政府
1993	陆家村	外贸交易额先进	昆山市委、市政府
1994	陆家村	"六有十无"双文明村	昆山市委、市政府
1995	陆家村	"六有十无"双文明村	昆山市委、市政府
1996	陆家村	"六有十无"双文明村	昆山市委、市政府
1997	陆家村	昆山市两个文明建设村	昆山市委、市政府
1998	陆家村	首批昆山市科普文明村	昆山市委宣传部、科协
1998	陆家村	双文明先进村	昆山市委、市政府
1999	陆家村	市级农业普查先进单位	昆山市统计局、普查办
1999	陆家村	综合治理先进集体	昆山市委、市政府
1999	陆家村	两个文明建设先进村	昆山市委、市政府
1999	陆家村	安全文明村	昆山市委、公安局
2000	陆家村	双文明建设先进村	昆山市委、市政府
2004	陆家村	先进民兵营	昆山市政府、武装部
2005	陆家村	精神文明建设先进村	昆山市精神文明办公室
2005	陆家村	安置帮教先进集体	昆山市司法局
2005	陆家村	健身操赛优胜奖	昆山市老年人体协会
2005	陆家村	档案先进集体	昆山档案局人事局
2006	陆家村	修复渔业生态，保护生态环境	昆山市渔政协会
2006	陆家村	修复渔业生态，保护生态环境	昆山市渔政监察管理站
2007	陆家村	"门球杯"赛优秀奖	昆山市门球协会

（续表）

授予年份	单位	荣誉称号	授予单位
2008	陆家村	民主法治示范村	昆山市民主法治领导小组
2009	陆家村	昆山市第三届门球赛十佳优胜队	昆山市老龄体协、门球协会
2009	陆家村	昆山学习型社区	昆山市社区教育办公室
2010	陆家村	优秀学习品牌活动三等奖	昆山市社区教育培训学院
2010	陆家村	数字化学习实验社区	昆山市社区教育办公室
2010	陆家村	社区教育先进单位	昆山市社区教育办公室
2011	陆家村	敬老爱老助老先进单位	昆山市老龄工作委员会

三、陆家镇先进集体

表 15-1-3

授予年份	单位	荣誉称号	授予单位
1991	陆家村	先进党支部	中共陆家镇委员会
1991	无纺厂	工业先进单位	镇政府、农工商总公司
1991	妇代会	计生先进	陆家镇人民政府
1991	陆家村	行政管理先进	陆家镇人民政府
1991	陆家村	综合治理先进	陆家镇人民政府
1992	陆家村	先进党支部	镇党委、镇政府
1992	团支部	先进团支部	镇党委、镇政府
1993	陆家村	民兵先进集体	镇党委、镇政府
1993	陆家村	行政管理先进集体	镇党委、镇政府
1993	陆家村	工业先进集体	镇党委、镇政府
1994	陆家村	先进党支部	镇党委、镇政府
1994	陆家村	先进团支部	镇党委、镇政府
1994	陆家村	计生先进集体	镇党委、镇政府
1994	林谷沙	工业先进集体	镇党委、镇政府
1994	陆家村	多种经营先进集体	镇党委、镇政府
1994	陆家村	三产先进集体	镇党委、镇政府
1995	陆家村	多种经营先进村	镇党委、镇政府
1995	陆家村	先进党支部	中共陆家镇委员会
1996	陆家村	先进党支部	中共陆家镇委员会
1996	陆家村	先进妇代会	镇党委、镇政府
1996	陆家村	行政管理先进村	镇党委、镇政府
1996	陆家村	多种经营先进集体	镇党委、镇政府

（续表）

授予年份	单位	荣誉称号	授予单位
1996	陆家村	老龄工作先进集体	镇老龄工作委员会
1996	陆家村	行政管理先进村	镇党委、镇政府
1996	陆家村	先进党支部	中共陆家镇委员会
1997	陆家村	经济发展先进村	镇党委、镇政府
1997	陆家村	行政管理先进单位	镇党委、镇政府
1997	陆家村	先进妇代会	镇党委、镇政府
1997	陆家村	老龄工作先进单位	镇老龄工作委员会
1998	陆家村	老龄工作先进集体	镇老龄工作委员会
1999	陆家村	计生协会先进集体	镇计生协会
2000	陆家村	先进党支部	中共陆家镇委员会
2002	陆家村	艺术节优秀组织奖	陆家镇人民政府
2002	陆家村	综合治理先进集体	陆家镇人民政府
2002	陆家村	四好妇代会	镇妇女联合会
2004	陆家村	优秀党支部	镇党委、镇政府
2005	陆家村	先进党支部	中共陆家镇委员会
2006	陆家村	征兵工作先进单位	陆家镇人民政府
2007	陆家村	门球友谊赛优胜奖	镇老年体协
2007	陆家村	健身球操赛优胜奖	陆家镇人民政府
2007	陆家村	老龄工作先进集体	镇老龄工作委员会
2008	陆家村	老年健身比赛优胜奖	陆家镇人民政府
2008	陆家村	中老年健身球赛优胜奖	陆家镇人民政府
2008	陆家村	健身球赛道德风尚奖	陆家镇人民政府
2009	陆家村	第九届健身球操第四名	陆家镇人民政府
2009	陆家村	第九届门球赛第二名	陆家镇人民政府
2009	陆家村	第九届艺术节优胜奖	陆家镇人民政府
2009	陆家村	老年文体活动先进单位	镇老年体协
2011	陆家村	"一村一品"文艺展演优秀奖	陆家镇人民政府
2011	陆家村	第三届启发杯舞龙大赛银奖	陆家镇人民政府
2011	陆家村	太极柔力球比赛优秀奖	陆家镇人民政府
2011	陆家村	建党90周年知识竞赛二等奖	中共陆家镇委员会
2011	陆家村	第六届门球比赛优胜奖	陆家镇人民政府
2011	陆家村	第十一届"一村一品"优胜奖	陆家镇人民政府
2011	陆家村	第四届体育赛第四名	陆家镇人民政府

第二节　先进个人

一、全国、省先进个人

表 15-2-4

授予年份	姓名	荣誉称号	授予单位
1991	陈伯华	优秀教育工作者	江苏省教委、人事局
1993	宋郑还	全国优秀教育工作者	国家教育部
1994	宋郑还	享受政府特殊津贴	国务院
1996	夏小良	创造者科技先进个人	江苏省科技委
1997	夏小良	义务教育、 教育先进	江苏省教委
2001	卢小萍	统计工作先进者	江苏省乡镇企业管理局
2002	陆建英	先进村组财会人员	农业部农经司
2006	顾建英	全国健身球赛优胜奖	全国球赛组委会

二、苏州市先进个人

表 15-2-5

授予年份	姓名	荣誉称号	授予单位
1991	包文彩	优秀教育工作者	苏州市教育局
1993	沈　源	苏州市劳动模范	苏州市人民政府
1994	孙优强	优秀工会工作者	苏州市总工会
1997	卢小萍	统计先进工作者	苏州市统计局
1997	陆彩英	农经先进工作者	苏州市人事局、统计局
1998	戴培华	农经先进工作者	苏州市人事局、多管局
1999	卢小萍	统计工作先进者	苏州市人事局、统计局
2004	胡水英	先进教育工作者	苏州市教育局
2004	夏小良	党史工作先进工作者	中共苏州市党史工作办公室

三、昆山市先进个人

表 15-2-6

授予年份	姓名	荣誉称号	授予单位
1979	李玉明	先进个人代表	昆山县人民政府
1989	宋郑还	昆山市劳动模范	昆山市人民政府

（续表）

授予年份	姓名	荣誉称号	授予单位
1990	戴林生	普法守法保护渔业资源先进个人	昆山市多管局
1991	陈鸣志	社会治安先进二等奖	昆山市人民政府
1993	方荣官	昆山市劳动模范	昆山市人民政府
1993	沈源	昆山市劳动模范	昆山市人民政府
1993	方荣官	昆山市优秀共产党员	中共昆山市委员会
1997	方荣官	荣立三等功	昆山市人民政府
1998	陆凤弟	致富能手	中共昆山市委员会
2001	陆建英	昆山市十佳女财会工作者	昆山市人民政府
2001	戴培华	致富能手	中共昆山市委员会
2001	曹根妹	2000～2002年计生先进个人	中共昆山市委员会、昆山市人民政府
2002	高峰	百佳人民调解员	昆山市司法局

四、陆家镇先进个人

表 15-2-7

授予年份	姓名	荣誉称号	授予单位
1986	李玉明	优秀党员	镇党委、镇政府
1986	陈宝林	工业先进个人	镇党委、镇政府
1986	王阿林	工业先进个人	镇党委、镇政府
1986	万林生	工业先进个人	镇党委、镇政府
1986	戴伟明	工业先进个人	镇党委、镇政府
1986	朱东良	工业先进个人	镇党委、镇政府
1986	李阿昌	农业先进个人	镇党委、镇政府
1986	吴杏珍	农业先进个人	镇党委、镇政府
1986	徐金虎	副业先进个人	镇党委、镇政府
1986	方荣官	先进教导员	镇党委、镇政府
1986	朱阿毛	调解先进个人	镇党委、镇政府
1986	顾建英	计划生育先进工作者	镇党委、镇政府
1986	曹根妹	计划生育先进个人	镇党委、镇政府
1986	潘阿大	计划生育先进个人	镇党委、镇政府
1987	陆守方	优秀党员	镇党委、镇政府
1987	李玉明	优秀党员	镇党委、镇政府

（续表）

授予年份	姓名	荣誉称号	授予单位
1987	陈定宏	工业先进个人	镇党委、镇政府
1987	陈阿元	工业先进个人	镇党委、镇政府
1987	吴秀珍	工业先进个人	镇党委、镇政府
1987	陆凤珍	工业先进个人	镇党委、镇政府
1987	陆阿三	工业先进个人	镇党委、镇政府
1987	张健初	工业先进个人	镇党委、镇政府
1987	李阿昌	农业先进个人	镇党委、镇政府
1987	张学明	农业先进个人	镇党委、镇政府
1987	方荣官	先进教导员	镇党委、镇政府
1987	陆金元	优秀民兵干部	镇党委、镇政府
1987	凌阿道	五好家庭	镇党委、镇政府
1987	陆凤宝	计划生育先进个人	镇党委、镇政府
1987	曹云娣	计划生育先进个人	镇党委、镇政府
1988	李玉明	优秀共产党员	镇党委、镇政府
1988	戴道生	优秀共产党员	镇党委、镇政府
1988	陈国栋	工业先进个人	镇党委、镇政府
1988	李建文	工业先进个人	镇党委、镇政府
1988	陆建英	工业先进个人	镇党委、镇政府
1988	陆阿三	工业先进个人	镇党委、镇政府
1988	张建初	工业先进个人	镇党委、镇政府
1988	陆金元	农业先进个人	镇党委、镇政府
1988	顾建英	先进个人	镇党委、镇政府
1988	张　妹	五好家庭	镇党委、镇政府
1988	凌阿道	五好家庭	镇党委、镇政府
1988	曹玉林	优秀团员	镇党委、镇政府
1988	方荣官	优秀教导员	镇党委、镇政府
1989	李玉明	优秀共产党员	镇党委、镇政府
1989	潘　浩	优秀共产党员	镇党委、镇政府
1989	戴道生	优秀共产党员	镇党委、镇政府
1989	李建文	工业先进个人	镇党委、镇政府
1989	陆阿三	工业先进个人	镇党委、镇政府
1989	陈月芳	农业先进个人	镇党委、镇政府
1989	陆金元	多种经营先进个人	镇党委、镇政府

（续表）

授予年份	姓名	荣誉称号	授予单位
1989	顾建英	计生先进工作者	镇党委、镇政府
1989	沙炳文	五好家庭	镇党委、镇政府
1989	曹玉林	优秀团员	镇党委、镇政府
1989	方荣官	优秀教导员	镇党委、镇政府
1990	方荣官	工业先进个人	镇党委、镇政府
1990	李建国	工业先进个人	镇党委、镇政府
1990	陆阿三	工业先进个人	镇党委、镇政府
1990	张祥官	农业先进个人	镇党委、镇政府
1990	戴培华	多种经营先进个人	镇党委、镇政府
1990	张定兰	妇女工作先进工作者	镇党委、镇政府
1990	曹玉林	先进共青团员	镇党委、镇政府
1990	陈鸣志	安全生产先进个人	镇党委、镇政府
1990	李玉明	优秀党员	镇党委、镇政府
1990	戴道生	优秀党员	镇党委、镇政府
1990	戴林生	优秀党员	镇党委、镇政府
1993	孟 胜	优秀团员	镇党委、镇政府
1993	顾建英	计生先进个人	镇党委、镇政府
1993	陈宝林	调解工作先进工作者	镇党委、镇政府
1993	陆建英	先进财会工作者	镇党委、镇政府
1993	李建国	工业先进个人	镇党委、镇政府
1993	沈 萍	安全生产先进工作者	镇党委、镇政府
1994	方荣官	优秀党员	中共陆家镇委员会
1994	方荣官	优秀民兵干部	镇党委、镇政府
1994	陈宝林	综治调解先进工作者	镇党委、镇政府
1994	陆建英	先进财会工作者	镇党委、镇政府
1994	茆 忠	工业先进工作者	镇党委、镇政府
1994	周建平	工业先进工作者	镇党委、镇政府
1994	张祥官	农业工作先进者	镇党委、镇政府
1994	施小妹	十佳新风户	镇党委、镇政府
1995	方荣官	优秀党员	中共陆家镇委员会
1995	方荣官	优秀民兵干部	镇党委、镇政府
1995	陈宝林	综合治理调解先进工作者	镇党委、镇政府
1995	陆建英	先进财会工作者	镇党委、镇政府

（续表）

授予年份	姓名	荣誉称号	授予单位
1995	周建平	工业先进工作者	镇党委、镇政府
1995	张祥官	农业先进工作者	镇党委、镇政府
1995	施小妹	十佳新风户	镇党委、镇政府
1996	方荣官	优秀党员	中共陆家镇委员会
1996	顾建英	计划生育先进工作者	镇党委、镇政府
1996	李建国	工业先进工作者	镇党委、镇政府
1996	唐俊元	工业先进工作者	镇党委、镇政府
1996	张祥官	农业先进工作者	镇党委、镇政府
1997	潘　浩	优秀共产党员	中共陆家镇委员会
1998	曹玉林	优秀共产党员	镇党委、镇政府
1998	潘　浩	优秀共产党员	镇党委、镇政府
1998	顾林生	五好文明家庭	镇党委、镇政府
1999	曹玉林	优秀共产党员	镇党委、镇政府
1999	陆凤弟	优秀共产党员	镇党委、镇政府
2000	潘　浩	五好文明家庭	陆家镇妇女联合会
2000	曹玉林	优秀共产党员	镇党委、镇政府
2000	曹根妹	优秀共产党员	镇党委、镇政府
2001	陈月芳	优秀共产党员	镇党委、镇政府
2003	陆建英	优秀共产党员	镇党委、镇政府
2004	陆建英	两个文明先进个人	镇党委、镇政府
2004	胡光明	民兵工作先进个人	镇党委、镇政府
2005	陆建英	优秀共产党员	镇党委、镇政府
2007	方建忠	优秀共产党员	镇党委、镇政府
2007	方建忠	培训工作先进个人	镇党委、镇政府
2008	胡光明	优秀共产党员	镇党委、镇政府
2010	高　峰	优秀共产党员	镇党委、镇政府
2011	高　峰	优秀共产党员	镇党委、镇政府
2012	陈永华	模范军属	镇党委、镇政府
2012	潘惠清	优秀退伍军人	镇党委、镇政府

五、模范军属

陆家镇、村有着评选模范军属的光荣传统，激励军属为国争光。1989年起，村军属家庭中，有3组张祥官、陈伯生，4组陈建忠，5组陈永华，6组陈立德，

9组顾正华，12组徐小弟等户，被评为模范军属。如2011年入伍的新兵陈晨，家长陈永华热情支持儿子，鼓励儿子从军报国，嘱咐儿子上部队工作要积极，锻炼要刻苦钻研，表现要突出，时刻听党和首长的话。陈晨在部队被评为"优秀士兵"，一年后光荣加入中国共产党，他的成长、进步，离不开父母的精心教导。当年陈永华户被评为"模范军属"。

第三节　知名人物

一、陆家村知名人士表

表 15-3-8

姓名	性别	出生时间	文化程度	职称职务	工作单位
吴秋德	男	1930.4	小学	曾任村民兵营长、治保主任	陆家村
陈伯荣	男	1939	大学	曾任市组织部长、教育局长	昆山市人民政府
陈伯华	男	1947.5	高中	曾任中心校校长、市招办副主任	昆山市招办
张白妹	女	1952.8	中专	曾任市劳动局副局长	昆山市人民政府
夏小良	男	1966.7	大学	曾任市委常委、副市长	昆山市人民政府

二、陆家村赴外工作人员表

表 15-3-9

姓名	性别	出生时间	文化程度	职称职务	工作单位
朱凤林	男	1934	大学	高级工程师（享受国务院津贴）	西安东方机械厂
陈振官	男	1937	大学	高级设计师	北京航空航天研究所
陆见康	男	1941	大学	高级工程师	常州戚墅堰机车车辆厂
李智康	男	1935	大学	副教授、系主任	西安冶金建筑学院社科部革命史教研室
潘宗业	男	1933.10	小学	离休干部	苏州市公安局
朱振亚	男	1933	大学	副教授、俄语翻译	山西太原理工大学
朱东平	男	1941	大学	高级工程师	山西长城光电子公司
吴文元	男	1946	大学	工程师	湖南长沙轻工设计院
陆荷生	男	1945.7.9	大学	工程师	贵州省安顺市云马飞机制造厂

三、历史人物

周伦（1461～1542），字伯明，号贞翁，陆家镇人。明弘治十二年（1499）

举进士，官至南京刑部尚书。嘉靖年间（1522～1566）年八十卒，赐谥康僖公，葬蓁溪之西周都坟。著有《贞翁净稿》12卷、《西台纪闻》2卷、《医略》4卷、《奏议》2卷、《诗集》8卷。

诸世器（1728～1776），字景筠、敬甫，号竹庄，陆家镇人。世器幼甚慧，15岁补博士弟子员。后应南北闱试10余次不售。清乾隆壬午（1762）南巡，献赋行召试拟进呈，后因小误作罢。以后曾应陕西巡抚毕浣招用。乾隆三十九年（1774）归里，作《蓁溪志》行世。世器博闻强记，尝自编所作《亲雅堂诗钞》，后手订《退学斋集》6卷，皆未定本，惟《诗释地》8卷、《蓁溪志》4卷藏于家中。卒年49岁。

郑守金（1887～1949），号士才，陆家镇韩泾滩人，世代业医，擅长妇科。据《开封郑氏世谱》载，郑氏祖先郑居中与其子修年、亿年、侨年均为宋代官吏。南宋建炎年间（1127年），金兵入侵，郑氏随宋高宗率老少一百余口南渡来吴，聚族昆山，此为昆山郑氏始祖。至郑氏第十三世郑公显时，受妻氏之外祖薛辛之医术，遂累世业医，至第三十七世郑守金，已历700余年，无有间息，医术更精。郑氏女科，遍布吴中，如苏州、吴县、昆山、太仓、嘉定等地。至明代，有郑和阳编著《济阴万全方》2卷，郑春敷编著《产宝百问》2卷，均无刻本。士才女鸣智、子婿友仁、幼子天士皆克承家业，行医济世。

徐承谟（1906～1986），字燕谋，陆家镇人。民国17年（1928）毕业于上海光华大学商学院。翌年，任无锡中学英语教员，遂以英语教学终其身。历任光华大学附属中学英语教员，光华大学、湖南国立师范学院、上海纺织学院、华东师范大学、复旦大学英语教授。一生谦逊，不慕荣利，务在育人。燕谋学贯中西古今，曾一再受高教部之命编订大学英语教本，主编高等学校英语专业四年级教本，教本自1963年沿用至今。工诗，民国28年（1939）作五言古诗《纪湘行》，洋洋一千八百七十言，为燕谋最重要作品。"文化大革命"期间，深受迫害，并被迫"疏散"下乡，所积三四十年之书稿，尽付一炬，遂得精神病。及后凭记忆重拾旧作仅得三十余首，名之曰《烬余集》。退休后期，旧病复发，于1986年3月26日自沉于井。

朱启甲（1904.6.18～1951.5.1），陆家镇人，居陆家村2组。祖籍上海市青浦县金泽镇，毕业于南京东南大学。首任上海市位育中小学校长，与教育界前辈叶圣陶等人结为好友。

1936年10月，会同地方名士蒋止逮、胡国梁等人着手编纂民国版《蓁溪志》，终因抗战爆发编修未果。唯清乾隆甲午本勘校付梓传世。

1937～1942年，任蓁葭中心小学校长，并编有小学语文、数学课本。自沪返乡，目睹失学青年甚多，滋激大义，认为"抗战损失均能恢复，唯教育一旦破产，虽抗战胜利，亦不能补偿"。遂集约地方乡绅暨旅沪同乡组成劝募委员会，为创办学校募集经费。陆家镇诸多名士亦组成地方教育协进会，遥相呼应，声援办学。缘因上海中汇内衣公司张总经理捐资甚丰，故所办学校定名为"私立仁忠中小学"。学校于1944年9月14日开学，旨在"实施救亡教育，激励爱国情绪"。朱启甲任首任校长一年后连续任中心校长至1949年，与此同时（1944年）创办陆家镇上第一个幼稚班，实现陆家正规的幼儿教育。

1946年，中学部扩展，朱启甲奋力主持募集资金事宜。幸得上海ABC内衣公司黄经理慨捐巨款3000万元。在西城隍庙处将校园扩展了五亩半，建五上五下教学楼一幢，并获田亩收益供作办学经费。为作纪念，学校更名为"私立鸿钧中学"。

新中国成立后，因牵涉上海一反革命案，朱启甲于1951年5月1日被处决。

朱启甲热衷于地方教育事业，桃李满天，功不可没。陆中1947届毕业生代表赋诗一首：

朱氏兴学意志坚，沪上奔波集铜钿。

慷慨仁忠出巨资，侠义鸿钧更捐田。

暂借学舍天主堂，旋立校基城隍殿。

栉风沐雨心力疲，恩泽乡里众少年。

张阿东（1928.2～1994.5.1），陆家村2组人，中共党员，在1956年9月召开的菉葭镇第二届人民代表大会第一次会议上当选为副镇长。于1956年起任菉葭大队首任党支部书记。于1959年9月24日以劳模身份随苏州专区代表团赴北京参加国庆十周年大典的观礼并受到毛泽东主席的亲切接见。1963年，出席华东地区和省召开的农业先进代表大会。于1994年5月1日因病不幸逝世，享年66岁，葬于陆家公墓。

第四节　村大学生

陆家村大学生统计表

表15-4-10

1组

姓名	性别	出生时间	高校名称			工作单位	备注
			学校名称	入学时间	毕业时间		
张裕龙	男	1965.6.5	苏州职业技术学院	1990.9	1992.7	陆家镇总工会	大专
陈静珍	女	1970.5.20	中央广播电视大学	2004.9	2006.7	陆家防火材料厂	大专

（续表）

姓名	性别	出生时间	高校名称			工作单位	备注
			学校名称	入学时间	毕业时间		
冯戴明	男	1970.9.14	苏州职工大学	2010.9	2012.7		大专
方 燕	女	1977.3.18	中央广播电视大学	2006.9	2008.7		大专
方 敏	男	1979.2.17	昆山电视大学	2009.9	2011.7		大专
陈 兰	女	1979.9.23	南京农业大学	1997.9	2001.7	昆山民生银行	本科
方 静	女	1979.12.23	江苏教育学院	2005.9	2009.7	陆家幼儿园	本科
方 伟	男	1980.1.2	浙江嘉兴学院	1999.9	2002.7	昆山华东物流	大专
袁 樱	女	1981.3.15	明达职业技术学院	2000.9	2003.6	昆山飞力公司	大专
戴 华	男	1981.9	苏州广播电视大学	2000.9	2003.7		大专
邱媚娟	女	1981.11.10	中央广播电视大学	2002.9	2004.7	昆山绅士服饰	大专
王 洁	男	1982.1.25	淮海工学院	2000.9	2004.6	昆山强生公司	本科
洪妹娟	女	1982.12.14	南京工业大学	2001.9	2004.6	昆山强生公司	大专
方 琼	女	1984.1.28	南京三江学院	2002.9	2006.7		本科
俞敏亚	女	1985.5.16	中央广播电视大学	2006.9	2009.6	陆家中心校	大专
方 勇	男	1985.7.2	长春吉林大学	2004.9	2011.7	中国建设银行	研究生
陈 燕	女	1985.8.10	苏州大学	2004.9	2008.7	中国农业银行	本科
沈 萍	女	1985.8.14	扬州大学	2004.9	2008.7	陆家镇信访办	本科
周 栋	男	1985.10.4	哈尔滨商业大学	2004.9	2011.3		研究生
张大威	男	1985.12.12	扬州大学	2004.9	2008.7	南亚电子	本科
方佳鸿	男	1985.12.20	天津理工大学	2004.9	2008.7		本科
潘永清	男	1986.1.3	南京信息职业技术学院	2004.9	2007.7		大专
沈婷艳	女	1986.1.27	山东工艺美术学院	2005.9	2009.7	飞力达国际物流	本科
顾孙娟	女	1986.9.18	中国石油大学	2007.9	2012.7	好孩子集团	本科
方 斌	男	1986.12.20	苏州广播电视大学	2002.9	2005.6	昆山强生公司	大专
陈 燕	女	1987.7.30	盐城师范学院	2006.9	2010.6	永伟药业	本科
陈 栋	男	1987.8.12	南京农业学院	2006.9	2009.6	陆家城管	大专

（续表）

姓名	性别	出生时间	高校名称			工作单位	备注
			学校名称	入学时间	毕业时间		
瞿春芳	女	1988.3.24	常州轻工职业技术学院	2007.9	2010.6		大专
孙燕君	女	1988.4.30	解放军信息工程学院	2006.9	2011.6	陆家地税局	本科
方 婷	女	1988.11.15	华南农业大学	2007.9	2011.7	桑能国际	本科
吴正伟	男	1989.5.19	南京航空航天大学	2008.9	2012.6	北京航天计量研究所	本科
方 丽	女	1989.7.20	昆山第三职高	2005.9	2010.6		大专
潘 洁	女	1989.9.6	昆山第一职高	2005.9	2010.7		大专
施晓凤	女	1989.10.10	江苏青年干部管理学校	2007.9	2010.6		大专
方佳菁	女	1989.11.12	徐州师范大学	2008.9	2012.7	昆山协孚人革公司	本科
陈道竞	女	1991.5	南京大学	2009.9	在校		本科
陈 婕	女	1991.7.1	南京工业大学	2010.9	2014.7		本科
张牧文	女	1991.7.31	兰州大学	2009.9	在校		本科
潘璎璐	女	1992.5.21	苏州大学	2010.9	在校		本科
沈婷芸	女	1992.10.17	吉林财经大学	2011.9	在校		本科

2组

姓名	性别	出生时间	高校名称			工作单位	备注
			学校名称	入学时间	毕业时间		
沈建革	男	1967.4	清华大学	1985.9	1989.6	昆山房地产公司	本科
钱维林	男	1978.7.4	苏州职业学院	1999.7	2002.7	昆山好世界网络	大专
郁 宝	女	1979.5.1	南京财经大学	2005.9	2007.7	昆山富来净化	大专
孙 东	男	1979.7.1	苏州广播电视大学	1997.9	2000.7	昆山爱尔莱克	大专
宋 佳	女	1981.1.25	徐州师范大学	1999.7	2003.7	昆山三之三幼儿园	本科
顾 萍	女	1981.12.12	扬州大学医学院	2000.9	2003.7	世茂房地产公司	大专
钱 锋	男	1984.3.23	常州纺织服装职业技术学院	2000.9	2004.7	昆山市金山纺织	大专
诸 静	女	1985.9.27	盐城师范学院	2004.8	2008.6	昆山裕元实验小学	本科

（续表）

姓名	性别	出生时间	高校名称			工作单位	备注
			学校名称	入学时间	毕业时间		
戴锦清	男	1985.9.27	淮安信息职业技术学院	2006.9	2009.7	昆山迪卡侬仓储公司	大专
张　叶	男	1985.12.17	南京联合职工大学	2004.9	2007.7	好孩子公司	大专
诸　英	女	1986.10.3	淮安信息职业技术学院	2002.9	2006.7	中国银行	大专
吴芳芳	女	1986.11.15	盐城广播电视大学	2000.9	2004.7	昆山市新阳纺织	大专
徐亚芬	女	1987.8.16	徐州师范大学	2006.9	2010.7	台湾商品交易中心	本科
钱伟桉	男	1987.10.25	南通大学杏林学院	2006.9	2010.7	好孩子研发中心	本科
高　燕	女	1988.6.9	南京财经大学	2009.9	2011.6	昆山江进茂物业	大专
王　菁	女	1988.7.10	苏州商旅学院	2005.9	2010.7		大专
李晓龙	男	1989.11.25	徐州医学院	2010.9	2014.7		本科
吴雪娇	女	1990.1.27	江苏联合职业技术学院	2005.9	2009.7	昆山泰克公司	大专
吕彦文	男	1990.7.8	江苏淮阴工学院	2008.9	2012.7	参军	本科
张城豪	男	1991.6.29	南通大学	2009.9	2013.7		本科
马海威	男	1991.9.12	苏州机械工业技工学校	2011.9	2015.7	参军	本科
王建鑫	男	1991.11.27	泰州师范学院	2010.9	2014.7		本科
朱鸣宇	男	1993.4.13	苏州职业学院	2011.9	2014.7		

3 组

姓名	性别	出生时间	高校名称			工作单位	备注
			学校名称	入学时间	毕业时间		
马艳红	女	1974.2.25	内蒙古医学院	1994	1999	昆山市第四人民医院	本科
诸沙江	男	1975.4.21	江苏经济管理学院	1994.9	1996.7	昆山上象橡胶厂	大专
朱银军	男	1983.1.9	苏州大学材料工程学院	2001	2005	陆家镇安全办公室	本科
顾　玲	女	1985.9.9	南京三江学院	2004	2007		大专

（续表）

姓名	性别	出生时间	高校名称			工作单位	备注
			学校名称	入学时间	毕业时间		
杜丽娜	女	1987.7.14	兰州理工学院	2005	2008		大专
陶雨晨	男	1988.2.25	江苏大学电器自动化学院	2006	2010		本科
祝晓栋	男	1988.6.29	常州工学院	2006	2010	正新橡胶公司	本科
徐 洁	女	1988	扬州大学	2006.9	2010.7		本科
陶 琰	男	1988	南京师范大学	2006.9	2010.7		本科
孔垂洁	女	1989.6.29	苏州市职业大学	2005	2010		大专
顾 伟	男	1989.10.13	苏州大学	2008	2012		本科
顾莹莹	女	1991.11.3	南京钟山职业技术学院	2010.9	2013.7		本科
沙 燕	女	1993.2.27	无锡科技职业学院	2012.9	2016.7		大专
曹思达	男	1995.7.28	苏州技工学校	2010.9	2013.7		大专

4组

姓名	性别	出生时间	高校名称			工作单位	备注
			学校名称	入学时间	毕业时间		
诸永青	男	1975.5	苏州大学	1994.9	1999.7		本科
唐燕组	男	1977.11	郑州中原工学院	1997.9	2001.7		本科
陈国洪	男	1980.6.25	江苏大学	2001.9	2004.6		大专
张晓磊	女	1981.6.23	中央广播电视大学	2007.9	2010.6	昆山金城试剂公司	大专
顾 昱	女	1982.12.23	南京三江学院	2001.9	2004.7	科望快速印务公司	大专
陈珠英	女	1983.1.27	苏州大学	2001	2008		研究生
沈 萍	女	1986.4	扬州大学	2004.9	2009		本科
姚 望	女	1987.3.19	南京农业大学	2005.9	2009.6	昆山锦沪机械公司	本科
周 莉	女	1988.4	南通大学	2006.9	2010.6		本科
万怡晴	女	1990.8.11	常州大学	2008.9	2012.7		本科
诸丽君	女	1990.8	江苏警官学院	2009.9	2013.7		大专
诸晨霞	女	1991.12.19	常州职业学院	2010.9	2014.7		大专

（续表）

姓名	性别	出生时间	高校名称			工作单位	备注
			学校名称	入学时间	毕业时间		
潘鸣君	男	1993.1.31	无锡科技职业学院	2012.9	2014.7		大专
孟晓倩	女	1993.12.28	南京中医药学院	2009.9	2012.7		大专

5 组

姓名	性别	出生时间	高校名称			工作单位	备注
			学校名称	入学时间	毕业时间		
陈晓莲	女	1970.1.7	昆山电视大学	1998.9	2001.9		大专
陈建东	男	1979.9.20	上海冶金高等专科学校	2000.9	2003.6	光洋化学公司	大专
张建国	男	1979.9.30	苏州城建环保学院	1998.9	2001.9		大专
诸莉娅	女	1981.6.29	武汉理工大学	2000.9	2004.9	昆山市民政局	本科
陈建刚	男	1982.3.31	淮海工学院	2002.9	2005.6	和春科技公司	大专
周　平	男	1984.12.1	淮阴工学院	2003.9	2007.7	昆山禧形诺公司	本科
姚志凯	男	1984.12.3	苏州大学	2004.9	2008.7	物流中心	大专
陆　英	女	1984.12.26	江苏经贸职业技术学院	2003.9	2006.7	昆山交通电磁技术	大专
张　燕	女	1985.1.14	泰州职业技术学院	2004.9	2007.9		大专
蔡丽华	女	1985.5.10	连云港淮海工学院	2005.9	2008.1		大专
陈莉雅	女	1985.12.7	江苏财经职业技术学院	2004.9	2007.9		大专
任　捷	男	1986.4.16	南京东南大学	2006.9	2012.6	昆山城投轨道公司	研究生
陈　丽	女	1986.7.14	苏州经贸职业技术学院	2002.9	2007.7	外企	大专
张莉雅	女	1986.7.17	苏州大学	2005.9	2008.6	陆家便民服务中心	大专
肖　云	女	1986.11.9	江苏南京广播电视大学	2005.9	2008.9		大专
胡　伟	男	1986.12.11	南京工程学院	2005.9	2009.7		本科
李　吉	男	1987.9.26	江苏大学	2007.9	2011.9		本科
沈陈娜	女	1989.1.25	苏州大学	2007.9	2011.9		本科

（续表）

姓名	性别	出生时间	高校名称			工作单位	备注
			学校名称	入学时间	毕业时间		
肖元宏	男	1989.6.16	苏州轻工业学校	2004.9	2009.7	昆山宁华消防	大专
胡晓军	男	1990.2.28	盐城工学院	2008.9	2012.7	昆山农行	本科
胡晓慧	女	1990.6.24	南京航空正德学院	2009.9	2012.7	石浦小小恐龙集团	大专
李华	男	1990.7.28	淮安信息职业技术学院	2006.9	2011.7	江苏联坤电子科技	大专
陈乃雯	女	1990.10	扬州大学广陵学院	2009.9	2013.7		本科
陈晨	男	1991.7.1	苏州职业大学	2009.9	2012.9		大专
陈轶婷	女	1993.10.14	扬州教育学院	2011.9	2015.7		大专
郁潇颖	男	1993.10.23	南京应天学院	2011.9	2015.7	花桥幼儿园	大专
蔡建明	男	1994.7.6	南京中医药大学	2012.9		在读	大专

6组

姓名	性别	出生时间	高校名称			工作单位	备注
			学校名称	入学时间	毕业时间		
李智康	男	1935	华东师范大学	1956.9	1960.6	西安	本科
李养康	男	1943	徐州师范学院	1961.9	1965.6	太仓浏河	本科
吴文元	男	1946	南京大学	1965.9	1969.6	湖南长沙	本科
陆荷生	男	1946	华东工程学院	1965.9	1969.6	邵村南苑	本科
吴晓华	女	1977.2	苏州高级工业学校	1993.9	1996.6	昆山环保局	大专
朱淑明	男	1979.11.17	常熟理工学院	1998.9	2001.6		大专
陆永敏	男	1980.8	江苏公安专科学校	2000.9	2003.6		大专
陈华	男	1981.6	苏州钢铁集团技工学校	1998.9	2001.6		大专
黄晓瑾	女	1981.10	扬州大学	2000.9	2004.6	外贸企业	本科
王启侠	女	1982.6.30	南京财经大学	2009	2012.5		大专
李华	男	1983.6	连云港职业技术学校	2000.9	2003.6	陆家联防队	大专
陆振兴	男	1984.2	吉林建筑工程学院	2004.9	2008.6	昆山叶茂集团	本科

（续表）

姓名	性别	出生时间	高校名称			工作单位	备注
			学校名称	入学时间	毕业时间		
吴　静	女	1985.11.5	江苏省幼儿师范学校	2009.9	2012	华侨中心小学	大专
吴晏华	女	1986.11	江苏大学	2005.9	2009.6	中国银行	本科
陈　燕	女	1986.12	西南政法大学	2005.9	2009.6	昆山彰化银行	本科
李　明	男	1987.3	常州机电职业技术学院	2006.9	2009.6		大专
李敏华	男	1988.1	扬州职业大学	2007.9	2010.6	昆山大市化工厂	大专
鲁　星	男	1988.3	淮海工学院	2005.9	2008.7	昆山中鼎电子	本科
杨　茜	女	1989.1	东南大学	2007.9	2011.6		本科
曹伊娜	女	1989.3.5	苏州高等幼儿师范	2004.9	2007.7	好孩子幼儿园	本科
吴晏清	女	1989.7	沈阳师范大学	2008.9	2012.6		本科
黄钱寅	女	1989.9	西北民族大学	2008.9	2012.6		本科
李　丽	女	1989.11	苏州职业教育中心校	2005.9	2008.6	新华医院	大专
杨　慧	女	1991.8	西北民族大学	2008.9	2012.6		本科
陆子阳	男	1992.3.29	苏州财经职业技术学院	2010.9	2014.7		大专
邱佳忆	女	1993.8	无锡卫生高等职业技术学校	2008.9	2012.7		大专
李　倩	女	1993.8	南京中医药大学翰林学院	2010.9	2014.7		大专
陈　洁	女	1993.3.23	南京中医药大学	2011.9	2014.7		本科
曹盈瑛	女	1993.11.17	泰州师范高等专科学校	2012.9	2015.7		大专
曹一菲	女	1996.3	昆山第一职高	2011.9	2015.7		大专

7 组

姓名	性别	出生时间	高校名称			工作单位	备注
			学校名称	入学时间	毕业时间		
徐亚娟	女	1979.8.5	中央广播电视大学	2004.9	2007.9		大专
张知青	男	1980.11.23	同济大学	1999.9	2006.10	上海地铁	研究生

（续表）

姓名	性别	出生时间	高校名称			工作单位	备注
			学校名称	入学时间	毕业时间		
包静斌	男	1985.7.25	南京金陵科技学院	2004.9	2007.9		大专
包晓艳	女	1985.10.23	南京金陵科技学院	2005.9	2008.7	太平洋保险公司	大专
凌峰	男	1988.2.27	江苏大学	2006.9	2010.7	市中医医院	研究生
包晨霞	女	1988.6.10	昆山职一中	2004.9	2007		大专
夏纯超	男	1988.10.28	扬州大学	2008.9	2012.7	在校	研究生
包剑峰	男	1988.12.23	南通商贸职业学院	2004.9	2009.6		大专
张静	女	1990.8.15	无锡信息职业技术学院	2009.9	2012.7		大专
张晓洁	男	1991.9.10	常熟理工学院	2011.9	2015.7	在校	本科
李逸伟	男	1994.9.14	常熟理工学院	2012.9	2016.7	在校	本科
袁继敏	男	1995.1.11	昆山第一职高	2011.9	2015.7	在校	大专

8组

姓名	性别	出生时间	高校名称			工作单位	备注
			学校名称	入学时间	毕业时间		
潘玉坤	男	1949.5.11	陆家镇成人教育中心校	2003.9	2007.7		大专
潘凌芸	女	1983.8.30	南京信息工程大学	2002.9	2007.6		研究生
黄洁	女	1987.2.23	江苏经贸职业技术学院	2005.9	2008.7		大专
张文静	男	1988.3.8	南京化工职业技术学院	2007.9	2009.7	正新橡胶	大专
陆伊丽	女	1988.3.14	南京化工职业技术学院	2006.9	2009.7	正新橡胶	大专
冯玲玲	女	1989.2.14	南京钟山职业技术学院	2007.9	2010.7		大专
施虹	女	1989.4.18	江苏畜牧兽医职业技术学院	2008.9	2011.7	昆山金泰食品	大专
吴文婷	女	1991.4.12	苏州大学	2009.9	2013.7		本科
施佳	男	1991.6.7	苏州大学	2008.9	2012.6	中银商务金融公司	本科

（续表）

姓名	性别	出生时间	高校名称			工作单位	备注
			学校名称	入学时间	毕业时间		
吴佳菲	女	1992.7.12	南京中医药大学	2010.9	2014.7		大专
唐丹萍	女	1993.11.12	苏州高等幼儿师范学校	2005.9	2010.7		大专
施允聪	男	1994.10.22	无锡科技职业学院	2011.9	2015.7		大专

9组

姓名	性别	出生时间	高校名称			工作单位	备注
			学校名称	入学时间	毕业时间		
杨秋芳	女	1974.11.14	连云港财经学院	1994.9	1996.7		大专
徐 强	男	1977.9.20	苏州大学	1996.9	1998.7	陆家金城化工厂	大专
徐小琴	女	1978.5.6	苏州职业技术学院	2001.9	2004.7	淀山湖家具厂	大专
邹云霞	女	1982.2.8	中国农业大学	2010.9	2012.6		大专
张学峰	男	1983.1.7	苏州师范学校	2000.9	2004.7		大专
汪 芳	女	1983.2.5	昆山电视大学	2006.9	2008.6	百科电子公司	大专
巢文娟	女	1983.6.26	南京中医药大学	2003.9	2006.7	昆山同德堂药店	大专
孙拥明	男	1983.11.3	苏州商业学校	1999.9	2003.7	昆山华盛公司	大专
吴 明	男	1983.11.3	扬州大学	2002.9	2006.7	昆山微盟电子	本科
陆静娟	女	1984.9.3	扬州大学	2003.9	2007.7	陆家中学	本科
巢 宏	女	1984.11.26	南通大学	2003.9	2007.7	陆家中学	本科
高振伟	男	1984.12.11	南通职业技术学院	2003.9	2006.7		大专
陆 阳	男	1986.6	中国石油大学	2005.9	2009.7		大专
林 玲	女	1987.1.5	常州轻工职业技术学院	2006.9	2008.7	哈利盛公司	大专
夏 苏	女	1987.5.6	南京大学	2005.9	2009.7	曹安路商务城	本科
张 敏	男	1987.5.6	南京农业机械化学校	2006.9	2009.6		大专
徐丽娜	女	1987.6.5	江苏联合职业技术学院	2007.9	2012.6	乐购	大专
徐 滨	男	1987.8.31	淮阴师范学院	2007.9	2011.7	昆山微亚电子	大专
吴剑峰	男	1988.1.2	昆山电视大学	2005.9	2008.6	陆家联防队	大专
巢 英	女	1988.8.18	长春师范大学	2008.9	2011.7	昆山新莱洁净有限公司	本科

（续表）

姓名	性别	出生时间	高校名称			工作单位	备注
			学校名称	入学时间	毕业时间		
林晓杉	男	1989.11.14	苏州大学	2006.9	2011.9	好孩子公司	大专
沈 聪	男	1989.12.21	南京审计学院	2008.9	2012.7	昆山中国银行	本科
丁娟娟	女	1990.12.3	苏州理工职业学院	2006.9	2010.6	好孩子服装厂	大专
潘国强	男	1991.1.3	无锡太湖学院	2010.9	2014.7		本科
诸 晴	女	1991.4.26	昆山淀山湖成人教育中心校	2007.9	2010.6	哈利盛公司	大专
张晓宇	男	1992.3.5	南京财经大学	2009.9	2013.7		本科
陆晓帆	男	1992.8.31	苏州科技学院	2010.9	2014.7		大专
徐 倩	女	1992.11.4	昆山第一职高	2011.9	2014.7		大专
林崔华	男	1992.11	江苏大学	2011.9	2015.7		本科
张云飞	男	1993.1.5	南京审计学院	2011.9	2015.7		本科
吴宇超	男	1993.5.14	常州怀德学院	2011.9	2015.7		本科
孙晓燕	女	1993.11.9	无锡城市职业技术学院	2009.9	2012.6		大专
钱 洁	女	1993.11.19	盐城师范学院	2011.9	2015.7		本科
张晓军	男	1994.3.18	扬州大学	2012.9	2016.7		本科

10 组

姓名	性别	出生时间	高校名称			工作单位	备注
			学校名称	入学时间	毕业时间		
戴佩华	男	1958.11.3	苏州职大干部学院	1982.9	1985.7	陆家农业公司	大专
王纯娅	女	1980.7.10	南京工程学院	1999.9	2003.7	昆山震川高级中学	本科
潘 晶	男	1982.7.8	苏州科技学院	2001.9	2005.7	哈利盛	本科
朱建华	男	1982.7.31	苏州材料工程学院	2001.9	2004.7		大专
朱 东	男	1984.10.25	常州轻工职业技术学院	2003.9	2006.7		大专
戴 静	女	1985.6.14	苏州高等幼儿师范学校	2003.9	2006.7		大专
戴 萍	女	1985.10.7	常州轻工职业技术学院	2001.9	2004.7	正文电子	大专

（续表）

姓名	性别	出生时间	高校名称			工作单位	备注
			学校名称	入学时间	毕业时间		
许佳捷	男	1986.2.13	苏州大学	2006.9	2010.7		本科
戴文	男	1986.4.29	扬州大学	2004.9	2008.7	上海思洛哥工程咨询	本科
潘芳燕	女	1986.6.28	苏州职业大学	2005.9	2008.7		大专
戴璐	女	1987.8.28	江苏省新苏师范学校	2003.9	2006.7		大专
盛茜	女	1987.8.28	武汉理工大学	2006.9	2010.7		本科
潘珠茜	女	1988.1.15	南京林业大学	2006.9	2010.7		本科
王晓君	女	1988.9.12	盐城纺织职业技术学院	2007.9	2010.7		大专
邵远政	女	1990.8.28	徐州师范大学	2009.9	2013.7		本科
许佳丽	女	1990.10.23	徐州师范大学	2009.9	2013.7		本科
潘蕾	女	1991.9.21	江苏食品职业技术学院	2009.9	2012.7		大专
王晓芸	女	1991.11.25	常州大学	2009.9	2013.7		本科
潘梦婷	女	1993.10.11	南京应天学院	2012.9	2016.7		大专
戴晓蝶	女	1994.4.4	南昌师范大学	2011.9	2015.7		本科

11组

姓名	性别	出生时间	高校名称			工作单位	备注
			学校名称	入学时间	毕业时间		
潘春华	男	1982.4.27	南京钟山职业技术学院	2002.9	2005.7	昆山隆昌木业	大专
潘雪东	男	1983.1.13	南通大学	2001.9	2005.7	上海锦柏建筑公司	本科
戴丽	女	1984.5.8	苏州卫生职业技术学院	2000.9	2005.7	昆山第一人民医院	大专
陆建平	男	1984.7.12	南通职业大学	2003.9	2006.7	上海震旦办公自动化	大专
潘婷玉	女	1986.10.25	常州职业技术学院	2005.9	2008.7		大专
潘晓峰	男	1987.3.26	南京邮电大学	2005.9	2009.7		本科
陆燕	女	1987.9.3	苏州职业大学	2011.9	2015.7		大专
戴贤	女	1987.10.29	南京工程学院	2006.9	2010.7		本科

（续表）

姓名	性别	出生时间	高校名称			工作单位	备注
			学校名称	入学时间	毕业时间		
潘菊凤	女	1990.1.24	江苏城市职业学院	2008.9	2011.7	昆山新茂汽配	大专
陆雅晴	女	1991.1.15	南京钟山职业技术学院	2010.9	2014.7		大专
潘琪	女	1992.7.5	常州纺织服装职业技术学院	2010.9	2014.7		大专
潘佳玲	女	1992.10.1	南京师范大学	2011.9	2015.7		本科
戴思敏	女	1993.6.24	成都理工大学	2011.9	2015.7		本科
潘莹莹	女	1994.4.20	淮阴师范学院	2012.9	2017.7		本科
潘雅凤	女	1994.11.16	苏州市信息技术学校	2010.9	2014.7		大专

12 组

姓名	性别	出生时间	高校名称			工作单位	备注
			学校名称	入学时间	毕业时间		
戴庆英	女	1980.10.1	天津理工学院	1999.9	2003.7		本科
陆娟	女	1980.12.19	南京工业大学	1999.9	2005.7	麦格纳	研究生
朱海林	女	1982.2.16	南京秦淮社区大学	2000.9	2004.7		本科
戴平	男	1982.9.18	扬州大学	2001.9	2005.7	北泽阀门	本科
陆菊	男	1983.7.19	九州职业技术学院	2004.9	2007.7	村联防队	大专
潘佳	男	1983.9.16	天津理工学院	2003.9	2007.7	富士康	本科
朱海燕	女	1984.8.12	南京秦淮社区大学	2002.9	2006.7		本科
许莎	女	1985.9.11	江南大学	2004.9	2008.7	昆山第一人民医院	本科
朱萍	女	1986.2.20	南京艺术学院	2004.9	2008.7		本科
潘炯	男	1986.3.16	淮海工学院	2004.9	2008.7	好孩子集团	本科
陆洁	女	1986.10.4	苏州工业职业技术学院	2005.9	2008.7	贸联电子	大专
潘建林	男	1987.1.10	苏州工业园区职业技术学院	2005.9	2008.7		大专
曹中婷	女	1987.6.5	复旦大学	2006.9	2010.7	陆家镇人民政府	研究生

（续表）

姓名	性别	出生时间	高校名称			工作单位	备注
			学校名称	入学时间	毕业时间		
戴琳琳	女	1987.8.2	徐州师范大学	2006.9	2010.7		本科
徐　娟	女	1988.7.23	金山职业技术学院	2007.9	2010.7	刚毅电子	大专
徐佳宾	男	1990.4.19	南京应天学院	2008.9	2010.7	牧田公司	大专
张丽娇	女	1990.12.30	扬州大学	2009.9	2013.7		本科
潘　菲	女	1991.3.20	南京信息工程大学	2009.9	2013.7		本科
陆佳歧	男	1991.4.22	苏州市信息技术学校	2009.9	2012.7	顺丰快递	大专
唐宇琪	男	1991.10.23	苏州大学	2012.9	2016.7		本科
刘雪静	女	1992.1.3	盐城师范学院	2010.9	2014.7		本科
戴仁刚	男	1992.1.11	江苏大学	2010.9	2014.7		本科
戴　燕	女	1992.3.12	徐州医学院	2010.9	2014.7		本科
刘雪逸	女	1992.10.28	东吴外国语高等师范学校	2010.9	2014.7		大专

13组

姓名	性别	出生时间	高校名称			工作单位	备注
			学校名称	入学时间	毕业时间		
潘　成	男	1965.9	苏州大学	1984.9	1986.7		大专
潘建英	女	1973.8.13	苏州大学	2008.9	2011.7	昆山第一人民医院	本科
朱利德	男	1981.4.14	昆山电视大学	2000.9	2003.7	新标准科技	大专
张　欢	男	1981.11.9	江西蓝天学院	2000.9	2004.7	昆山建工环境	本科
潘菊芬	女	1982.1.11	河海大学	2001.9	2005.7		本科
朱　良	男	1983.6.26	南京人口干部管理学院	2001.9	2005.7		本科
潘菊红	女	1985.8.26	苏州高等幼儿师范学校	2001.9	2006.7		本科
徐　洁	女	1985.9.2	江苏信息职业技术学院	2004.9	2007.7	苏州关西涂料	大专
朱　斌	男	1986.6.7	盐城师范学院	2005.9	2009.7		本科
陆晓玲	女	1986.9.18	南通航运职业技术学院	2005.9	2008.7	正新橡胶	大专

（续表）

姓名	性别	出生时间	高校名称			工作单位	备注
			学校名称	入学时间	毕业时间		
陆 雅	女	1986.11.18	常州轻工职业技术学院	2004.9	2007.7	玉山好家居中介	大专
唐晓东	男	1987.9.6	徐州师范大学	2007.9	2011.7		本科
潘爱珍	女	1988.3.5	南通大学杏林学院	2006.9	2010.7		本科
潘艳娇	女	1990.3.29	连云港师范高等专科学校	2008.9	2011.7		大专
朱丽超	女	1990.10.6	苏州工业园区职业技术学院	2009.9	2012.7		大专
戴文华	男	1990.12.23	常州轻工职业技术学院	2008.9	2011.7		大专
潘江涛	男	1991.5.18	苏州市信息技术学校	2009.9	2012.7		大专
朱敏杰	男	1991.6.20	重庆师范大学	2010.9	2014.7		本科
朱 兰	女	1991.11.28	苏州卫生职业技术学院	2010.9	2014.7		本科
陆丽萍	女	1991.12.3	南京体育学院	2011.9	2015.7		大专
潘敏华	男	1993.8.8	扬州工业职业学院	2011.9	2015.7		大专

杂 记

　　"蒹葭苍苍，白露为霜。所谓伊人，在水一方。"陆家村地处昆山东南部，原名菉葭，这里盛产葭苇、水稻，水产资源丰富，人称鱼米之乡。凭借水陆交通便捷，地理环境优越，自然资源多样，成为商贸集散地，为兵家和各地商贾、投资者所瞩目，也以此促进了地方社会经济文化的繁荣昌盛。这里的人们勤劳勇敢，民风淳朴，在历史长河中的动人故事俯拾即是。"忆老街""大桥变迁""倭寇"等故事均有据可查，其他诸文属民间口口相传的佳话，几处与南宋抗金名将韩世忠有关，未必可考，然故事读来也能引人入胜，仿佛确有其事。

一、传记

卸甲桥

　　陆家浜南市梢有座古老的卸甲桥。当年韩世忠大败金兀术，一路追杀金兵到此，当地老百姓敬仰韩帅的赤胆忠心与赫赫战功，无不牵老携幼前来迎接。因韩帅和他率领的宋军将士是从水路而来，由镇西吴淞江万安桥渡口上岸，到陆家浜镇，要绕过一条叫木瓜河的小河，老百姓为了让韩帅和宋军将士不走弯路，就在南市梢木瓜河上，用门板搭了一条临时小桥。韩帅等刚从渡口上岸，众多男女老少早已排列在便桥四周相迎。

　　当地有一班子民间鼓手，更是喜出望外，他们连夜在便桥下埭搭了一个高台，待大军一到，几十名穿红着绿的吹鼓手便一齐吹奏。韩帅高兴极了，和夫人梁红玉一起站在木桥上卸甲听奏，约有半个时辰。韩世忠听了大悦，赐银五十两，并爽朗地笑着，对老百姓说："陆家浜吹鼓手吹得真好听！"群众一阵欢呼，报以热烈掌声。从此，陆家浜鼓手出了名，在江南百里方圆，凡有喜庆大事，无不前来请陆家浜鼓手。

　　韩世忠和夫人梁红玉班师回朝后，老百姓为了纪念此事，便筹建了现在这条小石桥，取名"卸甲桥"。由于这一缘故，陆家浜名气响了。后来，连上海的一条马路还以陆家浜定名呢！　　　　　　　　　　（摘自《陆家镇志》文本略有修改）

木瓜路

陆家浜南市梢，有一条木瓜河，西连吴淞江，东接韩泾河。580 多年前，木瓜河两岸木瓜树、杨树、谷树、桑树、榆树、槐树林立，尤以木瓜树为甚。春夏季节盛开出蓝白色花朵，花落之后结成一个个青色的木瓜，此道路景观别具一格。木瓜散发出阵阵清香，使路人回味无穷，故名木瓜路。

木瓜河南岸为香严街，有着三元里白酒坊、石灰行、米行、轧花店、经布店、寿材店等 20 余家商铺，街市尤盛，人丁兴旺。中间，南鹤塘浜西侧、北侧及木瓜路接韩泾拐弯南侧建有三座忠贞牌坊，四柱三塔，造型别致，油瓦色彩光照耀眼。坊顶下陈列着生肖和弥佛，中间镶嵌花岗岩匾额，四柱石座均为石狮所围，高雅肃穆，记载着几代忠烈女子终身守寡、忠贞不渝的动人故事，成为木瓜路上封建婚姻桎梏下殒葬烈女泪诉史实的古迹，令人百感交集。

木瓜河西弯处有座西行宫，亦名西城隍庙。相传，西城隍老爷忠于职守，秉公办事，爱民如子，名声甚好，得到方圆百里子民的信赖。一年深秋，西城隍西行巡视，在白淀湖听到呼救声，城隍抬头见一艘货船被漩涡卷住，旋转着进水即将沉没，原系蚌精作祟。这时城隍作法制服蚌精，托起货船拯救了一家 4 口和整船货物，同时又救起了落水儿童和昏迷老人，此为民间传说。

（摘自《昆山民间民俗精粹》第二期·王道林）

二、文史

大桥变迁

古时，吴淞江、夏驾河交会处，如一度起潮，就江流激荡，势不可挡，浑潮汛期，倒流严重。商船、农船，特别是渔船，一旦卷入漩涡，就会沉没。春夏季节汛潮更为严重，江水上涨外溢，两岸数百亩良田被淹。当地百姓虽求神拜佛，仍难消灾免害。据王文烙《吴郡治水碑记》，有"夏驾河、新阳江、吴淞江之交横，引江水斜趋娄江，则吴淞势弱不能荡激，易淀且淤，宜为石闸"之说，明嘉靖元年（1522），巡抚李允嗣在吴、夏二水交会处建一石闸，奏报工完疏亦云："于二水交会处创造石闸，节治江流，使不斜趋，阻遏浑潮，使不倒流。"建闸后不久，吴淞江便无后塞之患。此后，御史林应训督修水利，复建夏驾口闸，次年开河，因决坝渐塌，石闸几失其作用。清康熙中（约 1692），典商程文翎在坝上作环洞，改为桥，名称"通济"。当年沪渎通济桥南北朝向，横跨夏驾河流入吴淞江，原是陆家浜通向龙王庙唯一的桥梁。桥身全长 40 余米，高 6 米，宽 3 米，桥墩石阶每块 25 级，总共 50 级。石桥底座石桩，由 15 层长方形石块叠成一孔，呈半圆形。桥东侧为正面，上方中央嵌一篆额"沪渎通济桥"五个大字，两侧桥块竖一副桥联，上联刻着"林流通慈夏尚客"，下联前四字为"垒石曾传"，后三字已碎落。后来，程文翎一再修葺，又因闸桩朽腐，不能承重，里中士绅又出资重建。重建后石桥更加坚固，桥面中心一块2米见方的石板上，刻着一个大圆浑潮浪纹，浪纹间刻着龙神，含义符合民意。桥面两侧，也筑起3米长的石凳，供游客、路人歇脚。筑桥董事姓名及工费均刻在石碑上流传后世。

新中国成立后，桥北边龙王庙成立了中粮公司、国二米厂和陆家粮库，桥下50亩土地上仓库、厂房林立。沪渎通济桥成了农民交售爱国粮必过之桥，粮食部门出资将桥上石级重新修复，桥块石级上用水泥浇成车道，方便群众推车交粮。这样，桥梯石级步步平坦，让古桥默默无闻地多做贡献。

20世纪70年代，陆家粮库后边挖泥开河，疏通了粮库与吴淞江河道，让交粮船直接进后浜交粮；1989年起镇政府修筑童泾路，接通粮库内路；1992年在夏驾河上距沪渎通济桥100米处建与之平行的新桥，新桥系三跨平板水泥结构，主跨径60米，宽15米，承载10吨，最高通航水位7.50米，造价60万，因贯通童泾路故命名为"童泾路大桥"；三年后南坡改造；1997年原沪渎通济桥已成危桥，经批准后拆除；2004年童泾路大桥进行降坡改造，并拓宽至30米，以利南北交通。至此，沪渎通济桥换成童泾路大桥。

（本文摘自1994年《昆山文史》有增节）

忆陆家浜老街

春风和煦，教人欣喜若狂。走进陆家浜老街，陈旧往事，历历在目……

江南水乡陆家浜老街，位于三溪成川的鹤塘浜，东有韩泾浜，西有陈家浜。小桥流水，水清河秀，葭荸映绿，白鹤栖身，鱼跃塘美，鸟语花香，得天独厚，确实是集市贸易的风水宝地，是振兴区域经济的脉搏，是构筑历史文化底蕴的桥梁，是集聚人鼎智慧的天堂，又是联结民生、民意、民心的纽带。

老街距县城11公里，时属昆山县东首市镇。东沿吼张浜，西濒吴淞江，南至古木江，北依沪苏公路、沪宁铁路，镇区总面积2.20平方千米。

老街驻地史前均有先民居住，围耕渔猎。早年在吴淞江沿岸建成街坊市集，称之"菉葭浜市"。由于宋室南渡，北方人避乱南迁，域内人口猛增，街道集市难以承载。明宣德年间（1426～1435）迁至鹤塘浜，至今饱经风霜近六百载。街上商家云集，店铺林立，商品流通频繁。

鹤塘浜东西两岸为大街，贯通东西街道桥梁有北更楼桥、黄家弄桥、永安桥、沈家弄桥、南更楼桥及两顶便桥共7座，还有造型别致的曹家馆跨街楼，溪流鳞波，清风拂街，葭草吐香，英姿多娇。

东西大街南起木瓜河、谭家桥、牌坊楼，北至北更楼，全长320多米，石子街路。沿街各个店、堂、行、铺，都架起了廊棚，廊棚相互衔接连贯，起伏明显，成为赶集逛街人群避暑遮阳、休闲乘凉、避风驱寒、躲雨挡雷的最佳行道。

通街小弄，东大街自南而北有东油坊弄、沈家弄、东弄、杨厅弄、石皮弄、黄家弄6条弄。西街自北而南有更楼弄、道士弄、西弄、丑弄、花园弄5条，大街共有弄11条。大街中间东弄与西弄为小街，东弄小街出自东弄口，东至志元家宅基，全长258米，街宽2～2.20米，平板石街，属小街最兴旺地段。原来街道韩泾浜桥西侧有座火神殿，相传元末明初，天降一尊丈高火神，声震十里，半天火光。火神（陨石）背有"火神"天文（甲骨文）碑记。因而，人们在镇上地保、绅士、里耆的倡导下，筹资建造此座火神庙，殿中央供一座金佛称"火神"老爷，两旁站立两个小老爷，为守门神。殿宇及围墙均无门槛，属木结构庙殿。火神殿院中有口"火神井"，进香人用井水洗脸汰手可避火灾。据说，火神殿建后陆家浜老街没有发生一起大火，因此，火神殿深得百姓信赖，香火极盛。

在火神殿直东40米处有座韩泾庙（古圆通庵），本是叶文盛读书之所，前有木牌楼一座，山门三间，前殿三间，西墙犹陷文庄断碑，正殿三间塑真武像，悬大钟一口，称之"文昌钟"，是求学成才的象征，香客可由东厢房入文昌阁读书台攻读。久而久之，望子成龙者，进香拜佛，击钟许愿，入阁求知，静坐献虔诚心等，人流如潮，门庭若市。

老街南市梢，木瓜河两岸亦为街，俗称南横街。木瓜河南岸为香严街，东出贞节牌坊（龚家坟），西至西城隍庙（西行宫），全长250余米，街宽2～3米，均为砖石街。此街重点设置酿酒坊、油坊、染坊、石灰行、木业行、米行等产销业。木瓜河北岸为南横街，东出东油坊桥（现劳动桥、白鹤亭），西至陈家浜南河口（木瓜河口），全长240余米，街宽2.50～3米，为米砖石街，街道路基以片石、碎石、弹石铺成。1995年政府投入资金将其全部改为水泥砖街道。南横街木瓜河上建有木瓜河石拱木瓜桥、平板卸甲桥（薛家桥）、谭家桥、劳动桥（东油坊桥）石桥4座。

相传，南横街西城隍西行巡视奋力救船，消息一传开，声威大震。从此香客如云，香火极盛，镇区玉皇殿、南观音堂、沪渎汾水龙王庙等庙宇节场，也给老街带来了人气和商机。

1958年，填埋鹤塘浜，老街东西合一，建成中间一条街，街宽6米，两旁人行道拓宽到2.50米，街道全部铺石子，绿化栽种法国梧桐。1997年老街改成水泥路，两旁绿化换上香樟树。2002年街道实现"三线入地"，人行道铺设彩色水泥砖。老街重新设置排水管道、窨井和消防栓。从此，老街旧貌换新颜，步入了依路强镇的态势，具有一定的现代化城市的气息。但是，上了年纪的人们忘不了历史上小桥流水、街道贯通、商铺鳞接的繁华景况。

　　但凡周末，相聚于老街陈银兰小店的几位老人，便会回忆起老街历史。一打开话匣子，气氛真是热烈。老人张光华说："陆家浜小镇是昆山第一个吸纳西方文化的乡镇，同时，海纳百川，老街庙宇寺观有八九座，确是历史文化名镇。"黄保国老人回忆道："小小陆家浜有万安桥、沪渎通济桥、东山仙境等八大景点，人气之旺，文明盛世。"江梅根老人激动地说："陆家浜虽小，可与县城半山桥同谓，老街各类商店有 167 家，经营户 157 个 177 人，可以讲，到了街上没有买不到的商品。"

　　陆家人十分讲究衣、食、住、行和柴、米、油、盐、酱、醋、茶。这一切倍受商贾重视，他们紧紧抓牢百姓消费四大类和七件事，做好作深，做大做活，做细做实，各显神通。在一年一度的"迎神赛会"上，老街两岸悬灯结彩，煞是热闹。各店堂布置得漂漂亮亮，亮出自己最佳商品，并推荐得力的助手参赛，献上一套又一套拿手好戏。市中心上有谯楼，下有水门，以通鹤塘浜之水，水游、街游各具特色，人山人海，锣鼓喧天，鞭炮齐鸣，经久不息，热闹非凡。当时有竹枝词曰："菉溪虽小赛苏州，南更楼接北更楼。"相传由于老街货源丰富，商贸繁荣，连财神菩萨也定居菉溪，共谋生财之道。

　　翻开老街历史第一页，衣是第一亮点，街上有裕成隆、裕大隆两家京货店，后称洋布店。不但经销绫罗绸缎，还专门收购销售本地民妇纺织的土布，既为种棉户打开销路，增加农妇家庭收益，又搞活市场，推进城乡交流，让市镇居民穿上全棉土布衣服，盖上土布床单被褥。土布市场在苏沪地区小有名气，在南京土产品展览会上，陆家浜飞花布曾荣获大奖。

　　提到土布生产，乡村基本上家家户户都纺织。土布有阔狭两种门面，品种也有单色、双色、多色及白布，并有竖条、横条、斜条纹，粗格、米格、细格、大花、细花、骰子花、芦席花、套花等40多种，其中飞花布最为上乘，远销省内外。

　　土布生产除种棉外，纺织要经轧花、弹絮、搓条子、纺纱、摇纱、浆纱、色染、经布、织布等生产过程。土布可裁制布衫、加衫、腰扇等等。土布生产的兴起，助推缝衣业崛起，老街有缝纫店 6 爿，知名裁缝师傅 12 人，乡村也有 65 人。经过数百年的传承，陆家成为江南"服装之乡"。

　　回忆老街，第二个亮点是美食。街上有肉庄、牛肉庄、羊肉庄 8 个，鱼行、地鲜行、米行、酱油店、杂货店、百货店、南货店、南北货店24家，豆制品店 3 家，饮食酒家和汤包、馒头、包子、海棠糕店（摊）等 9 家。

　　知名糕食茶点店 2 家，其中陈万兴最有名，四季生产云片、硬香、雪片、印花、黄香、桂花、烘干荸荠等数十种茶点，深受顾客青睐，生意兴隆。其中，陆家浜糖枣闻名大江南北，是陈万兴研制成功的土特产。糖枣，亦名油枣，形似枇杷柄，又称"枇杷梗"，又如红枣，故名"糖枣"，具有"甜而不腻，脆而不碎"的特点。相传，慈禧太后爱尝糖枣，于是糖枣成为苏州府钦点的贡品，亦是地方上深受民众喜爱和馈赠亲朋好友的土产佳品。1929 年，在全国食品展览会上荣获特别奖。

陆家浜土产品美食佳肴有顾家白切羊肉、柯家走油蹄子、陆家浜酱鸭、桑氏豆制品、三元里白酒、蜂制品、脱水蘑菇、大蒜粉末等，保持浓郁的水乡风味。尤其是曹家馆清汤"阳春面"，风味独特，别具一格，可与城内"奥灶面"媲美。相传，曹家馆曹五爷做了一生面生意，在研究祖传面汤上下了很大功夫，自制"百骨"纯汤，用此汤下面，有着清纯、醇香、味鲜润口之奇。老吃客陈苟芝上馆吃面，堂客端上一碗"阳春面"，喷香扑鼻，陈苟芝闻了又闻，看了又看，只见龙须面盘积在纯澈的汤水中，面上青蒜末盖上了一层香葱白，面热气腾腾，似阳春三月一朝霜（雾）。他品尝一碗，赞声不绝，付上面钿十文，留下"阳春三月"好口彩。此后，曹家馆光面定名为"阳春面"，扬名千里，让面客一饱口福。

老街住房建筑是第三个亮点，街上名门绅士、商贾店堂、古宅第园，高低不一，风格优雅，博纳明清建筑风采韵情。杨厅、张厅、跑马楼、沈氏武举楼、孙氏文举人白鹤楼、陆氏茶楼、跨街楼林立，尤其是木瓜河旁，里耆程丕缵所居"满心园"，常熟太守席煜题曰："玉山佳处小狮林。"

老街民居鳞接，有土瓦房、洋瓦房和草房。据说有些居民有着"草房年年新，瓦房害子孙"的传统观念，其实草房优势在于冬暖夏凉。人一世考虑的是房子、儿子、票子，希望有吃、有住、有用，传宗接代，后继有人，过上幸福美满的生活。因而，住房建筑变化很大，随着条件、形状、规模的演变，培育和造就了一代又一代的泥瓦匠、木匠、竹匠、漆匠和石匠，街上能工巧匠传人 30 余人，乡下也有能工巧匠的传人 60 余人，为城乡建设立下了汗马功劳。

行是老街的第四个亮点。水乡古镇百姓远行，街上设立"阿"字航船，班船有阿荣、阿昆两艘木棚船，停靠在北更楼码头。班船以接送客人为主，顺便带运一些货物，两船轮流交替，起航前敲手铃，每天来回不断，从陆家浜老街到夏驾桥（陆家浜火车站）接送客人。

阿高航船来自浙江绍兴，祖祖辈辈在陆家浜做航船生意，他头戴老毡帽，身背棕蓑衣，摇着两头出翘的棚船，以运送商品（货物）为主，三关六码头，出行上百里，长年累月为街上商贾服务。航船停靠在南市梢大河滩，客商进货送货直接与阿高联系商定，并以货物重量（体积）和运送里程，分门别类计价，远则达昆山各地和太仓、常熟，打开了水上运输便捷之路。

老街第五个亮点是中医中药堂。镇中有中药堂易天和、杨菁宝（一心堂）、广生堂、德生堂、诵德堂等数家。老街不但中药业兴盛，而且中医辈出，有韩泾滩郑氏妇科，汪家牙科，蒋、李两家内外科，朱、夏、钟三家小儿科，吴玉文内科及杨顺青外科等，有医生32人。他们医技高超，迎来不少远道而来的病人，为不少江、浙、沪地病人解除病痛。这些中医医术高明，医德高尚，救死扶伤，扬名千里，功不可没。

另外，陆家浜老街茶馆也是个特色行业。走进老街，谭家桥北堍下有陆怀德、端生、周家、阿慧、进康、董家及跑马楼等多家茶馆，家家都茶客盈门。茶馆分早、中、晚三市，亦称三朝，茶客绝大部分是城乡中老年人、渔民和外来客商。一般本地茶馆以品早中茶为主，中市品茶在12～15时，茶客常为书迷，往往是喝一朝茶，听一回书或看一场戏。晚茶以近镇区中老年和外来生意人居多，喝茶谈业务，听书看戏，品茗娱乐，逍遥自在。

有道是昔日繁华赛苏州，当今工贸盖天下，谁不忆陆家。

（王道林选文·略有改动）

抛 梁

陆家村域内，历来在建房上存有独特的习俗。其中"抛梁"仪式场面闹猛、隆重而气氛浓厚，年长者对此记忆犹新，常津津乐道。"抛梁"成为千百年来代代相传的历史文化积淀。

当造屋工程中房屋建至即将上梁时，习惯上要举行竖屋"抛梁"仪式。此前已由相帮人做好准备，在屋基中央用木板高搭铺设上梁平台。平台后面放置两张方桌，桌面上铺上红色毡毯，放上竹箩筐，里面盛满白馒头；另一只挽子（栲栳）里面装有红色的定胜糕，寓意"既满又升"。此物来自屋主人的丈母娘家，事先用四方调箱扎彩风光、阔气、大方、漂亮礼担来供贺的。再说走道上铺设有红地毯，供上梁力士抬杠梁木行走。将近上梁吉时，但见作头师傅健步踏上扶梯，着手上梁。与此同时只闻"嘭叭，嚓叭……"高升鞭炮响个不停，四周围观的男女老幼激动地争睹上梁一刻。吉时已到，上梁作头师傅高声唱起："金梁架在金柱上，登上金柱福高照。"其间四位大力士正肩扛沉甸甸的正梁稳步进入中间正堂。细看正梁中部"福禄寿"三个大字特别显眼，还飘动着三束红绿丝绸带，祥和壮观。作头师傅手托正梁述口彩："先上金梁东首起。"于是正梁徐徐升起，架上了竖柱头。下面的炮仗，使劲地放，声声不绝，响彻云霄。观众一片喝彩，引得群情高涨。此时的屋主人犹如喝下三坛米酒，甘甜醇畅，喜不自禁，手持酒壶、酒器，绕屋四处筛酒、敬酒，边走边筛。紧接着作头师傅口彩连连："一筛四方敬地神，二筛东方甲乙木，三筛南方丙丁火，四筛西方庚辛金，五筛北方壬癸水，六筛中央戊己土。"此时的屋主人还在宅基上敬酒入土，为的是向土地公公许个愿，图个吉利，永葆平安，百业昌盛，万事如意。

在热烈的炮仗声中，接二连三上起梁木，众匠人、相帮人忙个不停。不用多时，梁木如数上毕。全场情绪高涨，皆大欢喜，接着是将馒头和定胜糕抬上来靠壁墙。屋主扯起红毡毯，张罗着等待启动"抛梁"仪式。只听作头师傅口彩又起："脚踏扶梯步步高，鲁班徒弟梁来抛；东家娘娘良心好，抛梁馒头抛梁糕。"紧接着又高声口彩："财神老爷许愿到，铜钿银子轧大道；屋高三尺财运到，银子进门满地抛。"

于是作头师傅动手，一手馒头，一手定胜糕，再抓一把铜钿，边喝边抛，落在预先张开的红毡毯里。围观人群也乘势蜂拥而上，争先恐后，接拿些吉祥物充个财运。作头师傅献口彩似来了兴致，继续唱道："抛梁馒头抛梁糕，抛上梁头福星照，接到馒头运道好，捧着米糕乐陶陶。""抛梁抛到东，东方日出一点红；抛梁抛到南，养个儿子做状元；抛梁抛到西，五谷丰登米铺地；抛梁抛到北，安居乐业全家福。"

抛梁口彩迎合人们期盼幸福安康的心理，尤其东家听得乐呵呵。此仪式在一片欢乐声中收场，围观人群也满怀喜悦散去，留下相帮人、匠人继续此项建房工程。

历史长河中遗留下来的这一民间文化习俗，在新中国成立前，十分盛行。新中国成立后尚存余风。在破迷信、立新风后，此习俗逐渐淡化，20世纪70年代后已不多见了。

（胡勇新选文·略有改动）

倭寇与日寇

本州、九州、四国和北海道四个岛上居有日本人，古称倭人。明代中叶，正值日本南北朝分裂时期，一股倭人武士、浪人等聚众驾船骚扰中国东南沿海各地，明嘉靖三十三年（1554）倭患达46次之多。倭寇所到之处，奸淫掳掠，烧杀抢劫，无恶不作。倭寇手执长长的倭刀，杀人如麻。是年四月，三千余倭寇自浙江沿海登陆，取道松江、青浦，直到昆山。途经菉葭浜，迤逦焚劫，百姓遭殃。倭寇几度攻城未克，历时45天，被苏州援兵击溃。另一股倭寇自上虞登岸，流窜浙江、安徽、江苏三省，直达南京城下，行程上千里，杀伤兵民五千余人，历时八十余天始被歼灭。倭寇气焰嚣张至极，民族英雄戚继光奉命于义乌招募三千余人组建英勇善战的戚家军，采用狼筅等兵器，灵活组合歼敌，屡战告捷。经历歼灭上万倭寇的"台州大捷"后，沿海倭患逐渐被荡平。

菉葭抗倭曾有石碑铭记。在敬老院搬迁时，由陆家镇清洁所阿蔡发现，并约请陈铭曾辨认，确为菉葭抗倭石碑一座，纯大理石120×80×15厘米规格。铭记字迹因年久，模糊不清，尚可辨认为千灯壮士率菉葭民众抗倭的英勇事迹，曾询问老者，均证实确有其事。可惜此碑已用于河边石驳岸，昆山文管局骆瑞阳亲临收集未果。

1937年9月7日中午，一架日机入侵菉葭浜上空，向杨厅弄投下炸弹，炸毁瓦房8间，损毁粮食193石大米。当天日机再袭白鹤溇，炸毁罗阿荣、陈少夫两家瓦房13间及家具什物，损失达296石大米。11月13日，日寇入侵菉葭浜。是月15日昆山沦陷。日寇实施"三光"政策，烧杀抢掠、奸淫妇女，无恶不作。

是年12月，日寇入侵菉葭浜、黄泥浜自然村及李家宅。抢掠纵火，烧毁村民李阿梅、张阿根和李阿毛家房屋10间及家具，损失达77石大米。其后五组张光华之父张阿福被日寇杀害，七组李阿毛之父连船带人被日寇掳去一直未归。日寇再一次进入陈家浜、北更楼张小金家的油坊时，纵火烧毁楼房4间、榨油坊6间，损失牛6头、榨油设备12套件、油槽3只、油缸25只、油25车零12斤，大米、家具用物损失达221石大米，陆家镇被杀害114人。菉葭浜龙王庙这些交通要道均有日寇把守，过往行人被搜身盘查。

昆山陆家夏桥人陶一球组建的由中共领导的第一支抗日武装队伍在菉葭、蓬朗、花桥等地与日寇展开游击战，从日寇手中缴获成批粮食、武器、弹药、药品等物资，极大地震慑了日寇。

七十年后，原日寇铁蹄下的花姑娘已成八九十岁的老奶奶，且存世寥寥。本地受访者中只有18位声泪俱下毅然站出来控诉日寇的滔天罪行。很多人却无奈，忍辱含垢，对日寇暴行一事讳莫如深，将此奇耻大辱苦以绝密隐私尘封心底，未及伸张正义。一切的一切，以史为鉴，警示世人。

（郭载道选文·略有改动）

三、传说

韩泾滩

清澈的木瓜河潺潺流淌在昆山市陆家镇东南角，与韩泾河交汇。一眼望去，水天茫茫，芦苇丛生。河两岸粉墙黛瓦，居住着上百户人家。你可曾想象，这样一派江南风光，八百多年前，竟驻扎过上万宋军！

铁兵长龙

安居乐业的古镇居民，压根儿未见过大队官兵，莫说成千上万，就连十个八个也未曾见过。

秋高气爽的一天下午，突然军号声声，从吴淞江木瓜河渡口，来了上万官兵，一个个肩扛兵器，雄赳赳气昂昂地迎面走来，领军人物就是赫赫有名的大元帅韩世忠和夫人梁红玉。前面旗牌官开道，两名先锋将士走头里，接着是鸦雀无声的铁军长龙，沿着木瓜河鱼贯而行。韩家军纪律严明，秋毫无犯，老百姓纷纷壮着胆出来观看，镇上的地保殷勤地上前应话。宋军大部队一路前行，行至木瓜河与韩泾河交汇处，先锋官招呼大军就地驻扎，密密麻麻的士兵训练有素地按队形向西整齐排列，然后一队一队卸下盔甲。骑着高头大马的韩帅和骑白马的夫人梁红玉已夹在队伍中间，频频向老百姓挥手致意。两岸黑压压的群众，兴高采烈，报以热烈的掌声。

原来，韩世忠大军在黄天荡一仗打败金兀术后，一路挥戈南下追击溃退的金兵，听说陆家古镇一带民风纯正、地面殷实，便决定在此驻扎休整。

军民情深

宋军大部队一到镇上，可忙坏了地保，也忙坏了火头军们，运粮、运草，埋锅造饭。1000多米的韩泾河岸，炊烟袅袅，饭香阵阵，战士们经过长途跋涉非常疲惫，饥肠辘辘，一闻到饭菜香味后，一个个笑逐颜开，振作了精神。开饭时间一到，全部端起了粗瓷大碗，狼吞虎咽般地吃了起来，饭量大的，能吃三碗五碗。吃饭后，已是掌灯时分，当地老百姓带领一班子吹鼓手等民间艺人，特地前来营地吹奏、演出。激扬的古乐琴弦声、优美的舞姿，宋军将士听得入神，看得入迷。

这时大元帅的帐篷忽然开启，夫人梁红玉神采飞扬地走出营门，兴致勃勃地亮开嗓门，向前来联欢的乡亲们亲切地说道："各位父老乡亲、姐妹兄弟们，大军过境惊扰大家了，我代表韩帅，向乡亲们表示歉意，并谢谢你们的关心和爱护，谢谢！"两岸群众报以热烈的掌声。"韩帅和梁夫人辛苦了！大军一定能打败金兀术，取得全面胜利！"紧接着梁红玉大声地说："今天，各位乡亲高兴，我也唱一曲苏南小调以表对乡亲们的谢意！"乡亲们热烈欢呼，掌声雷动。

"莫道女子无才能，骑马挎枪也精神。打退胡奴百万兵，保家卫国留英名……"

动听的乐曲，优美的歌声，在江南大地，在军营上空回荡，将士们在甜美的气氛中渐渐进入梦乡。

伤兵的微笑

傍晚时分，梁红玉夫人带了一名年轻美貌的女兵，前往村里打听情况。她打听到顾大妈家有三间瓦房，只有母子两人居住，儿子又是生意人，为人热情诚恳，就前去拜访。

顾大妈久闻梁夫人是女中豪杰，见梁夫人亲自登门，高兴得什么似的，得知梁夫人要把两名伤兵安排在她家住三天，便一口答应了下来。

梁夫人便吩咐女兵回去把两名伤员抬来。梁夫人对顾大妈说："这两名伤兵非常忠实机灵，在一次战斗中，为了保护大元帅中了敌人箭伤，希望大妈格外照顾。"

顾大妈拍着自己的胸脯说："梁夫人，伤兵兄弟如此英勇，我一定像照顾自己的孩子一样服侍好他们，请您放心！"

士兵们已把两名伤兵抬来，顾大妈把他们安排在地板房中，让伤兵舒舒服服住下。临走，梁红玉把三两白银塞给顾大妈，顾大妈怎么也不肯收。梁红玉激动地说："大妈，你一定要收下的，否则我就把伤兵抬走了！"顾大妈终于含着热泪收下了白银。

这三天，顾大妈真的像照顾儿子一样服侍好两位伤兵，除了煮鱼煮肉给他们吃好增加营养外，还请了当地名医进行医治。三天后，两名伤兵奇迹般地康复了，他们激动地握着大妈的手说："娘！打仗结束后，我们一定会回来看望您老人家的！"望着伤兵雄赳赳地重返队伍，顾大妈激动得热泪盈眶，心想：有这样好的元帅，这样英勇的兵，能不打胜仗吗？

枕戈达旦

是夜，疲惫的宋军将士先后进入梦乡。韩帅大帐内却灯火通明，韩帅和夫人梁红玉哪里睡得着，两人端起酒杯，边慢品细酌，边商量着军务，约摸二更时分，这对英雄夫妇才和衣而睡。梁红玉头枕心爱的军鼓，侧身偎在韩帅身旁。而韩世忠则斜倚在铺盖上，头枕一杆方天画戟，双眼微睁，他习惯用耳朵窥测动静。田野里秋虫唧唧歌吟，树林里猫头鹰一声声阴沉的啼鸣，他都听得清清楚楚，表明周围非常安宁，无异常动静。外面四名卫兵尽职地守卫着大帐，以确保韩帅夫妇安全。

韩帅直到五更天才渐渐合眼入睡，可是耳畔已响起了嘹亮的军号声，他急忙睁开眼睛，发觉天已大亮。此时，夫人梁红玉已经起床，坐在韩帅身边悄悄梳妆。看着夫人谨慎端庄的动作，韩世忠微笑着说："男人虽阳刚，女子亦飒爽；姑娘身边坐，韩某更豪强！"

大帅帐篷内欢乐豁达的笑声，在晨风中飘荡，它鼓舞着宋军将士壮志凌云，团结一心，去夺取更大的胜利！

休整三天后，韩世忠大军便告别陆家的父老乡亲，一路挥戈北上追击金兵。因宋朝大元帅曾在此驻扎上万精兵，当地老百姓从此便把大军住宿的地方叫作韩军滩，也称韩泾滩，名称一直留传至今。虽无文字记载，大家总认为此事属实。

（华船）

奶妈坟

陆家村鹤塘路南端，有个大坟堡占地半亩多，墓穴堆土直径 6 米，高 3 米，属明朝中后期官府后裔毕公子将奶妈沈氏厚葬的墓地，人称奶妈坟，是鹤塘路上有名的一个小地名。

相传，毕公子祖上三代为官，由于明末战乱，毕家后裔迁居陆家浜镇鹤塘路定居。那年毕景阳少奶奶生下个白白胖胖的小公子，一家人皆大欢喜，但少奶奶却无奶喂养，急坏了家人，四处奔波，寻找奶妈。正巧，沈氏丈夫参战阵亡，带了刚满月的婴儿逃难来到陆家浜。镇上许多好心人看到母子俩求乞为生，十分可怜，其中曹大妈挺身而出收留了沈氏母子俩。消息一传出，毕家当即派人到曹家商量聘沈氏为奶妈，沈氏也愿意为毕家当奶妈度日，此举一拍即合。

沈氏是个贤良淑德、知书达理、勤劳朴实、有情有义的农家妇女。进了毕家当奶妈，与毕家相处融洽，喂奶先喂少公子，而且手脚勤快，洗汰烧煮样样在行，毕家十分器重她，加倍发给她薪金，待遇享受与家人同等。沈氏十分满足，非常感激毕家，并加倍努力，一心要把少公子拉大成人，也希望自己儿子在毕家长大后与毕家老少，尤其是少公子一样出类拔萃，出人头地，成为社会有用人才。

周围热心人都关心爱护沈氏，纷纷为她说媒找伴。沈氏却以战死的丈夫为荣，谢绝了好心人的善意。有一次，毕公子休假回府，真切热情地对沈氏说："你对我们毕家贡献很大，我要去新地方赴任，准备带两个孩子一起走，毕家全托付给你了。临别前，希望你能寻个伴作陪。"沈氏摇摇头说："看家我答应，找伴不可以，丈夫为国牺牲，我终身守节，忠于丈夫。"毕景阳与夫人听了十分钦佩，竖起了拇指说："沈奶妈是个真正的忠贞烈女！"

二十年后，沈奶妈年迈有病，医治无效病逝了。毕景阳夫妇俩请长假以明朝葬礼习俗为奶妈送葬，坟墓建在鹤塘路，人们习惯称为奶妈坟。并依苏州、昆山府旨意，在陆家浜南市梢，木瓜河南侧建了一座忠贞牌坊，让沈氏流芳百世。

（王道林选文·略有改动）

龚家坟

昆山东南约 12 公里处，有一个集镇——陆家镇。陆家镇，旧时称菉葭浜。菉葭浜镇南市有一条东西走向河流，叫木瓜河。在木瓜河东湾（原菉葭小学东侧）有个古墓，占地 1.50 亩，西、北、东三面环水呈簸箕状，地形独特，名龚家坟。

古墓气势宏伟，坐北朝南。墓前两尊石人相对而立，墓基中心左右两匹石马，巍然挺立，目光炯炯，远视前方。前面坐落四只石羊，再前面朝南两尊石狮张牙舞爪，使人心生敬畏。墓前中央高耸着一根花岗岩大旗杆，高 6 米许。古墓南方不远处，有一条无名小浜，约 80 米长、20 米宽，由东出口流入潘正浦。小河浜可供龚氏家族祭祀时船只停泊歇息。墓周松柏常青，环境优美僻静。古墓在民间有着多种版本传说、传闻，流传至今。

（一）

　　墓穴里安葬着一位清代官员，姓龚，名不详，是上海松江府人，官职是清朝炮台督导官，负责看守吴淞口炮台。鸦片战争爆发后，清政府软弱无能，英军气焰嚣张，直逼吴淞口，炮台口失守，清军战败。道光二十二年（1842），英军迫使清政府投降，签订不平等的《南京条约》。于是道光皇帝下旨，把龚督导押往京城斩首。

　　龚氏是官宦世家，代代为官，实力雄厚，为体面办丧，决定为龚督导佩装"金首"隆重入葬。同时四处寻找著名风水先生，挑选最佳墓葬宝地。传说，为防止"金首"被盗，拟建有72座龚氏墓地，以淆视听。在上海青浦县赵屯桥三江口处，也有龚氏坟墓，可见龚氏当时名望极盛。

　　龚家四处为死者寻宝地、建坟墓，为后代造福，以求东山再起，永葆家族昌盛。道光二十二年（1842）农历九月初的一天，阳光明媚，秋风送爽。一行五员风水先生从松江出发，在龚家人的陪同下，前往昆山探查墓地，从吴淞江水路而来，经菉葭浜。其中一员讲："此处菉葭浜很有名气，可以进去看看"。于是，船只沿木瓜河往东至韩泾河口，3人上岸仔细观察地形，用夹盘一测，思忖片刻，不语许久。另一员说："这里地势高燥，三面环河，水清地灵，坐北朝南，是子孙后代发迹不息的灵地。"龚家人听罢当即决定买下这块风水宝地，遂去找此地的主人商议，最后以重金买下，当日回松江。

　　翌日，龚家派遣30多人至宝地，规划建造墓基。请道士先生先做了三场道场，第一场为期七天，开挖典礼仪式十分隆重；第二场为期五天，工匠进场，选购材料，搭建工棚和进行基础设施布局；第三场为期三天，举行引领新墓入灵仪式，拜谢周围百姓。据说，龚家坟起建经半年多时间，耗用大量石料精雕细刻，使用石粉、胶矾不计其数。工程浩大，使用人力之多，为当时之最。

（二）

　　墓穴建造不但精细，而且十分讲究。开挖前再请阴阳先生卜卦，看风水，定穴门方位，造墓开工后，处处有人监督，看守细节，不惜一切代价。因此，建墓工程隆重，来往参阅的四乡八里的民众达数千人次。建成后，举行了坟地祭祀仪式，供设牛头、马头、猪头、羊头等物品拜祭，一天太平道场，热闹非凡。当晚设宴，招待造墓人群及随行人员。据说，当晚家人、亲朋好友都原地留宿墓基上，之后陆续回松江。

　　道光二十三年（1843）清明这一天，从松江移送龚督导棺木灵枢入新墓地，举行隆重的落葬仪式。随行人员众多，仪仗队肃立两旁，使用警戒护卫进墓。特邀闻名道士进场，再做两场对台道场，携全家人员叩拜，寄托小辈的哀思。墓穴上搭棚，上面用红毯子覆盖，放铳二十一响后封墓。举行家人肃立、拜天、拜地、谢百姓仪式，然后，款待亲朋及有关随行人员，大摆酒席，场面闹猛。三天后散去，留两人守墓，其余人返程，宴席后剩下的物资分发给周边百姓人家，以示感谢。

（三）

一年后，有风声相传，在龚家坟正南方不远处，玉皇殿庙顶上，深夜有瓦片响声，且声响巨大，如人在屋面上走动发出的声音。几次惊动看庙的夫妇俩深夜起来探望，却未曾发现异常。为保安宁，在庙里摆案上香斋佛，却不见成效。人们开始议论纷纷，不知缘何如此，也有人主张应请高僧卜卦。之后，集各方高僧之见，认为龚家坟风水旺盛，正对玉皇殿，声响是深夜石马外出巡视跳过玉皇殿屋脊所致。各路高僧一致认为玉皇殿庙顶需加高三尺以上，方能镇定风水。待玉皇殿屋顶加高后，果然灵验，深夜庙顶风平浪静，无声无息。但是，没过多久，有百姓反映，深夜龚家坟马嘶声不绝，甚至不少人还看到马群在龚家坟河边奔跑，吓得周围人家紧关门户。此类传说不绝于耳。

又过了一年，菉葭浜镇中，有座跨街楼曹家馆饭店，在当时是较有名气的面店，天天早上顾客盈门，生意兴隆。然而，据说在一个春天的早晨，饭店里下好了一锅面，准备捞起上桌，就在店主转身捞面时，奇怪的事情发生了，原来的一锅面居然只剩下小半锅了。店里食客纷纷上前查看，异口同声说道："仙气"。人人面面相觑，店主哭笑不得。这种现象一连一月有余，如此，店家思来想去找不到原因。突然，一天中午，一个叫王二的老人跑到饭店讲，龚家坟两个石人嘴上都拖着几根面条，店主一听马上跟随老人到龚家坟探视，果然如老人所说，两个石人嘴上挂着面条。王二说，他在龚家坟旁边割草，无意中望了一眼石人，发现此情，就联想起饭店发生的怪事，才去告诉店主。一语道破仙机，从此后，曹家面馆再也没有发生过少大半锅面的怪事。此传说也流传至今。

在菉葭浜，有关龚家坟的传说众多：石马半夜嘶叫，惊天动地；坟里灯火明亮，马围着墓基奔跑时脖子上铃铛发出恐怖响声；石羊夜晚跑出来撞人绝路等等。新中国成立后，1952年，石旗杆请石匠师傅张根宝御下，一开两段。其中一段由力大气壮的八个人扛至南圣堂桥上，加宽桥面方便行人。因为南圣堂庙是当时许家联村村民开会活动中心，桥面窄，需要加宽。

1966年"文革"期间，村民拆除龚家坟，填没墓前小浜，改为水田。至2003年，全面推平坟墓，规划成住宅小区，龚家坟再也不复存在。

（胡勇新选文·略有改动）

许家村

许家村东濒潘正浦，南邻古木江，西靠油车江畔，北连菉葭浜南市、木瓜河，东北部为玉皇殿。在油车江江口处，相传明末清初居住一户富裕人家，占地十亩，宅基地高，三面环水，属明清包堂建筑，古香古色，宏伟壮观。其前宅后门头高雅别致，后门吊桥直通休闲景观胜地，林木成荫，四季常青，鸟语花香，8棵榉树矗立云天，是镇南有名的古庄老宅。村庄被战乱所毁，至清后期，陈家兄弟、蔡家父子共四户二十余人迁来定居，重建村庄，恢复古宅风貌。此时，这村只有陈、蔡二姓，为啥叫许家村呢？事情得从油博士陈卜隆说起。

陈卜隆又名毛卜隆，定居后率一家人种六七十亩农田，并雇上长工数人，包吃包住，报酬居全陆家浜之首。但是，严格规定长工一律按照其种田的标准要求去做好、管好，否则要受到训斥。因此，陈卜隆种植的三麦、油菜、水稻产量名列全村榜首。此人性格豪爽，为人诚实，尽善积德，是个说一不二的男子汉。庄上男女老少都敬佩他，遇到事都与他商议讨教。一年春天，陈卜隆根据市场行情，决定开办油车坊，并在江上搭建了2个大船舫，供前来打油船停靠。几年工夫，由于榨油出率高，服务质量好，收费又便宜，花桥、石浦、千灯、张浦、赵屯、白鹤等地百姓都慕名而来榨油，一熟榨油一万多千克，生意红火，是庄上赫赫有名的油博士老板，农副业生产双丰收，成为远近闻名的富裕户。

相传，一年初秋，村上举行隆重的做社仪式，祈求秋熟丰收。陈卜隆慷慨热情招待父老乡亲。村民抬着土地爷踏田巡视后回陈府，陈卜隆在祭祀仪式上献词说："这么多年来一直恭请外保图土地爷为我们致富做奉献，祈盼土地爷再次助推一把为这熟丰收献灵。同时，我许愿出资在本保图建造一座土地庙，祈求风调雨顺，五谷丰登，六畜兴旺，百姓安居乐业。"社宴结束，蔡小海几个小伙伴敲锣抬土地爷回庙府。陈卜隆坐在藤椅里睡着了，梦见一个姓许的佛爷，说是修成土地爷无庙赴任，你许愿建土地庙，一定请我这个许姓小神赴任……这时，蔡小海叫醒陈卜隆，还说建庙请姓许的土地爷赴任？你怎么知道？托梦呗！因此两人高兴得异口同声地说是天意呀！秋收之后，陈卜隆出资异地重建古木寺土地庙，恭请了姓许的土地老爷。从此，这个村百业兴旺，财源滚滚。同时，土地庙香火尤盛，这个村被人们称之许家村，流传至今。油车坊旁的一条南北流向的河流，直通菉葭浜、木瓜河，水路交通方便，由于毛卜隆油坊生意兴隆，前来打油的船只往往多而堵塞河道，自那时起，此河人们自然称之为油车江，地名一直沿用至今。

（胡勇新选文·略有改动）

蚬壳滩

陆家浜镇上有个远近闻名的蚬壳滩，位于陆家村陈家浜与木瓜河的拐弯处。滩高2.30米，宽1.20米，全长十六七米，全部由蚬壳堆积汲沙凝聚而成。每逢雨过天晴此处会放出银灰色光芒，无论春夏秋冬都是人们休闲、健身的佳处。那么，究竟是怎么一回事呢？得从蓁葭浜市说起。

据《蓁溪志》记载，蓁葭浜市位于吴淞江东岸，黄泥浜西端，万安桥塊下，繁荣昌盛，与昆山半山桥市不相上下。早年，龙王庙来了2艘苏北逃难船，一艘是兄长秦显一家四口，另一艘是兄弟秦民一家三口，到此停靠安家。两家为了谋生，兄弟俩逛市察勘，发现水产品市场上未见有蚬类产品供应。因此，秦家弟兄俩商定赴周庄白蚬河拖蚬做蚬肉销售生意。五天后，第一船蚬子运到木瓜河拐弯处停靠，在岸上坟地树荫下砌了口蒸笼灶，半夜时分开始烧煮蚬子，再将烧熟的蚬子浸入冷水中取出蚬肉，一早秦显挑上一担蚬肉，带女儿上市销售。担子停下，蚬肉醇香扑鼻，吸引了众多购买者，父女俩一人称，一人收钱，不到一个时辰一担蚬肉一销而光。后又挑上一担上市销售，就有五六个顾客定了五百斤蚬肉，下午到船上来取。秦显夫妇俩一盘算，一船蚬子4天后可以卖光，成效斐然，开心得合不上嘴。待秦民一船蚬子赶到，秦显介绍了交售方法及蒸蚬、出笼、水浸、取肉、清壳等程序技巧，激励大家做好这个理想行当，争取早日陆上定居。

一年深秋，秦显载一船蚬子返回，刚入白淀，突然狂风大作，船只失控，下帆倒桅，船只被卷入漩涡不停打转，危在旦夕。突然一道电光闪入漩涡，一瞬间船停止了旋转，风平浪静了。此时秦显忽然想到大概是陆家浜西行宫城隍，为民除妖，不必惊慌。当秦显回过神来，蚬船已到原地停靠，发现对岸西行宫灯火通明。从此，立下规矩，出行前先进西行宫敬香，确保太平。

秦显弟兄俩四代人经营蚬肉，一百多年的艰苦磨合，为陆家地区人民增加了一道美味佳肴，又为镇上添置一个新地名——蚬壳滩。1958年，大办工厂时，蓁葭大队办有土化肥厂，将蚬壳捞起，磨成粉，充作土化肥的重要原料，制成复合化肥，后停止生产。蚬壳滩就这样载入地名史册。

（王道林）

玉皇殿逸事

旧时，陆家镇叫蓁葭浜，镇四周坐落着许多寺庙，有阴包阳之说。陆家村域内就分布着11座庙宇。始建于明代嘉靖年间（1522～1566）的玉皇殿就在其中，占地面积6亩许，建筑有亭台楼阁，气势宏伟独特，供奉玉皇大帝等佛像数尊，是座远近闻名的寺院神庙。玉皇殿香火兴盛，人流如潮，信奉者极多且广，在民间流传着许多传说逸事，名声在外，影响深远。

（一）

相传，明代某春季的一天，有人遇到一个打扮成风水先生的云游者，一身布衣长褂来踏勘查情，行至昆山，边走边侦巡，走呀走，走到吴淞江拐弯处，木瓜河口菉葭地面上，立停止步，四周细看好像发现了什么。这时，有五六个老百姓迎面走去。风水先生一见，便开口对这群百姓说："这里地势平坦，一大片肥沃良田，环境不差，适宜农耕，是个好地方呀！可是，此地有些不太平！传说东海龙王四个儿子经常在吴淞江一带耍技闹腾，一旦兴风作浪，呼风唤雨，顷刻间暴雨倾盆，吴淞江水位一时暴涨，淹没大批良田，致使庄稼颗粒无收。百姓受害叫苦不迭，根本不得安宁，弄得逃的逃，搬的搬。八十年前这里曾经有个繁华小镇，由于洪水泛滥成灾，在宣德年间北移变迁。"

接着风水先生继续说："恶龙隔三差五作乱，却不受任何管束、压制，横行人间实在不该。办法是有的，在这片地方上建造一座玉皇殿庙宇，供奉玉皇大帝佛像，配备四大金刚、判官、无常、托塔天王、天兵天将等佛像，按天规天条来管束镇压恶龙，才能为民除害，保佑这一方平安。"

瞬时，风起云涌，天空乌黑，好似倾盆大雨就要来临，东方雾气腾腾，大家转眼一看，身边风水先生不知去向，实在蹊跷，大家对视片刻，"难道是神仙？"大家奔走相告。消息很快传到官府耳朵里，后经地方官员分析研究，认为总有一定道理。随后，官员出言，要请高僧查看查看风水来判断，论定是神赐天意，就选址建造了一座气宇不凡的玉皇殿，起名香严观。从此这一带平静了许多，百姓安居乐业，六畜兴旺。

玉皇殿香火日益旺盛，四乡八处的信徒慕名而来，进香求佛。香客盈门，人潮拥挤，百姓拜神达到痴迷程度。

这一年，玉皇殿庙西南约三里处有一个溢浦小村庄。庄上住着一户盛姓人家，家中子孙三代六口人。由于家里的盛明患有严重疾病，妻子王四宝为其四处寻郎中求药。最后寻到西古请了钱氏中医来诊治，开了七贴中药，效果不明显。眼看丈夫只有一口气，生命危在旦夕，有些人劝她办后事吧，已经三天不入汤水，这年头无药可医了，妻子肝肠寸断，痛哭欲绝。

当晚，四宝做了一个梦。梦见自己上玉皇殿进香，跪拜在菩萨面前，菩萨对她说："你家丈夫在上月初一到周家柏树坟扛了一块墓碑石，回家放在家里猪圈棚内垫脚，做了一桩缺德事。这家老祖宗已寻上门来了，请赶快放回原地安置好。"四宝梦中惊醒，冷汗淋漓，恍然大悟。

第二天一早，请人搬回石碑后，王四宝备了香烛、茶品、水果之类，携了九岁儿子进玉皇殿回愿，三叩九拜趴在菩萨面前，多谢菩萨指点迷津，保佑丈夫。

家中公婆一会儿为儿子谢灶许愿，一会儿为儿子用生姜擦手揩面，家人忙个不停。正在危急之中，王四宝回家，走到床前看看丈夫，还是昏迷不醒。纳闷之间，突然盛明醒了，开口说："我口渴，给我喝点水。"妻子马上给他喂开水。又过了约半个时辰，丈夫要起床小便，脸上好像有了些气色。妻子暗想果然菩萨救了他，当晚喂了半碗粥，一夜平安无事，全家人心上一块石头落了地。

翌日，盛明奇迹般地好了，真如死里逃生。邻居亲朋有些疑惑，家里人认为是玉皇老爷、观音菩萨救了他的命。从此一传十，十传百，很快家喻户晓。后来成群结队的善男信女来玉皇殿庙里上香，叩拜求佛，香火越来越旺。

（二）

玉皇殿所在地形独特，庙基高燥，紧靠潘正浦西岸，在镇南市东南侧四百米处，三面旱地环抱，东面临水，水陆通行便捷，庙宇规模庞大。南三门、正殿、偏殿、三天门及天库，两廊通联。中间长方形天井，用方砖铺设。天井中安置着铁铸大香炉一尊，高挺焕然，庙殿建筑共 12 间。

三门殿前面有庙场一块，约 800 平方米，场上 4 棵古银杏成四角排列，棵棵两人环抱有余，参天耸立。场前有小河浜一条，约 100 米长，20 米宽。北岸石埠滩一座，专供香客船只停靠。东出口有小石桥一座，响板石面，玲珑独具。过桥南桥塊有庙照墙一尊，东西向排列，黄色墙面，高 2.5 米，宽 4 米。照墙东西两侧有塔柏各一棵，巍然挺拔高达 4 米许，四季常青，显得生气勃勃，远眺独领风骚。

庙后，有长方形园林一座，面积 500 多平方米。园内有百年以上名木数株及榆、桦、柏树等古树之类，树木高大挺拔，草木茂盛。春天一到，百花齐放，百鸟成群，鸟语花香，景色悠然，是香客进香拜佛和休闲的好地方，也是鸟类筑巢繁衍的好去处，环境优美堪称当地之最。

正殿，十八级石阶步步升高，汉白玉石叠砌。殿内庄严肃穆，高雅别致，四柱朱漆油光敞亮。后壁挂着楷书对联一副，上联"玉宇澄清好雨知时萌万物"，下联"神州浩瀚寒风驱尽发千花"。室内陈设富丽堂皇，玉皇大帝正坐中央，观这玉帝浓眉大眼，枣红面孔，墨色瀑须，身穿龙袍，冠戴帝帽，脚蹬朝靴，手持朝板，两边武士肃立，威风无比。

走进三门殿，一派威严，令人生畏。四大金刚肃立像，手持武士刀，姿态各异，雄壮威武，气宇不凡。细瞧这四大金刚，铁青面孔，目光似电，一脸凶相，直逼人心。殿内各室陈列着众多神态各异的佛像，既威风又逼真，难以一一表述。

（三）

久负盛名的玉皇殿，有着淳厚的民俗风情。每逢庙会节庆，各地人群不约而同前来供香礼拜。年初九是玉皇大帝生日，纪念节庆相当隆重。从昆山各乡镇及太仓、嘉定、青浦、松江、常熟等地远道而来的进庙善男信女预先三天吃素，部分香客还带来给念经道士的供奉食品。香烟袅袅，人群拥挤，一拜、二拜、三拜对玉帝叩拜越长，心愿越诚。春节期间，人气更旺。从烧香到做生意，里外热闹，异彩缤纷，形式多样。

三天节场，借此机会，商贾前来设摊位做生意。除当地外，外地经商者慕名而来，场面沸腾。庙中烧香的，庙外买东西的，村上走亲访友的汇在一起，人山人海，热闹非凡。

还有太仓丝竹队吹唱，倾听者汇成人流。张浦龙灯表演，宣卷队说唱，精彩非凡，亮出了民俗特色。有些年头，还有外来马戏团精彩表演，最触目惊心的是年轻美女上演跑马戏，动作敏捷，千姿百态，惊险动人，另外，有杂技、走钢丝表演等等，真是五彩缤纷，是乡土特有的精彩场景。成天待在家里、田里的平民百姓有机会一饱眼福，因此逢会必到。

庙会上，商贾云集，货物琳琅满目。有临时开设饭店的，预先选址搭棚、遮盖帐篷，砌起临时柴灶。小商品摊位连片，卖香烛的从西庙门出口几乎排到南市梢。饮食类有面、面饼、馒头、馄饨、饭及糖枣海棠糕、豆腐花之类的点心，用品有刀剪、镜子、木梳、毛巾、肥皂、牙刷、纽扣、针、发夹等，日常用具有竹篮、筛子、提桶、脸盆、碗筷、小脚桶、扫帚、簸箕纺纱锭子、织布梭子等。商品皆是热门货，百姓采购热烈。庙会，不仅有单纯的烧香拜佛，兼具旧时农村集贸市场流通展销功能。

玉皇殿庙会节每年有两次，另一次是农历七月三十，为鬼神节。这天为了出会，各庙派一尊神像代表汇集玉皇殿。玉帝要听取各庙汇报，如某地方犯了多少坏事，某地方善人好事做了多少，某地方灾情怎样，各庙钱粮解了多少等等。然后玉帝训话，两旁道士连续念经不断叩拜。同时，有众多香客集聚玉皇殿，人群如潮。各地有龙灯队前来表演才艺，菉葭浜舞龙队亦出足风头。年轻健壮的小伙子们不顾天气炎热，发挥龙灯表演娴熟技艺，动作协调，花样玲珑，突显优美姿态。龙灯在晚上表演，龙体节节上灯火，灯光五颜六色，在夜幕中好似颗颗连珠明星从天降落人间，点缀出最优美的景观，体现着菉葭民俗风情的特色，围观者赞不绝口，流连忘返。

（四）

玉皇殿有着数百年历史沧桑。新中国成立前，香火不断，除庙会年初九、七月三十之外，逢每月初一、月半（十五），男女老少信奉者带香携烛自愿进庙拜佛，体现了传统祭祀祷告观念。出西庙门，有一条通往菉葭浜南市的泥土小路，是香客必经之道，雨天泥泞难行，给年事高的婆婆们上玉皇殿烧香拜佛带来诸多不便。相传，在晚清光绪十五年（1889），由地方绅士杨二房、杨铭出资购置花岗方形石，一级一级铺设小路中间，人称石皮路，便利了百姓行路，做了一桩好事。直至20世纪60年代后期，改筑为煤屑路，石皮路消失了。

玉皇殿历史上几经兴废，曾多次由名人名士劝募修葺，庙风相继，成为百姓烧香拜佛的去处，但也是社会上三教九流的藏身地。缘由庙房四周封闭围住，故常有难民、乞丐及其他流动人群盘踞，曾有匪徒在此立足危害百姓人家。20世纪40年代，抗战胜利后，中共领导的地方武装区中队十余人曾进驻玉皇殿，带班人有马上村范阿苟（花桥赵家村人），为百姓剿匪，保一方平安。后来，这支武装队伍奉命北撤，后渡江南下，范阿苟留在苏北担任江都县兵役局局长，其余人员情况不详。

新中国成立后，1950年庙里老爷（佛像）集中烧毁，庙屋留作公共开会场所。1955年后，有菉葭中学寄宿生借住。至1957年下半年，把玉皇殿庙房拆去，材料运去建筑菉葭中学高一班教室，从此玉皇殿荡然无存。如今只在木瓜河南留下一条香严街以地名怀旧。

庙已拆除，庙基尚在，百姓中尤以老奶奶居多，仍旧崇尚烧香。每逢初一、十五走去庙址点香点烛，也像是一种风俗，民间信仰浓厚者，甚至叠砖搭庙，塑造佛像。且每年有数次外出去苏州上方山、天平山、杭州灵隐寺等名山烧香、游览、踏青，也可称作开展群众性观赏活动。最远去浙江普陀山、安徽九华山，人人开阔眼界，领略国家建设大好形势，兜兜风景，身心健康，精神愉快。

20世纪末，车塘重建颂恒观，塑造玉皇殿佛像归并其中，从此，善男信女们都上车塘庙进香，继续在新世纪传承宗教文化活动。

（胡勇新）

编后记

　　《陆家村志》在上级党委和政府的正确领导下，在昆山市地方志办公室的指导下，通过《陆家村志》编纂人员郭载道、潘浩、胡勇新、孙惠林等人的辛勤笔耕，历时数载，数易其稿，终稿审定付梓，登入村志之林，实属陆家村人的一件大喜事。

　　2012年12月12日，《陆家村志》的编写组人员参加首次全镇村志编写培训工作会议，认识到编写村志责任重大、意义非凡，熟悉了村志编写纲目，明确编写村志的要求。自此，村编写组人员分头收集资料，先后到访过村档案室、经管办、统计站、派出所、计生办、水利站、电力站、交管所、昆山档案馆等处找寻相关资料。同时，召开村民小组长会议发动村民小组长一起协助做好相关资料的搜集、填写、汇总等工作，又设法在各种志书史册上寻找资料。由于《陆家村志》编写人员只是部分了解地情，不少具体项目的内容还需采访老同志和相关单位的负责人，以确保资料的真实和准确性。编写组人员对此项工作尚不熟悉，只有摸着石头过河，边学边干。开始阶段，花了一点时间在阅读方面，主要是阅读学习其他志书的写法，其中包括陆家几本镇志及《东冠村志》等，找出他们成功的地方，借鉴经验。2013年5月开始汇总资料，按纲目动笔拟初稿。具体方法是先易后难，比较熟悉、资料收集较多的章节先动笔。至于一些缺少资料的章节，编写人员知难而进，想尽办法收集资料，汇集整理成文。

　　在编写过程中，全镇先后分别在几个村举办村志编写研讨会。编志人员从中吸取了兄弟村编写组的不少经验，取人之长，补己之短，也使《陆家村志》的编写工作少走不少弯路。

　　《陆家村志》初稿从概述到杂记，于2014年5月基本形成，由于渔业在陆家村的社会经济方面具有其特殊性，经申请决定本志增设"渔业"章。志稿由凡例、目录、概述、大事记、专稿及编后记构成，约54万字。为了提高志稿质量，于2014年5月初开始，花了两个多月的时间按章自审五遍，将发现的问题记录在案，及时纠正。经自审的初稿上报村领导、镇村志办进行初审，进亭林厂修订形成 4 版后于 2015 年 8 月进行复审，在调整纲目后将成 8 版志稿于 2016 年 2 月申请终审。

在编写过程中，先后借阅有关档案 781 卷 840 件，查阅县志 10 册、镇志 7 册、村志（史）5 册、《昆山年鉴》8 册、《昆山统计年鉴》22 册、党史 4 册、文史 11 卷、村党政工作报告 7 份，采访老干部、老党员、老同志 138 人次，深入机关、部门、企业等单位及市场调研 74 次，召开村民小组长会议 3 次，修志人员参与研讨评审会 9 次，拓宽了修志人员的视野，对提高业务水平也极为有利。

志稿对村域内变迁的自然村、河、浜、溇、潭、桥梁及 2012 年前建成的道路桥梁作了详实的记载。"人口"章增设长寿老人、姓氏分布家庭档案及自然村图例等，增加志书的亮点。全志采用各类统计表格，望能充裕史料，提高可读性、实用性和科学性，并提高存史价值。

《陆家村志》在编撰过程中，始终得到上级党委、政府机关部门、企事业党组织、社区居委会领导及社会各界人士的关心和支持，在此一并致以衷心的感谢。

历史长河，沧桑巨变，社会经济发展迅猛，部分资料匮乏，难以寻找，致使某些内容记述不丰。也由于编修人员水平有限，编写中谬误缺漏之处在所难免，敬请读者多加包涵，批评指正。注：本书资料仅供参考，不作拆迁最终依据。

《陆家村志》编纂委员会
2016 年 2 月